Die Reihe „Nachhaltige Entwicklung“

Prof. Dr. Michael von Hauff
Prof. Dr. Uwe Schneidewind
Prof. Dr. Gerd Michelsen
Prof. Dr. Georg Müller-Christ
Prof. Dr. Klaus J. Zink
Prof. Dr. Katharina Spraul

Band 12

Monika Elisabeth Luise Schappert

Von der Konsumentensouveränität zum nachhaltigen Konsum

Unter Berücksichtigung intelligenter Netze

Nomos

Die Erstellung dieser Arbeit wurde gefördert durch ein Promotionsstipendium des Fraunhofer-Instituts für Techno- und Wirtschaftsmathematik Kaiserslautern (ITWM).

Vom Fachbereich Wirtschaftswissenschaften der Technischen Universität Kaiserslautern zur Verleihung des akademischen Grades Doctor rerum politicarum (Dr. rer. pol.) genehmigte Dissertation.

Die Deutsche Nationalbibliothek verzeichnet diese Publikation in der Deutschen Nationalbibliografie; detaillierte bibliographische Daten sind im Internet über http://dnb.d-nb.de abrufbar.

Zugl.: Kaiserslautern, TU, Diss., 2022

ISBN 978-3-7560-0465-2 (Print)
ISBN 978-3-7489-3959-7 (ePDF)

Onlineversion
Nomos eLibrary

D 386 (2022)

1. Auflage 2023

Danksagung

Die vorliegende Arbeit wurde im Juli 2022 vom Fachbereich Wirtschaftswissenschaften der Technischen Universität Kaiserslautern als Dissertation angenommen. Sie entstand in weiten Teilen während meiner Zeit als Promotionsstipendiatin am Fraunhofer-Institut für Techno- und Wirtschaftsmathematik in Kaiserslautern und erfuhr ihre Fertigstellung während einer sich anschließenden Zeit als externe Doktorandin am Fachbereich Wirtschaftswissenschaften der Technischen Universität Kaiserslautern.

Prof. Dr. Michael von Hauff danke ich sehr für die großzügig eingeräumte akademische Freiheit und die wohlwollende Begleitung. Besonders zu schätzen weiß ich seine freundliche Aufforderung, mich auf das Wesentliche zu konzentrieren und „zum Punkt zu kommen". Auf ihn geht die Idee zurück, Konsumentensouveränität und nachhaltigen Konsum zu verknüpfen.

Einige Wurzeln dieser Arbeit reichen zurück bis zu meiner Tätigkeit am Lehrstuhl für Betriebsinformatik und Operations Research von Prof. Dr. Heiner Müller-Merbach. Ihm bin ich dankbar für das Wecken der Begeisterung für systematische Forschungsmethoden im Allgemeinen und Methoden der Datenanalyse im Speziellen.

Besonderer Dank gebührt Prof. Dr. Philipp Weinschenk, der das Korreferat übernommen hat. Prof. Dr. Oliver Wendt danke ich für die freundliche Übernahme des Prüfungsvorsitzes und Prof. Dr. Tanja Rabl für ihre Mitwirkung bei der Prüfung.

Ferner danke ich Dr. Marion Schulz-Reese und Prof. Dr. Dieter Prätzel-Wolters für die großzügig eingeräumte Möglichkeit, diese Arbeit im Rahmen eines Promotionsstipendiums am Fraunhofer-Institut für Techno- und Wirtschaftsmathematik (ITWM) in Kaiserslautern anfertigen zu können. Die finanzielle Unterstützung meiner Forschungstätigkeit ermöglichte eine Vereinbarkeit von Familie und Dissertation. Danken möchte ich auch für die inhaltlichen Perspektiven, die sich durch die vielfältigen Forschungsprojekte im abteilungsübergreifenden Schwerpunkt „Erneuerbare Energien" des Fraunhofer ITWM ergaben.

Ein persönlicher Dank gilt meinem Ehemann Jochen. Er hat sich die Mühe gemacht, die Endfassung auf sprachliche Stolpersteine zu überprüfen und Fehler aufzuspüren. Noch bestehende Schwachstellen sind alleine meinem Unvermögen geschuldet, seine hilfreichen Vorschläge einzuarbeiten. Last, but not least, gilt mein herzlicher Dank meinem Vater Klaus Ernst Beisel für stete Ermutigung und Unterstützung.

Inhaltsverzeichnis

Abbildungsverzeichnis

Tabellenverzeichnis

Abkürzungsverzeichnis

10YFP	10 Year Framework of Programmes on Sustainable Consumption and Production
AAL	Ambient Assisted Living
AIDS	Almost Ideal Demand System
BA	Benefit-Analyse
BCA	Border Carbon Adjustment
BEHG	Brennstoffemissionshandelsgesetz
BIP	Bruttoinlandsprodukt
BNetzA	Bundesnetzagentur
C2C	Cradle to Cradle
C2G	Cradle to Grave
CD	Compact Disc
CdTe	Cadmiumtellurid
CES	Constant Elasticity of Substitution
CFP	Carbon Footprint eines Produkts
CIGS	Kupfer-Indium-Gallium-Diselenid
CO_2	Kohlenstoffdioxid
CO_{2e}	Kohlenstoffdioxid-Äquivalent
COICOP	Classification of Individual Consumption, Güterklassifikation für den Verbrauch der privaten Haushalte
CPA	Statistical Classification of Products by Activity
CPS	Cyber-Physical Systems
DSM	Demand-Side Management
DT	Disruptive Technologie
EE	Erneuerbare Energien
EEG	Erneuerbare-Energien-Gesetz
EHS	Nationaler Emissionshandel, Environmentally Harmful Subsidies
EKF	Energie- und Klimafonds
EMS	Energiemanagementsystem

ENTSO-E	European Network of Transmission System Operators for Electricity
EPBT	Energy Pay Back Time, energetische Rücklaufzeit
ETR	Environmental Tax Reform
EU	Europäische Union
EU-ETS	Europäisches Emissionshandelssystem
EVU	Energieversorgungsunternehmen
GDP	Gross Domestic Product
GG	Grundgesetz für die Bundesrepublik Deutschland
GLAD	Global LCA Data Access Network
HCI	Human-Computer Interaction
HDI	Human Development Index
IEA	International Energy Agency (Internationale Energie-Agentur)
IKT	Informations- und Kommunikations-Technologie
IKT	Informationstechnologie
IoT	Internet of Things, Internet der Dinge
IPCC	Intergovernmental Panel on Climate Change (Weltklimarat der Vereinten Nationen)
ISO	International Organization for Standardization
KI	Künstliche Intelligenz
LCA	Life Cycle Analysis, Lebenszyklusanalyse
LCC	Life Cycle Costing, Lebenszyklus-Kostenanalyse
LCI	Life Cycle Inventory
LCIA	Life Cycle Impact Assessment
LCOE	Levelized Costs of Electricity
LCSA	Life Cycle Sustainability Assessment
LES	linear expenditure system
MCDA	Multi-Criteria Decision Analysis
NECP	National energy and climate plan
NIR	Nationaler Inventarbericht
NPNK	Nationales Programm für nachhaltigen Konsum

ÖSR	Ökologische Steuerreform
PCF	Product Carbon Footprints
PEF	Product Environmental Footprint
PEFCR	Product Environmental Footprint Category Rules, Produktkategorieregeln
PROSA	Product Sustainability Assessment
PV	Photovoltaik
Rio+20	Weltgipfel in Rio de Janeiro 2012
RPT	Revealed Preference Theory
RZPR	Reine Zeitpräferenzrate
S-LCA	Social Life Cycle Assessment
SDG	Sustainable Development Goal
SETAC	Society of Environmental Toxicology and Chemistry
SHT	Smart-Home-Technologien
THG	Treibhausgase
UBA	Umweltbundesamt
UN	United Nations, Vereinte Nationen
UNEP	United Nations Environment Programme (Umweltprogramm der Vereinten Nationen)
UNESCO	United Nations Educational, Scientific and Cultural Organization (Organisation der Vereinten Nationen für Bildung, Wissenschaft und Kultur)
VAR	Vector Autoregressive Model
WEEE	Waste Electric and Electronic Equipment
WF	Wasser-Fußabdruck

1 Einleitung

1.1 Problemstellung

Konsum ist eine zentrale ökonomische Kategorie und trägt wesentlich zum materiellen Wohlstand bei. Gleichzeitig beanspruchen heutige Konsummuster und Lebensstile die ökologischen Systeme zunehmend über die langfristig tragbaren Grenzen hinaus. Dies führt zu unausgewogenen Ansprüchen und einer auf Dauer nicht vertretbaren Lebensweise besonders wohlhabender Bevölkerungsteile. Innerhalb der weltweiten Bemühungen um eine nachhaltige Entwicklung spielt daher nachhaltiger Konsum eine zentrale Rolle. Nachhaltig zu konsumieren bedeutet, die eigenen Bedürfnisse zu befriedigen, ohne die Lebens- und Konsummöglichkeiten anderer Menschen und zukünftiger Generationen zu gefährden. Das Leitbild eines nachhaltigen Konsums steht in seiner Grundposition dem Paradigma der Konsumentensouveränität konträr gegenüber.

Konsumentensouveränität beschreibt, dass in einer Marktwirtschaft allein die Konsumenten die Produktion durch ihre Nachfrage steuern sollen. Unter diesem Leitbild ist in den westlichen Industrieländern ein immer noch wachsender materieller Wohlstand erreicht worden, was der Konsumentensouveränität paradigmatische Bedeutung verliehen hat. Konsumentensouveränität bildet daher ein zentrales Fundament der ökonomischen Theorie, insbesondere der Wohlfahrtsökonomik. In den Industrieländern wird zunehmend hinterfragt, inwiefern Konsumdenken zu menschlicher Wohlfahrt, Lebensqualität und Glück beiträgt und ob nicht noch ein anderer Maßstab für Wohlfahrt notwendig wird.

Globale ökologische und soziale Probleme treten häufig am Beginn der Wertschöpfungskette oder am Ende der Entsorgungskette auf. Vier Fünftel des Solarsiliziums für Photovoltaikanlagen stammen aus China und ein Großteil wird in der Region Xinjiang verarbeitet, die dem Vorwurf ausgesetzt ist, von Zwangsarbeit zu profitieren. Mehr als die Hälfte des in Deutschland anfallenden Elektroschrotts wird illegal entsorgt oder in Staaten wie Ghana oder Nigeria exportiert, wo er zur Belastung menschlicher Gesundheit beiträgt. Diese Probleme werden durch Konsum in den Industrieländern verursacht und befinden sich gleichzeitig außerhalb der Reichweite von produktionsbezogenen Politikmaßnahmen der Industrieländer. Als mögliches Instrument kommt eine Selbststeuerung der Konsumenten im Hinblick auf nachhaltigen Konsum in Betracht. Befragungen zeigen regelmäßig, dass das Bewusstsein für ökologisch-soziale Problemlagen in der deutschen Bevölkerung hoch ist und sich durch eine globale und langfristige Perspektive auszeichnet. Gleichzeitig sind nachhaltige Konsummuster schwer zu realisieren, da es eine Lücke zwischen Denken und Handeln, d.h. Einstellungen und Verhalten, gibt. Hier kann die Fokussierung auf Schlüsselaspekte nachhaltigen Konsums ansetzen, um Konsumenten zu Verantwortung und Nachhaltigkeit zu ermutigen und anzuleiten. Veränderte Konsumgewohnheiten und Lebensstile werden nicht problemlos zu erreichen sein, weil nicht-nachhaltige, d.h. umweltschädliche Konsummuster ökonomisch, politisch, technisch und gesellschaftlich institutionalisiert sind. Sie erscheinen vielen Konsumenten normal und unausweichlich. Daher kommt der Regulierung durch den Staat in Form von Gesetzen eine besondere Rolle zu.

Die neue Energiepolitik Deutschlands hat die Rahmenbedingungen für den Konsum von Strom deutlich verändert und mit dem Erneuerbare-Energien-Gesetz (EEG) zum Erfolg der Photovoltaik beigetragen. Die Photovoltaik als zentrales Element eines erneuerbaren Stromkonsums lässt sich mit weiteren Technologien wie Batteriespeichern und Energiemanagementsystemen kombinieren, wodurch Stromerzeugung und -versorgung in den Bereich der Konsumentensouveränität geraten. Parallel führt die Digitalisierung zu zunehmend „intelligenten“ Energienetzen („Smart Grids“) und Gebäuden („Smart Homes“). Dies erweitert den Handlungsspielraum der Konsumenten sowie die individuelle Verantwortung für nachhaltigen Konsum. Fraglich ist, inwieweit veränderte Rahmenbedingungen und technische Innovation zu einem nachhaltigen Konsum von Energie führen, der im Einklang mit den Entwicklungszielen der Agenda 2030 und den Steuerungszielen der Bundesregierung steht.

1.2 Zielsetzung der Arbeit

Ziel der vorliegenden Arbeit ist die Analyse der von Kohärenz und Konkurrenz geprägten Beziehung zwischen Konsumentensouveränität und nachhaltigem Konsum. Während aus einer Ergebnisperspektive deutliche Unterschiede auszumachen sind, lassen sich aus einer Verfahrensperspektive heraus Parallelen erkennen und nutzen. Ein Vertiefungsaspekt ist die Berücksichtigung intelligenter Netze.

Einerseits gilt Konsumentensouveränität in der Marktwirtschaft als Mittel zur Maximierung materieller Wohlfahrt. Solange die Budgetbeschränkung es zulässt, sollen aus einer neoklassischen Perspektive alle denkbaren Wünsche und Bedürfnisse der Konsumenten erfüllt werden, da Wunscherfüllung mit Wohlfahrt gleichgesetzt wird. Gleichzeitig bestehen weltweite Bemühungen um einen nachhaltigen Konsum, der sich an der Verantwortung für Tragfähigkeitsgrenzen der ökologischen Systeme, intra- und intergenerationelle Gerechtigkeit und an der Verallgemeinerbarkeit von Konsummustern und Lebensstilen orientiert. Die Vorstellung eines nachhaltigen Konsums innerhalb von Grenzen, Schranken oder Leitplanken steht einer inhaltlich uneingeschränkten Verwirklichung von Konsumwünschen unversöhnlich gegenüber.

Andererseits gilt Konsumentensouveränität als Entsprechung der Demokratie auf dem Markt. So gesehen können Konsumenten ihre Kaufkraft einsetzen, um ihren Einstellungen und Motiven am Markt Geltung zu verleihen. Wenn die Konsumenten nachhaltig konsumieren wollen, können sie bewusst nachhaltige Produkte wählen und so die Produktion beeinflussen. Hierbei können u.a. Lücken zwischen Einstellungen und Verhalten, Verhaltensinkonsistenzen sowie Marktunvollkommenheiten die Umsetzung beeinflussen. Damit stellt sich die Frage, inwiefern nachhaltiger Konsum durch Konsumentensouveränität erreicht werden kann. Aktuell erweitert sich durch eine neue Energiepolitik Deutschlands und technische Innovation der Handlungsspielraum der Konsumenten sowie ihre Verantwortung für nachhaltiges Konsumhandeln. Fehlende einheitliche Standards und lückenhafte Ökoeffizienzanalysen im Kontext intelligenter Netze lassen eine Fokussierung auf relevante Schlüsselaspekte nachhaltigen Konsums notwendig erscheinen.

Hierzu werden die nachfolgend aufgeführten Forschungsfragen den Kern der Arbeit bilden:

- Unter welchen Bedingungen erhöht Konsumentensouveränität Wohlfahrt und Lebensqualität (Kapitel 2)?
- An welche Grenzen stößt die Idealvorstellung der Konsumentensouveränität (Kapitel 2)?
- Welche Anforderungen sind aus der Perspektive schwacher bzw. starker Nachhaltigkeit an Konsum zu stellen (Kapitel 3)?
- Inwiefern kann nachhaltiger Konsum durch Konsumentensouveränität erreicht werden (Kapitel 3)?
- Wie ist der aktuelle Forschungsstand zu nachhaltigem Konsum unter Berücksichtigung intelligenter Netze (Kapitel 4)?
- Welche weiteren Bewertungsinstrumente und Fördermöglichkeiten können zur Umsetzung eines nachhaltigen Konsums unter Berücksichtigung intelligenter Netze beitragen (Kapitel 5)?

1.3 Aufbau und methodische Vorgehensweise

Die vorliegende Arbeit umfasst fünf Teile: diese Einleitung (Kapitel 1), eine theoretische Fundierung und Begründung des Paradigmas der Konsumentensouveränität (Kapitel 2), spiegelbildlich dazu eine konzeptionelle Untersuchung des Leitbildes des Nachhaltigen Konsums (Kapitel 3), eine Typologie von sieben Ansätzen nachhaltigen Konsums sowie eine systematische Literaturanalyse des Forschungsstandes zum Kontext intelligenter Energienetze (Kapitel 4), eine Bezugnahme auf weitere einschlägige Bewertungsinstrumente und staatliche Fördermöglichkeiten (Kapitel 5) und eine Zusammenfassung (Kapitel 6).

Kapitel 2 zeichnet die theoretische Fundierung, die Ebenen und die Grenzen der Konsumentensouveränität nach. Im ersten Teil zur theoretischen Fundierung geht es um die ökonomische Kategorie Konsum und die paradigmatische Wirkung des Begriffs der Konsumentensouveränität (2.1). Im zweiten Teil wird auf die historische Entwicklung des Paradigmas, ausgehend von den ideellen Wurzeln in der Aufklärung bei Adam Smith im 18. Jahrhundert über William H. Hutt, auf den der Begriff „Konsumentensouveränität" zurückgeht, bis hin zur Rezeption in der Wohlfahrtsökonomik eingegangen (2.2). Der dritte Teil befasst sich mit der Unterscheidung der positiv-deskriptiven und der normativen Begriffsebene (2.3). Im vierten Teil werden der Lebensqualitätsansatz und die ökonomische Glücksforschung als Ausgangspunkte der neueren Wohlfahrtsökonomik diskutiert (2.4). Ein fünfter Teil behandelt Modifikationen durch die Haushaltsproduktionstheorie Beckers und Lancasters und Rebound-Effekte (2.5). Im sechsten Teil geht es um Konsumentensouveränität in Struktur- und Handlungstheorien sowie die neue Institutionenökonomik (2.6). Im siebten Teil wird basierend auf der Grundlage der vorherigen Abschnitte auf Grenzen insbesondere der positiv-deskriptiv verstandenen bzw. ergebnisorientierten Konsumentensouveränität eingegangen (2.7).

Kapitel 3 stellt den Ansatz eines nachhaltigen Konsums vor. Im ersten Teil wird eine theoretische Fundierung vorgenommen, indem ausgehend von den weltweiten Bemühungen um eine nachhaltige Entwicklung der Begriff eines nachhaltigen Konsums umschrieben wird (3.1). Im zweiten Teil wird auf nachhaltigen Konsum als Gegenstand internationaler, europäischer und nationaler Politik eingegangen (3.2). Eine besondere Relevanz für die vorliegende Arbeit haben vier der 17 Sustainable Development Goals, die das Herzstück der Agenda 2030 bilden. Im dritten Teil werden normative Begründungen sowie positive ökonomische Theorien eines nachhaltigen Konsums genannt, wobei hier auf Ergebnisse von Kapitel 2 zurückgegriffen werden kann (3.3). Im vierten Teil werden die Auswirkungen des Konsums auf das ökologische, ökonomische und soziale Kapital analysiert (3.4). Im fünften Teil geht es insbesondere darum, inwiefern die Effizienzstrategie durch Rebound-Effekte beeinträchtigt wird und welche Potenziale und Risiken Konsistenz- bzw. Suffizienz-Strategien bieten (3.5).

Kapitel 4 analysiert sieben Ansätze eines nachhaltigen Konsums unter Berücksichtigung intelligenter Netze mit den Methoden der Typologie bzw. systematischen Literaturanalyse. Dazu werden im ersten Teil sieben Ansätze nachhaltigen Konsums systematisiert (4.1). Im zweiten Teil wird eine systematische Literaturanalyse zum Forschungsstand unter Berücksichtigung intelligenter Netze durchgeführt (4.2).

In Kapitel 5 werden weitere, ergänzende bzw. vertiefende Bewertungsinstrumente und staatliche Fördermöglichkeiten für nachhaltigen Konsum unter Berücksichtigung intelligenter Netze erörtert. Hierzu gehören unter anderem Lebenszyklusansätze wie die Ökobilanz, multi-kriterielle Ansätze sowie Ökoeffizienz-Analysen und eine Kreislaufwirtschaft (5.1). Dem Staat steht im Hinblick auf nachhaltigen Konsum eine Vielzahl von Fördermöglichkeiten und Instrumenten zur Verfügung, die typischerweise in ökonomische, ordnungsrechtliche und suasorische Instrumente gegliedert werden (5.2).

Abschließend werden in Kapitel 6 die Ergebnisse zusammengefasst und ein Ausblick auf offene Forschungsfragen gegeben.

2 Begründung der Konsumentensouveränität

Die Diskussion und Einordnung von Konsum und Konsumentensouveränität wurden schon früh und teilweise kontrovers in der Ökonomie behandelt. Adam Smith begründete Ende des 18. Jahrhunderts ein einflussreiches Paradigma der Nationalökonomie, demzufolge die Wirtschaftsordnung letztlich dem Zweck dient, die Bedürfnisse der Konsumenten zu befriedigen. Seine Idee der Konsumentensouveränität wurde zu einem konstitutiven Prinzip der Theorie der Ökonomie.

Heute wird das Paradigma der Konsumentensouveränität in der Ökonomie in einer Bandbreite von Begründungszusammenhängen verwendet. In der Österreichischen Schule und im Ordoliberalismus wurde Konsumentensouveränität erstens als „Marktdemokratie" interpretiert. Im Rahmen allgemeiner Gleichgewichtsmodelle wurde sie zweitens auf die Präferenzautonomie rationaler Konsumenten reduziert. Konsumentensouveränität gilt drittens in der Wohlfahrtsökonomie als Maß, das die Wirtschaft danach bewertet, in welchem Umfang sie dem Interesse des Konsumenten dient. In neueren Ansätzen der Verhaltensökonomie werden die Anforderungen an die Rationalität der Konsumenten reduziert, während die ökonomische Glücksforschung die normativen Grundlagen der Konsumentensouveränität neu untersucht und die Mikroökonomik in der Haushaltstheorie komplexere Modelle einschließlich der Zeitverwendung von Konsumenten entwickelt hat. Im Hinblick auf einen nachhaltigen Konsum ist die Sicht der Wohlfahrtsökonomie auf die Konsumentensouveränität von besonderer Relevanz. In diesem Kapitel soll der Frage nachgegangen werden, unter welchen Bedingungen Konsumentensouveränität Wohlfahrt und Lebensqualität erhöht.

2.1 Theoretische Fundierung der Konsumentensouveränität

Konsumentensouveränität ist in zwei verschiedenen Sinnzusammenhängen gebraucht worden: zum einen in einem deskriptiven, zum anderen in einem normativen Sinn. Im deskriptiven Sinn bedeutet sie, dass der Konsument der eigentliche Souverän der Wirtschaft sei: „the consumer is the ultimate king: production in a market economy is ultimately oriented toward meeting the wants of consumers. Production is the means, consumption the end" (Rothenberg, 1962, S. 269). Die Produktion in der Marktwirtschaft ist darauf ausgerichtet, die Bedürfnisse der Konsumenten zu erfüllen. Im normativen Sinn macht Konsumentensouveränität den Anspruch geltend, dass das Leistungsvermögen der Wirtschaft danach bewertet werden solle, in welchem Maß sie die Wünsche der Konsumenten erfüllt.

Im Folgenden geht es zunächst um die ökonomische Kategorie Konsum als Grundbegriff der Konsumentensouveränität (2.1.1). Anschließend wird das Konzept der Souveränität skizziert (2.1.2), um schließlich zum Paradigma der Konsumentensouveränität zu kommen (2.1.3).

2.1.1 Die ökonomische Kategorie Konsum

Konsum ist eine zentrale ökonomische *Kategorie*. In aristotelischer Tradition bezeichnen Kategorien die „allgemeinsten Gattungsbegriffe“. Eine Kategorie ist nach Aristoteles dasjenige, was von dem Seienden gesagt, behauptet wird. Kant bestimmt Kategorien als „Urbegriffe“ oder „Stammbegriffe des reinen Verstandes“, weshalb die *Grundbegriffe einer Theorie* deren „Kategorien“ heißen (Haug, 2008, S. 469 f., Rehfus, 2003). Moxter (1982, S. 5) umreißt die ökonomische Kategorie „Konsum“ in auch heute noch gültiger Knappheit wie folgt: „Konsum bedeutet *Bedürfnisbefriedigung durch Verbrauch knapper Güter*: Güter sind Bedürfnisbefriedigungsmittel; sie sind knapp, wenn sie für eine Bedürfnissättigung (volle Bedürfnisbefriedigung) nicht ausreichen.“

Die *Zweckursache*[1] und gleichzeitig das *Ziel der Konsumhandlung* ist die Bedürfnisbefriedigung bzw. Sättigung als erstrebenswerter Zustand. Bedürfnisbefriedigung kann selbst wiederum Mittel eines weiteren Zieles sein. Es gibt kein Fortschreiten ins Unendliche, denn die Reihe der Ziele wird durch ein Endziel abgeschlossen, das um seiner selbst willen angestrebt wird (Blume, 2003b). In utilitaristisch-hedonistischer Tradition wird das „*Glück*“ als *Endziel* verstanden (Bentham, 2007). Hier setzen aktuelle Untersuchungen der ökonomischen Glücksforschung an (2.4).

Objekte des Konsums sind knappe Güter. *Knappheit* ist eine weitere ökonomische Kategorie und setzt einen entsprechenden Bedarf bzw. ein Bedürfnis voraus. *Wirkursache* (causa efficiens) des Konsums ist das Bedürfnis bzw. das *Empfinden eines Mangels*, das den anfänglichen Anstoß zur Handlung gibt und das konstitutiv für das Zustandekommen und Fortbestehen des Konsums ist, so lange der Zustand der Befriedigung nicht erreicht ist (Blume, 2003a). Im Hinblick auf Beweggründe oder Ursachen des Handelns wird häufig der

---

1 Die causa finalis (Zweckursache) ist neben der causa formalis (Formursache), der causa materialis (Stoffursache) und der causa efficiens (Wirkursache) eine der vier grundlegenden Ursachen des Aristoteles (Blume, 2003b; Blume, 2003a).

Begriff des Motivs verwendet. In der Psychologie wird ein Bedürfnis als Zustand oder Erleben eines Mangels, verbunden mit dem Wunsch ihn zu beheben, definiert (Metz-Göckel, 2013). Gemäß neoklassischer Interpretation gilt die Prämisse: „die Bedürfnisse des homo oeconomicus sind potenziell unendlich" (Rolle, 2005, S. 180; Kirmes, 2014, S. 79).

Die ökonomische Kategorie Konsum findet u.a. in der „normalwissenschaftlichen" (Kuhn) mikroökonomischen Haushalts- bzw. Konsumtheorie ihren Ausdruck. Die Kernkonzepte der Konsumtheorie umfassen (i) die *Präferenzen* der Konsumenten, (ii) die daraus abgeleitete *Nutzenfunktion* und (iii) ihr beschränktes *Budget*.[2] Kritische Untersuchungen von Kategorien, wie hier von Konsum als ökonomischer Kategorie, müssen darüber hinaus führen (Hermann, 1978, S. 9; Haug, 2008, S. 485). In der vorliegenden Arbeit geht es um eine Weiterentwicklung des Paradigmas der Konsumentensouveränität im Hinblick auf einen nachhaltigen Konsum.

Fragen zum Prozess des Konsumierens wurde bis weit in das 20. Jahrhundert hinein wenig Beachtung zuteil (Piorkowsky, 2000, S. 189–191). Bis dahin galt das Forschungsinteresse schwerpunktmäßig der Analyse der Produktion, da die ausreichende Bereitstellung von Konsumgütern als das bestimmende Ziel gesehen wurde. Dass Konsum nicht nur eine Reaktion auf die Marktproduktion darstellt, sondern ein *komplexer*, individuell verschiedener *Handlungsprozess* ist, wurde erst in der Neuen Haushaltsökonomie berücksichtigt (Becker, 1965, S. 496; Lancaster, 1966; Pape, 2012, S. 29 f.).

Produkte besitzen demnach in der vom Markt bereitgestellten Form lediglich Vorleistungscharakter und noch keine tatsächliche Konsumreife. Für den endgültigen Konsum werden sie im Haushalt nochmals bearbeitet (Becker, 1965, S. 516). Lancaster betont, dass nicht die Güter an sich den Konsumenten von Nutzen sind, sondern vielmehr ihre Eigenschaften: „goods possess, or give rise to, multiple characteristics in fixed proportions and that it is these characteristics, not goods themselves, on which the consumer's preferences are exercised" (Lancaster, 1966, S. 154). Die nutzenstiftenden „characteristics" bzw. Eigenschaften werden als *„Commodities"* bezeichnet. Demnach hängt die Befriedigung eines bestimmten Bedürfnisses nicht von einem bestimmten Gut ab, sondern es kann eine Vielzahl von Kombinationen von

2 Auf die Darstellung der Grundzüge der Konsumtheorie wird an dieser Stelle aus Platzgründen verzichtet. Ausführliche Darstellungen finden sich in einschlägigen Lehrbüchern wie z.B. Varian (2011, S. 57 f., S. 707) oder Mankiw und Taylor (2006, S. 504). Eine zusammenfassende Kurzdarstellung der Axiome der Nutzenfunktion ist bei Kleine (2009, S. 28 f.) zu finden.

Marktgütern, Zeit und Fähigkeiten geben, die zu den gleichen Commodities führen. Haushalte stehen demnach komplexen Konsumentscheidungen gegenüber, die ihre kognitiven Fähigkeiten häufig übertreffen (Linscheidt, 1999). Lancaster (1966, S. 18) fasst die Hauptquellen suboptimaler Konsumentscheidungen wie folgt zusammen: „In consumption, as in production, the prime reasons for inefficient use of the existing technology are ignorance and lack of managerial skill. The consumer may not be aware that a certain good possesses certain characteristics or that certain goods may be used in a particular combination to give a specified bundle of characteristics." Die Ansätze von Becker und Lancaster fanden früh Anwendung in der Umweltökonomik. Seel und Hufnagel (1994) erklären damit die Diskrepanz zwischen persönlicher Sorge um den Zustand der Umwelt und dem tatsächlichen Umweltverhalten. Hinsichtlich nachhaltigen Konsums ist die Kernfrage, ob es Neukombinationen von Gütern gibt, die zu den gleichen Commodities führen. Die Sichtweise der Neuen Haushaltsökonomie ist heute Mainstream der Ökonomik (Pape, 2012). Gleichzeitig gibt es Parallelen zum Capabilities-Ansatz (2.4.2), der in der neuen Wohlfahrtsökonomik zunehmend Beachtung fand.

Zusammenfassend ist festzuhalten, dass neuere Ansätze zur Analyse des Konsums in der ökonomischen Glücksforschung, der Mikroökonomie sowie der Verhaltensökonomik zu finden sind.

2.1.2 Inhaltliche Begründung der Souveränität

Konsumenten sind *Träger* der Konsumentensouveränität. Der zentrale Begriff der *Souveränität* ist eng mit dem modernen *Staatsbegriff* verbunden (Klippel, 1990, S. 107). Bodin definiert Souveränität als die *höchste Letztentscheidungsbefugnis* im Staat, die höchste, unteilbare Befehlsgewalt, die absolute, dauerhafte Gewalt im Staat (Bodin, 2005, S. 19, 24 f.). Zentrales Merkmal der Souveränität ist die Gesetzgebungsgewalt des Souveräns gegenüber seinen Untertanen (siehe ausführlich Heuser, 2014, S. 110). Marti (2003, S. 165 f.) fasst in einer Definition zusammen:

> „Unter Souveränität wird ein Herrschaftsanspruch verstanden, der den Staat nach innen und außen konstitutiert. Souveränität ist jedoch nicht mit unbeschränkter Handlungsfähigkeit oder willkürlicher Machtausübung gleichzusetzen, sondern bedeutet ein diesseits wie jenseits der territorialen Grenzen anerkanntes Recht. Innerhalb der Grenzen wird der Träger der Souveränität als höchste rechtliche Autorität anerkannt (innere Souveränität), außerhalb der Grenzen als freies und gleichberechtigtes,

von jeder äußeren Autorität unabhängiges Subjekt politischen Handelns (äußere Souveränität; (Marti, 2003, S. 166; Miliopoulos, 2012, S. 113).

Bezüglich des Trägers der staatlichen Souveränität ist in der Regel die „Souveränität *des Volkes* im Sinne einer freien Willensgemeinschaft gleichberechtigter Staatsbürger" gemeint (Boldt, 1990, S. 124). Die Betonung der Gemeinschaft wendet sich gegen eine atomistische Vorstellung von der Volkssouveränität, d.h. gegen die Idee vom Volk als (beliebiger) Menge souverän entscheidender Individuen (Hegel, 2004). Träger der Konsumentensouveränität sind analog „die Konsumenten". Die Feststellung eines Mehrheitswillens der Konsumenten unterliegt *quasi-demokratischen Willensbildungsprozessen*. Im Hinblick auf *Gleichberechtigung* zeigen sich die Grenzen des Analogieschlusses, denn bei „den Konsumenten" kann – im Unterschied zu „den Staatsbürgern" – aufgrund der *Ungleichverteilung des Einkommens* nicht ohne weiteres von Gleichberechtigung ausgegangen werden.[3] Ein weiterer Unterschied zwischen staatlicher und Konsumentensouveränität besteht in der *Rechtsgrundlage*. Das Volk gibt sich eine geschriebene *Verfassung*; diese ist im Grundgesetz kodifiziert: „Alle Staatsgewalt geht vom Volke aus" (Art. 20 Abs. 2 GG). Analog könnte an die Stelle des Begriffs „Staat" bei der Konsumentensouveränität der Begriff „Markt" treten. Die Konsumentensouveränität hat keine einer Verfassung vergleichbare Rechtsgrundlage.[4]

Während beim deutschen Begriff Konsumentensouveränität nicht unmittelbar ersichtlich ist, ob es sich um die Souveränität eines einzelnen Konsumenten oder um die Souveränität der Gesamtheit der Konsumenten handelt, verdeutlicht die englische Originalschreibweise „consumers' sovereignty", dass der Plural gemeint ist. Konsumentensouveränität steht in engem Zusammenhang mit *Präferenzautonomie*, die besagt, dass die Individuen ihre Präferenzen selbst bestimmen können (van Bömmel, 2003, S. 17; Eidenmüller, 2005, S. 47; Künzler, 2008, S. 182 ff., Angner, 2016). Harsanyi (1982, S. 55) umschreibt Präferenzautonomie folgendermaßen: „in deciding what is good or what is bad for a given individual, the ultimate criterion can only be his own wants and his own preferences". Towse (2011, S. 428) formuliert: „every individual is the best judge, and indeed, the only judge, of his or her welfare."

Bei Autoren der Österreichischen Schule wird Konsumentensouveränität häufig mit formaler, prozessorientierter *Konsumfreiheit* gleichgesetzt, was

---

3 Siehe Abschnitt 2.2.1 auf S. 35.

4 Allenfalls könnte die Generalklausel der allgemeinen Handlungsfreiheit in Art. 2 Abs. 1 GG herangezogen werden.

unzureichend ist, wie in Abschnitt 2.2.2 darzustellen sein wird. Im Gegensatz dazu baut das ergebnisorientierte Begriffsverständnis der Wohlfahrtsökonomie von Konsumentensouveränität auf dem Bedürfnis- sowie dem Nutzenbegriff auf, wobei eine Reihe von Prämissen über die Beschaffenheit der Bedürfnisse vorausgesetzt werden, die nicht unproblematisch sind, wie in Abschnitt 2.2.3 zu zeigen ist.

2.1.3 Das Paradigma Konsumentensouveränität

Konsumentensouveränität wird als *Paradigma* verstanden (Beschorner, 2000, S. 190; Rogall, 2009, S. 593). Hutt selbst bezeichnet Konsumentensouveränität als *Idee* (Hutt, 1940, S. 66; Binder, 1996) oder *Norm* (Hutt, 1940, S. 70). In der Literatur wird sie alternativ als *Leitbild*,[5] *Prinzip*,[6] *Konzept*[7] oder *Annahme*,[8] bezeichnet.

Die Dissonanz dieser Begrifflichkeiten hat Implikationen für die assoziierten wissenschaftlichen Theorien und Modelle. Im Folgenden soll der Paradigmenbegriff Kuhns Verwendung finden, da er ein Verständnis der Entwicklung der wirtschaftswissenschaftlichen Vorstellung von Konsum und Konsumenten ermöglicht (Kuhn, 1962). Hierbei handelt es sich um ein zyklisches Phasenmodell für die Wissenschaftsentwicklung. Unter Paradigmata versteht Kuhn „allgemein anerkannte wissenschaftliche Errungenschaften, die für eine gewisse Zeit einer Gemeinschaft von Fachleuten modellhafte Probleme und Lösungen liefern“ (Kuhn, 1969, S. 10). In einem *weiten* bzw. *allgemeinen* Sinn bezeichnen Paradigmata Überzeugungen, Werte und Techniken, die die Mitglieder einer Gemeinschaft teilen (Kuhn, 1969, S. 186). Hoyningen-Huene (2010, S. 267 f.) fasst zusammen:

> „In dieser allgemeinen Bedeutung ist mit ‚Paradigma‘ eine *grundsätzliche Orientierung* gemeint, die sich einer gewissen allgemeinen Anerkennung erfreut und die in

5 Siehe Hansen und Schrader (2009, S. 465) und Binder (1996).

6 Lerch (2000, S. 174) verwendet primär den Begriff „Prinzip“ neben „Konzept“. Norton u. a. (1998, S. 196) verwenden teilweise die Bezeichnung „principle“. Crocker u. a. (1998) verwenden den Begriff „consumer sovereignty principles“, den sie dem „utility maximization paradigm“ zuordnen.

7 Binder (1996) sowie Lerch (2000, S. 175) bezeichnen sie teilweise als „Konzept“. Der Titel von Hutts einschlägigem Artikel lautet „The concept of consumers’ sovereignty“ (Hutt, 1940), was gelegentlich falsch mit „Konzept“ übersetzt wird, jedoch im Sinne von „Begriff“ oder „Idee“ zu verstehen ist.

8 Norton u. a. (1998, S. 193) bezeichnen sie vorzugsweise als „assumption“.

> verschiedenen konkreten Anwendungsfällen zum Ausdruck kommt. ... Verbreitet ist etwa eine Charakterisierung durch den *Gegenstandsbereich* der entsprechenden Wissenschaft, die *typischen Fragen*, die hinsichtlich dieser Gegenstände gestellt werden, und die *typischen Methoden*, die zur Beantwortung dieser Fragen verwendet werden. Paradigmen sind dann für bestimmte Schulen charakteristisch, innerhalb derer es, jedenfalls im Kontrast zu anderen Schulen, einen gewissen Grundkonsens hinsichtlich Gegenständen, Fragestellungen und Methoden gibt."

Revolutionäre Einschnitte im Wissenschaftsverlauf werden von Kuhn als Paradigmenwechsel bezeichnet. In ihnen werden Paradigmen im engen Sinn[9] zusammen mit den assoziierten Paradigmen im weiten Sinn[10] aufgegeben und durch neue ersetzt. Die Folgen dieses Vorgangs werden von Kuhn unter dem Begriff der „Inkommensurabilität" zusammengefasst. Damit ist gemeint, dass es kein gemeinsames begriffliches Maß für die beiden Theorien gibt (Hoyningen-Huene, 2010, S. 269). Im folgenden Kapitel (3) wird zu prüfen sein, inwiefern eine nachhaltige Entwicklung zu Inkommensurabilitäten mit der Konsumentensouveränität führt bzw. inwiefern nachhaltiger Konsum durch Konsumentensouveränität erreicht werden kann.

Der weiter gefasste Begriff des Paradigmas wird dem Begriff der Annahme vorgezogen, wenn die Annahme im Folgenden selbst Untersuchungsgegenstand ist. Viele Autoren setzen Konsumentensouveränität explizit oder implizit als Annahme voraus. Bei Annahmen handelt es sich um solche Aussagen, die als gegeben hingenommen werden und unter Umständen zwar begründet und reflektiert werden, jedoch nicht weiter überprüft werden. Norton u. a. (1998, S. 193) kennzeichnen sie explizit als solche. Van Bömmel (2003, S. 10 f.) zieht es gar nicht erst in Erwägung, Konsumentensouveränität selbst auf die Probe zu stellen (Idies, 2015, S. 159f.), und für Smith wäre „es töricht [...], sie noch beweisen zu wollen" (Smith, 2013, S. 558).

Alternativ wird Konsumentensouveränität als „Konzept" bezeichnet. Mit Woll (2007, S. 18) wird unter einer Konzeption eine wissenschaftliche Verfahrensweise verstanden. Die Konzeption der Konsumentensouveränität geht auf ordoliberale Autoren wie William Hutt, Wilhelm Röpke, Franz Böhm, Ludwig von Mises und Walter Eucken zurück (Idies, 2015, S. 160).

Bräuer (2003) versteht Konsumentensouveränität als „Prinzip".[11] Prinzipien stehen am Beginn theoretischer Systementwürfe oder praktischer

9 sog. „Musterbeispiele"

10 exemplarische Problemlösungen, symbolische Verallgemeinerungen, Werte, Modelle und ontologische Grundvorstellungen

11 Vgl. FN 6. Die Bezeichnung „Prinzip" ist dem lat. Wort „principium" entlehnt, das „Anfang", „Ursprung" oder „Grundlage" bedeutet.

Handlungsorientierungen und geben einen Begründungszusammenhang an, der die inhaltliche und methodische Grundlage abgibt (Bräuer, 2003). Der Begriff des Prinzips weist eine inhaltliche Nähe zum Paradigmenbegriff auf, wobei der zyklische Aspekt der Wissenschaftsentwicklung fehlt. Es scheint angemessen zu sein, Konsumentensouveränität im Folgenden als Paradigma zu verstehen, da die Frage zu klären ist, inwiefern eine Weiterentwicklung der ökonomischen Theorie des Konsums erforderlich ist, um eine Kohärenz mit den Erfordernissen einer nachhaltigen Entwicklung herzustellen.

Tamm (2011) stellt fest, dass Konsumentensouveränität heute vor allem „zur Beschreibung eines Idealzustandes“ verwendet wird: „Die Herstellung von Konsumentensouveränität ist dann eine Zielvorstellung, die es zu erreichen gilt“ (Tamm, 2011, S. 146). Die Bezeichnungen „Ideal“, bzw. „Idee“ weisen auf die ontologische Ideenlehre Platons hin. In der neueren philosophischen Literatur wird eine ontologische Relevanz von Ideen bestritten (Eichler, 2011, S. 1186 f.).[12] Ideen können nach Kant als regulative Prinzipien verstanden werden, die den Zweck haben, das menschliche Handeln zu leiten (Bräuer, 2003). Einige Autoren bezeichnen Konsumentensouveränität als „Leitbild“; dies wird hier an einigen Stellen übernommen.[13]

In den folgenden Abschnitten wird die paradigmatische Bedeutung der Konsumentensouveränität darzustellen sein, wobei auf Brüche und Weiterentwicklungen hingewiesen wird. In Kapitel 3 wird das Leitbild des nachhaltigen Konsums spiegelbildlich gegenübergestellt.

2.2 Paradigmatische Bedeutung der Konsumentensouveränität

Das Primat des Konsuminteresses der Aufklärung (2.2.1), das sich im 20. Jahrhundert zur Idee der Marktdemokratie entwickelte, bildet den paradigmatischen Kern der Konsumentensouveränität. Den Begriff prägte der englisch-südafrikanische Ökonom William Hutt in den 1930er Jahren (2.2.2). Die Wohlfahrtsökonomik knüpft die Konsumentensouveränität in der Präferenztheorie an strikte Prämissen (2.2.3).

---

12 Konsumentensouveränität wird von Kritikern wie Biervert u. a. (1978, S. 32, 35) folgerichtig als „ontologischer Irrtum“ bezeichnet.

13 Siehe FN 5 auf S. 32. Kritiker von Hutt verwenden den Begriff „Doktrin“ (Hutt, 1940). Smith (2013, S. 558) verwendet die inhaltlich verwandte Bezeichnung „Maxime“.

2.2.1 Von der Aufklärung zur Marktdemokratie

Adam Smith begründet 1776 mit seinem Hauptwerk „Der Wohlstand der Nationen" ein neues Paradigma in der klassischen Nationalökonomie (Nielen, 2000, S. 3). Seine These zum Konsum erscheint ihm selbstverständlich, weshalb er sie unbegründet lässt (Jeschke, 1975, S. 19):

> „Der Verbrauch allein ist Ziel und Zweck einer jeden Produktion, daher sollte man die Interessen des Produzenten eigentlich nur soweit beachten, wie es erforderlich sein mag, um das Wohl des Konsumenten zu fördern. Diese Maxime leuchtet ohne weiteres ein, so dass es töricht wäre, sie noch beweisen zu wollen" (Smith, 2013, S. 558).

Von Hutt (1940) stammt die Idee der Parallelität der Souveränität des Konsumenten und des Wählers in einer Demokratie, die dem weiteren Diskurs eine Orientierung gibt (van Bömmel, 2003, S. 34 f.) und sich paradigmatisch als prägend erweist.[14] Rezipienten Hutts umschreiben die Konsumentensouveränität häufig als *Marktdemokratie* (von Mises, 1949) oder *Demokratie der Konsumenten* (Röpke, 1948).

> „The consumers ... determine the income of every member of the market economy. The consumers, not the entrepreneurs, pay ultimately the wages earned by every worker. ... With every penny spent the consumers determine the direction of all production processes and the minutest details of the organization of all business activities. This state of affairs has been described by calling the market a democracy in which every penny gives a right to cast a ballot" (von Mises, 1949, S. 271).

Die Idee einer *Marktdemokratie* bildet eine Parallele zur Wähler-Souveränität in der Demokratie. Einschränkend ist anzumerken, dass das Einkommen in der Marktdemokratie ungleich verteilt ist, weshalb die „Stimmzettel" ungleichmäßig verteilt sind (Röpke, 1948, S. 166 ff.):

> „Der Prozeß der Marktwirtschaft ist sozusagen ein ‚plébiscite de tous les jours', in dem jedes von den Konsumenten ausgegebene Frankenstück einen Stimmzettel darstellt und die Produzenten durch ihre Reklame ‚Wahlpropaganda' für eine unabsehbare Zahl von Parteien (d.h. Gütergattungen) zu machen versuchen. Diese Demokratie der Konsumenten (‚Frankenstück nach Frankenstück') hat zwar den – übrigens weitgehend korrigierbaren – Nachteil einer sehr ungleichmäßigen Verteilung der Stimmzettel, aber auch den Vorteil eines vollendeten Proporzsystems: es findet keine Majorisierung der Minderheiten statt, und jeder Stimmzettel kommt zur Geltung. Wir erhalten damit eine Marktdemokratie, die an geräuschloser Exaktheit die vollkommenste politische Demokratie übertrifft" (Röpke, 1948, S. 167).

---

14 Hutt verwendet den Begriff „consumers' sovereignty" erstmals in einer Publikation von 1934 (Hutt, 1940, S. 66, FN 2).

Von Mises (1949, S. 270) charakterisiert das Konsumentenhandeln als von Egoismus geprägt, wandelbar und Moden unterworfen:

> „[The consumers] determine precisely what should be produced, in what quality, and in what quantities. They are merciless egoistic bosses, full of whims and fancies, changeable and unpredictable. For them nothing counts other than their own satisfaction. They do not care a whit for past merit and vested interests. If something is offered to them that they like better or that is cheaper, they desert their old purveyors. In their capacity as buyers and consumers they are hard-hearted and callous, without consideration for other people.“

Die Unternehmen sind gezwungen, den Aufträgen der Konsumenten Folge zu leisten:

> „The consumer is in a position to give free reign to his caprices and fancies. The entrepreneurs, capitalists, and farmers have their hands tied; they are bound to comply in their operations with the orders of the buying public. The slightest deviation, whether willfully brought about or caused by error, bad judgment, or inefficiency, restricts their profits or makes them disappear“ (von Mises, 1949, S. 271).

In der aktuellen Literatur gibt es Belege für diese Sichtweise:

> „According to the intuition behind the ideal of ‚consumer sovereignty‘ individuals are – in a certain sphere – entitled to make their own choices *whatever the consequences for themselves or others.* Taking this entitlement as fundamental, the process of choice making of several individuals should *not* be evaluated in terms of its results but only according to the extent to which it lets sovereign consumers make their own choices. If sovereign choice making is good then this renders its results good, not vice versa. In short, not the outcomes justify the process, the process justifies the outcomes. ... This deviates from conventional welfare economic evaluations of mechanisms“ (Güth und Kliemt, 2013, S. 84 f.).

Im Folgenden soll ein Blick auf Hutts ursprüngliches Verständnis der Konsumentensouveränität geworfen werden.

2.2.2 Begriffsbildung durch William H. Hutt

Hutt definiert Konsumentensouveränität als Form der gesellschaftlichen Kontrolle über die Verwendung der knappen Ressourcen der Volkswirtschaft (Hutt, 1940, S. 66).

> „The consumer is sovereign when, in his role of citizen, he has not delegated to political institutions for authoritarian use the power which he can exercise socially through his power to demand (or refrain from demanding)“ (Hutt, 1936, S. 257).

Hutt bezeichnet Konsumentensouveränität als Mechanismus, der – innerhalb der gegebenen Grenzen von Einkommensungleichheiten – unpersönlich und unvoreingenommen wirke. Ein maßgeblicher Einfluss der Preise stellt somit effektiv sicher, dass jene Bedürfnisse befriedigt werden, die von der Gesellschaft offenbart werden (Hutt, 1940, S. 70).

Gemäß der normativen Begründung Hutts garantiert die soziale Kontrolle durch Konsumentensouveränität in einer Gesellschaft ein Höchstmaß an Freiheit (Hutt, 1936, S. 257, 266 f., S. 295 ff., Binder, 1996, S. 147). Hutt fordert keine „laissez-faire"-Haltung des Staates (Vanberg, 2009, S. 63 f.): „[Consumers' sovereignty] does not imply State passivity. [...] Hence economic freedom as I understand it does not mean *laissez-faire* in the *popular sense*. It simply means the end of pressure-group planning; and the beginning of institutional planning" (Hutt, 1943, S. 215). Hutt bezieht sich auf den *Verfahrensaspekt von Freiheit* bzw. die *negative Freiheit* (Binder, 1996, S. 150). Dies ist in neuerer Zeit von Autoren kritisiert worden, die den Chancenaspekt der Freiheit bzw. die materiale Freiheit betonen (Sen, 2000b; Sen, 2002).

Hutts Verständnis von Konsumentensouveränität als Marktdemokratie beinhaltet drei relevante Aspekte:

- die Unterscheidung mehrerer Rollen des Individuums als Konsument, Produzent und Bürger,
- ein zugrundeliegendes Menschenbild, das Fehler und widersprüchliche Motive zulässt sowie
- Präferenzen als Bewertungsmaßstab.

Erstens nimmt jedes Individuum mehrere (i) *Rollen* ein, da es einerseits „consumer and producer (sovereign and subject) aspects" aufweist (Hutt, 1940, S. 68). Konsumentensouveränität ist nach Hutt daher vom *Produzentenermessen* abzugrenzen:

> „The term ‚consumers' sovereignty' attempts to describe a particular content of ‚demand in general'; ... All effective choice between ends of this nature by free individuals is a manifestation of *consumers' sovereignty*; just as choice between means is, under my terminology, a manifestation of *producers' discretion*. ... As I have used the term, it covers the expression of *all* human preferences in respect of ends; in so far as those ends are confronted with scarce means" (Hutt, 1940, S. 66 f.).

Andererseits grenzt Hutt Konsumentensouveränität gegenüber der *Bürger-* bzw. *Wählersouveränität* ab: „... it should be explained at this stage that I conceive of the choice between ends for which the means are scarce as being appropriately expressible (under democratic institutions) in the case of collective wants through *electors' sovereignty*. Real controversies, it seems, must centre round the problem which wants are actually ‚collective‘ in nature“ (Hutt, 1940, S. 66, FN 3).

Hutts (ii) *Menschenbild* lässt Fehler und Widersprüche der Konsummotive zu:

> „Hutt's consumers are real human beings driven by all sorts of contradictory and competing motives. They depend on no particular theory of psychology or sociology. Hutt's defense of consumer sovereignty, appealing as it does to a broad commitment to a tolerant society, requires no assumptions concerning the self-knowledge and rationality of consumers“ (Persky, 1993, S. 190).

Hutt war skeptisch, was die Fähigkeiten der Konsumenten angeht, ihre eigenen Interessen erkennen und befriedigen zu können. Im Unvermögen vieler Konsumenten, rationale Entscheidungen zu treffen und dadurch ihren Nutzen zu maximieren, sieht er keinen Grund, Konsumenten nicht als Souverän zuzulassen (Hutt, 1936, S. 273 ff., Binder, 1996, S. 147 f.):

> „The fact that restraints on individual preference are sometimes defensible does not justify the conclusion that consumers' sovereignty cannot rightly be allowed to become the supreme controlling force in the field of human relations“ (Hutt, 1936, S. 278).

Schließlich prägte Hutt den *normativen* Anspruch, da letztlich die (iii) *Präferenzen* der Konsumenten für eine Bewertung der Produktion maßgeblich sind: „the goodness or success of productive effort can be judged only in the light of consumers' preferences“ (Hutt, 1936). Binder (1996, S. 183) fasst zusammen: „Die Konsumenteninteressen bleiben der archimedische Punkt jeder ökonomischen Bewertung des Wirtschaftssystems, seiner Institutionen oder der politischen Maßnahmen.“ Diesen Anspruch teilt insbesondere die Wohlfahrtsökonomik (2.2.3).

Kritisch ist anzumerken, dass das Konzept der Konsumentensouveränität ignoriert, dass Konsumenten substantieller Manipulation durch Produzenten ausgesetzt sind (z.B. Werbung) und daher nach Ansicht von Galbraith (1958) kaum als souverän gelten können. Zudem wird kritisch angemerkt, dass das Marktergebnis stark von der anfänglichen Einkommensverteilung abhängt. Individuen, deren Budget lediglich einen Konsum auf oder unter dem Niveau des Existenzminimums erlaubt, haben praktisch keinen Entscheidungsspielraum und ihr Stimmrecht im Markt ist stark verzerrt. Problematisch erscheint zudem, dass Hutt (1940, S. 311) nicht ausreichend klarstellt, wo die Grenzen zwischen Bürger- und Konsumentensouveränität verlaufen.

2.2.3 Verknüpfung mit der Präferenztheorie

Die Wohlfahrtsökonomik befasst sich mit der Sicherung und Steigerung der Befriedigung menschlicher Grundbedürfnisse und von Lebensqualität sowie insbesondere mit der Fragestellung, wie die Wohlfahrt mit ökonomischen Mitteln erfasst und durch die Politik beeinflusst werden kann (von Hauff, 2014, S. 45; Kleine, 2009, S. 25 f., Sohmen, 1992, S. 1–29). Die Wohlfahrtsökonomik geht vom grundlegenden Werturteil der Konsumentensouveränität aus, denn letztlich sind die *Präferenzen* der einzelnen Konsumenten für die Wohlfahrt der Gesellschaft bestimmend (Neck und Schneider, 2013, S. 59): „happiness is getting what you want" (Paulsen, 2014, S. 56; Mulgan, 2007, S. 61, 92). Konsumentensouveränität bildet den Kern der gesamten Wohlfahrtsökonomie (Binder, 1996, S. 184; Penz, 2008, S. 1). Da die Wohlfahrtsökonomik im Gegensatz zu einer positiven Ökonomik nicht nur empirisch nachweisbare Tatbestände modelliert, sondern für eine Konkretisierung der abgebildeten Sachverhalte auch Werturteile zulassen muss, gehört sie zur normativen Ökonomik.

Die meisten Wohlfahrtsökonomen vertreten bezüglich Konsum die normative Auffassung, dass Wohlfahrt in *Wunscherfüllung* besteht (Präferenztheorie[15]; Hédoin, 2016; Witt, 2014, S. 412; Mulgan, 2007, S. 62, 71–83; Sumner, 1999, S. 113–137; Harsanyi, 1982, S. 55). Hierbei handelt es sich um eine *subjektivistische* Theorie der Lebensqualität. Diese Theorie postuliert einen konstitutiven Zusammenhang zwischen „Wohlergehen" und „bevorzugen" einerseits und zwischen „bevorzugen" und „wählen" andererseits, der Konsumwahl und Lebensqualität untrennbar verbindet. Die doppelte Verknüpfung zwischen Konsumwahl und Präferenz und Präferenz und Wohlfahrt ist der zentrale normative Aspekt der Präferenztheorie (Sen, 1982, S. 66–69). Eine aktuelle methodische Analyse von Sens Kritik der Präferenztheorie bietet Hédoin (2016).

Im Mittelpunkt stehen die *Präferenzen*, d.h. die auf den subjektiven Vorlieben des Individuums beruhenden Wünsche (Paulsen, 2014). Weitere normative Werturteile neben der Konsumentensouveränität sind (Hausman und McPherson, 2006, S. 19):

- eine teleologische Ethik einerseits und
- ein methodologischer Individualismus andererseits.

Die Wohlfahrtsökonomik bewertet zum einen ökonomische *Ergebnisse*, nicht Prozesse; sie vertritt demnach eine teleologische Ethik. Hier fällt die konträre

15 Im Englischen „revealed preference theory" (RPT).

Auffassung Hutts von Konsumentensouveränität als Aspekt des Konsumprozesses deutlich auf. Beide Positionen stellen Extreme dar, wobei viele ökonomische Theorien sich dazwischen verorten. Zum anderen sind für die Wohlfahrtsökonomik die *Konsequenzen für Individuen*, nicht für Gruppen oder die Umwelt maßgeblich für die Bewertung der Ergebnisse (methodologischer und normativer Individualismus). Das *individualistische Verständnis* von Konsumentensouveränität in der Wohlfahrtstheorie ist somit auf die *Präferenzautonomie* verkürzt (van Bömmel, 2003, S. 17; vgl. 2.1.2). An dieser Stelle ist zu beachten, dass Konsumentensouveränität nur für die heute lebenden Konsumenten definiert wird. Künftige Generationen werden von der Konsumentensouveränität nur insoweit berücksichtigt, falls Konsumenten bei ihren alltäglichen Konsumentscheidungen das Wohl ihrer Enkel und Urenkel stets mit erwägen – eine eher unrealistische Annahme, wie der Befund der hyperbolischen Diskontierung (vgl. 2.7) beispielhaft zeigt. In der Praxis kommt es zu einer Höhergewichtung heutiger gegenüber künftiger Generationen.[16]

Die Steigerung der Wohlfahrt dient der Gewährung eines näher zu bestimmenden Lebensstandards, der materiell akzentuiert verstanden wird. Die Wohlfahrtsökonomik entwickelt mikroökonomisch fundierte Modelle zur Messung der Wohlfahrt. In der Mikroökonomik sind axiomatisch-deduktive Aussagensysteme konzipiert worden, um das Konsumentenverhalten zu beschreiben und zu erklären (von Hauff, 2014, S. 45; Wack, 1975, S. 3; Binder, 1996, S. 201–209; Witt, 2014, S. 412 f.). Zentraler Baustein ist die Nutzentheorie einschließlich Rationalität und vollständiger Information (vgl. 2.2.4).

2.2.4 Modell des rationalen Konsumenten

Konsumentensouveränität ist in mikroökonomischen Modellen mit restriktiven Rationalitätsannahmen verknüpft. Ein Modellkonsument muss zunächst sämtliche Bedürfnisse, die er empfindet, in eine Rangfolge zu bringen. Im nächsten Schritt verteilt er sein knappes Budget gemäß dieser Rangfolge. Die Rangfolge ist somit ausschlaggebend für die Konsumentscheidung. Im Grundmodell wählen Konsumenten zwischen alternativen Warenkörben. Mathematisch lassen sich die Präferenzen der Konsumenten als binäre Relationen darstellen. Die zugrunde liegenden Konzepte stammen aus der ma-

16 Dies ist etwa bei der Berechnung von Umweltschäden durch CO_2-Emissionen der Fall (vgl. Abschnitt 5.2.1).

thematischen Logik. Ein Konsument kann alternative Warenkörbe x und y paarweise nach ihrer Erwünschtheit reihen (auf einer ordinalen Skala bzw. Rangordnung). Eine Rangordnung von Warenkörben muss mindestens zwei Eigenschaften bzw. Axiome erfüllen (Sen, 1979a, S. 8):

- Vollständigkeit: der Konsument kann alle Warenkörbe vergleichen und bewerten. Es entsteht eine subjektive Rangordnung der Warenkörbe[17].
  $\forall x, y : (x \neq y) \longrightarrow (x \succcurlyeq y \vee y \succcurlyeq x)$.
- Transitivität: ein Konsument, der den Warenkorb x dem Warenkorb y vorzieht und zudem y dem Warenkorb z, auch x gegenüber z vorzieht. Aussagen über Warenkörbe können daher durch logisches Verbinden auf andere Warenkörbe übertragen werden.
  $\forall x, y, z : (x \succcurlyeq y \wedge y \succcurlyeq z) \longrightarrow x \succcurlyeq z$.

Diese Annahmen bilden die Grundlage *rationalen Verhaltens* in der ökonomischen Theorie: Hat ein Konsument eine Reihe von Alternativen zur Auswahl, so entscheidet er sich auf der Basis einer vollständigen und transitiven Präferenzordnung zugunsten der gemäß dieser Präferenzordnung als am besten erachteten Alternative (von Böventer, 1991, S. 60).

Die Kritik an den Axiomen der Vollständigkeit und der Transitivität lautet, dass sie zu streng seien, um eine realistische Beschreibung des Konsumentenverhaltens zu erlauben. Von Böventer (1991, S. 60) bewertet die Vollständigkeitsannahme als unangemessen, wenn lediglich partielle Information über die Präferenzen des Konsumenten vorliegt, oder wenn realistische Grenzen seines Urteilsvermögens angenommen werden. Den Konsumenten sind zum einen die sie interessierenden Güterqualitäten (z.B. von Gebrauchtwagen) häufig nicht bekannt, zum anderen fehlen Informationen über die Umstände (z.B. das Wetter bei der Wahl des Urlaubsortes), unter denen Güter konsumiert werden. Einen theoretischen Zugang bietet die Informationsökonomik mit der Unterscheidung von Such-, Erfahrungs- und Vertrauenseigenschaften von Gütern (vgl. 3.3.1). In Weiterentwicklungen des Grundmodells wird von beschränkter Rationalität („bounded rationality“) ausgegangen (Kahneman, 2003b; Thaler, 1980; Simon, 1957). Unvollständige Präferenzen werden durch unpräzise (mengenwertige) Wahrscheinlichkeiten wiedergegeben.[18]

17 Das Symbol $\succ$ bedeutet im Ausdruck $x \succ y$ „x wird y streng vorgezogen“ und das Symbol $\succcurlyeq$ bedeutet im Ausdruck $x \succcurlyeq y$ „x wird gegenüber y schwach bevorzugt“ (ausführlich bei Varian, 2016, S. 36).

18 Auf diese Modelle wird hier nicht näher eingegangen. Statt dessen wird auf die Literatur verwiesen. Nau (2006) gibt einen Überblick über Modelle der statistischen Entscheidungstheorie mit unterschiedlichen Graden und Typen von Ungenauigkeit.

Die Transitivitätseigenschaft von Präferenzrelationen ist durch experimentelle psychologische Forschung deutlich in Frage gestellt worden (Tversky u. a., 1990; Grether und Plott, 1979; Lichtenstein und Slovic, 1971; Lichtenstein und Slovic, 1973; Lindman, 1971). Ein Erklärungsansatz besteht darin, dass Menschen ungleiche Objekte, Zustände oder Sachverhalte (Paare von Warenkörben oder unterschiedliche Temperaturen oder Farbtöne) nur dann als unterschiedlich beurteilen, empfinden oder wahrnehmen können, wenn die Unterschiede nicht zu gering sind. Demnach müssen die Unterschiede ein Mindestmaß, die sog. Fühlbarkeitsschwelle, überschreiten (von Böventer, 1991, S. 65).

Tabelle 2.1: **Decoy-Effekt bzw. Präferenzabhängigkeit von irrelevanten Alternativen.** Quelle: Ariely (2008).

Economist.com-Angebote		Preis
Option 1	Web-Abonnement	\$59
Option 2	Print-Abonnement	\$125
Option 3	Print- + Web-Abonnement	\$125

Bestimmte Abweichungen von der Transitivität können durch die *Salienz-Theorie* erklärt werden (Bordalo u. a., 2013; Herweg u. a., 2017). Ariely (2008) konnte empirisch zeigen, dass Hersteller von Markenprodukten ihren Absatz fördern können, indem sie zusätzliche Köder- bzw. Lockvogel-Angebote anbieten, die die *Qualität* der eigenen Produkte positiv und den *Preis* der Konkurrenz-Produkte negativ betonen. In Tabelle 2.1 ist ein Experiment von Ariely (2008) dargestellt: Wenn nur Option 1 und 3 angeboten wurden, wählten zwei Drittel der Konsumenten Option 1 (Option 1 $\succcurlyeq$ Option 3). Durch Einführung von Option 2 kehrte sich die Präferenzordnung um, so dass vier Fünftel der Konsumenten Option 3 wählten (Option 3 $\succcurlyeq$ Option 1). Da Option 2 von Option 3 dominiert wird und somit irrelevant ist, wird sie als „decoy“ (Köder) bezeichnet. Der Effekt, der durch die Einführung einer irrelevanten Alternative erzielt wird, wird als Decoy-Effekt bezeichnet. Die Salienz-Theorie bietet einen Erklärungsansatz für den Erfolg solcher Strategien: Im Unterschied zum rationalen Konsumenten, der Preis und Qualität eines Produkts in einem Warenkorb gleich gewichtet, misst ein salienter Konsument dem auffälligen, salienten Attribut (hier: Qualität) ein höheres Gewicht bei (Herweg u. a., 2017).

Während Vollständigkeit und Transitivität als Mindestanforderungen an Rationalität gelten, wird in der Regel noch eine weitere Annahme für rationales Konsumentenverhalten getroffen (von Böventer, 1991, S. 67):

- Monotonie bzw. Nichtsättigung: „Mehr ist besser als weniger". Verbraucher ziehen größere Mengen eines Gutes kleineren vor. Sie sind nie mit einer gegebenen Menge zufrieden und so gesättigt, dass sie zusätzliche Einheiten ablehnen würden. Im Fall, dass der Warenkorb x von jedem Gut mehr enthält als der Warenkorb y, wird x vorgezogen: $\forall x, y : (x \geq y) \longrightarrow x \succcurlyeq y$.

Die Kritik an der Nichtsättigungsannahme lautet, dass Konsumenten in einigen Fällen nicht mehr von einem Gut haben wollen, weil sie satt sind (physiologische Sättigungsgrenze), keinen Platz mehr haben oder nicht wissen, was sie mit weiteren Gütern anfangen sollen (Klug, 2018; Etzioni, 1999; Peyer u. a., 2017). Die Nichtsättigungsannahme impliziert ein feines Wahrnehmungsvermögen bzw. die Nichtexistenz von Fühlbarkeitsschwellen; ein Problem, das auch im Zusammenhang mit der Transitivitätsannahme auftritt (von Böventer, 1991, S. 67). Im Hinblick auf einen nachhaltigen Konsum unter Berücksichtigung intelligenter Netze werden die genannten Annahmen erneut kritisch zu reflektieren sein (Kap. 4).

2.3 Normativ-reflexive und positiv-deskriptive Begründung

Mit dem Paradigma der Konsumentensouveränität werden zwei Normen assoziiert: Konsum-, Wahl- und Handlungsfreiheit einerseits sowie Wohlfahrt, Glück und Lebenszufriedenheit andererseits. Diese liegen positiv-deskriptiven Theorien zugrunde, wobei im Hinblick auf das Ziel eines nachhaltigen Konsums den wohlfahrtsökonomischen Theorien die größere Bedeutung zukommt (2.3.1). Eine Auflistung der Kritikpunkte an den nomokratisch-regelbezogenen und den teleologisch-wohlfahrtsorientierten Theorien liefert Ansatzpunkte für Weiterentwicklungen (2.3.2, 2.3.3).

2.3.1 Nomokratischer versus teleologischer Fokus

Theorien der Konsumentensouveränität können nach normativem Kern in

- regelbezogene (nomokratische) und
- wohlfahrtsbezogene (teleologische) Theorien

eingeteilt werden (Tab. 2.2).

Tabelle 2.2: **Normativ-reflexive und positiv-deskriptive Ebene der Konsumentensouveränität.** Quelle: eigene Darstellung nach Schubert und Chai (2012, S. 16), Lerch (2000, S. 174) und Binder (1996, S. 141 ff.).

	Nomokratische Theorien	**Teleologische Theorien**
Normativ-reflexive Ebene	Individuelle Freiheit, Konsumfreiheit	Wohlfahrt, Lebensqualität, Glück
Positiv-deskriptive Ebene	Fokus auf Verfahren: „Marktdemokratie" zur optimalen Koordination; soziale Kontrolle durch effektive Nachfrage	Fokus auf Ergebnisse: Maximierung gesellschaftlicher Wohlfahrt durch optimale Faktorallokation

In der Betonung der Freiheit der Konsumenten unterscheidet sich der normative Fokus nomokratischer Theorien in der Nachfolge Hutts fundamental von teleologischen Theorien der Wohlfahrtsökonomie, die die Wohlfahrt der Konsumenten als übergeordnetes Ziel sehen (Abb. 2.1). Während die Freiheitsnormen prozedurale bzw. regelbezogene Anforderungen stellen, stellen Wohlfahrtsnormen auf Ergebnisse ab. Sind – wie bei der Konsumentensouveränität – im Kontext der Ökonomik normative Urteile nötig, gilt seit dem Werturteilsstreit der Gewichtung der Werturteile untereinander besondere Aufmerksamkeit (Schubert und Chai, 2012, S. 16; Kleine, 2009, S. 26 f., Sen, 2002, S. 29; Harsanyi, 1987; Rothenberg, 1962, S. 271). Die Gewichtung der beiden Normen untereinander gilt als nicht trivial, da eine Überbetonung einer Norm die andere verletzen kann (Rothenberg, 1962).

Die Auslegung Hutts und der ihm folgenden Autoren ist auf Regeln bezogen, da es um eine optimale Koordination von Wissen und Interessen der Akteure geht. Hier hat das „Gefühl der Freiheit inklusive dem Recht, sich zu irren und beschwatzt zu werden" Vorrang (Binder, 1996, S. 152). Konsumentensouveränität ist erreicht, wenn Konsumenten frei entscheiden können, welche Güter sie über den Markt beziehen – unabhängig davon, ob diese Güter ihnen effektiv nutzen. Hutts Idee einer Marktdemokratie wurde in ordnungsökonomischen Ansätze der Österreichischen und der Freiburger Schule aufgegriffen, eine Weiterentwicklung ist die Neue Institutionenökonomik (Schwegler, 2009, S. 42; Erlei u. a., 1999, S. 31 ff.).

Die wohlfahrtsökonomische Auslegung hingegen ist mit dem höheren Ziel des Wohlfahrtsmaximums verknüpft. Es geht um eine optimale Faktorallokation (Schmidt, 2015, S. 156; Binder, 1996, S. 148, 370). Bei den teleologischen Theorien kann ein

- subjektivistisches und ein
- objektivistisches Wohlfahrtsverständnis

unterschieden werden. Den Zusammenhang zwischen zugrundeliegenden nomokratischen bzw. teleologischen Theorien und davon abgeleiteten positiv-deskriptiven Theorien stellt Abb. 2.1 dar.

Ausgangspunkt ist die subjektivistische Präferenztheorie der Wohlfahrt, die in der mikroökonomischen Konsumtheorie ihren Niederschlag und in der Haushaltsproduktionstheorie eine Weiterentwicklung erfahren hat. Konsumentensouveränität dient hier als Wohlfahrtskriterium und als Maßstab. Die Leistungsfähigkeit realer Marktprozesse und ihre etwaige Korrekturbedürftigkeit durch politische Eingriffe werden nach einem Ergebniskriterium beurteilt (Vanberg, 2004, S. 6). Hierbei wird stillschweigend vorausgesetzt, dass der Konsument sich seiner „wahren" Bedürfnisse bewusst ist und dementsprechend „das Richtige" wünscht. In diesem Mainstream der Wohlfahrtsökonomie sind die Konsumentenwünsche sowohl „causa" als auch „ratio", d.h. Quelle und Legitimierung aller ökonomischen Entscheidungen; Erklärung und Rechtfertigung des Wirtschaftsprozesses fallen zusammen (Albert, 1998, S. 54; Binder, 1996, S. 258).

2.3.2 Normativ-reflexive Kritik

Den normativen Grundlagen der Konsumentensouveränität werden drei Hauptkritikpunkte entgegengehalten (s. Tab. 2.3 und Abb. 2.1):

- das Paradox der Freiheit,
- die Kritik der ungenügenden Beachtung der Verteilungsgerechtigkeit und
- die Kritik der Gleichsetzung von „Wahl" und „Wohl".

Popper (2012, S. 117) bezeichnet einerseits alle Souveränitätstheorien als paradox. Er weist darauf hin, dass Freiheit nur in Grenzen möglich ist, da grenzenlose Freiheit sich selbst aufhebt (Popper, 2012, S. 333). Diese Kritik trifft die Konsumentensouveränität nicht, da sie durch das Produzentenermessen und die Bürgersouveränität begrenzt wird. Auf diese normative Kritik soll daher hier nicht weiter eingegangen werden.

Abbildung 2.1: **Normativ-reflexive und positiv-deskriptive Ebene der Konsumentensouveränität.** Quelle: eigene Darstellung.

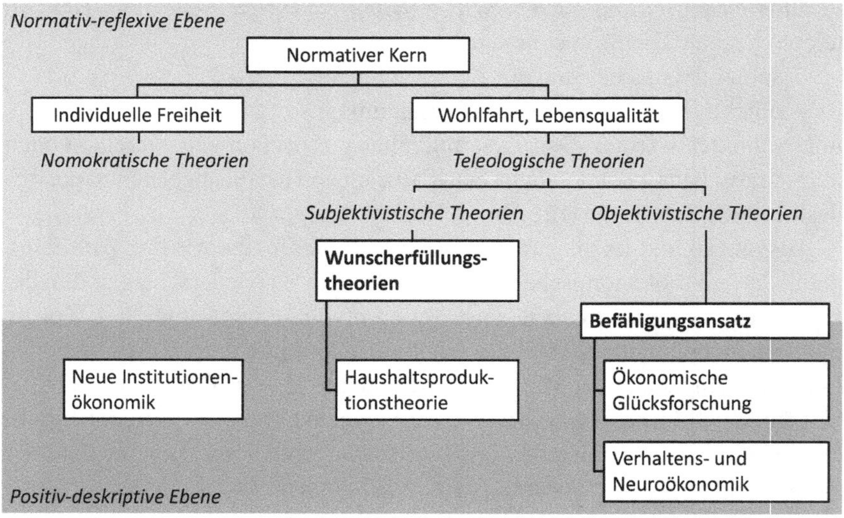

Zweitens wird gegen den wohlfahrtsökonomischen Utilitarismus eingewendet, dass er der Verteilungsgerechtigkeit keine bzw. nicht genügend Beachtung schenkt (Schroth, 2006). Diese Kritik ähnelt der positiv-deskriptiven Kritik ungleich verteilter Stimmzettel bzw. Einkommen (siehe Kritikpunkt 5 in Abschnitt 2.3.3). Alternative Strömungen wie der Welfarismus haben auf diese Kritik reagiert (Pissarskoi, 2014, S. 130 ff., Sugden, 1993; Sen, 1979b). Da mit dem Ansatz eines nachhaltigen Konsums intra- und intergenerationelle Gerechtigkeitsvorstellungen verknüpft sind, wird dieses Argument später aufgegriffen (3.1.2).

Drittens wird die Gleichsetzung von Konsumwahl, Präferenzen und Wohlfahrt kritisiert, da sie den wirtschaftlichen und gesellschaftlichen Wandel hemmt: „The rigid correspondence between choice, preference and welfare assumed in traditional economic theory makes the analysis simpler but also rules out important avenues of social and economic change" (Sen, 1982, S. 67). Weiterentwicklungen der neuen Wohlfahrtsökonomik sind eine Reaktion darauf (2.4).

Tabelle 2.3: **Kritik an nomokratischen und teleologischen Theorien der Konsumentensouveränität.** Quelle: Eigene Darstellung nach Binder (1996), van Bömmel (2003, S. 49), Persky (1993, S. 185) und Lerch (2000, S. 174) sowie Biervert u. a. (1978, S. 32, 35) und Towse (2011, S. 428)

	Nomokratische Theorien	**Teleologische Theorien**
Normativ-reflexive Kritik	– Paradox der Freiheit	– Verteilungsgerechtigkeit – „Wahl“ = „Wohl“
Positiv-deskriptive Kritik	– Majorisierung von Minderheiten, – ungleich verteilte „Stimmzettel“,	– unvollständige Information, – nicht beobachtbare Präferenzen, – irrationale und zeitlich instabile Präferenzen, – endogene Präferenzen – „ontologischer Irrtum“

2.3.3 Positiv-deskriptive Kritik

Konsumentensouveränität bzw. Konsumfreiheit „implizieren hohe Anforderungen an die Entscheidungsfähigkeit der Verbraucher“ (Krol, 2008). Es gibt sieben Kritikpunkte an den positiv-deskriptiven Theorien der Konsumentensouveränität, davon zwei an den nomokratischen Theorien (Tab. 2.3):

- die Kritik der Majorisierung von Minderheiten und
- die Verzerrung der Stimmabgabe durch die Einkommensverteilung.

Eine Kritik betrifft die Majorisierung von Minderheiten. Es ist fraglich, ob sich der „Wille des Volkes“ durch (markt-)demokratische Prinzipien umsetzen lässt, wenn es eine Minderheit mit abweichenden Präferenzen gibt (van Bömmel, 2003, S. 49). Es ist nicht möglich, individuelle Präferenzordnungen zu einer kollektiven Präferenzordnung zu aggregieren (vgl. Concordet-

Paradoxon; van Bömmel, 2003, S. 50; van Suntum, 1986, S. 361 ff., Arrow, 1951; Mas-Colell u. a., 1995). Daraus ergeben sich Probleme im Hinblick auf nachhaltigen Konsum, der sinnvollerweise auf einer gesellschaftlichen, aggregierten Ebene definiert werden sollte. Hat die Gesamtheit der Konsumenten intransitive bzw. widersprüchliche Präferenzen, lässt sich das Ergebnis ihrer kollektiven Wahlhandlungen nicht prognostizieren. Dieses Problem tritt bei politischer bzw. Bürgersouveränität analog auf. Da es sich hierbei um ein außerhalb des Untersuchungsbereichs dieser Arbeit liegendes, grundlegendes Problem demokratischer Mehrheitsentscheidungen handelt, soll diese Kritik hier nicht weiter verfolgt werden. Ansätze zur Aggregierung von Präferenzen sind im Gebiet des „mechanism design" der Spieltheorie zu finden (Krumke u. a., 2019, S. 338).

Eine andere Kritik betrifft ungleich verteilte „Stimmzettel" in der Marktdemokratie. Nomokratische Theorien nehmen an, dass die Rangordnung der zu befriedigenden Wünsche identisch mit der auf dem Markt sich äußernden Nachfrage (siehe Kritikpunkt 6) ist. Die Nachfrage mit dem höchsten Preisangebot gilt als die dringendste. Damit wird eine unrealistische annähernde Gleichverteilung von Einkommen oder Kaufkraft im Markt unterstellt. Die Nachfrage drückt somit nicht primär die Dringlichkeit des Bedarfs aus, sondern die zur Verfügung stehende Kaufkraft. Damit hängt die Aufteilung der Güter von der Einkommensverteilung auf die einzelnen Haushalte ab: „Die Stimmabgabe an der Wahlurne, hier der Supermarktkasse, ist dadurch verzerrt" (van Bömmel, 2003, S. 69). Ungeachtet aller anderen Beschränkungen sind Konsumenten nur innerhalb der Grenzen ihrer finanziellen Mittel souverän. Dementsprechend muss die Idee der Marktdemokratie relativiert werden, denn im Unterschied zum demokratischen Grundsatz „one man, one vote" gilt: „one's vote in the market, as a consequence of consumer sovereignty, is in proportion to one's wealth" (Smith, 1990, S. 33).

Es gibt weitere fünf Kritikpunkte an den positiven teleologischen Theorien der Konsumentensouveränität:

- die Annahme vollständiger Information und
- die methodologische Kritik nicht beobachtbarer Präferenzen,
- die Kritik irrationaler und zeitlich instabiler Präferenzen sowie
- die Kritik marktendogener Präferenzbildung,
- die Kritik eines „ontologischen Irrtums".

Die sechste Kritik an der Konsumentensouveränität betrifft die idealisierende Modellannahme *vollständiger Information* und damit verbunden das Abstrahieren von Wissen und Fähigkeiten als Voraussetzung für Konsumentscheidungen. Es besteht eine Informationsasymmetrie zwischen Konsumenten und

Produzenten, die der Konsument allein nicht mehr abzubauen in der Lage ist: „Zum überwiegenden Teil verfügen die Verbraucher nicht über die produkt- bzw. unternehmensbezogene Informationen im Hinblick auf soziale, gesellschaftliche und ökologische Kriterien“ (Srnka und Schweitzer, 2000, S. 197). Mit Mittelstraß (1992, S. 221) ist zu fragen, ob Konsumenten durch Zusatzinformation zu „Informationsriesen“, aber zugleich zu „Wissenszwergen“ werden und eine Überforderung der menschlichen Informationsverarbeitungskapazität eintritt. Hierzu liegen aus Verhaltens- und Neuroökonomik einschlägige empirische Studien vor (2.4.3).

Siebtens setzt die neoklassische Konsumtheorie beobachtbare Variablen wie Preise, Mengen und Einkommen in Beziehung zu *Präferenzen, die nicht beobachtbar sind* und steht somit einem methodologischen Problem gegenüber. Die Revealed-Preference-Theorie der Wohlfahrt nimmt an, dass die zu befriedigenden Wünsche identisch mit der auf dem Markt geäußerten Nachfrage sind (revealed preference; Samuelson, 1938). Diese modellhafte Vereinfachung wird aus verschiedenen Gründen wie unvollständige Information über Produktalternativen, begrenzte kognitive Verarbeitungskapazität und Nutzung von Heuristiken, emotionale Beeinflussung durch Werbung u.a. kritisiert (s.u.). Eine mögliche Alternative stellt die objektivistische Theorie der Wohlfahrt dar (Nussbaum, 1999; Nussbaum und Sen, 1993; Sen, 2002). Diese stellt auf Befähigungen (capabilities) zur Erreichung jener „Funktionen“ (functionings), die es den Individuen erlauben, ihre je individuellen Lebensziele zu wählen und effektiv zu verfolgen (Robeyns, 2005, S. 98). Es ist zu fragen, inwiefern Konsumentensouveränität als Mittel geeignet ist, um Wohlfahrt im Sinne von Lebensqualität anzustreben.

Achtens wird als Kritikpunkt an der Konsumentensouveränität angeführt, dass die Konsumenten in der Realität weder rationale noch zeitlich stabile Präferenzen aufwiesen. Empirische Belege für irrationale und veränderbare Präferenzen trägt seit einiger Zeit die Verhaltensökonomik zusammen (vgl. 2.4.3). Verbraucher sind einerseits nicht vollständig unabhängig. Vielmehr sind Wechselwirkungen zwischen Konsumentscheidungen von Individuen zu beobachten, d.h. der Konsument ist in soziokulturell geprägte Handlungsumwelten eingebettet und der Beeinflussung durch Gewohnheiten, Gruppenzugehörigkeit und Gefühle ausgesetzt (Schulz u. a., 2013, S. 6; Heidbrink u. a., 2011, S. 27; Srnka und Schweitzer, 2000, S. 197; Katona, 1960, S. 204). Andererseits ist eine weitverbreitete Präferenz für gegenwärtigen gegenüber künftigem Konsum zu beobachten. Als Gründe werden Ungeduld („impatience“), mangelnde Voraussicht („lack of foresight“) und mangelnde Selbstkontrolle („lack of self-control“) genannt (Peart, 2000, S. 176). Die systematische Unterschätzung künftiger Bedürfnisse und Entbehrungen gilt als klassisches Beispiel für Nichtrationalität, d.h. die Konsumentenvoraussicht ist „defekt" („defective telescopic faculty"; Pigou, 1929, S. 25). Dies rechtfertigt Eingriffe in die Konsumentensouveränität (Heinrich, 2013). Beim Vorliegen irrationaler Präferenzen ist Konsumentensouveränität abzulehnen.

Neuntens wird kritisch angemerkt, dass die Bildung von Präferenzen dem Marktprozess endogen sei. Die Endogenität von Präferenzen entspricht der Annahme, dass Präferenzen von gesellschaftlichen Zuständen oder Veränderungen beeinflusst werden. Dies bedeutet, dass der Maßstab für die Bewertung eben jener gesellschaftlicher Zustände oder Veränderungen in großem Maße von diesen beeinflusst wird (Binder, 2012). Beispielsweise werden Konsumentenpräferenzen von Innovationen und von Werbung[19] beeinflusst. Systematischer Präferenzwandel, etwa durch das Erlernen neuer Präferenzen, bringt theoretische Probleme, etwa Zirkularitätsprobleme, für eine konsistente Wohlfahrtsbewertung mit sich. Eine Modellierung der Konsumentenwahl bei endogenen Präferenzen ist in begrenztem Umfang mit dem Modell von Becker (1965) möglich (2.5.1).

Zehntens ist die Kritik von Biervert u. a. (1978) zu nennen, die Konsumentensouveränität als „ontologischen Irrtum", d.h. als Beobachtungsfehler, sehen. Jede Beschreibung setzt ontologische Prämissen voraus, etwa zur Natur des Menschen und der Beziehungen zwischen ihnen. Die Prämissen der Konsumentensouveränität sind umstritten bzw. Gegenstand intensiver aktueller Diskussionen. Diese Kritik wird um Folgenden unter den jeweils kritisierten Prämissen (Kritikpunkte 6 bis 9) diskutiert.

Ausgehend insbesondere von der Kritik an den positiven teleologischen Theorien der Konsumentensouveränität soll im Folgenden auf neuere Ansätze der Konsumtheorie und theoretische Zugänge zu den angesprochenen Kritikpunkten eingegangen werden.

2.4 Konsumentensouveränität in der neuen Wohlfahrtsökonomik

Konsum und Wohlfahrt wurden gemäß der normativen, subjektivistischen Präferenztheorie (2.2.3) bis in die 1970er Jahre zwar nicht als identisch, jedoch als hochkorreliert angesehen. Der „Easterlin-Schock" löste eine Weiterentwicklung aus, da empirische Längsschnittstudien ergeben hatten, dass

19 Kaldor (1950) argumentiert, angesichts ihres Mangels an Kontrolle bezüglich Werbung könnten Konsumenten kaum als souverän angesehen werden.

in den Industrieländern Einkommen und Lebenszufriedenheit nicht oder nur schwach miteinander zusammenhingen. Im Anschluss hat sich der empirisch orientierte Forschungszweig der ökonomischen Glücksforschung entwickelt (2.4.1). Eine anschlussfähige normativ-reflexive theoretische Fundierung hierzu bietet der objektivistische Capability Approach (vgl. Abb. 2.1). Hier wird Wohlstand als Lebensqualität verstanden, wofür Menschen neben rein materiellen Konsumgütern eine Reihe von Befähigungen benötigen (2.4.2).

Positiv-deskriptive empirische Theorien der Verhaltens- und Neuroökonomik erhalten zunehmend Beachtung. Die Verhaltsökonomik baut auf der psychologischen Verhaltensforschung auf und wendet Methoden wie Experimente und Feldforschung an. Zusätzlich medizinisch fundiert werden diese Ergebnisse aktuell durch die Neuroökonomik (2.4.3).

2.4.1 Empirische Befunde der ökonomischen Glücksforschung

Die ökonomische Glücksforschung untersucht den Zusammenhang zwischen Einkommen und Lebenszufriedenheit und kommt zu dem Ergebnis, dass eine Steigerung des materiellen Wohlstands nicht gleichbedeutend damit ist, dass es den Menschen subjektiv besser geht (Easterlin, 1974). Easterlins Arbeiten wurden teilweise wegen Fehlern bei der Datenanalyse kritisiert (Stevenson und Wolfers, o. D.); einzelne Studien relativieren das Easterlin-Ergebnis teilweise (Diener u. a., 2013, S. 274). Eine Mehrheit neuerer Studien bestätigt Easterlins Ergebnisse (Pfaff und Hirata, 2013; Easterlin und Angelescu, 2012; Ruckriegel, 2012; Müller u. a., 2013, S. 11; Hirata, 2010; Frey und Marti, 2010; Kahneman und Deaton, 2010; Frey, 2010).

Forschungsgegenstand der ökonomischen Glücksforschung ist Glück im Sinne des subjektiven Wohlbefindens. Das subjektive Wohlbefinden setzt sich aus einer emotionalen und einer kognitiven Komponente zusammen, die positiv korreliert sind. Emotionales Wohlbefinden („Happiness") bezeichnet „Glücklichsein" im Moment als Verhältnis zwischen positiven und negativen Gefühlen im Tagesdurchschnitt. Kognitives Wohlbefinden („Satisfaction" oder „Contentment") wird als dauerhaftes Gefühl, als Grad der Zufriedenheit mit dem Leben bzw. als Abwägung zwischen Wunsch (den Erwartungen) und Realität beschrieben (Diener u. a., 2010, S. xi; Frey und Marti, 2010, S. 13, 17 f.). Die Glücksforschung kann darüber hinaus angeben, in welchem Ausmaß Lebenszufriedenheit von verschiedenen Faktoren (Veranlagung/Persönlichkeit, demographische Variablen, sozio-ökonomische Variablen, soziale Bindungen, Kultur, Politik) beeinflusst wird.

Die Begriffe Glück und Zufriedenheit sowie die entsprechenden Adjektive werden in der Literatur austauschbar verwendet, und zwar im Sinne der selbstbekundeten Lebenszufriedenheit („self-reported life satisfaction"; Beierlein u. a., 2015; GESIS, o. D.; TNS Opinion, 2015; EVS/WVS, 2020). Die Frage gilt als standardisiertes Erhebungsinstrument und wurde in viele Sprachen übersetzt (Hirata, 2010, S. 130 ff.). Sie lautet im Englischen (Inglehart, 1997, S. 351):

> „Taking all things together, would you say you are – (1) very happy, (2) quite happy, (3) not very happy, (4) not at all happy?" (Inglehart, 1997, S. 351).

Studien der ökonomischen Glücksforschung lassen sich je nach untersuchter Fragestellung in eine 2x2-Matrix einordnen (Abb. 2.4). In Bezug auf den Zeitrahmen kommen (a) Querschnitte oder (b) Zeitreihen in Betracht. Hinsichtlich der Aggregationsebene können (1) das Individuen oder (2) Gruppen untersucht werden. Bei der Interpretation der Studienergebnisse ist es unzulässig, von einer positiven Korrelation in einer Querschnittstudie auf eine positive Korrelation in einer Zeitreihenstudie zu schließen. Der Zusammenhang zwischen Einkommen und Zufriedenheit ist von der eingenommenen Perspektive abhängig:

- [(1a)] In Querschnittstudien innerhalb eines Landes existiert bis zu einem gewissen Einkommensniveau ein klarer positiver Zusammenhang zwischen Einkommen und Glück (Blanchflower und Oswald, 2004): je höher das Einkommen, desto glücklicher die Person.
- [(1b)] Jedoch findet sich ein solcher Zusammenhang im Laufe des Lebens eines Individuums in der Regel nicht (Easterlin, 2001).
- [(2a)] Wird die aggregierte Lebenszufriedenheit von Gesellschaften betrachtet, ist in Querschnittstudien eine bemerkenswert enge Korrelation von Pro-Kopf-Einkommen und Glück zu finden (Diener u. a., 1995): gesellschaftliche Gruppen mit hohem Einkommen empfinden sich als glücklicher als Gruppen mit geringerem Einkommen.
- [(2b)] Zeitreihenstudien von Ländern ergaben, dass Wirtschaftswachstum im Laufe der Zeit keinen positiven Einfluss auf die Lebenszufriedenheit hat (Easterlin, 1974; Easterlin und Angelescu, 2009; Easterlin und Sawangfa, 2010).

Eine Auswertung von Querschnitts- (1a) und Längsschnittstudien (1b) ergibt, dass die Lebenszufriedenheit stärker davon abhängig ist, wie das Verhältnis des materiellen Lebensstandards zu dem der Referenzgruppe ist als von seiner absoluten Höhe. Zu diesem *relativen Einkommenseffekt* bieten drei Erklärungsansätze einen theoretischen Zugang:

Tabelle 2.4: **Vier Perspektiven quantitativ-empirischer Glücksforschung.** Quelle: eigene Darstellung nach Hirata (2010, S. 133)

	(a) Querschnitt	(b) Zeitreihe
(1) Individuum	(1a) je höher das Einkommen, desto glücklicher die Person	(1b) kein solcher Zusammenhang
(2) Gruppe	(2a) Gruppen mit höherem Einkommen sind glücklicher	(2b) Wirtschaftswachstum erhöht Glück nicht

- positionaler Wettbewerb,
- adaptive Präferenzen sowie
- sekundäre Inflation.

Unter (i) *positionalem Wettbewerb* wird ein Nullsummenspiel um den Platz in einer Rangordnung verstanden. Problematisch erscheint, dass dafür zusätzliche Ressourcen aufgewendet werden, denen kein gesellschaftlicher Nutzen gegenübersteht. Dieses klassische Gefangenendilemma wirft normative Fragen auf, da die Verbesserung der Position eines Individuums auf Kosten anderer als negative positionale Externalität betrachtet werden kann, die das öffentliche Gut „Bezugsrahmen für die Bewertung des Lebensstandards" beschädigt (Frank, 2003; Frank, 1997; Hirsch, 1976).

(ii) *Adaptive Präferenzen* als zweiter Erklärungsansatz beruhen in erster Linie nicht auf einer gesellschaftlichen Dynamik wie positionaler Wettbewerb und sekundäre Inflation, sondern auf universellen, latenten Präferenzen und objektiv feststellbaren Vorzügen. Eine Waschmaschine z.B. bezieht ihre Attraktivität daraus, dass sie eine als unangenehm empfundene Arbeit abnimmt (und nicht aus einem von der Gesellschaft ausgeübten Druck), „aber erst die Verfügbarkeit der Waschmaschine weckte das Bedürfnis danach" (Hirata, 2010, S. 142). Der Ansatz adaptiver Präferenzen weist Parallelen zur Kritik Galbraiths auf (2.2.3; 2.7.4).

Ein weiterer Erklärungsansatz, die (iii) *sekundäre Inflation*, besteht darin, dass Individuen in einer zunehmend wohlhabenderen Gesellschaft aufgrund struktureller Veränderungen für die Aufrechterhaltung bestimmter Funktionen (z.B. Partizipation und Teilhabe an der Gesellschaft und Arbeitsmöglichkeiten) immer mehr reale Kaufkraft benötigen. Beispielsweise müssen in Großstädten in den USA Einkäufe mit dem Auto erledigt werden, weil es keine fußläufig erreichbaren Läden gibt oder das Nahverkehrsnetz nicht dicht genug ist. Dies sind Commodities im Sinne Beckers (2.5.1) bzw. „functionings“ im Sinne Sens (2.4.2). Eine weitere theoretische Fundierung erfahren der relative Einkommenseffekt und die sekundäre Inflation durch den Capability Approach (2.4.2).

2.4.2 Theoretische Fundierung im Befähigungsansatz

Der Befähigungsansatz (Capability Approach) bietet einen theoretischen Zugang zu Lebensqualität, Wohlfahrt und Glück (Sen, 1993; Sen, 1999; Nussbaum und Sen, 1993).[20] In diesem Ansatz geht es um zunächst eine stärkere Berücksichtigung von Bedürfnissen bei Überlegungen zur Gleichbehandlung (Sen, 1980; von Hauff, 2021, S. 158 f.). Da sich aus einer formal gleichen Ausstattung erhebliche Ungleichheiten ergeben können, ist nicht eine Gleichverteilung von Grundgütern entscheidend, sondern es soll berücksichtigt werden, wozu die Güter Menschen befähigen:

> „Wenn die tatsächlichen Möglichkeiten und Fähigkeiten Werte darstellen, dann sind die sogenannten ‚Grundbedürfnisse‘ in Form von Güterbedarf instrumentell (und nicht intrinsisch) wichtig. Die Hauptfrage ist, welche Qualität das Leben hat, das jemand führt [...] Der Wert des Lebensstandards liegt in einer bestimmten Art zu leben und nicht im Besitz von Gütern, die eine abgeleitete und variierende Relevanz haben“ (Sen, 2000a, S. 49).

Einen Kern des Capability Approach bilden die *Funktionen* (functionings) einer Person:

> „People value their ability to do certain things and to achieve certain types of beings (such as being well nourished, being free from avoidable morbidity, being able to move about as desired, and so on). These ‚doings‘ and ‚beings‘ may be generically called ‚functionings‘ of a person“ (Sen, 1988, S. 15).

Eine starke Bezugnahme auf die aristotelische Theorie des guten (gelingenden) Lebens führt zu einer spezifischen Erweiterung in Richtung Lebensqualität (Nussbaum und Sen, 1993).[21] Den zweiten Kern des Capability Approach bilden die *Befähigungen* (capabilities), eine vorläufige, heterogene und offene Liste mit zentralen Mindestbedingungen und Grundgütern, die

20 Eine – hier nicht näher dargestellte – Alternative zur theoretischen Fundierung ist der hedonistische Ansatz, basierend auf Maslows Bedürfnispyramide (Erber, 2010; Ryan und Deci, 2001; Deci und Ryan, 1985; Maslow, 1943).

21 Weshalb der Capability Approach als moderne Form des eudämonistischen Ansatzes nach Aristoteles gesehen wird.

sich im interkulturellen Dialog als konsensfähig bewähren müssen (Nussbaum, 1999, S. 45; Robeyns, 2005, S. 98). Funktionen können mittels der Befähigungen erreicht werden (vgl. Abb. 2.2). Die Liste der Befähigungen umfasst u.a.

- die Befähigung, ein Leben von normaler Länge zu führen,
- die Möglichkeit, dabei gesund und angemessen genährt zu sein,
- körperliche Integrität zu genießen und
- Partizipation und Teilhabe an der Gesellschaft.

Abbildung 2.2: **Befähigungsansatz und anschlussfähige Theorien.** Quelle: eigene Darstellung nach Robeyns (2005, S. 98).

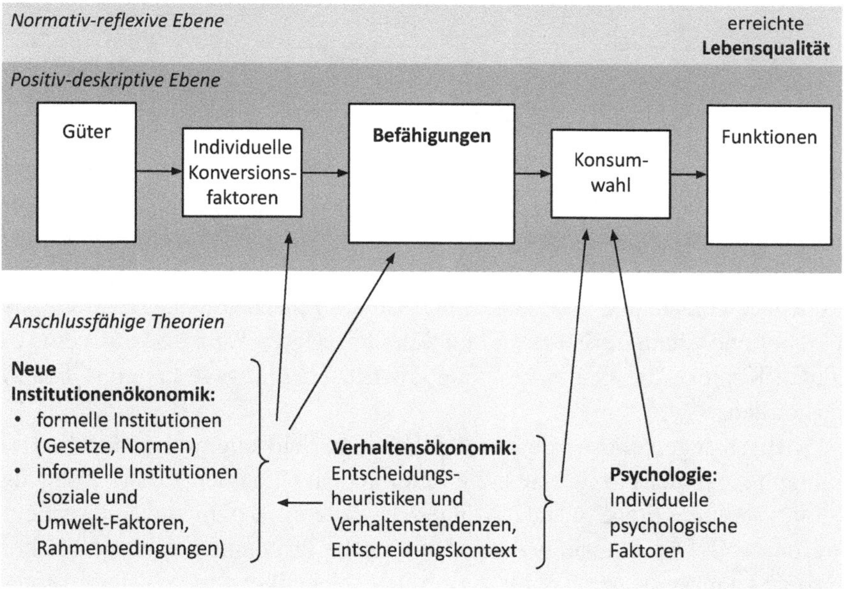

Abb. 2.2 zeigt, dass die Konsumwahl im Capabilities-Ansatz eine Stellung zwischen Befähigungen und Funktionen, d.h. erreichter Lebensqualität einnimmt. Anschlussfähige Theorien zur Erklärung der Konsumwahl sind etwa verhaltensökonomische Theorien zu Entscheidungsheuristiken, Verhaltenstendenzen und Entscheidungskontext.

Nussbaum und Sen (1993) beschreiben einen umfassenden Ansatz zur Lebensqualität (vgl. Abb. 2.3). Lebensqualität (*Achievement*) und individuelle, positive Freiheiten (*Freedom to achieve*) sind demnach das Ergebnis von Fähigkeiten (*Capabilities*) und erreichten Funktionen (*Achieved functionings*),

Abbildung 2.3: **Die Rolle von Gütern im Befähigungsansatz**. Quelle: Robeyns (2005, S. 98)

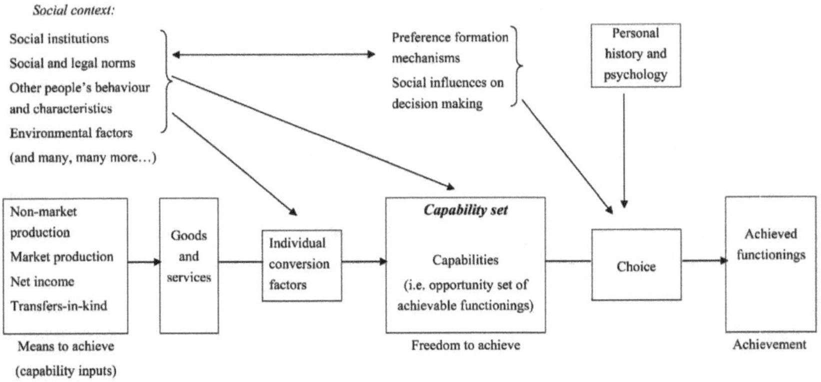

die wiederum (teilweise) auf dem Konsum materieller Güter (*Goods and services, Means to achieve*) beruhen (Robeyns, 2005, S. 98). Die Fähigkeiten hängen von persönlichen Charakteristika (*individual conversion factors*) ab, mit denen die Individuen Güter in Fähigkeiten umwandeln. Persönliche Lebensgeschichte und Psyche beeinflussen das Entscheidungsverhalten. Auf persönliche Charakteristika und Fähigkeiten wirken Einflüsse aus dem sozialen Kontext, die sich indirekt auf das Entscheidungsverhalten (*Choice*) auswirken.

Kritisch angemerkt wird, dass die Wahl von Schwellenwerten für die Befähigungen in der Praxis eine hohe Relevanz hat (Claassen, 2014). Robeyns (2009) stellt die Frage, wie die Mindestschwelle für Befähigungen festgelegt werden soll. Die Autorin weist auf praktische Probleme hin, das erreichte Niveau zu messen. Ansätze für die Lösung solcher Operationalisierungsprobleme sind im Konzept menschlicher Entwicklung enthalten, das durch die dimensionslose Kennzahl des Human Development Index (HDI) repräsentiert wird (von Hauff, 2014, S. 189).

Die Functionings des Befähigungenansatzes weisen Parallelen zu den Commodities der neuen Konsumtheorie von Becker (2.5.1) auf. Gleichzeitig gibt es substantielle Unterschiede, insbesondere in den normativen Grundlagen. Sen (1985) hat Zweifel daran geäußert, ob es angebracht ist, Functionings als fundamentale Commodities zu sehen, die vom Haushalt produziert werden, da substantielle und intrinsische Unterschiede bestehen. Chiappero Martinetti (2008, S. 243) merkt an, dass die eher restriktiven Annahmen

Beckers und anderer Autoren bezüglich der Existenz von Schattenpreisen und impliziten Märkten nicht zum Verwirklichungschancen-Ansatz zu passen scheinen. Der analytische Rahmen des Befähigungsansatzes erscheint anschlussfähig für institutionenökonomische und verhaltensökonomische Theorien (Abb. 2.2; vgl. 2.4.3).

2.4.3 Empirische Befunde der Verhaltens- und Neuroökonomik

Die Verhaltensökonomik („Behavioural Economics“) geht im Kern der Frage nach, wie sich Menschen in Entscheidungssituationen tatsächlich verhalten. Die Verhaltsökonomik wendet empirische Methoden wie Experimente und Feldforschung an, wobei ihre Modelle stark auf Erkenntnissen der psychologischen bzw. soziologischen Verhaltensforschung aufbauen. Kopatz (2017, S. 20–72) gibt einen kursorischen Überblick über neurologisch-psychologische Begründungen für nicht-nachhaltigen Konsum.

Die Theorien der Verhaltensökonomik,[22] gemäß denen Konsumenten systematisch von der neoklassischen Annahme vollständiger Rationalität abweichen, haben in den letzten Jahren immer stärkere Beachtung gefunden (DellaVigna, 2009; Thaler und Mullainathan, 2000; Camerer und Loewenstein, 2011; Shogren, 2012). Die zentralen Erkenntnisse der Behavioral Economics sind, dass sich die Marktteilnehmer häufig nicht rational verhalten, dass die meisten Personen weniger egoistisch, sondern vielmehr auf Fairness aus sind, dass das Verhalten wenig zeitkonsistent ist und dass Maximieren eher unglücklich macht (Ruckriegel, 2011; Kahneman, 2003a).

Zur Erklärung des Konsumverhaltens bietet die verhaltensökonomische Forschung zwei Ansätze (Heidbrink u. a., 2011, S. 222):

- Analyse von *Entscheidungsheuristiken und Verhaltenstendenzen* („Heuristics and Biases“) sowie
- Betrachtung des *situativen Entscheidungskontextes*.

Entscheidungsheuristiken und Verhaltenstendenzen (i) beeinflussen neben kognitiven Faktoren wie Wissen, Einstellungen und Kompetenzen das Konsumverhalten. Diesbezüglich gelangt die Verhaltensökonomik zu der Einsicht, dass eine große Zahl von Produktalternativen eher zu Verwirrung beiträgt und zur Vernachlässigung der angebotenen Produktinformation führt, mit der Folge suboptimaler Kaufentscheidungen („Choice Overload“ bzw. „Hy-

22 Einen Überblick geben Kahneman (2011) sowie Thaler und Sunstein (2009), die den größten Teil der relevanten Literatur zusammenfassend darstellen.

perchoice“; Mick u. a., 2004). Der Grund ist in der knappen mentalen Verarbeitungskapazität zu sehen, die die Anzahl der wahrgenommenen bzw. subjektiv relevanten Produkteigenschaften beschränkt. Bei den meisten Individuen ist bei „sieben plus/minus zwei“ eine Grenze erreicht (Miller, 1956). Kopatz (2017, S. 71) weist auf den begrenzten Effekt von Konsumenteninformation hin. So führt etwa „mentale Buchführung“ dazu, dass Urlaubsflüge durch den Kauf von Bio-Lebensmitteln gedanklich ausgeglichen werden können. Andererseits hat die Entscheidungssituation bzw. der Kontext der Entscheidung (ii) starken Einfluss auf das Konsumverhalten, was von den Individuen weitgehend unreflektiert bleibt. Hierzu gehören z.B. Framing, die Unabhängigkeit von irrelevanten Alternativen (Tab. 2.5) bzw. Selection Bias (Tab. 2.5). Es wurden eine Vielzahl solcher Verhaltensinkonsistenzen beschrieben (Kahneman und Tversky, 1979; Loomes und Sugden, 1982; Heukelom, 2011); die Tabelle 2.5 fasst die wichtigsten zusammen.

Ein Beispiel für (i) Präferenzumkehr ist das „Dollar Auction Game“ (Lichtenstein und Slovic, 1971; Lindman, 1971; Costanza u. a., 2014, S. 178; weitere Beispiele siehe Abschnitt 3.3.2). Konsumenten besitzen demzufolge keine festgelegten Präferenzen, die abgerufen werden können, sondern sie formen ihre Präferenzen teilweise in der Entscheidungssituation. Das Präferenzumkehrphänomen erweist sich bei Wiederholung als robust (Loomes u. a., 2010). Kokkoris und Hölzl (2014, S. 1288) erklären das Phänomen aus psychologischer Perspektive durch unterschiedliche Informationsverarbeitung mit unterschiedlichen Startpunkten als Anker- und Anpassungsmechanismus (vgl. 2.4.3).

Aktuell werden zunehmend neurowissenschaftliche Erkenntnisse und Methoden hinzugezogen, um die Prozesse in der „Black Box“ des menschlichen Gehirns bei ökonomischen Entscheidungen präziser erklären zu können. Die Neuroökonomik gilt daher als Erweiterung und Weiterentwicklung der Verhaltensökonomik (Camerer, 2006). Sie zielt darauf ab, zusätzliche neue Belege für die Schlussfolgerungen von Verhaltensökonomen zu sichern (Camerer, 2008, Camerer u. a., 2005, Davis, 2010, S. 575). Neuroökonomik ist in dieser Sichtweise „behavioural economics in the scanner“ (Ross, 2008, S. 374).

Die Neuroökonomik liefert eine neurowissenschaftlich fundierte Erklärung des Phänomens „Choice Overload“: Wenn zu viele Optionen angeboten werden, wird der Standard bzw. die Voreinstellung oder die erstbeste Option gewählt („Power of Default“). Der Erklärungsansatz basiert auf der „Query Theory“ der intertemporalen Wahl (Johnson u. a., 2007), derzufolge die zuerst genannte Alternative kognitiv zuerst verarbeitet wird und dadurch eine

Tabelle 2.5: **Überblick über zentrale Verhaltensinkonsistenzen: Abweichungen von der Rational-Choice-Theorie und Verzerrungen bei Unsicherheit.** Quelle: eigene Darstellung nach Ramos u. a. (2015, S. 25).

Verhaltensinkonsistenz	Erklärung
Framing	Rahmen, in dem ein Problem präsentiert wird, beeinflusst die Entscheidung
Präferenzumkehr	Bestehende Unterschiede zwischen Bewertungen und Auswahlentscheidungen führen zur Umkehrung von Präferenzen
Unabhängigkeit von irrelevanten Alternativen	Alternativen, die irrelevant sein sollten, werden in Entscheidung einbezogen
Endowment-Effekt	Tendenz, die Ausgangssituation oder Güter im eigenen Besitz höher zu bewerten
Gambling	Basierend auf dem Start- oder Referenzpunkt zeigen Personen verschiedene Risikoeinstellungen.
Sunk Cost Fallacy	stabile Entscheidungsmuster führen zu Berücksichtigung versunkener Kosten
Mental Accounting	Einordnung von Ausgaben in Kategorien, um Komplexität des Budgets zu reduzieren.
Dynamische Inkonsistenz	Präferenzänderung, wenn Entscheidung näher rückt
Beschränkte Rationalität bzw. Aufmerksamkeit	Unvollständige Nutzung verfügbarer Informationen aufgrund von Zeitbeschränkungen oder Transaktionskosten
Emotionen	Effekt von Emotionen, Altruismus und sozialen Normen
Verfügbarkeitsheuristik	Ereignis-Wahrscheinlichkeit wird daran eingeschätzt, wie einfach Beispiele denkbar sind.
Verankerungsheuristik	Verzerrung von Schätzungen durch anfänglich genannte Zahl
Gambler's Fallacy	Trugschluss beruhend auf einer falschen Vorstellung von Zufallsmerkmalen; tritt z.B. bei Roulette auf

bevorzugte Position einnimmt. Alle danach präsentierten Optionen werden lediglich als Alternativen wahrgenommen, die sich gegenüber der ersten Option bzw. dem Standard bewähren müssen. Die Überbewertung der ersten Option wird als Ankereffekt bzw. Verankerungsheuristik bezeichnet (vgl. Tab. 2.5).

Neuroökonomische Forschung hat gezeigt, dass die Anziehungskraft von Logos, Labels und Siegeln u.a. darin liegt, dass sie den Konsumenten „kognitive Entlastung“ bieten und Kaufentscheidungen erleichtern (Esch und Rutenberg, 2006). Konsumentscheidungen nehmen kognitive und motivationale Ressourcen des Individuums in Anspruch und konkurrieren mit anderen Zeitverwendungen. Nachhaltiger Konsum ist in dieser Hinsicht mit hohen Entscheidungskosten verbunden. Experimentelle Studien zeigen, dass dabei Ermüdungserscheinungen der Selbstregulierung auftreten können („Self-regulation Fatigue“; Baumeister u. a., 2008). Selbstregulierung bzw. -kontrolle verbraucht demnach eine knappe Ressource, so dass ein temporärer Zustand von „Ego Depletion“ entsteht (Baumeister u. a., 2006). Der Verbrauch von Blutzucker scheint ein wichtiger Aspekt geringer Selbstkontrolle zu sein (Gailliot u. a., 2007).

Selbstregulierung wird als hochentwickelte menschliche Fähigkeit beschrieben, die eigenen (emotionalen bzw. physiologischen) Reaktionen zu übersteuern und zu verändern. Es ist davon auszugehen, dass sich diese Fähigkeit evolutionär als eine der letzten entwickelt hat und sie demzufolge eine der ersten sein könnte, die beeinträchtigt werden, wenn die Ressourcen nicht ausreichen (Gailliot u. a., 2007, S. 334). Selbstregulierung kann gemäß experimenteller Studien durch regelmäßiges Üben verbessert werden, wie beim Training eines Muskels, so dass Konsumenten weniger anfällig für Ermüdungserscheinungen der Selbstkontrolle werden (Oaten und Cheng, 2007).

Kritisch zu sehen ist im Hinblick auf Konsumentensouveränität der Ansatz des Neuromarketing. Neuromarketing nutzt Technologien zur medizinischen Bildgebung des Gehirns, um die Stimulation durch Werbung zu bestimmen und unwirksame von erfolgversprechenden Werbekampagnen zu differenzieren. Solche Untersuchungen wurden in der Praxis u.a. von Google und von Microsoft durchgeführt (Kumar, 2015, S. 526; Babu und Vidyasagar, 2012). Beim Neuromarketing geht es nicht nur darum, Emotionen hervorzurufen, sondern darüber hinaus bewusste Entscheidungen zu umgehen: „bypass the consumer's reflective sensemaking capacity ... [by] seeking a deeper level of manipulation based on instinctive responses“ (Nemorin, 2017, S. 59). Durch das Abzielen auf das Stammhirn soll die bewusste Reflexion unterbrochen werden, weshalb Neuromarketing mit der Konsumentensouveränität in Konkurrenz steht.

Die Verhaltensökonomik zeigt auf, inwiefern Konsumentscheidungen vom Ideal der rationalen Konsumwahl abweichen können.

2.5 Konsumentensouveränität in der neuen Konsumtheorie

Positive teleologische Theorien der Konsumentensouveränität und mikroökonomische Konsumtheorien nehmen Präferenzen als stabil bzw. konstant an. Wie der vorherige Abschnitt zeigt, ist diese Annahme problematisch. Die Haushaltsproduktionstheorie (2.5.1) als Weiterentwicklung nimmt sich dieses Problems teilweise an und bietet u.a. eine Erklärung des zeitlichen Rebound-Effekts (2.5.2). Andere Rebound-Effekte sind makroökonomischer Art (2.5.3).

2.5.1 Haushaltsproduktionstheorie

Das aus der Präferenztheorie abgeleitete mikroökonomische Grundmodell umfasst neben den Präferenzen noch die Budgetrestriktion und versteht Wohlfahrt als Nutzenmaximierung (Abb. 2.4). Es bietet Ansätze für Erweiterungen und kann durch anschlussfähige Theorien ergänzt werden, die entweder an den Restriktionen, den Präferenzen oder dem Nutzen ansetzen (Abschnitte 2.4 und 2.5).

Die Konsumtheorie liefert wichtige Hinweise für eine Weiterentwicklung herkömmlicher ökonomischer Modelle zur Abbildung nachhaltiger Konsummuster. Wertvolle Beiträge liefert der Ansatz der Haushaltsproduktionsfunktion, der auf Becker (1965) und Lancaster (1966) zurückgeht. Der Ansatz der Haushaltsproduktionsfunktion verknüpft die Konsumtheorie mit jener des Unternehmens und berücksichtigt Zusatzkomponenten der Güter, vor allem den Dienstleistungscharakter der Konsumnachfrage (z.B. die Dienstleistungsnachfrage nach Raumwärme oder Beleuchtung). Die auf dem Markt nachgefragten Güter werden mit einer Produktionsfunktion in die den eigentlichen Nutzen stiftenden „Commodities" transformiert. Der Ansatz von Becker (1965) kann zeitliche Restriktionen in die mikroökonomische Analyse des Konsums einbeziehen. Beckers Ansatz erscheint realitätsnäher als traditionelle Ansätze, bleibt jedoch im Rahmen der neoklassischen Paradigmen. Er nimmt gegebene Konsumentenpräferenzen an, führt mit den Commodities

Abbildung 2.4: **Mikroökonomische Konsumtheorie und anschlussfähige Theorien.** Quelle: eigene Darstellung

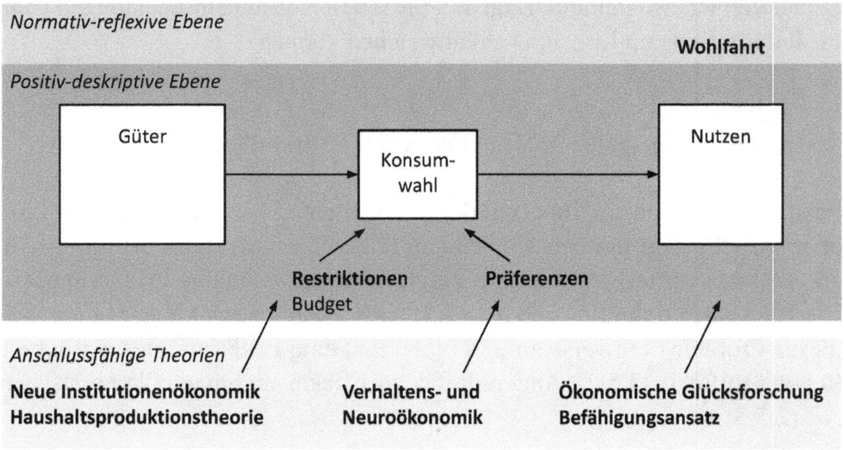

einen Zwischenschritt ein und wendet Nutzenmaximierung an, ohne erklären zu wollen, was sich hinter dem Nutzen verbirgt. Das Menschenbild des Homo oeconomicus ist weiterhin die Basis, und psychologische oder gesellschaftliche Einflussfaktoren werden nicht explizit in die Analyse aufgenommen (sind jedoch implizit in der Nutzenfunktion enthalten; Haake und Jolivet, 2001). Die Commodities beziehen sich auf verschiedene Aktivitäten des Haushalts wie Schlaf, Erwerbstätigkeit, Haushaltsführung und Mediennutzung (Aguiar u. a., 2012; Destatis, 2017; Heckman, 2015).

Im Modell von Becker schöpfen die Haushalte ihren Nutzen U nicht unmittelbar aus auf dem Markt erworbenen Konsumgütern, sondern aus den Commodities Z_i:

$$U(Z_1, \ldots, Z_I), i = (1, \ldots, I) \tag{2.1}$$

Haushalte erstellen Commodities unter Einsatz von passenden Marktgütern X_i und spezifischem Zeitaufwand T_i unter Umweltbedingungen E (Frohn u. a., 2008, S. 93 ff. Becker, 1965; Gronau, 1986; Merz, 1990; Haake und Jolivet, 2001; Kletzan u. a., 2002a, S. 109):

$$Z_i = f^{(i)}(X_i, T_i|E) \tag{2.2}$$

Unter E werden verschiedene technische Parameter subsumiert, z.B. Kapitalstöcke, Humankapital, Haushaltscharakteristika. Die Optimierung erfolgt unter Zeit- und Einkommensbeschränkung: Commodities haben Preise π_i

und die Zeit $T = \sum T_i$ ist beschränkt. Der Preis der Zeit w entspricht dem Lohnniveau. Somit kann ein Haushalt maximal das Einkommen $B = wT$ erzielen:

$$\sum_{i=1}^{I} \pi_i Z_i = wT = B \qquad (2.3)$$

Ein Haushalt maximiert im Modell seinen Nutzen (2.1) unter den Randbedingungen (2.2) und (2.3).

Die Zahl I der Commodities ist wesentlich geringer als die der Marktgüter. Becker (1974, S. 1064) verweist auf Benthams 15 grundlegende „wants". Ein aktueller Zugang ist die Einteilung der Commodities aufgrund empirischer Zeitverwendungsbefragungen. Sie zeigen, dass bestimmte Commodities wie Wohnen, Gesundheit und Reisen güterintensiv zu produzieren sind, während Freizeitaktivitäten zeitintensiv sind (Gronau und Hamermesh, o. D.; Destatis, 2017, S. 14, 398 f.). Solche Daten können verwendet werden, um Theorien der Zeitverwendung zu überprüfen. Aguiar u. a. (2012) befassen sich mit langfristigen Trends der Zeitverwendung oder Änderungen von Konsumverhalten im Lebenszyklus. Aus der Perspektive der Nachhaltigkeit gestattet Beckers Ansatz u.a., Konsummuster im Zusammenhang mit dem „Wert" der Zeit und den „ökologischen Charakteristiken" von Konsumgütern zu diskutieren. Mit Beckers Ansatz wurde prognostiziert, dass bei steigendem Wert der Zeit zunehmend materielle Güter zum Einsatz kommen, um Zeit zu sparen (Linder, 1970; Jalas, 2005, S. 130).

Praktische Ansätze zur Analyse des Konsumentenverhaltens schätzen bestimmte Nachfragemodelle statistisch, typischerweise in der Form einer Reihe von Nachfragefunktionen für die relevanten Güter (Ferrer-i-Carbonell und van den Bergh, 2004, S. 370 ff.).[23] Es ist möglich, die Maximierungshypothese und die neoklassischen Präferenzen (Reflexivität, Vollständigkeit, Transitivität, Stetigkeit und Nicht-Sättigbarkeit) aufzugeben, wodurch auf eine größere Bandbreite von Nachfragebeziehungen zurückgegriffen werden kann (siehe van den Bergh u. a., 2000). In diesem Fall kann eine Nachfragefunktion spezifiziert werden, ohne auf eine bestimmte funktionale Form festgelegt zu sein oder paramatrische Beschränkungen zu beachten, um bestimmte Nachfrageeigenschaften zu erhalten. Es können stattdessen neue

23 Bekannte Modelle sind u.a. das Linear Expenditure System (LES) und das Almost-Ideal-Demand-System (AIDS) von Deaton und Muellbauer (1980a); ein Überblick wird in Anhang A.3 gegeben.

Annahmen hinzugefügt werden, indem Sättigung, beschränkte Rationalität, Routinen, Imitation (interdependente Präferenzen; siehe Alessie und Kapteyn, 1991), lexikographische Präferenzen oder demographische Effekte unterstellt werden. Merino Troncoso (2021) merkt an, dass statistisch bzw. ökonometrisch geschätzte Nachfragemodelle für jedes Produkt eine Nachfragefunktion vorsehen. Wenn heterogene und differenzierte Produkte betrachtet werden, kann das Nachfragesystem und die Anzahl der zu schätzenden Parameter unüberschaubar werden: „If we consider for example 50 demand equations for 50 products, it will imply 2.500 parameters to estimate (50 demand equations with 50 prices each).“ Dieses Problem wird durch Discrete-Choice-Random-Coefficient-Modelle gelöst, die 1995 für den Automobil-Markt entwickelt (Berry u. a., 1995) und seitdem umfassend weiterentwickelt wurden. Michelsen und Madlener (2012) verwenden ein multinomiales Logit-Modell (MNL) als Discrete-Choice-Modell zur Modellierung der Nachfrage nach innovativen Heizungssystemen für Wohngebäude in Deutschland. Ihre empirische Studie analysiert die Konsumentscheidung für Wärmepumpen und Heizungssysteme mit solarer Unterstützung, wobei die Heterogenität der Konsumenten und Verhaltensaspekte einbezogen werden. Bajari u. a. (2015) und Varian (2014) weisen darauf hin, dass neuere Modelle auf Basis maschinellen Lernens die Konsumnachfrage genauer als traditionelle ökonometrische Modelle vorhersagen können.

Kletzan u. a. (2006) merken kritisch an, dass eine adäquate Integration von Ansätzen eines nachhaltigen Konsums in die ökonomische Modellierung zum großen Teil noch fehlt. Neben dem Ansatz Beckers und Lancasters nennen Kletzan u. a. (2006) die Ansätze von Wenke (1993) und Conrad und Schröder (1991) als mögliche Ausgangspunkte, um diese Forschungslücke zu füllen. Im Ansatz von Wenke (1993) wird der Konsumnutzen nicht nur von der Menge der konsumierten Güter bestimmt, sondern auch von weiteren Komponenten, z.B. emotionalen Faktoren. Der Ansatz von Conrad und Schröder (1991) beinhaltet eine integrierte Perspektive auf dauerhafte und nicht-dauerhafte Konsumgüter sowie eine Stock-Flow-Beziehung. Das Modell von Conrad und Schröder (1991) ist ein Linear-Expenditure-System (LES) und basiert auf einer beschränkten Ausgabefunktion mit dauerhaften Konsumgütern als quasi-fixem Kapitalstock. Die Kalibrierung eines Linear-Expenditure-Systems erfordert Information über alle Einkommenselastizitäten, um die Parameter der Budgetanteile sowie Information über alle Eigenpreiselastizitäten, um die minimal benötigte Gütermenge zu berechnen.

Aufbauend auf dem Becker-Lancaster-Ansatz sowie dem Ansatz von Conrad und Schröder (1991) modellieren Kletzan u. a. (2002b) im Hinblick auf nachhaltigen Konsum die Bestands-Stromgrößen-Beziehung im Bereich Raumwärme und Mobilität in Österreich. Hier besteht zwischen Energieflüssen und Realkapital in Bezug auf die nach der Theorie der Haushaltsproduktionsfunktion relevanten Energiedienstleistungen eine Substitutionsbeziehung. Die verfügbare Infrastruktur im weiteren Sinn (z. B. Stromnetz, Siedlungsstruktur) hat signifikanten Einfluss auf die Nachfrage nach Dienstleistungen und Stromgrößen wie Energieflüsse. Zwischen Technologien mit spezifischem Kapital- bzw. Energieeinsatz (z. B. Graustrom aus dem öffentlichen Stromnetz, Eigenversorgung mit Photovoltaikstrom) besteht eine Substitutionsbeziehung. Der Ansatz von Kletzan u. a. (2002b) veranschaulicht, dass eine Konzentration auf Stromgrößen in Konsummodellen relevante Aspekte eines nachhaltigen Konsums vernachlässigt. Die Analyse zeigt den Effekt einer Substitution von Stromgrößen durch Bestandsgrößen am Beispiel Transport und Wärme (z.B. thermische Verbesserungen von Gebäudehüllen, effizientere Transportsysteme). Relevant erscheint die Rolle technischen Fortschritts (z.B. Verbesserungen des existierenden Gebäudebestands oder der Fahrzeugflotte). Das Modell zeigt auf, dass ökonomische Instrumente wie Steuern und Straßenmaut positive makroökonomische Effekte erzeugen können, gemessen an klassischen Indikatoren wie Konsumwachstum.

2.5.2 Zeitlicher Rebound-Effekt

Ein wichtiger Aspekt technischen Fortschritts ist die Zunahme der Arbeitszeitproduktivität und damit verbunden einem zunehmend höheren Wert der Zeit w (2.5.1; Binswanger, 2001, S. 128 ff., Madlener und Alcott, 2010). Die Geschwindigkeitszunahme vieler Prozesse benötigt zusätzliche Energie, wie sich am deutlichsten bei Transportvorgängen zeigt, wo höhere Zeiteffizienz (schnellere Transportarten) üblicherweise mit größerem Input von Energie einhergeht; so benötigen Flugzeuge mehr Energie pro Passagierkilometer als Automobile.

Eine Zunahme der Zeiteffizienz kann zu einem „Zeit-Rebound" führen, wenn die Einführung eines zeitsparenden Gerätes für die Erstellung einer Dienstleistung zu einer erhöhten Nachfrage nach dieser Dienstleistung führt. Der Zeitrebound resultiert häufig in dem paradoxen Effekt, dass Haushalte keine Zeit sparen, obwohl sie in zeitsparende Technologie investieren (Linder,

1970).[24] Schipper (1996) legen empirische Belege vor, dass gleichzeitig die gesamte für Fortbewegung aufgewendete Zeit zunimmt, wenn die Opportunitätskosten der Zeit fallen (zeitsparende Innovationen) oder das Einkommen zunimmt, was zu einer noch größeren Nachfrage nach Mobilität führt, als durch die „fixed travel time budget hypothesis“ angenommen wird.

Neben dem dargestellten Zeit-Rebound existieren auf makroökonomischer Ebene weitere Rebound-Effekte (2.5.3). Die Haushaltsproduktionstheorie mit den anschlussfähigen Theorien der zeitlichen und direkten Rebound-Effekte sind in Abb. 2.5 dargestellt.

Abbildung 2.5: **Haushaltsproduktionstheorie und anschlussfähige Theorien.** Quelle: eigene Darstellung

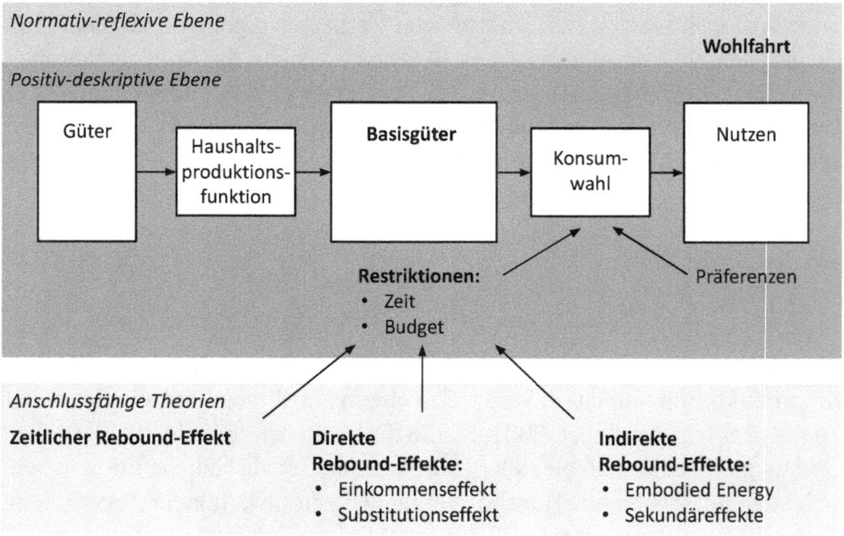

24 Die Nutzung von E-Mail, die zeiteffizienter ist als Briefpost, veranlasst Konsumenten z.B. dazu, mehr Nachrichten zu versenden als zuvor, als nur der Postweg zur Verfügung stand. Demzufolge geht ein Teil des zeitsparenden Potenzials der Innovation „E-Mail“ aufgrund des Rebound-Effekts verloren (Binswanger, 2004, S. 213). Eine formale Darstellung des zeitlichen Rebound-Effekts ist bei Button (1993, S. 52–58) und Button (2010, S. 73 ff.) zu finden.

2.5.3 Makroökonomische Rebound-Effekte

Am Beispiel der Kohlenutzung wurde nachgewiesen, dass technische Verbesserungen zu einer Ausweitung des Konsums führen (Alcott, 2005; Sorrell, 2009). Dies wird als Rebound-Effekt oder nach seinem Entdecker als „Jevons-Paradox" bezeichnet (Brookes, 2000). Auf die Konsumgesellschaft übertragen, können Effizienzverbesserungen zu größerer Energienachfrage und nach einiger Zeit zur Bildung von Erwartungen höheren Komforts im täglichen Leben führen.

Bei Rebound-Analysen ist die Schlüsselfrage, ob zu erwarten ist, dass Verbesserungen der technischen Energieeffizienz den Energiekonsum um das Maß reduzieren, das durch ingenieurmäßige Berechnungen vorausgesagt wird (Sorrell, 2010). Es sind vier Typen von makroökonomischen Rebound-Effekten zu unterscheiden:

- Substitutionseffekt
- Einkommenseffekt
- Embodied-Energy-Effekt
- Sekundäreffekte

Hierbei werden (i) und (ii) zu den direkten Rebound-Effekten gezählt, während (iii) und (iv) als indirekte Rebound-Effekte bezeichnet werden.

Beim (i) *Substitutionseffekt* werden effiziente Güter und Dienstleistungen verstärkt nachgefragt (Greening u. a., 2000; Khazzoom, 1980). Da die Grenzkosten für Energiedienstleistungen wie Mobilität durch Energieeffizienzverbesserungen reduziert werden, ist zu erwarten, dass der Konsum dieser Dienstleistung zunimmt. Sind die Fahrtkosten pro km mit einem effizienten Fahrzeug geringer, können Konsumenten häufiger oder weitere Strecken fahren. Wirkt ein (ii) *Einkommenseffekt*, kann das gesparte Geld für andere Güter und Dienstleistungen ausgegeben werden, deren Bereitstellung ebenfalls Energie erfordert. In beiden Fällen hebt die Zunahme des Konsums einen Teil der vorhergesagten Einsparung auf. Einkommens- und Substitutionseffekte können mit dem Modell von Becker interpretiert werden (2.5.1; Heckman, 2015, S. 407). [25] Indirekte Rebound-Effekte können lediglich geschätzt werden. Für die Abschätzung eines (iii) *Embodied-Energy-Effektes* sind weitere Daten erforderlich. Dazu sind einerseits Input-Output-Analysen sowie Lebenszyklusanalysen (LCA, s. Kap. 5) erforderlich, die auf Daten zu Energieverbrauch und Emissionen basieren. Andererseits können (iv)

25 Die formale Berechnung direkter Rebound-Effekte ist bei Binswanger (2001, S. 121 ff.), Greening u. a. (2000) sowie Khazzoom (1980) dargestellt.

Sekundäreffekte durch ökonometrische Analysen auf Basis von Einkommens- und Preiselastizitätsdaten geschätzt werden.

Typische Beispielanwendungen wie ein Vergleich von Auto- und Bahnreisen weisen auf Schwierigkeiten hin, allgemeine Aussagen über die Relevanz des Rebound-Effekts zu treffen, da er sowohl von den betrachteten Dienstleistungen als auch von den Annahmen bezüglich ihrer Substituierbarkeit und der Richtung des Einkommenseffektes abhängt (Binswanger, 2001). Bedeutung und Höhe der makroökonomischen Rebound-Effekte sind in der Literatur umstritten, Schätzungen reichen von 10–40% bis hin zu einer Überkompensation bzw. „Backfire" (3.5.1).

2.6 Konsumentensouveränität in Handlungs- und Strukturtheorien

Jede Konsumtheorie ist mit dem Problem konfrontiert, menschliches Verhalten in der Analyse zu berücksichtigen. Eine grundsätzliche Frage lautet, ob Konsumverhalten primär etwas über den Akteur aussagt oder über die Umgebung, in der dieser agiert. Verhalten kann einerseits auf individuelle Antriebe (Handlung) und andererseits auf die Umgebung (Struktur) eines Individuums zurückgeführt werden (Fellner, 2014, S. 9). Das Handeln souveräner Konsumenten weist vielfältige Bezüge und Wechselwirkungen mit Strukturen auf, in die die Konsumenten eingebettet sind. In dieser Arbeit werden drei theoretische Zugänge zum Umgang mit der Dichotomie zwischen Handlung und Struktur als relevant identifiziert:

- die mikroökonomische Konsumtheorie bzw. Haushaltsproduktionstheorie (2.5),
- die Neue Institutionenökonomik (2.6.1) und
- die Strukturationstheorie (2.6.2).

Die Position der Mikroökonomik bzw. Haushaltsproduktionstheorie, die von starren Annahmen über exogene Präferenzen ausgeht, wurde bereits dargestellt (vgl. Abschnitt 2.5).

Ein anderer Zugang besteht darin, die Entstehung von Strukturen zu untersuchen (2.6.1). Die Neue Institutionenökonomik ergänzt den mikroökonomischen Analyserahmen um die Institutionen (Strukturen), in deren Rahmen der marktliche Austausch bzw. die Handlungen stattfinden (Wetzel, 2004, S. 39).

Eine weitere Möglichkeit besteht darin, eine theoretische Erklärung für den Einfluss von inneren Antrieben und äußeren Umständen auf das Verhalten zu liefern (2.6.2). Ein Beispiel dafür ist die soziologisch fundierte Strukturationstheorie von Giddens (1997). Zu den Weiterentwicklungen dieser Theorie gehören die „Systems of Provision“ (Shove u. a., 2012; Gram-Hanssen, 2010; Jaeger-Erben, 2010; Warde, 2005), die Multi-Level-Perspektive auf Innovation (Geels, 2002) und die „Key Points nachhaltigen Konsums“ (Bilharz, 2008).

2.6.1 Neue Institutionenökonomik

Die Neue Institutionenökonomik ergänzt den mikroökonomischen Analyserahmen (2.5) um die Institutionen, in deren Rahmen der Austausch stattfindet. Solche Institutionen bilden sich aufgrund von Verträgen, die zwischen den Akteuren geschlossen werden. Im weitesten Sinne sind Institutionen „jegliche Art von Beschränkung [...] zur Gestaltung menschlicher Interaktionen“ (North, 1998, S. 4, zitiert nach Schiffer und von Hauff, 2010, S. 6). „Institutionen sind Regeln, Verfahren, Normen oder Konventionen, die festlegen, wer die Macht hat, etwas zu einem bestimmten Zeitpunkt zu tun“ (Alt und Shepsle, 1998, S. 735). Erlei u. a. (2016, S. 487 f.) nimmt eine Trennung in

- formelle (Gesetze, offizielle Abkommen) und
- informelle Institutionen (Normen, Verhaltensregeln)

vor.

Die Institutionenökonomik hat seit ihren Anfängen soziale Aspekte und die gegenseitige Beeinflussung von Akteuren im Sinne von Machtverhältnissen zum Forschungsgegenstand gemacht. Prinzipiell gibt es zwei Arten der Machtausübung. Einerseits können Akteure an der Ausübung ihrer Präferenzen gehindert werden. Andererseits können die Werte von Akteuren beeinflusst werden. Der institutionelle Ökonom John K. Galbraith weist darauf hin, dass solche Formen der Beeinflussung von Konsumenten aus dem Blickfeld der Ökonomie verschwinden, wenn exogene Präferenzen angenommen werden. Hierbei handelt es sich um ein systematisches Übersehen der Beeinflussung von Konsumenten, beispielsweise durch die Werbung (Galbraith, 1970). Empirische Belege kann aktuell die Neuroökonomik beitragen (2.4.3). Um diese zweite Form der Machtausübung in den Blick nehmen zu können, ist es erforderlich, Präferenzen als sozial und kulturell mitbestimmt und veränderlich zu modellieren (Fellner, 2014, S. 15).

Das Forschungsprogramm der Neuen Institutionenökonomik geht von begrenzt rational handelnden Akteuren aus. Begrenzte Rationalität wird vor allem durch unvollständige Information über das Verhalten der anderen

Akteure und die Umwelt begründet. Dementsprechend geht es im Kern um die Analyse der Informationsasymmetrien und dem sich daraus ergebenden Problem der effizienten Vertragsgestaltung. Daher werden die Bedeutung von Information und Kommunikation für die Koordination von Marktprozessen betont (Wetzel, 2004, S. 39; Hungenberg, 1995, S. 28 ff. Jung, 1999, S. 8 f. Picot u. a., 2003, S. 38ff.). Die Neue Institutionenökonomik umfasst drei Teilgebiete:

- den Transaktionskostenansatz,
- die Theorie der Verfügungsrechte und
- die Prinzipal-Agent-Theorie.

Kritik an der Neuen Institutionenökonomik bezieht sich auf die als rigide bezeichneten Modellprämissen (Göbel, 2002, S. 343 ff.) und die Schwierigkeit, relevante Institutionen auszuwählen und zu gewichten (Senge, 2006, S. 46; Schiffer und von Hauff, 2010, S. 17). Gukenbiehl (2016, S. 179) fasst zusammen: „Der Hauptzweck von Institutionen, das Aufzeigen von Handlungsoptionen, ist zugleich ihr größter Kritikpunkt, denn sie beschränken damit gleichzeitig die Freiheit.“

2.6.2 Strukturationstheorie und Systems of Provision

Während eine Analyse der Parallelität von Struktur und Handlung des Konsums erst in neuerer Zeit angestrebt wird (Shove u. a., 2012; Grunwald, 2010; Bilharz, 2008), hat sie eine längere Tradition in Organisationstheorien der Unternehmung (Miebach, 2012, S. 195 f. Gourmelon u. a., 2011, S. 25). In diesem Kontext erfährt die *Strukturationstheorie* zunehmend Beachtung (Giddens, 1997). Im Kern geht es um die Analyse des Wechselverhältnisses von Struktur und Handlung (Bilharz, 2008, S. 125). Sie bringt zwei verschiedene Perspektiven zusammen, die Souveränität der Konsumenten und „die dynamischen Eigenwirkungen objektiver gesellschaftlicher Strukturzusammenhänge“ (Lamla, 2003, S. 16 zitiert nach Bilharz, 2008, S. 125).[26] Auf der Strukturationstheorie bauen sowohl die „Key Points nachhaltigen Konsums“ von Bilharz (2008, S. 125) (4.1.2.5) als auch neuere Innovationstheorien wie die Multi-Level-Perspektive auf (Geels und Schot, 2007, S. 403; Geels, 2004, S. 907; Geels, 2002; 3.5.2).

---

26 Darstellung der Strukturationstheorie bei Kießling (1988), Walgenbach (1995), Lamla (2003).

In diesem konzeptionellen Ansatz werden Akteure in ihrer Einbettung in größere Strukturen gesehen, die ihre Präferenzen, Ziele und Strategien formen. Trotz dieser Struktureffekte lässt der Ansatz Raum für Akteure und deren bewusstes und strategisches Handeln. Giddens spricht hier von der „duality of structure", wobei Strukturen sowohl Ergebnis als auch Modalitäten von Handlungen sind (Bilharz, 2008, S. 125; Giddens, 1997, S. 81).

Eine Weiterentwicklung stellt der *Systems-of-Provision-Ansatz* dar (Shove u. a., 2012). Eine Reihe von Autoren argumentiert, dass der alltägliche Konsum von Gewohnheiten und individuellen Reaktionen auf soziale Normen und institutionelle Kontexte bestimmt werde (Gronow und Warde, 2001; Shove, 2003; Shove und Warde, 1997). Alltägliche Konsumentscheidungen werden häufig durch einzelne, signifikante, „kritische" Konsumentscheidungen geformt, wie die Wahl des Wohnsitzes oder des Fahrzeugs. Diese kritische Konsumentscheidung kann zu einer „Lock-in"-Situation führen: „A key lesson from the literature on ordinary consumption is that these day-to-day choices are constrained within a rather complex decision architecture, which includes historical, social, institutional, and even political components. Typically, at the point of everyday decision, the ordinary consumer will have little or no control over most of this decision architecture" (Jackson, 2005, S. 28 f.).[27] Nicht-nachhaltige Konsumentscheidungen wie ein Hauskauf können von besonderer Dauer sein und nachfolgende Konsumentscheidungen strukturell formen (Lock-in-Effekt; Jackson, 2005, S. 29).

Eine Kritik an der Strukturationstheorie lautet, dass die Definitionen der Begriffe unbestimmt seien (Jones und Karsten, 2008). Weiter wird die Strukturationstheorie dahingehend kritisiert, dass sie die Rolle von Technologie und technischer Netzwerke bei der Analyse von (umweltbezogenen) Veränderungsprozessen ignoriere (Spaargaren und Oosterveer, 2010, S. 1898).

2.7 Grenzen der Konsumentensouveränität

Die Idealvorstellung der Konsumentensouveränität stößt an verschiedene normativ-reflexive und positiv-deskriptive Grenzen. Es lassen sich fünf verschiedene Kritikpunkte zusammenfassen. Erstens wird die Parallele zur Demokratie aufgegriffen (Abschnitt 2.7.1). Zum zweiten werden die Marktstruktur und gleichmäßige Einkommensverteilung als Voraussetzungen für

27 Shove (2003) nennt das Beispiel des Konsums von Brennstoffen für die Beheizung von Gebäuden.

Konsumentensouveränität kritisch beleuchtet (Abschnitt 2.7.2). Drittens stellen Informationsasymmetrien die Wirksamkeit der Konsumentensteuerung in Frage (Abschnitt 2.7.3). Viertens werden Annahmen über Präferenzen kritisch beurteilt (Abschnitt 2.7.4). Fünftens gibt die Betroffenheit Dritter (z.B. künftiger Individuen) Anlass zur Kritik am Prinzip der Konsumentensouveränität (Abschnitt 2.7.5).

2.7.1 Parallelität zur Demokratie

Hutts Idee der Parallelität politischer und ökonomischer Souveränität erwies sich im Diskurs als paradigmatisch prägend (van Bömmel, 2003, S. 34 f., 2.2.2). Diesbezüglich werden zwei Aspekte kritisiert:

- die Majorisierung von Minderheiten und
- die Vernachlässigung künftiger Generationen.

Einerseits wird in Frage gestellt, ob sich der „Wille des Volkes“ durch demokratische Prinzipien umsetzen lässt und ob anonyme Mehrheitsentscheidungen an der Ladenkasse zweckmäßig sind. Jedem Mehrheitsprinzip wohnt die Gefahr inne, dass die Mehrheit Minderheiten überstimmt bzw. die Minderheit majorisiert wird. Wenn ein einzelner Konsument oder eine Konsumentengruppe mit ihren Präferenzen auf kein Angebot trifft, gestaltet sich die Allokation von Konsumgütern über Märkte problematisch. Eine „Demokratie der Konsumenten“, in der keine Majorisierung der Minderheit stattfindet, beruht auf spezifischen Voraussetzungen (van Bömmel, 2003, S. 37). Dazu gehören nicht nur auf materielle Mittel und konkrete Handlungsspielräume (s. 2.7.2), sondern auch geteilte Wissensbestände und kollektive Wertvorstellungen (Heidbrink und Schmidt, 2009, S. 31). Die Zahl der Konsumentscheidungen, in denen die eigenen Präferenzen mit denen der Mehrheit nicht konsistent sind, ist empirisch nicht feststellbar; van Bömmel (2003, S. 49) schätzt sie als „nicht unbeträchtlich“ ein.

Andererseits haben künftige Generationen mangels Kaufkraft am Markt keine Stimme (Ekardt, 2016b, S. 460). Künftige und weit entfernt lebende Menschen haben die heutigen (einflussreichen) Regierungen nicht gewählt: „Die Hauptbetroffenen [nachhaltiger Entwicklung] sind also weder am Diskurs noch an Wahlen beteiligt und werden damit tendenziell vernachlässigt“ (Ekardt, 2016b, S. 377 f. vgl. 2.7.5). Wenn Demokratie bedeutet, dass alle Menschen, die von einer Entscheidung betroffen sind, selbst diese Entscheidung treffen müssen, kann es keine demokratische Lösung der zeitlichen Aufteilung des Konsums geben (Sen, 1997, S. 122). Der heute gewählte Zins beeinflusst nicht nur die Aufteilung des Konsums zwischen früheren und späteren Zeitpunkten für die gleichen Personen, sondern auch die Aufteilung des Konsums zwischen verschiedenen Generationen, von denen einige noch erst geboren werden müssen. Sen (1997, S. 122) schließt daher jede Möglichkeit der Anwendung des Prinzips der Konsumentensouveränität auf intergenerationelle Fragestellungen aus (2.2).

2.7.2 Begrenzung durch externe Effekte und Einkommensverteilung

Die Konsumentensouveränität kann durch

- externe Effekte und Marktstruktur sowie
- Einkommensverteilung

effektiv begrenzt sein (Jeschke, 1975, S. 34 f.). Die Marktstruktur wirkt begrenzend, wenn auf einem Markt keine Alternativen existieren, zwischen denen die Konsumenten wählen können (Monopol). Externe Effekte wirken begrenzend, wenn die Marktpreise nicht alle Auswirkungen (Umweltschäden, Datenmissbrauch) von Konsumentscheidungen widerspiegeln. Die Einkommensverteilung wirkt begrenzend, wenn das Einkommen so niedrig ist, dass die Konsumenten faktisch keinen Entscheidungsspielraum haben.

Konsumentensouveränität ist in Stromnetzen (i) von der Marktstruktur eingeschränkt, da Stromnetze aufgrund ihrer Unteilbarkeit den Charakter natürlicher Monopole haben (Ströbele u. a., 2012, S. 291, 332; Krämer, 2019, S. 47), die in Verbindung mit hohen versunkenen Investitionskosten ein Marktversagen auf vor- und nachgelagerten Märkten begünstigen.

Wesentliche Eigenschaft eines natürlichen Monopols ist das Vorliegen von spezifischen Kostenvorteilen, so dass ein Unternehmen den Markt kostengünstiger bedienen kann als mehrere Anbieter.[28] Diese Kostenstruktur beruht auf Größenvorteilen („economies of scale"). Stromnetze verursachen hohe, irreversible Kosten beim Ausbau der Infrastruktur. In aller Regel wird ein einziges Stromnetz genügen müssen, da es weder wirtschaftlich noch ökologisch sinnvoll ist, weitere solcher Netze anzulegen.

Eine typische Gegenmaßnahme ist staatliche Intervention durch Regulation (Müller u. a., 2010, S. 2). Zur Eindämmung des Monopolproblems wird durch Preisregulierungen auf die Preissetzung Einfluss genommen (Über-

---

28 Theoretisch wird dieser Umstand mit der Subadditivität der Kostenfunktion begründet, die notwendige Voraussetzung für das Vorliegen eines natürlichen Monopols ist (Müller u. a., 2010, S. 1).

blick und weitere Literatur bei Haslinger, 2006, S. 23, 27, 113). Im deutschen Verbundnetz übernimmt die Bundesnetzagentur (BNetzA) diese Aufgabe. Da die Stromnetzregulierung keinen Fokus dieser Arbeit darstellt, soll hier auf die Literatur verwiesen werden. Einen Überblick geben Müller u. a. (2010) und Kreutzfeldt (2014). Seit den 1990er Jahren hat sich der Handlungsspielraum für europäische Konsumenten erhöht, etwa durch die Möglichkeit, den Stromanbieter zu wechseln (Prognos, 2012, S. 243).

Intelligente Stromnetze unterliegen potenziell weiteren typischen wettbewerbsverzerrenden externen Effekten, die analog für die Internet-Ökonomie beschrieben worden sind: Lock-in-Effekte, Netzwerkeffekte, Skaleneffekte, hohe Wechselkosten und Bündelung/Kopplung (Krämer, 2019; Europäische Kommission, 2018).[29] Arnold u. a. (2016, S. 21) weisen darauf hin, dass Stromtarif-Vergleichsportale die Wechselkosten senken und damit den Wettbewerb intensivieren, da das Suchen und Vergleichen vereinfacht wird. Durch *Bündelung/Kopplung*, rasantes Wachstum und große Nutzer- und Datenbestände entsteht ein Anreiz für Unternehmen, eine marktbeherrschende Stellung einzunehmen und Marktmacht zu missbrauchen. Abbildung 2.6 gibt einen Überblick über für die Internetökonomie typische externe Effekte. Diese können analog auf den Kontext intelligenter Netze angewendet werden. *Lock-in-Effekte* resultieren daraus, dass Konsumenten beim Umstieg auf einen anderen Anbieter verschiedene Nachteile entstehen, indem sie beispielsweise ihre gespeicherten Apps, Daten und Kontakte verlieren oder den Umgang mit einem neuen Betriebssystem erlernen müssen. Lock-in-Mechanismen bzw. Pfadabhängigkeiten treten auf, wenn bestimmte Konsumentscheidungen für längere Zeit bindend sind (Wahl des Wohnortes, Bau einer Photovoltaikanlage), wie Bilharz in seinem Key-Points-Ansatzes aufzeigt (4.1.2.5). *Skaleneffekte* resultieren daraus, dass die Kosten pro Nutzer umso geringer sind, je mehr Personen zu einem Netzwerk beitragen (Skaleneffekte durch Fixkostendegression; Krämer, 2019). *Netzwerkeffekte* resultieren daraus, dass Fixkosten für die digitale Infrastruktur anfallen und die Grenzkosten vernachlässigbar sind. Ein zusätzlicher Nutzer verursacht nahezu keine weiteren Kosten, sondern schafft für das Netzwerk einen Mehrwert. Jedes weitere Mitglied eines Netzwerks erhöht dessen Wert, da die bisherigen Mitglieder zusätzliche Möglichkeiten erhalten, mit den Neumitgliedern zu kommunizieren.

---

29 Zur Nutzenfunktion der Konsumenten bei externen Netzwerkeffekten siehe Blankart u. a., 1992.

Abbildung 2.6: **Effekte der Internetökonomie**. Quelle: Clement und Schreiber (2016, S. 218)

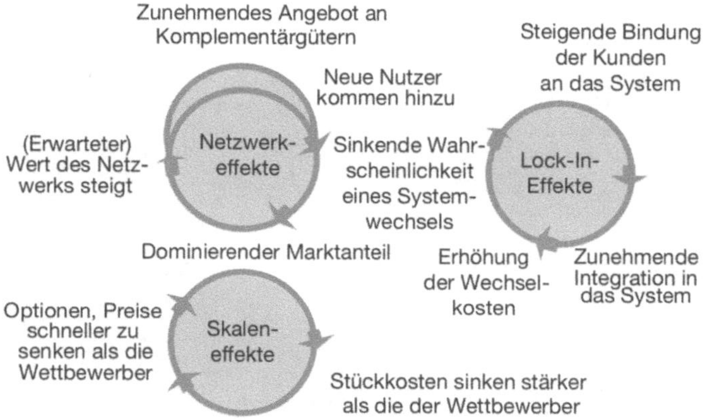

Für die Internetökonomie typische, positive Externalitäten wie ein Nutzenzuwachs durch mehr Teilnehmer sowie negative Externalitäten wie Datenmissbrauch werden durch das Preissystem nicht internalisiert, wie Abb. 2.7 darstellt. Es lassen sich direkte und indirekte Netzwerkeffekte unterscheiden (Katz, Shapiro u. a., 1985, S. 424). Clement und Schreiber (2016, S. 58) verorten direkte Netzeffekte auf der Nachfrageseite. Negative Externalitäten in Netzwerkgütern treten auf, wenn es zu einer Überfüllung oder Überlastung des Netzes kommt.

Geschäftsmodelle wie Smart Home Personal Assistants (z.B. Amazon Alexa, Google Assistant, Apple Siri) im Kontext intelligenter Netze basieren teils auf dem Angebot von Inhalten und Diensten, die von den Kunden teilweise mit personenbezogenen Daten bezahlt werden. Nachteile liegen bei einer Gefährdung des Datenschutzes. Wettbewerbsprobleme ergeben sich, wenn es durch große Datenmengen zu einem Zuwachs von Marktmacht kommt. Um diese Probleme zu bewältigen, wird insbesondere Transparenz darüber gefordert, wie die Plattformen die erhobenen Daten verwenden und welche Daten gesammelt werden (Dewenter und Lüth, 2016).

Konsumentensouveränität ist darüber hinaus von der (iii) Einkommensverteilung abhängig, denn es erhält nur das zahlungskräftige Konsumenteninteresse Ausdruck. Am Markt entscheiden nicht die individuellen Präferenzen (die „Zahlungsbereitschaft"), sondern die zahlungskräftige Nachfrage (die „Zahlungsfähigkeit"), weshalb die Präferenzen wohlhabender Individuen

Abbildung 2.7: **Externalitäten der Internetökonomie.** Quelle: eigene Darstellung in Anlehnung an Clement und Schreiber (2016, S. 61).

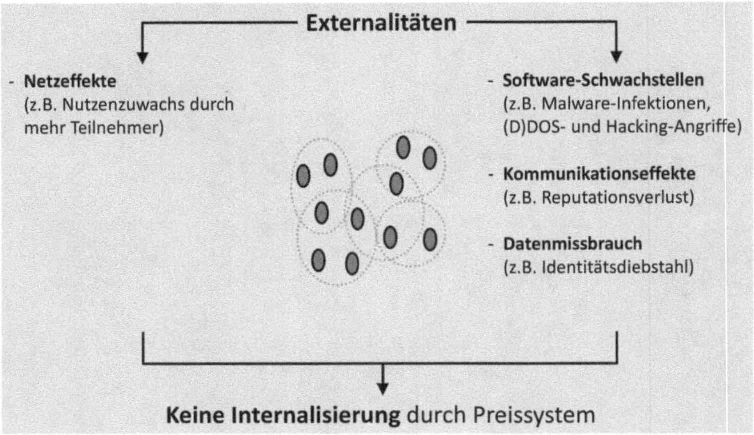

stärker zum Zuge kommen als diejenigen ärmerer Individuen. Schiller (1964, S. 51) bezeichnet dies als „Unfreiheit des Unterkonsums". Laut DIW (2017b, S. 71) hat die Einkommensungleichheit in Deutschland seit Mitte der 1990er Jahre zugenommen. Steigende Ungleichheit führt dazu, dass die Einkommen tendenziell einem Teil der Bevölkerung zufließen, der eine hohe Sparquote hat. Dadurch versickert ein Teil der Einkommen auf Sparkonten und fließt nicht in die Konsumnachfrage, was die materielle Wohlfahrt dämpft (DIW, 2017a, S. 169). Das Verteilungsargument ist ein bedeutender Einwand gegen das Prinzip der Konsumentensouveränität. Lerch (2000) fragt, ob die dahinterstehende Frage der Verteilungsgerechtigkeit sinnvollerweise auf der Ebene der Konsumentensouveränität diskutiert werden sollte. Der Autor argumentiert, dass stattdessen die Verteilungsgerechtigkeit selbst zu diskutieren ist. Lerch (2000, S. 182 f.) weist darauf hin, dass im Umkehrschluss eine Einschränkung oder gar Aufhebung der Konsumentensouveränität nicht zwangsläufig für mehr Gerechtigkeit sorgt.

2.7.3 Information, Wissen und Fähigkeiten

Eine weitere Kritik an der Konsumentensouveränität bezieht sich auf das Abstrahieren von

- Information,
- Wissen und
- Fähigkeiten

als Voraussetzungen für Konsumentscheidungen bzw. Handeln (van Bömmel, 2003, S. 48 f.).

Als theoretischer Zugang zur Differenzierung von Information, Wissen und Fähigkeiten kann das Wissensmanagement dienen. Information steht in der Begriffshierarchie unterhalb von Wissen (Rehäuser und Krcmar, 1996, S. 6). Fähigkeiten („Können“) stehen auf einer höheren Stufe der Wissenstreppe (North, 2005, S. 36). Folgerichtig steht das (Konsumenten-)Handeln auf der Stufe über dem Können.

Bezüglich des Abstrahierens von (i) Information als Voraussetzung für Konsumentensouveränität lautet die Kritik: Mit zunehmender Zahl, Heterogenität und Komplexität an Gütern wächst das Risiko, dass ein Konsument weder über relative Vor- und Nachteile substitutiver Güter noch über die Dimension der Folgen einer ungünstigen Wahl informiert ist. Eine vollständige Marktübersicht, wie sie das Modell (2.2.4, 2.5.1) vorsieht, ist nicht realisierbar. Ein Grund dafür liegt in der durch Globalisierung und einen Anstieg der Gütervielfalt hervorgerufenen großen Fülle und weltweiten Verteilung der relevanten Information. In Bezug auf die große Menge an Informationen, mit denen Konsumenten im Alltag konfrontiert werden, ist häufig die Rede vom „Informationsüberfluss“ (Hennings und Wersig, 2003). Dieser Effekt wird durch kürzer werdende Produktlebenszyklen sowie sich häufig ändernde Produktionsverfahren verstärkt. Für Produzenten besteht ein Anreiz, nachteilige Produkteigenschaften zu verschweigen. Bössmann (2008, S. 334) weist darauf hin, dass dem Konsumenten erschwert wird, seine kaufentscheidenden Präferenzen an Tatsachen statt an Eindrücken zu orientieren, die einer Nachprüfung nicht standhielten. Dies führt zu hohen Kosten der Informationsbeschaffung. Bei Erfahrungs- und Vertrauensgütern tritt eine asymmetrische Informationsverteilung auf, da bei diesen eine Qualitätsbeurteilung durch Informationssuche ex ante nicht möglich ist (Akerlof, 1970; Koths und Holl, 2012, S. 664–669). Soziale und ökologische Produkteigenschaften wie Produktionsbedingungen bei Zulieferfirmen oder ökologische Stromerzeugung sind nicht sichtbar oder vorab erkennbar und die Beurteilung dieser Informationen ist für den einzelnen Konsumenten schwierig. Der Konsument wird daher auf Information verzichten oder dem Bereitsteller der Information glauben (Schoenheit, 2004, S. 50).

Bezüglich des Abstrahierens von (ii) Wissen als Voraussetzung für Konsumentensouveränität lautet die Kritik: Neben hohen Informationsbeschaffungskosten und Kosten der Informationsverarbeitung führt mangelndes (technisches) Fachwissen zu mangelhafter Marktübersicht (van Bömmel, 2003, S. 48). Wissen entsteht, wenn Information mit anderen Informationen vernetzt wird.

Bezüglich des Abstrahierens von (iii) Fähigkeiten als Voraussetzung für Konsumentensouveränität lautet die Kritik: Die Modellannahme übersieht die eingeschränkten Fähigkeiten der Konsumenten, relevante Informationen verarbeiten zu können. Dies wird als innere Beschränkung der Konsumfreiheit bezeichnet (Kuhlmann, 1990, S. 34 f.). Wegen ihrer begrenzten Informationsverarbeitungskapazität orientieren sich Konsumenten an Ruf, Größe und Marktanteil des Produzenten. Weitere Entscheidungsheuristiken wurden von der Verhaltensökonomie beschrieben (2.4.3).

Informations- und Wissensmängel führen zu adverser Selektion bzw. einer Fehlallokation, bei der die Marktlösung nicht die tatsächlichen Präferenzen der Nachfrager widerspiegelt (vgl. 2.7.4; Koths und Holl, 2012, S. 664–669). Adverse Selektion bewirkt, dass die Qualität der meisten Güter weit unter dem möglichen Niveau bleibt (wässriges Obst, hormonell belastetes Fleisch, rostende Kühlschränke und schnell durchscheuernde Kleidung; Sinn, 1989, S. 82).

Auf der Stufe des Handelns tritt zu Information, Wissen und Fähigkeiten der Konsumenten noch die Motivation („Wollen") hinzu. Scitovsky (1986) fragt aus der Perspektive der Motivationstheorie, ob Werbung ein Klima oder ein Bewusstsein schafft, in welchem sich Menschen stärker materiell orientieren und verstärkt Güter als geeignete Instrumente betrachten, um soziale, geistige und ästhetische Bedürfnisse zu befriedigen, statt dies über nichtökonomische Aktivitäten anzustreben (Scitovsky, 1986, S. 191 f., 196 f.). Galbraith (1973, S. 150) vertritt diesbezüglich die Auffassung, „that it is producers who bring into being wants that previously did not exist" (auch als Produzentensouveränität bezeichnet). Jackson (2017b) weist darauf hin, dass Werbung ein wichtiges Artefakt einer komplexen modernen Anreizstruktur ist. Einen theoretischen Zugang zum Einfluss der Werbung bieten wandelbare und endogene Präferenzen im folgenden Abschnitt.

2.7.4 Irrationale und endogene Präferenzen

Das neoklassische mikrökonomische Modell der Konsumentensouveränität (2.2.4) setzt dem Marktprozess exogene und rationale Präferenzen voraus

(Fellner, 2014, S. 15; Norton u. a., 1998; Costanza u. a., 2014, S. 164). Daran wird zweierlei Kritik geübt:

- Zum einen wird bezweifelt, dass Präferenzen exogen sind und
- zum anderen sind Präferenzen nicht immer rational (d.h. vollständig und transitiv).

Die erste Kritik am Modell der Konsumentensouveränität lautet, dass (i) Präferenzen vom Markt beeinflusst werden und somit endogen sind (Kappelhoff, 1997, S. 226). Kappelhoff (1997, S. 226) weist darauf hin, dass eine Berücksichtigung dieser Rückbeziehung zu einem infiniten Regress führt. Dem Marktgeschehen endogene Präferenzen bleiben im Laufe der Zeit nicht stabil, sondern sind wandelbar. Einflüsse auf die Präferenzen können von Werbung, Erziehung oder Kultur ausgehen (Costanza u. a., 2001, S. 165; Costanza u. a., 2014, S. 163 ff., Norton u. a., 1998, S. 193). Das Phänomen der Zeitpräferenz („temporal discounting"; hyperbolische Diskontierung) weist darauf hin, dass Präferenzordnungen dynamisch inkonsistent sind (Laibson, 1997; Laibson, 1994; Ainslie, 1992; Doyle, 2013; Joshi und Fast, 2013; Gilman u. a., 2014). Das Umweltbundesamt spricht einer Zeitpräferenzrate von 1% praktische Politikrelevanz zu. Bei Verwendung einer reinen Zeitpräferenzrate (RZPR) von 0% werden heutige und zukünftige Schäden gleich gewichtet (UBA, 2020e). Bei Verwendung einer reinen Zeitpräferenzrate von 1% werden Schäden, die der nächsten Generation (in 30 Jahren) entstehen, nur zu 74%, die der übernächsten Generation (in 60 Jahren) entstehenden Schäden nur zu 55% berücksichtigt. Im Hinblick auf langfristige Konzepte wie nachhaltigen Konsum ist fraglich, ob Präferenzen dauerhaft als stabil angenommen werden können oder sinnvoller als wandelbar aufgefasst werden sollten. Als Kompromiss werden Präferenzen einerseits kurzfristig als stabil angenommen und andererseits langfristig als wandelbar angesehen (Norton u. a., 1998). Konsumentensouveränität wird in eine Hierarchie der Präferenzen eingeordnet: Über den Präferenzen als Konsumenten stehen die Präferenzen als Bürger (Kirchgässner, 2013).

In neueren Ansätzen werden basierend auf der Haushaltsproduktionstheorie endogene Präferenzen als Erweiterung modelliert (Fellner, 2014; Becker, 1965). Diese Ansätze integrieren Endogenität formal (2.5.1). Haake und Jolivet (2001) kritisieren, dass psychologische oder gesellschaftliche Einflussfaktoren nicht explizit in die Analyse aufgenommen werden, sondern nur implizit in der Nutzenfunktion enthalten sind.

Die zweite Kritik am Modell der Konsumentensouveränität lautet, dass (ii) Präferenzen nicht immer den Rationalitätsanforderungen (2.2.4) entsprechen. Individuen sind sich demzufolge selbst nicht immer bewusst, was gut für sie ist, sondern besitzen vielmehr teilweise irrationale Präferenzen. Kalliefe (1954, S. 414), Gordon (1939, S. 9 f.) und Egner (1953, S. 31) argumentieren, dass dem Konsumenten die Klarheit über seine eigenen Wünsche und Bedürfnisse und über die Reihenfolge, in der sie zu befriedigen seien fehle. Mit dem „Dollar Auction Game" konnte gezeigt werden, dass sogar Präferenzumkehr möglich ist (Lichtenstein und Slovic, 1971; Lindman, 1971; Costanza u. a., 2014, S. 178; vgl. 3.3.2).

2.7.5 Betroffenheit Dritter

Konsumentensouveränität bezieht sich im Kern auf die Entscheidungen des Individuums, die es allein betreffen (methodologischer Individualismus). Existieren externe Effekte und/oder öffentliche Güter, sind jedoch andere, auch künftige Individuen betroffen (Costanza u. a., 2014, S. 164). Die betroffenen Konsumenten sind dann nicht nur diejenigen der jetzigen Generation, sondern auch die der noch nicht geborenen und die derjenigen, die zu jung sind, um eine Präferenz auszudrücken. Sen (1997, S. 116 f.) weist darauf hin, dass die Sicht der aktuellen Generation entscheidend sei, da die Ansicht kommender Generationen noch nicht verfügbar ist; dies sei jedoch ein von Konsumentensouveränität stark abweichendes Argument. Aus der Betroffenheit Dritter ergibt sich somit das wesentliche Argument für eine Einschränkung der Konsumentensouveränität (Lerch, 2000, S. 184).

Die Rechte und Interessen Dritter spielen eine zentrale Rolle: Es geht darum, negative Auswirkungen auf Dritte auszugleichen (negative externe Effekte), weshalb die Konsumentensouveränität hier einzuschränken sein kann (Kirchgässner, 2013). Eine Einschränkung der Konsumentensouveränität muss nicht zwangsläufig die völlige Negierung des Prinzips bedeuten, da der aufgeklärte Konsument seine Entscheidungen souverän treffen können sollte (Lerch, 2000, S. 183 f.). Ekardt (2016b, S. 594, 309 f.) betont, dass die Grundrechte Dritter und speziell junger und künftiger Menschen eine Schranke für selbstregulative Instrumente errichteten.

3 Anforderungen an einen nachhaltigen Konsum

Die Dynamik wirtschaftlichen Wachstums wurde in jüngerer Zeit vor allem durch den Konsum bestimmt. Der private Konsum in Deutschland hat im letzten Jahrzehnt 0,4 Prozentpunkte zum Wirtschaftswachstum von 1,1% beigetragen.[1] Private Konsumausgaben machen in Deutschland und Europa etwa 50% des Bruttoinlandsprodukts aus (Anh. A.5). Dies wird häufig als Folge von Konsumentensouveränität gesehen und als verbesserte Erfüllung von menschlichen Bedürfnissen und wachsender Wohlstand gewertet. Mit dem materiellen Wohlstand hat das Maß der Handlungsfreiheit der Haushalte insbesondere in den Industrieländern deutlich zugenommen. Dies wird deutlich am Anteil der Konsumausgaben, der sich durch andere Produkte substituieren ließe, und dem Anteil der Produkte, auf die ein Haushalt eine Zeitlang ohne Substitution verzichten könnte, wenn er dafür ein Motiv hätte (van Bömmel, 2003, S. 86). Aus der gestiegenen Handlungsfreiheit wird zunehmend eine gesteigerte Verantwortung der Konsumenten für nachhaltigen Konsum abgeleitet.

Privater Konsum trägt gleichzeitig über 60 Prozent zu den Treibhausgas-Emissionen und bis zu 80 Prozent zur gesamten Land-, Wasser- und Ressourcennutzung bei (Ivanova u. a., 2016, Anh. A.5). Das Wachstum des Konsums wirkt als Katalysator einer krisenhaften Entwicklung, die massive soziale, ökologische und ökonomische Auswirkungen hat (IPCC, 2021b, S. 28; von Hauff, 2021; Assadourian, 2010; Stern, 2007). Auf die krisenhaften Entwicklungstendenzen wurde auf internationaler Ebene mit dem Leitbild des nachhaltigen Konsums reagiert (Ofstad u. a., 1994; UN, 1992). Eine Begrenzung nicht-nachhaltiger Konsumweisen wird als Teil einer nachhaltigen Entwicklung verstanden. In Deutschland wurden nationale Ziele für den Energie- und Stromverbrauch abgeleitet, die von einer neuen Energiepolitik begleitet werden (BMU, 2016). Die Bundesregierung hat sich seit 2016 in der Deutschen Nachhaltigkeitsstrategie das Ziel gesetzt, die globale Umweltinanspruchnahme des Konsums privater Haushalte in den drei Bereichen Energieverbrauch, Kohlendioxid-Emissionen und Rohstoffeinsatz des

1 Im Jahr 2020 gingen in Folge der COVID-19-Pandemie sowohl das Wirtschaftswachstum als auch das Konsumwachstum zurück. Das Wirtschaftswachstum betrug preisbereinigt im Jahresdurchschnitt 2010–2020 1,1%, wobei das Jahr 2020 mit einer Schrumpfung von -4,9% einen negativen Beitrag leistet (Destatis, 2022e, Tab. 1.1). Der Wachstumsbeitrag der privaten Konsumausgaben zum Bruttoinlandsprodukt war im Jahr 2020 ebenfalls negativ und betrug preisbereinigt -3,0%-Punkte (Destatis, 2022e, Tab. 3.2).

Konsums privater Haushalte zu senken (Bundesregierung, 2016; Bundesregierung, 2021a). Obwohl diese im Vergleich zu 2010 leicht zurückgegangen sind, steigen seit dem Jahr 2014 sowohl der Energieverbrauch als auch die Kohlendioxid-Emissionen wieder an (UBA, 2021d; Destatis, 2020).

Auf die theoretische Fundierung nachhaltigen Konsums wird in Abschnitt 3.1 eingegangen. Nachhaltiger Konsum als Ansatz der nationalen, europäischen und internationalen Politik wird in Abschnitt 3.2 dargestellt. Eine mikro- und institutionenökonomische Begründung nachhaltigen Konsums wird in Abschnitt 3.3 gegeben. Die wohlfahrtsökonomische Begründung nachhaltigen Konsums, der Zusammenhang zwischen Konsumstrom und ökologischen, ökonomischen und sozialen Kapitalbeständen sowie Leitstrategien nachhaltigen Konsums werden in den Abschnitten 3.4 und 3.5 beschrieben.

3.1 Theoretische Fundierung des Nachhaltigen Konsums

In diesem Abschnitt wird auf die Dreidimensionalität (Abschnitt 3.1.1) und die intra- und intergenerationelle Gerechtigkeit (Abschnitt 3.1.2) als konstitutive Merkmale nachhaltiger Entwicklung eingegangen.[2] Je nach Interpretation dieser beiden Grundanforderungen ergeben sich daraus Ansätze starker und schwacher Nachhaltigkeit (Abschnitt 3.1.3). Bezogen auf den Konsum ergeben sich daraus der Ansatz des schwach nachhaltigen Konsums (Abschnitt 3.1.4) und der Ansatz des stark nachhaltigen Konsums (Abschnitt 3.1.5).

3.1.1 Dreidimensionalität

Die Unterscheidung in *drei Dimensionen der Nachhaltigkeit* hat sich seit Mitte der 1990er Jahre international durchgesetzt (Blank, 2001, S. 375 ff.) und bildet in pragmatischer Weise einen Ausgangspunkt vieler Nachhaltigkeitsstrategien und -konzepte. Hierbei geht es um die ausgewogene Berücksichtigung der Dimensionen Ökologie, Ökonomie und Soziales. Zur Dreidimensionalität besteht international breiter Konsens (Kopfmüller u. a., 2001, S. 47; Grunwald und Kopfmüller, 2012, S. 54).

Die drei Dimensionen stehen in Beziehung zueinander; ihre Komplementarität ist dementsprechend zu analysieren und aufzuzeigen. Ökologisch

---

2 Für einen Überblick über den Entstehung und Zielsetzung des Leitbildes nachhaltige Entwicklung wird auf die Literatur verwiesen (von Hauff, 2014, S. 1–18).

nachhaltiger Konsum kann z.B. einen Beitrag für die ökonomische Nachhaltigkeit leisten: Der Konsum von Solarstrom trägt zu sauberer Luft bei und ist gleichzeitig kostengünstiger als fossiler Stromverbrauch. Umgekehrt kann eine nachhaltige Entwicklung einer Dimension die Nachhaltigkeit einer anderen Dimension negativ beeinflussen (von Hauff, 2021, S. 46 f.): Photovoltaikanlagen erhöhen die Energieeffizienz des Stromkonsums, benötigen jedoch Solarsilizium als Vorprodukt, das derzeit zum Großteil in China unter kritischen Arbeitsbedingungen hergestellt wird (Murphy und Elimä, 2021; Preker und Schultz, 2021; UK Parliament, 2021; White House, 2021).

Im Zusammenhang mit der Dreidimensionalität treten in der Praxis eine Reihe von Problemen auf, wie (i) Unsicherheiten bei der geeigneten Erfassung und integrativen Bewertung der drei Dimensionen sowie (ii) Zuordnung von Kriterien zu den Dimensionen (von Hauff, 2014, S. 75; von Hauff, 2021, S. 174 ff.). Eine Schwierigkeit stellt die Unsicherheit bezüglich der Bewertung nachhaltiger Innovationen (wie ökologische Bewertung verschiedener PV-Batteriespeichertechnologien; UBA, 2016a, S. 225 f., Öko-Institut, 2017, S. 14) dar. Dies ist sowohl bei den Kriterien als auch bei den Bewertungsverfahren zu berücksichtigen. Ein Konfliktpotenzial entsteht, wenn die nachhaltigkeitsorientierte Technologie (z.B. Photovoltaik) nicht die gleiche Wirkungskraft (z.B. Schwarzstartfähigkeit, Spannungs- und Frequenzhaltung, Dargebotsabhängigkeit) wie die konventionelle Technologie besitzt. Ein weiteres Problem besteht darin, dass einige Kriterien einzelnen Innovationen zugeordnet werden können (z.B. Treibhausgasausstoß zu Stromerzeugung aus erneuerbaren Energien; Ökotoxizität zu Batteriespeichern), während dies bei Verteilungsgerechtigkeit nur bedingt möglich ist. Hier ist die eindeutige Festlegung von Handlungsfeldern erforderlich, aus denen systematisch Indikatoren und Indikatorensysteme abgeleitet werden können.

3.1.2 Intra- und intergenerationelle Gerechtigkeit

Die Verwirklichung der *inter- und intragenerationellen Gerechtigkeit* ist als Querschnittsanforderung zu verstehen – sie zieht sich durch alle drei Dimensionen (von Hauff und Schiffer, 2013, S. 10). Intra- und intergenerationelle Gerechtigkeitsprinzipien wurden von der Brundtland-Kommission 1987 als die Hauptmerkmale einer nachhaltigen Entwicklung formuliert, die „... die Bedürfnisse der Gegenwart befriedigt, ohne zu riskieren, dass zukünftige Generationen ihre eigenen Bedürfnisse nicht befriedigen können“ (Hauff, 1987, S. 46). Myrdal (1932, S. 31) weist darauf hin, dass die neoklassische

Ökonomie dazu tendiert, die Interessen der noch nicht geborenen Generation „unter den Tisch fallen zu lassen".

Für die *ökologische Dimension* zielen Managementregeln auf die *intergenerationelle Gerechtigkeit* ab, die von Daly (1990) zusammengestellt wurden (Kleine, 2009, S. 15 f., Blank, 2001, S. 377f.). Die Managementregeln beziehen sich sowohl auf Quellen (erneuerbare und nicht-erneuerbare Ressourcen) als auch auf Senken (Emissionen). Entsprechend zielt die neue Energiepolitik Deutschlands auf den Ausbau erneuerbarer Energien (Anteil am Bruttostromverbrauch 50% bis 2030) als auch auf die Reduktion von Emissionen (nahezu Treibhausgasneutralität bis 2050) und des Bruttostromverbrauchs (-40% bis 2050). In der *Dimension der Ökonomie* werden unter intergenerationeller Gerechtigkeit häufig ökonomische Pfade mit „optimaler", positiver *sozialer Diskontrate* verstanden, d.h. „economic paths along which intergenerational well-being does not decline" (Arrow u. a., 2012, S. 318). Dabei wird eine Höhergewichtung der Wohlfahrt heutiger gegenüber zukünftigen Generationen vorgenommen. Der diskontierende Ansatz wird kritisch gesehen (Fleurbaey, 2015, S. 36 mit weiterführenden Quellenangaben). Praktische Relevanz erlangt die Diskontrate bei der umweltökonomischen Bewertung von Schäden durch Emissionen, z.B. den Umweltkosten der Stromerzeugung (vgl. Abschnitt 5.2.1, Abb. 5.4). Demnach wurden bei 1%-iger Diskontrate durch die Bruttostromerzeugung in Deutschland 2021 Umweltkosten in Höhe von rund 66 Mrd. Euro verursacht, davon etwa 60 Mrd. durch fossile Energieträger, im wesentlichen durch Treibhausgasemissionen (Destatis, 2022b; UBA, 2020e, S. 19). Bei Verzicht auf eine Diskontierung (Diskontsatz von 0%) werden heutige und zukünftige Schäden gleichgewichtet, die Umweltkosten sind dann etwa dreimal so hoch. Für die *soziale Dimension* finden sich zumindest in Grundzügen Ansätze zur intergenerationellen Gerechtigkeit in sozialstaatlichen bzw. sozialpolitischen Maßnahmen, wie der Einkommens- und Vermögensumverteilung durch die Steuerprogression, dem Sozialversicherungssystem und den sozialstaatlichen Sozialleistungstransfers. Da die sozialen Sicherungssysteme für die zukünftige Generation zu größeren Einschränkungen führen, stellt sich die Frage, wie ein Gemeinwesen so organisiert werden kann, dass der materielle und immaterielle Wohlstand heutiger Generationen nicht auf Kosten zukünftiger Generationen erzeugt wird (von Hauff, 2021, S. 151; von Hauff, 2014, S. 14, 146, 241, Diefenbacher, 2001b, S. 19).

Darüber hinaus gehend lassen sich zwei Grundgedanken aus der ökologischen Ökonomie aufgreifen (von Michaelis, 2003; Hampicke, 1999). Der *intra*generationellen Gerechtigkeit wird zum einen eine Untrennbarkeit von der *inter*generationellen Gerechtigkeit unterstellt: Wird der heute allgemein als Konsens anerkannten Verpflichtung gefolgt, das Wohl künftiger Generationen zu berücksichtigen, können auch bestimmte Verteilungsverhältnisse innerhalb der heutigen Generation nicht akzeptiert werden, da sonst zukünftige Generationen moralisch höher bewertet würden als die unterprivilegierten Mitglieder der heutigen Gesellschaft. Ein zweiter Grundgedanke ergibt sich aus der Beachtung des Maßes („scale"). Die Berücksichtigung des Maßes schließt aus, die Benachteiligten der heutigen Generation allein durch Wirtschaftswachstum besser zu stellen (von Michaelis, 2003, S. 34 f., Hampicke, 1999, S. 175 ff.). Diese beiden Grundgedanken gehören zu Ansätzen starker Nachhaltigkeit (siehe den folgenden Abschnitt 3.1.3).

3.1.3 Von der schwachen zur starken Nachhaltigkeit

Dreidimensionalität (3.1.1) und intra- und intergenerationelle Gerechtigkeit (3.1.2) als konstitutive Merkmale einer nachhaltigen Entwicklung werden unterschiedlich interpretiert. Dies hat zu den zwei Ansätzen der schwachen und der starken Nachhaltigkeit geführt, die sich in ihren Grundpositionen konträr bzw. unversöhnlich gegenüberstehen (von Hauff und Schiffer, 2013, S. 26).

Die neoklassische Wirtschaftstheorie setzt auf *schwache Nachhaltigkeit.* Ziel ist das Erreichen von Nachhaltigkeit alleine durch Effizienz und technischen Fortschritt (Technikoptimismus; z.B. Solow, 1974b; von Hauff, 2021, S. 54, 67). Aus dieser Sicht kann das optimale Konsumniveau aus dem zeitlich diskontierten Gesamtnutzen aller Generationen ermittelt werden. Maximale Wohlfahrt wird erreicht, wenn die Konsummöglichkeiten insgesamt maximal sind. Zukünftige Nutzen (Wohlfahrtsgewinne) und Kosten (Wohlfahrtseinbußen) werden auf die Gegenwart abgezinst. Diese Diskontierung beruht auf der fundamentalen Annahme der Zeitpräferenz ökonomischer Akteure. Im Bereich Konsum bedeutet die Diskontierung, dass der heutige Konsum dem künftigen Konsum aus ökonomischer Sicht generell vorzuziehen ist.

Die Diskontierung wird sowohl aus theoretischer als auch aus empirischer Sicht hinterfragt. Aus theoretischer Sicht wird kritisiert, dass die Entscheidung über die Diskontrate (i) unter hoher *Unsicherheit* bezüglich zukünftiger Entwicklungen getroffen wird und (ii) der Nutzen künftiger Generationen von *heute* lebenden Personen *determiniert wird* (von Michaelis, 2003, S. 28). Aus empirischer Sicht wird kritisch angemerkt, dass die Zeitpräferenz (s. S. 79f.) dynamisch inkonsistent ist. Konsumenten unterliegen einer theoretisch und empirisch begründeten Myopie (Frederick u. a., 2002; Thaler und Sunstein, 2009; Kirchgässner, 2013). Die besonders von einem nachhaltigen Konsum Betroffenen, künftige Generationen und Entwicklungsländer, sind an heutigen Konsumentscheidungen in der Regel nicht beteiligt und werden damit vernachlässigt (Sen, 1997, S. 117; Ekardt, 2016b, S. 377 f., 436 und dort angegebene Literatur; Radkau, 2011, S. 552).

3.1.4 Schwach nachhaltiger Konsum

Unter *schwach nachhaltigem Konsum* werden Konsumhandlungen verstanden, die die mit Produktion und Konsum verbundenen sozial-ökologischen Probleme relativ zum Status quo konventionellen Konsums verringern (Belz und Bilharz, 2007, S. 27; Belz und Bilharz, 2005, S. 9; Bilharz, 2008, S. 153). Dieser Ansatz steht in Übereinstimmung mit der neoklassischen Konsumtheorie, die auf schwache Nachhaltigkeit setzt. Sie geht davon aus, dass die Konsumentensouveränität als Selbststeuerungsmechanismus des Marktes im Prinzip funktioniert, wobei Informationsdefizite und andere Marktunvollkommenheiten ggf. einen Korrekturbedarf entstehen lassen. Ekardt (2016b) fragt etwa, ob im Bereich Energie eine ausreichende Entflechtung der Anbieterstruktur stattgefunden hat.

Konsumentensouveränität bedeutet keine eine „laissez-faire“-Haltung des Staates, sondern „it simply means the ... the beginning of institutional planning“ (Hutt, 1943, S. 215). Auf gesellschaftlicher bzw. staatlicher Ebene können Institutionen geschaffen werden, um eine relative Verbesserung zu ermöglichen, z.B. Informationspflichten über die Nachhaltigkeit der Wertschöpfungskette. Informationspflichten werden einerseits informationsökonomisch (s. 3.3.1; Hansen und Schrader, 2004, S. 348, 361; Grolleau und BenAbid, 2001, S. 210 ff., Kaas, 1992, S. 479f.) und andererseits institutionenökonomisch begründet (s. 3.3.3; Ulrich, 1997, S. 328; Deutch, 1994, S. 559 ff., Garrick u. a., 2013, S. 200; North, 1990). Andererseits können die Konsumenten auf individueller Ebene Maßnahmen umsetzen, um ihre persönliche Nachhaltigkeitsbilanz zu verbessern. Der Beitrag einzelner Maßnahmen kann unterschiedlich groß ausfallen (Bilharz, 2008, S. 152–156).

Beispiel für eine Institution schwach nachhaltigen Konsums ist die *Berichtspflicht* über Vermeidung von Zwangsarbeit in der Lieferkette (Lieferkettengesetz, CSR-Richtlinie 2014/95/EU, s. 5.2.4). Unter dem Verdacht der Zwangsarbeit stehen u.a. die Produktionsbedingungen der Photovoltaik in China (Murphy und Elimä, 2021). In Deutschland werden überwiegend

Tabelle 3.1: **Schwach Nachhaltiger Konsum: Ansatz und Kritik.** Quelle: eigene Darstellung.

Schwach Nachhaltiger Konsum		
Ziel	Entkopplung/Dematerialisierung durch sukzessive, relative Verbesserung der Ressourcen- und Umweltbilanz	
Akteur	Staat	Konsumenten
Ansatz	„Institutional planning“ als Ergänzung der Konsumentensouveränität (Hutt, 1943); z.B. Berichts- und Informationspflichten	Individuelle Maßnahmen
Kritik	(1) relativer Vergleich vs. absoluter intra-/intergenerationaler Anspruch; (2) Abbildbarkeitsproblem	(3) Wirkungsdefizit-Einwand; (4) Dilemmasituation

PV-Anlagen chinesischer Produzenten verbaut. 80 Prozent des Vorprodukts Polysilicon stammt aus China und wird zum Großteil in der Region Xinjiang verarbeitet, über die es Berichte von Zwangsarbeit in größerem Ausmaß gibt (UK Parliament, 2021; Preker und Schultz, 2021; White House, 2021; Bundestag, 2021c). Ein Lieferkettengesetz (LkSG) gilt ab 2023 für deutsche Unternehmen und regelt die unternehmerische Verantwortung für die Einhaltung von Menschenrechten in der Lieferkette einschließlich einer Berichtspflicht (Bundestag, 2021d). Der Effekt von Berichtspflichten ist jedoch begrenzt, wie empirische Konsumentenstudien zeigen (Chilton und Sarfaty, 2017). Dies wird auf Defizite in Lesbarkeit und Verständlichkeit aufgrund des Overload-Effektes (zu ausführliche und umfangreiche Information) und des Accumulation-Problems (zu viele Produkte, über die informiert wird) zurückgeführt (Ben-Shahar und Schneider, 2014, S. 665–678, 688 f., Chilton und Sarfaty, 2017, S. 49; Ben-Shahar und Schneider, 2011; Miller, 1956).[3]

3 Berichtspflichten sind in anderen Kontexten *häufig unwirksam*, wie die Kritik an der zu komplexen Sprache und Länge der Beipackzettel für Arzneimittel zeigt (Europäische

Beispiele für Maßnahmen, die Konsumenten individuell umsetzen können, sind im Hinblick auf den Indikator CO_{2e}-Ausstoß pro Kopf zum Beispiel eine Reduktion der Größe der Wohnfläche und eine Reduktion des Stromverbrauchs sowie Erzeugung oder Bezug von Ökostrom (UBA, 2015a, S. 17; Jungbluth u. a., 2012; Öko-Institut, 2010, S. 33; Bilharz, 2008, S. 206, 221; Kaenzig und Jolliet, 2006, S. 32; Lorek u. a., 1999, S. 42–45).

Zusammenfassend ist festzuhalten, dass es bei schwach nachhaltigem Konsum um eine *sukzessive verbesserte Ressourcen- und Umweltbilanz des Konsums* geht. Angestrebt wird eine *Entkopplung* des Konsumniveaus und -wachstums vom Ressourcen- und Umweltverbrauch durch technischen Fortschritt (*Dematerialisierung*; s. S. 120 und Abschnitt 3.5.1). Ökologisch orientierte Konsumenten werden in einer Vorbildrolle gesehen.

Gegen den Ansatz schwach nachhaltigen Konsums werden vier Einwände erhoben (s. Tab. 3.1). Der erste Einwand besteht darin, dass auf Basis eines *relativen Vergleichs* nicht beantwortet werden kann, ob schwach nachhaltiger Konsum dem Anspruch einer intra- und intergenerationalen Gerechtigkeit entspricht (Belz und Bilharz, 2007, S. 29).

Der zweite Einwand besteht darin, dass die Berechnung bzw. Messung von Nachhaltigkeitsbeständen und Eingriffsfolgen schwierig ist, so dass unfreiwillig Spielräume für nicht problemangemessene Betrachtungs- und Reaktionsweisen eröffnet werden (*Abbildbarkeitsproblem*; Ekardt, 2016b, S. 486 f.). Dieser Einwand verdeutlicht die hohe Relevanz des Indikators, mit dem eine relative Verbesserung gemessen wird. Ein möglicher Ansatz ist die vergleichende Betrachtung mehrerer Indikatoren; dies wird in einschlägigen Arbeiten angewendet (UBA, 2015a; Jungbluth u. a., 2012; Öko-Institut, 2010; Bilharz, 2008; Kaenzig und Jolliet, 2006; Lorek u. a., 1999). Hierbei sind hohe Anforderungen an die Transparenz über das Auswahlverfahren für Indikatoren und die Rechenschritte, mit denen Indikatoren aggregiert werden, sowie den Umgang mit Datenlücken zu stellen (UBA, 2014d; UBA, 2007). Eine methodische Weiterentwicklung sind multikriterielle Verfahren, die auch bei mehreren Unsicherheitsfaktoren anwendbar bleiben (s. Abschnitt 3.1.5).

Der dritte Einwand (*Wirkungsdefizit-Einwand*; Di Giulio und Fuchs, 2016, S. 161) besteht darin, dass das Potenzial inkrementeller und nichtstruktureller Konsumveränderungen begrenzt ist, wenn es sich um „richtiges“

Kommission, 2017). In ähnlicher Weise werden Produktinformationsblätter für Riester-Renten kritisiert (Bundestag, 2001; Verbraucherzentrale Bundesverband, 2011, S. 26; Leinert, 2012).

Verhalten in „falschen“ Strukturen handelt (Lorek und Spangenberg, 2014, S. 41). Di Giulio und Fuchs (2016, S. 161) bezweifeln, ob eine sukzessive Veränderung von Konsumgewohnheiten schnell genug eintritt und ob substantielle internationale Abkommen schnell genug zustande kommen. Die Zeitreihenbetrachtung des Indikators „Energieverbrauch und CO_2-Emissionen des Konsums“ stützt diese Annahme, da eine kontinuierliche Abnahme derzeit nicht zu beobachten ist (Destatis, 2021a, S. 102).

Der vierte Einwand besteht darin, dass nicht zwingend eine Konsistenz zwischen den kurzfristigen, individuellen, lokalen Zielen der souveränen Konsumenten und dem langfristigen, gesellschaftlichen, globalen Ziel der Nachhaltigkeit vorliegt (Dilemmasituation; von Hauff, 2021, S. 42; Costanza u. a., 2001, S. 175). Somit bestehe ein Akzeptanzdefizit gegenüber dem Ansatz nachhaltigen Konsums (Di Giulio und Fuchs, 2016, S. 160). Dieser Einwand bezieht sich auf das Aufeinandertreffen unterschiedlicher normativer Vorstellungen und die daraus entstehenden Zielkonflikte nachhaltiger Entwicklung.

3.1.5 Stark nachhaltiger Konsum

Im Unterschied zum schwach nachhaltigen Konsum setzt die naturwissenschaftlich geprägte ökologische Ökonomie auf stark nachhaltigen Konsum. Unter *stark nachhaltigem Konsum* werden Konsumoptionen verstanden, die *intra- und intergenerationell verallgemeinerbar* für alle Menschen sind, ohne das Ziel der Nachhaltigkeit zu gefährden (Belz und Bilharz, 2007, S. 28; Bilharz, 2008; UBA, 2015a, S. 12). Dieses enge Begriffsverständnis von Nachhaltigkeit an und stellt das anspruchsvollere Konzept dar. Bezugspunkt stark nachhaltigen Konsums ist somit die *absolute* Zielerreichung (ökologisch nachhaltige Größenordnung, gerechte Verteilung, effiziente Allokation, s. S. 247) im Unterschied zur relativen Verbesserung gegenüber dem Status quo beim schwach nachhaltigen Konsum. Aus Sicht der ökologischen Ökonomie sollte das globale System in einen sicheren Handlungsraum („safe operating space“) bewegt werden (Rockström u. a., 2009).

Aus der Perspektive der ökologischen Ökonomie wird ein zweistufiger Entscheidungsprozess vorgeschlagen: Zunächst wird ein *gesellschaftlicher Konsens über eine nachhaltige Größenordnung und gerechte Verteilung* benötigt. Anschließend können *Institutionen* genutzt werden, um diesen gesellschaftlichen Konsens umzusetzen (Costanza u. a., 2001, S. 165). Mont und Plepys (2008, S. 532) fassen zusammen: „sustainable consumption requires individual action in changing consumption habits and adjusting lifestyles in line with the principles of sustainable development. For developed countries, this implies not only buying more environmentally sound products and services, but also finding happiness in less material ways of living.“

Innerhalb des stark nachhaltigen Konsums kann weiter differenziert werden (Belz und Bilharz, 2007). Einerseits können Konsumenten versuchen, stark nachhaltigen Konsum durch individuelle Beachtung eines nachhaltigen Konsumniveaus innerhalb der gegebenen institutionellen Struktur umzusetzen (Bilharz, 2008, S. 171). Hierbei schwächen *Rebound- und Verlagerungseffekte* die Wirkung ab (Bilharz, 2008, S. 149). Andererseits können vom Staat Institutionen geschaffen werden, die darauf abzielen, die Einhaltung der Grenzen der ökologischen Tragfähigkeit und gerechte Verteilung zu gewährleisten. Hierbei handelt es sich um stark nachhaltigen Konsum im engeren Sinne.

Tabelle 3.2: **Stark Nachhaltiger Konsum: Ansatz und Kritik.** Quelle: eigene Darstellung.

Stark Nachhaltiger Konsum		
Ziel	Intra-/intergenerationell verallgemeinerbarer Konsum	
Akteur	Staat	Konsumenten
Ansatz	Zweistufiger Prozess: 1. gesellschaftlicher Konsens über Größenordnung und Verteilung 2. Schaffung von Institutionen	Individuelle Beachtung eines nachhaltigen Konsumniveaus
Kritik	(1) Defizite in der empirischen Fundierung, insbes. bzgl. Messbarkeit, Unsicherheit und Datenlücken	
	(2) Vernachlässigung der sozialen Dimension	
	(3) Steuerungsoptimismus	(4) Wirkungsdefizite durch Rebound-/Verlagerungseffekte

Beim nachhaltigen Konsum kann es zu einem Verlagerungseffekt kommen, „weil in einem freiwilligen Ansatz gerade keine allgemeinen Verpflichtungen bestehen“ (Ekardt, 2016b, S. 461, 485 ff.). Bei Bemühungen, die sich lediglich auf Einzelaspekte der Nachhaltigkeit beziehen, besteht die Gefahr von sektoralen, ressourcenbezogenen und räumlichen Verlagerungseffekten auf Herstellungs- und/oder Verbrauchsseite (Ekardt u. a., 2010), die zusammen mit Reboundeffekten als Gründe für verbindliche „Leitplanken“ gesehen werden (Ekardt, 2016b, S. 485 ff., Blättel-Mink u. a., 2013). Im Bedarfsfeld Energie kommt für die Konsumenten z.B. Stromsparen als Maßnahme in Betracht. Diese Maßnahme wird auf staatlicher Ebene eingerahmt durch die Institution des europäischen Emissionshandelssystems (EU-ETS), das die Emissionen einiger Sektoren auf eine politisch festgelegte Menge an Emissionsrechten begrenzt. Aktuell können etwa die Hälfte CO_2-Emissionen verschoben, jedoch nicht vermieden werden, da Emissionen innerhalb des EU-ETS klimaneutral sind (Perino, 2016, S. 135, 142).

Für einen stark nachhaltigen Konsum ist es daher notwendig, dass die Konsumenten in ihrer Rolle als Bürger ihre Bürgersouveränität in Anspruch zu nehmen (s. 2.2.2), um politischen Einfluss zu nehmen und zu gesellschaftlich akzeptierten Grenzen[4] für das individuelle Handeln zu gelangen (Bilharz, 2008, S. 156–159; Di Giulio und Fuchs, 2016, S. 160 f.). Hier wird sich zeigen, „inwieweit demokratisch-partizipative Ansätze zur einer nachhaltigen Entwicklung führen, die mittel- und langfristig erfolgreich ist“ (Kuhn und Heinrichs, 2011, S. 22).

Zusammenfassend ist festzuhalten, dass stark nachhaltiger Konsum im engeren Sinne nicht allein durch die Konsumenten bzw. Konsumentensouveränität erreicht werden kann, sondern ein gesellschaftlicher Konsens über eine nachhaltige Größenordnung (und gerechte Verteilung) und somit Institutionen benötigt werden. Das derzeitige Konsumniveau westlicher Industriestaaten liegt trotz mehrerer Unsicherheitsfaktoren deutlich über der nachhaltigen Größenordnung, wie Schätzungen der CO_2-Emissionen oder des ökologischen Fußabdrucks des Konsums nahelegen (Weller, 2014, S. 77; Jackson, 2009; Belz und Bilharz, 2007, S. 29; Wackernagel und Rees, 1996; UBA, 2007, S. 21). Durch Beachtung der eigenen Klimabilanz kann der Einzelne sein Konsumverhalten z.B. ökologisch nachhaltig gestalten. Obwohl dies durch signifikante Verbesserungen der technischen Effizienz vieler Konsumprodukte zunehmend erleichtert wird, wird wegen des Rebound- und

4 Als Analogien werden Promillegrenzen für den Alkoholkonsum und Geschwindigkeitsbegrenzungen bei der Automobilität genannt (Di Giulio und Fuchs, 2016, S. 160).

Verlagerungseffektes bezweifelt, dass diese Anstrengungen den Ressourcen- und Umweltverbrauch insgesamt reduziert haben. Eine mögliche Konsequenz im Hinblick auf stark nachhaltigen Konsum ist die Forderung verbindlicher Institutionen bzw. „Leitplanken".

Am Ansatz stark nachhaltigen Konsums wird erstens eine mangelnde empirische, insbesondere methodische Fundierung der zugrunde liegenden ökologischen Ökonomie kritisiert (Spash, 2012). So sind die Grenzen und die künftige Entwicklung natürlicher und sozialer Systeme sowie die Auswirkungen individueller Konsumhandlungen auf diese Systeme nicht vollständig bekannt. Problematisiert wird somit, wie methodisch mit der *Unvollständigkeit und Unsicherheit* der Daten bzw. des Wissens umgegangen wird (Di Giulio und Fuchs, 2016, S. 154 ff.). Ein wesentlicher, für die vorliegende Arbeit relevanter Punkt ist die Forderung nach Methoden, „which can handle *incommensurability*[5] of values, while probing and making explicit value differences, ... e.g. disaggregated multi-criteria analysis and multi-criteria mapping" (Spash, 2013, S. 358; Munda, 2004; nef, 2013). Ein Teilaspekt dieser Kritik ist, dass die Konstruktion von hochaggregierten Indikatoren nachhaltigen Konsums (wie z.B. der ökologische Fußabdruck) eine Reihe von Auswahlschritten beinhaltet, die nicht hinreichend transparent sind. Darunter fallen zum Beispiel die Einbindung bzw. der Ausschluss von bestimmten Inputvariablen, die Auswahl bestimmter Verrechnungsfaktoren (z.B. Äquivalenzfaktoren) sowie die Anwendung von Techniken zum Füllen von Datenlücken (UBA, 2007, S. 47). Einen möglichen Ausweg bietet die multi-kriterielle-Analyse (s. Abschnitt 5.1.2) sowie in Fällen „radikaler Unsicherheit" das Vorsichtsprinzip (nef, 2013).

Zweitens steht bei der ökologischen Ökonomie ein umweltpolitisch orientiertes Leitbild nachhaltigen Konsums im Mittelpunkt, das die soziale Dimension bisher weitgehend vernachlässigt. Ansätze zur Weiterentwicklung bieten Methoden, die die Einbeziehung nicht monetarisierter Größen wie menschliche Gesundheit ermöglichen; dazu gehört der Handabdruck und die multi-kriterielle-Analyse (s. Abschnitt 5.1.2)

Drittens werden institutionelle Gestaltungs- und Steuerungskonzepte wegen eines dahinterstehenden normativen *Steuerungsoptimismus* kritisiert (Jantke u. a., 2016, S. 11). Hierzu ist festzuhalten, dass ein breiter Konsens für umweltpolitische Institutionen wie das 2-Grad-Ziel und davon abgeleite-

---

5 Der Begriff der Inkommensurabilität, von lat. „nicht zusammen messbar", „ohne gemeinsames Maß" bezieht sich hier auf technische und soziale Größen (Munda, 2004; vgl. S. 33).

te Konzepte wie die neue Energiepolitik Deutschlands (Abschnitt 4.2.1.2) existiert.

Viertens kann es auf der Ebene der Haushalte beim stark nachhaltigen Konsum zu *Wirkungsdefiziten* kommen (Di Giulio und Fuchs, 2016, S. 161; s. Abschnitt 3.1.4), da ein individuell „richtiges" Verhalten in „falschen" Strukturen (Lorek und Spangenberg, 2014, S. 41) zu Rebound- und Verlagerungseffekten führen kann. Bilharz (2008, S. 160 ff.) hält fest, dass stark nachhaltiger Konsum sozialen Fortschritt im Sinne einer sukzessiven Veränderung von Konsumstrukturen anstrebt. Ansätze eines nachhaltigen Konsums sind in einen staatlichen bzw. politischen Rahmen eingebettet, der nachfolgend skizziert wird.

3.2 Nachhaltiger Konsum als Ansatz der Politik

Die Förderung des nachhaltigen Konsums hat in den vergangenen Jahren national und international erheblich an Bedeutung gewonnen. Nachhaltiger Konsum ist ein Ansatz innerhalb des Leitbildes Nachhaltiger Entwicklung und somit Gegenstand internationaler (3.2.1), europäischer (3.2.2) und nationaler Politik (3.2.3).

3.2.1 Entwicklungsziele der Vereinten Nationen

Nachhaltiger Konsum wurde 1992 auf der UN-Konferenz in Rio de Janeiro in die politische Diskussion eingeführt (UN, 1992, S. 18). Die Johannesburg-Konferenz (2002), der Marrakesch-Prozess (ab 2003) und der Weltgipfel in Rio de Janeiro 2012 (Rio+20) hoben anschließend die Veränderung nicht nachhaltiger Konsumgewohnheiten und Produktionsweisen als eines der Hauptelemente nachhaltiger Entwicklung hervor (UN, 2002) und mündeten in ein *Zehn-Jahres-Rahmenprogramm (10YFP)* zur Verankerung nachhaltiger Grundsätze bei Konsum und Produktion (UN, 2014a; UN, 2014b).

Nachhaltiger Konsum stellt im Kontext nachhaltiger Entwicklung als anthropozentrischer Ansatz die menschlichen Bedürfnisse in den Mittelpunkt (Schrader und Hansen, 2001, S. 21 f., Balderjahn, 2013, S. 202; Balderjahn und Peyer, 2012, S. 93; Belz und Peattie, 2009; Belz und Bilharz, 2007; Mont und Plepys, 2008, S. 532). Ziel nachhaltiger Entwicklung[6] ist, wie 1987 im Brundtland-Bericht in noch immer gültiger Allgemeinheit formuliert, eine dauerhafte Erfüllung menschlicher Grundbedürfnisse unter Berücksichtigung der Tragekapazität der natürlichen Umwelt (WCED, 1987; 3.1.2):

> „Sustainable development is development that meets the needs of the present without compromising the ability of future generations to meet their own needs."

Analog wird Konsum als nachhaltig angesehen, wenn er zur Bedürfnisbefriedigung der heute lebenden Menschen beiträgt, ohne die Bedürfnisbefriedigungsmöglichkeiten zukünftiger Generationen zu gefährden.

In der *Agenda 2030* für nachhaltige Entwicklung der Vereinten Nationen (UN, 2015c) hat nachhaltiger Konsum eine große Bedeutung, einerseits als Querschnittsthema der gesamten Agenda (Bengtsson u. a., 2018), andererseits als eigenes Entwicklungsziel (SDG 12; Bundesregierung, 2019, S. 16). Nachhaltiger Konsum ist insbesondere auf die Bedürfnisse der Ärmsten und Schwächsten ausgerichtet (UN, 2015d, S. 2), wobei die entwickelten Länder die Führung bei der Umsetzung nachhaltiger Konsum- und Produktionsmuster übernehmen (UN, 2015d, S. 21). Es ist Konsens, dass die Art und Weise, in der Gesellschaften Güter und Dienstleistungen produzieren und konsumieren, grundlegend zu verändern ist. Zur Veränderung nicht nachhaltiger Konsummuster beitragen sollen die Regierungen, die internationalen Organisationen, die Unternehmen und anderen nichtstaatlichen Akteure sowie jeder Einzelne (UN, 2015d, S. 2, 9). Das Herzstück der Agenda 2030 sind 17 Sustainable Development Goals (SDGs; Bundesregierung, 2018, S. 10; Bundesregierung, 2016, S. 23; Bundesregierung, 2019, S. 9; Pradhan u. a., 2018). Elemente des nachhaltigen Konsums sind Teil verschiedener SDGs, was die Querschnittseigenschaft des nachhaltigen Konsums reflektiert (Bengtsson u. a., 2018). Unter Berücksichtigung intelligenter Netze werden für die vorliegende Arbeit neben SDG 12 („nachhaltige Konsum- und Produktionsmuster sicherstellen") drei weitere SDGs als relevant erachtet: „Zugang zu bezahlbarer, verlässlicher, nachhaltiger und moderner Energie für alle sichern" (SDG 7), „eine belastbare Infrastruktur aufbauen, inklusive und nachhaltige Industrialisierung fördern und Innovationen unterstützen" (SDG 9) und „umgehend Maßnahmen zur Bekämpfung des Klimawandels

6 Der Begriff „nachhaltige Entwicklung" wird gegenüber „Nachhaltigkeit" hier bevorzugt, da er im Gegensatz zum Begriff „Nachhaltigkeit" den Prozesscharakter des Konzepts erfasst (Grunwald und Kopfmüller, 2012, S. 11). Für einen Überblick über den Verlauf der Diskussion um eine nachhaltige Entwicklung siehe ausführlich von Hauff (2021, S. 1 ff.) und weitere, dort genannte Literaturhinweise.

und seiner Auswirkungen ergreifen“ (SDG 13; UN, 2015c; UN, 2015d). Der Fortschritt der Umsetzung der SDGs wird durch eine Reihe von Indikatoren gemessen. Pradhan u. a. (2018, S. 1171) weisen darauf hin, dass innerhalb der Indikatoren negative Korrelationen vorkommen. Der SDG-7-Indikator „Anteil der Bevölkerung mit Zugang zu Strom“ hat z.B. in einigen Ländern vermehrt durch Nutzung nicht-erneuerbarer Energiequellen zugenommen, was in Konkurrenz zu einem weiteren SDG-7-Indikator, „Anteil der erneuerbaren Energiequellen am Bruttoendenergieverbrauch“, steht. Da SDG 12 zu den meisten Tradeoffs mit anderen SDGs führt, liegt es nahe, dass Politikempfehlungen, die die Tradeoffs mit SDG 12 minimieren, am effektivsten sind, um der ganzen SDG-Agenda zum Durchbruch zu verhelfen (Obersteiner u. a., 2016). Die deutsche Bundesregierung hat in ihrer Nachhaltigkeitsstrategie (2021) eigene Indikatoren festgelegt, um den Fortschritt bezüglich der SDGs zu bewerten (siehe Abschnitt 3.2.3 und 4.1.2.5).

Nach der Agenda 2030 wurde im Dezember 2015 das *Übereinkommen von Paris* (UN, 2015a) verabschiedet, das neben dem *Kyoto-Protokoll* (1997) eine zweite Ergänzung zur *Klimarahmenkonvention* (UNFCCC, 1992) darstellt. Die internationalen Klimaschutzabkommen setzen für nachhaltigen Konsum einen Rahmen, da ein verminderter Ausstoß von Treibhausgasen bei der Stromerzeugung oder bei der Heizung von Wohngebäuden in signifikantem Maße zum Klimaschutz beiträgt. Ambitionierte Klimaschutzziele machen einen Ausbau der erneuerbaren Energien erforderlich. Dieser wiederum macht es dringend erforderlich, dass das deutsche Stromnetz zu einem intelligenten Netz optimiert und ausgebaut wird.

3.2.2 Europäischer Rahmen des Nachhaltigen Konsums

Zweitens ist nachhaltiger Konsum Gegenstand europäischer Politik. Auf europäischer Ebene gibt es etliche Instrumente, die den nachhaltigen Konsum wesentlich beeinflussen (Bundesregierung, 2019, S. 16). Erstens regelt die *Ökodesign-Richtlinie* den Marktzugang energieverbrauchsrelevanter Produktgruppen (UBA, 2016c; EU, 2009a; UBA, 2018c). Zweitens verpflichtet die *Energieverbrauchskennzeichnungs-Verordnung* die Hersteller von bestimmten Produktgruppen zur Information der Kunden über Energieverbrauch und weitere produktspezifischen Eigenschaften (EU, 2017). Drittens legt die EU einen *Rahmen für die öffentliche Beschaffung* u.a. im Hinblick auf

Umwelt- und Sozialaspekte fest.[7] Viertens strebt die Europäische Kommission eine *Schaffung eines Binnenmarktes für grüne Produkte* an (Europäische Kommission, 2013b). Hierfür werden Produkt-Umweltfußabdrücke (PEFs, Product Environmental Footprints) entwickelt, um zuverlässige Informationen zur Umweltleistung von Produkten und Unternehmen verfügbar zu machen (Europäische Kommission u. a., 2011; Kap. 5). Der langfristig angelegte Fahrplan für ein ressourcenschonendes Europa gibt einen Rahmen für Maßnahmen in vielen Politikbereichen vor (Bundesregierung, 2019, S. 16).

Im Bereich des Konsums von Energie ist die *europäische Klimaschutzverordnung* von rahmensetzender Bedeutung (EU-Verordnung 2018/842 zur Festlegung verbindlicher nationaler Jahresziele für die Reduzierung der Treibhausgasemissionen im Zeitraum 2021 bis 2030, sogenannte „Effort-Sharing-Verordnung" bzw. „Lastenteilungsverordnung"). Weiter stellt die *Europäische Governance-Verordnung* (EU-Verordnung 2018/1999 über das Governance-System der Energieunion) ein neues Planungs- und Monitoringsystem für die Umsetzung der Ziele der Energieunion, insbesondere der EU-2030-Ziele für Energie und Klima dar (BMWi, 2020b). Die drei quantifizierten EU-Ziele für 2030 umfassen (BMWi, 2020b; Rat der EU und Europäischer Rat, 2022):

- eine Minderung der *Treibhausgasemissionen* um mindestens 55 Prozent im Vergleich zu 1990,
- Erhöhung des Anteils von *Energie aus erneuerbaren Quellen* auf mindestens 32 % sowie
- eine Steigerung der *Energieeffizienz* durch Reduktion des Primärenergieverbauchs um mindestens 32,5 Prozent im Vergleich zu einer Referenzentwicklung.

Die EU-2030-Ziele sind relevant für das deutsche Klimaschutzgesetz (s. Abschnitt 3.2.3 und Abschnitt 4.2.1.2). Ein intensiv diskutiertes europäisches Instrument im Kontext des Energiekonsums zur Verwirklichung Klimarahmenkonvention ist der EU-Emissionshandel EU-ETS, wobei bisher eine hinreichend effektive Mengensteuerung noch nicht erreicht ist (Ekardt, 2016b, S. 501). Im Juli 2021 hat die Europäische Kommission im so genannten

---

7 Dieser Rahmen besteht aus drei Vergaberichtlinien, die am 17. April 2014 in Kraft getreten sind, nämlich der Richtlinie über die öffentliche Auftragsvergabe („klassische Vergaberichtlinie"), der Richtlinie über die Konzessionsvergabe („Konzessionsrichtlinie") sowie der Richtlinie über die öffentliche Auftragsvergabe durch Marktteilnehmer in den Bereichen Wasser, Energie, Verkehr und Postdienste („Sektorenrichtlinie"; UBA, 2019a, S. 28).

„Fit-for-55"-Paket eine Reihe von Vorschlägen veröffentlicht, darunter eine umfassende Reform des Europäischen Emissionshandels. Die Vorschläge sind darauf ausgerichtet, das neue Klimaschutzziel, die Emissionen bis 2030 um mindestens 55 Prozent gegenüber 1990 zu mindern, zu erreichen (Rat der EU und Europäischer Rat, 2022).

3.2.3 Deutsche Nachhaltigkeitsstrategie und Nationales Programm für Nachhaltigen Konsum

Drittens ist nachhaltiger Konsum Gegenstand nationaler Politik. Die *Deutsche Nachhaltigkeitsstrategie* setzt die Agenda 2030 der Vereinten Nationen in eine nationale Strategie um (Bundesregierung, 2016, S. 26 f.). Eine Weiterentwicklung mit neuen Indikatoren (wie z.B. Pandemie-Prävention) fand im Jahr 2021 statt (Bundesregierung, 2021a). Verschärfungen der Ziele ergeben sich durch das Bundes-Klimaschutzgesetz (Bundestag, 2021b). Bezüglich der für die vorliegende Arbeit relevanten SDGs 7, 9, 12 und 13 (vgl. Abschnitt 3.2.1 und 4.2.1.2) sind Schlüsselindikatoren angegeben wie z.B. globale Umweltinanspruchnahme durch den Konsum privater Haushalte, gemessen u.a. am Energieverbrauch und an den CO_2-Emissionen (BMWi, 2020a, S. 98 ff., 103; Bundesregierung, 2016, S. 248 ff., Tab. 3.4). Auf den Bereich Wohnen entfallen 36 % des Gesamtenergieverbrauchs der privaten Haushalte (2016). Die CO_2-Emissionen durch den Konsum privater Haushalte betragen etwa 667 Millionen Tonnen (2016). Bei der Produktion der Konsumgüter entsteht indirekt bereits die doppelte Menge an Emissionen als beim direkten Konsum der Güter selbst. Die letzten fünf Jahre zeigen einen leichten Zuwachs der Emissionen (Destatis, 2021a, S. 103). Als weiterer Indikator für einen nachhaltigen Konsum wird ein Marktanteil von Produkten mit staatlichen Umweltzeichen von 34% bis 2030 angestrebt (Bundesregierung, 2016, S. 173 ff., vgl. 5.2.4).

In Analogie zur Ökoeffizienz (vgl. 5.1.3) sowie zu anderen Produktivitätsmaßen wie der Arbeitsproduktivität[8] wird auf der regionalen und nationalstaatlichen Ebene die *Energieproduktivität* als eine monetäre Größe im Verhältnis zur eingesetzten physikalischen Menge an Energie definiert (von Hauff, 2021, S. 110 f.). Aus volkswirtschaftlicher Perspektive bildet die Energieproduktivität das Verhältnis von Güterproduktion zum Bedarf natürlicher Ressourcen als Quelle ab. Die deutsche Bundesregierung verwendet seit 2002

---

8 BIP pro Erwerbstätigenstunde oder Beschäftigten

den Indikator Energieproduktivität in der nationalen Nachhaltigkeitsstrategie. Bis 2050 soll der Primärenergieverbrauch gegenüber 2008 um 50% sinken, was pro Jahr eine Steigerung der Energieproduktivität um durchschnittlich 2,1% bezogen auf den Endenergieverbrauch erfordert (BMWi und BMU, 2010, S. 5; Tab. 3.3).

Im Jahr 2019 wurden das *Klimaschutzprogramm 2030* (BMU, 2019) sowie das *Bundes-Klimaschutzgesetz* (Bundestag, 2021b) verabschiedet, die gewährleisten sollen, dass die im Pariser Abkommen aus dem Jahr 2015 festgelegten Ziele eingehalten werden (siehe Tab. 3.4). Das *nationale Programm für nachhaltigen Konsum (NPNK)* aus dem Jahr 2019 konkretisiert die Deutsche Nachhaltigkeitsstrategie und legt in mehr als 170 Maßnahmen dar, wie nachhaltiger Konsum gestärkt und ausgebaut werden soll.

Das NPNK hat Bezüge zur neuen Energiepolitik Deutschlands (vgl. Kap. 4). Deutschland hat seit 2010 größere Anstrengungen unternommen, um ein Energieversorgungssystem, das überwiegend auf fossilen Brennstoffen basiert (aktuell fast 80%), auf einen hohen Anteil erneuerbarer Energien umzustellen. Der Zielpfad für den Ausbau der erneuerbaren Energien ist Teil des *integrierten nationalen Energie- und Klimaplans (NECP)* (BMWi, 2020a). Dies bedeutet eine erhebliche Umstellung der Energieversorgung, „die nicht nur die Erhöhung des Anteils der Erneuerbaren an der Energieerzeugung umfasst, sondern auch Anpassungen der Infrastrukturen und Koordinationsmechanismen erfordert, um die erneuerbaren Energien in das System zu integrieren" (Ohlhorst u. a., 2014, S. 93). Vertieft und erweitert um die neue Energiepolitik werden die politischen Ziele Deutschlands in Abschnitt 4.2.1.2.

Nachhaltiger Konsum kann durch verschiedene ökonomische Theorien positiv begründet werden. Drei mögliche theoretische Ansätze werden im Folgenden dargestellt.

3.3 Mikro- und institutionenökonomische Begründung

Mit dem Ansatz des Nachhaltigen Konsums werden drei Normen assoziiert: „Gerechtigkeit", „Dreidimensionalität" und „Wohlfahrt" bzw. „gutes Leben". Gerechtigkeit kann mit der materiellen Wohlfahrt in Konkurrenz treten, wenn der Primärenergieverbrauch heute eingeschränkt werden soll, um einen bestimmten Zustand der Atmosphäre für künftige Generationen zu gewährleisten. Ekardt (2016b, S. 357) weist darauf hin, dass sich aufgrund von Klimawandel und Ressourcenverbrauch die Grenze zwischen Gerech-

Tabelle 3.3: **Überblick über ausgewählte SDGs mit Indikatoren und Indikatorzielen der Deutschen Nachhaltigkeitsstrategie 2016 (1).** Quelle: in Anlehnung an Bundesregierung, 2016, S. 245–248) und Bundestag (2021b) sowie von Hauff (2021, S. 203–205)

Indikatorenbereiche	Indikatoren	Ziele
SDG 7: Zugang zu bezahlbarer, verlässlicher, nachhaltiger und zeitgemäßer Energie für alle sichern		
Ressourcenschonung Ressourcen sparsam und effizient nutzen	Endenergieproduktivität	Steigerung der Endenergieproduktivität um 2,1 Prozent pro Jahr im Zeitraum von 2008–2050
	Primärenergieverbrauch	Senkung um 20% bis 2020 und um 50% bis 2050 je gegenüber 2008
Erneuerbare Energien	Anteil des Stroms aus erneuerbaren Energiequellen am Bruttostromverbrauch	Anstieg auf mindestens 35% bis 2020, auf mindestens 65% bis 2030 und treibhausgasneutrale Erzeugung bis 2050.
SDG 9: Eine belastbare Infrastruktur aufbauen, inklusive und nachhaltige Industrialisierung fördern und Innovationen unterstützen		
Innovation Zukunft mit neuen Lösungen gestalten	Private und öffentliche Ausgaben für Forschung und Entwicklung	Jährlich mindestens 3% des BIP bis 2030.

Tabelle 3.4: **Überblick über ausgewählte SDGs mit Indikatoren und Indikatorzielen der Deutschen Nachhaltigkeitsstrategie 2016 (2).** Quelle: in Anlehnung an Bundesregierung, 2016, S. 245–248) und Bundestag (2021b) sowie von Hauff (2021, S. 203–205)

Indikatorenbereiche	Indikatoren	Ziele
SDG 12: Für nachhaltige Konsum- und Produktionsmuster sorgen		
Nachhaltiger Konsum	Marktanteil von Produkten mit staatlichen Umweltzeichen (perspektivisch: Marktanteil von Produkten und Dienstleistungen, die mit glaubwürdigen und anspruchsvollen Umwelt- und Sozialsiegeln ausgezeichnet sind)	34% bis 2030
	Energieverbrauch und CO2-Emissionen des Konsums	Kontinuierliche Abnahme des Energieverbrauchs
SDG 13: Umgehend Maßnahmen zur Bekämpfung des Klimawandels und seiner Auswirkungen ergreifen		
Klimaschutz Treibhausgase reduzieren	Treibhausgasemissionen	Minderung um mind. 40% bis 2020, um mind. 65% bis 2030, um mind. 88% bis 2040 und auf Netto-Null bis 2045 jeweils gegenüber 1990

tigkeit und gutem Leben verschiebt. Dadurch können Fragen, die bisher normativ als „Privatsache" und Fragen des individuellen guten Lebens behandelt wurden, zu Fragen der Gerechtigkeit werden, die mehrere Menschen betreffen. Die normativen Anforderungen „Gerechtigkeit", „Dreidimensionalität" und „Wohlfahrt" sowie ihre unterschiedliche Abwägung spiegeln sich in den positiven Theorien des Nachhaltigen Konsums wider.

Der Fokus der folgenden Ausführungen liegt auf ökonomischen Theorien, die den Nachhaltigen Konsum positiv begründen können. Hier soll auf drei mögliche Begründungen eingegangen werden: die informationsökonomische Begründung (Abschnitt 3.3.1), die verhaltens- und neuroökonomische Begründung (Abschnitt 3.3.2) sowie die institutionenökonomische Begründung (Abschnitt 3.3.3).

3.3.1 Informationsökonomische Begründung

Die Informationsökonomie liefert eine erste Begründung für nachhaltigen Konsum.[9] Sie ergibt sich aus der Kritik an der idealisierenden Modellannahme *vollständiger Information* bzw. vollständiger Präferenzordnungen (vgl. 2.2.4). Einen Ausgangspunkt bildet die Unterscheidung von

- Sucheigenschaften,
- Erfahrungseigenschaften und
- Vertrauenseigenschaften von Gütern.

Sucheigenschaften sind z.B. Farbe oder Form, die ein Konsument vor dem Kauf beurteilen kann (Nelson, 1970). Erfahrungseigenschaften wie Haltbarkeit oder Verträglichkeit können erst nach dem Kauf beurteilt werden. Vertrauenseigenschaften wie soziale oder Umwelteffekte können vom Konsumenten meist nicht ohne die Unterstützung von Experten beurteilt werden (Hansen und Schrader, 1997, S. 450 f., Darby und Karni, 1973). Ekardt (2016b, S. 460) weist darauf hin, dass komplexe Wertschöpfungsketten schwer zu überblicken sind und die Vielfalt an möglichen Informationen unüberschaubar werden kann. Faktisch besteht eine *Informationsasymmetrie* zwischen Konsumenten und Produzenten, die der Konsument allein nicht mehr abzubauen in der Lage ist (Srnka und Schweitzer, 2000, S. 197). Produktkennzeichnungen und

---

9 Wesentliche Beiträge zur Informationsökonomik lieferten die Autoren Akerlof (1970), Spence (1973) und Rothschild und Stiglitz (1976). Die Informationsökonomik liefert zudem eine allokative Begründung für den staatlichen Verbraucherschutz (Sinn, 2003, S. 281; Schäfer, 1998, S. 560; Rischkowsky und Döring, 2008, S. 286; Shapiro, 1983).

Dokumentationspflichten im Rahmen der betrieblichen Nachhaltigkeitsberichterstattung können die Informationsasymmetrie abbauen (Gerlach und Schoenheit, 2009; Letmathe, 1998, S. 61 f. vgl. Kap. 5).[10]

Die Beschaffung von Information ist aus Sicht der Informationsökonomik für Konsumenten mit Aufwand bzw. Informationskosten, verbunden. Für Suchgüter besteht das Hauptproblem des Konsumenten in der Produktwahl (Qualität, Produktdiversität), bei Erfahrungsgütern ist das zentrale Problem die Information (Verfügbarkeit und Unabhängigkeit von Testberichten), während Vertrauensgüter stark vom Informationsproblem betroffen sind (Tirole, 1999, S. 106). Die Höhe der Informationskosten variiert je nachdem, welche Produkteigenschaften hinsichtlich der Kaufentscheidung als relevant erachtet und in die Suche einbezogen werden. Die für einen nachhaltigen Konsum relevanten sozialen, gesellschaftlichen und ökologischen Kriterien dürften zu einem großen Teil in die Kategorie der am schwierigsten zu beschaffenden Informationen, d.h. der Vertrauenseigenschaften, fallen. Koths und Holl (2012, S. 668) beschreiben die Auswirkungen:

> „Die Divergenz zwischen Anspruch und Wirklichkeit bei verantwortungsvollem Konsum[11] in Verbindung mit dem auffälligen Informationsbedürfnis für soziale und ökologische Informationen deutet auf asymmetrisch verteilte Informationen sowie adverse Selektion hin. Da es sich bei sozialen und ökologischen Produktmerkmalen meist um Vertrauenseigenschaften handelt, könnte die Begründung hierfür sein, dass Verbraucher nicht beurteilen können, ob ein Produkt die von ihnen als relevant empfundenen Nachhaltigkeitskriterien erfüllt oder nicht. Aus dieser Unwissenheit heraus antizipieren sie eine schlechte ‚Nachhaltigkeitsqualität' und sind entsprechend nur bereit, für diese zu bezahlen. Dadurch kann sich ein adäquater Markt für sozial und ökologisch verträgliche Produkte trotz vorhandener Zahlungsbereitschaft am Markt nicht durchsetzen."

Hier besteht ein Anknüpfungspunkt zur institutionenökonomischen Begründung des Nachhaltigen Konsums (Abschnitt 3.3.3). Informationspflichten haben das Potenzial, das Mindestinformationsniveau zu erhöhen und die Informationskosten der Konsumenten zu verringern (Letmathe, 1998, S. 62).

Ein weiteres Konzept der Informationsökonomie, das Relevanz für nachhaltigen Konsum hat, ist die Ökonomie der Aufmerksamkeit (Franck, 1998) und darauf aufbauend die Salienz-Theorie (Bordalo u. a., 2013). Aufmerk-

---

10 Ökologische und nachhaltigkeitsbezogene Produktkennzeichnungen sind seit langem Gegenstand wissenschaftlichen Interesses (Hansen und Kull, 1994; Karstens und Belz, 2006; Rubik und Frankl, 2005; Rubik und Scholl, 2002; Rubik und Weskamp, 1996; imug, 2002).

11 Dies entspricht dem Nachhaltigen Konsum.

samkeit ist das knappe Gut der Informationsgesellschaft (Ruß-Mohl, 2017). Mit der zunehmenden Vernetzung und Digitalisierung sinken die Informationskosten zunehmend. Begrenzt ist nicht mehr der Zugang zu, sondern die Aufmerksamkeit für Information. Aufmerksamkeit strukturiert die Handlungspräferenzen ökonomischer Akteure, Aufmerksamkeitspotenziale und Zeitressourcen der Konsumenten sind nur marginal steigerungsfähig (Theis-Berglmair, 2000, S. 321 ff.).

Die Salienz-Theorie (Bordalo u. a., 2012a; Bordalo u. a., 2012b) geht davon aus, dass Konsumenten auffällige Merkmale von Entscheidungen überbewerten und dabei Gefahr laufen, bedeutsame Aspekte unterzubewerten (Dertwinkel-Kalt u. a., 2017). Diese Annahme wird gestützt durch psychologische Belege, dass die Aufmerksamkeit begrenzt ist und sich daher auf herausragende Eigenschaften richtet (Taylor und Thompson, 1982; Kahneman, 2011). Für Entscheidungen unter Risiko bietet die Salienz-Theorie eine mögliche Alternative zur Prospect-Theorie, um Abweichungen von der Erwartungsnutzentheorie zu erklären (Bordalo u. a., 2012b). Für risikolose Entscheidungen kann die Salienz-Theorie Abweichungen von der rationalen Konsumwahl wie den Endowmenteffekt (Bordalo u. a., 2012a) und den Decoy-Effekt (Huber u. a., 1982) erklären (vgl. Abschnitt 3.3.2).

3.3.2 Verhaltens- und neuroökonomische Begründung

Informationsökonomische Theorien können den Ansatz eines nachhaltigen Konsums nur teilweise begründen, da sie von Wissen und Fähigkeiten der Konsumenten abstrahieren (vgl. Abschnitt 2.3.3).[12] Aus der Reflexion über die Verhaltensannahmen der Informationsökonomik, die nahezu in Korrespondenz zu den neoklassischen Standard-Modellen stehen, ergibt sich die Notwendigkeit, den analytischen Rahmen zu erweitern. Eine komplementäre Analyse des Konsumentenverhaltens liefern Theorien der Verhaltens- und Neuroökonomik. Dazu werden *kognitive und emotionale Grenzen* untersucht (Rischkowsky und Döring, 2008, S. 285).

Die Verhaltensökonomik („Behavioural Economics") beschäftigt sich seit einigen Jahren mit Fragen des nachhaltigen Konsums (2.4.3). Die Sozial-

---

12 Rischkowsky und Döring (2008, S. 286) fordern daher: „The fact that informational economic approaches address only a particular problem of consumer decisions (i.e., imperfect information) refers to the still existing necessity for a more widely applied theoretical funding for consumer policy."

psychologie hat begonnen zu untersuchen, weshalb es einfacher erscheint, Einstellungen als Verhalten zu ändern.[13]

Theorien der Verhaltensökonomie (Kahneman, 2011; Thaler und Sunstein, 2009), gemäß denen Konsumenten systematisch von der neoklassischen Annahme vollständiger Rationalität abweichen, haben in den letzten Jahren immer stärkere Beachtung gefunden (DellaVigna, 2009; Thaler und Mullainathan, 2000; Camerer und Loewenstein, 2011; Shogren, 2012). Shogren und Taylor (2008) verwenden den Begriff „behavioral failures" (Verhaltensinkonsistenzen) für alle Situationen, in denen Konsumenten sich nicht gemäß der Rational-Choice-Theorie verhalten. Es wurden eine Vielzahl solcher Verhaltensinkonsistenzen beschrieben. Die Tabelle 2.5 fasst wichtige Verhaltensinkonsistenzen, die in der Literatur beschrieben werden, zusammen.

Auf Kritik der Verhaltensökonomik stößt die neoklassische Auffassung, dass eine ausreichende Bereitstellung von Information für eine Beseitigung bestehender informationsbedingter Marktunvollkommenheiten sorge (Tietenberg, 2009, S. 309 f.). Aus verhaltensökonomischer Sicht können Informationsasymmetrien nicht durch ein Mehr an Informationen überwunden werden. Vielmehr sind qualitativ hochwertige Informationen in geringen Mengen häufig deutlich wirksamer als ein Überfluss an (qualitativ minderwertigen) Informationen.[14] Die Art und Weise der Präsentation von Informationen[15] wird als entscheidend dafür angesehen, ob ein Verbraucher diese für seine Kaufentscheidungen berücksichtigt (Döring, 2014, S. 104; Döring, 2015). Empirische Studien zeigen, dass Konsumenten verfügbare Informationen nicht oder nur eingeschränkt nutzen.

Einschlägige Theorien sind (i) die Theorie der *Bounded Rationality* (Simon, 1955), (ii) die *Prospect Theory* (Kahneman und Tversky, 1979) und (iii) die Regret Theory (Loomes und Sugden, 1982). Situationen, in denen Konsumenten *Heuristiken* verwenden, um komplexe und zeitaufwändige Entscheidungen zu vereinfachen, können durch die Theorie der Bounded Rationality (beschränkte Rationalität) im Rahmen der neoklassischen Standard-Modelle erklärt werden (vgl. insbesondere Tabelle 2.5). Der Utilitarismus bildet für diese Erklärungsansätze eine geeignete Basis.

---

13 In diesem Zusammenhang weisen neuere Erkenntnisse darauf hin, dass bei der Veränderung von Einstellungen nicht die gleichen psychischen Prozesse bzw. Mechanismen involviert sind wie bei der Veränderung von Verhalten (Itzchakov u. a., 2018).

14 Zum Phänomen des sog. „Information Overload" siehe grundlegend Jacoby u. a. (1974) sowie kritisch Russo (1974). Eine Zusammenfassung bietet Roßmanith (2001, S. 54).

15 Dies wird von der Prospect Theory (s.u.) als Framing-Effekt bezeichnet.

Andererseits existieren Verhaltensinkonsistenzen (z.B. Sunk-Cost-Fallacy bei der ineffizienten Weiternutzung veralteter Elektrogeräte wie Kühlschränke[16]), die nicht aus Marktunvollkommenheiten resultieren. Die Prospect Theory von Kahneman und Tversky (1979) kann zusätzlich zur Begründung nachhaltigen Konsums herangezogen werden. Ein Beispiel im Kontext von Strom- und Energienetzen ist, dass Konsumenten sogar dann nicht stets das energieeffizientere Produkt oder die energieeffizientere Dienstleistung wählen, wenn diese Wahl aus rationaler Sicht in ihrem eigenen Interesse zu liegen scheint.[17] Dies ergibt sich aus einer Verhaltensinkonsistenz, die als „(myopic) loss aversion" bezeichnet wird. Diese *Verlustaversion* kann erklären, dass Konsumenten eine Tendenz aufweisen, den Status Quo beizubehalten, wenn in ihrer Wahrnehmung die Nachteile einer Veränderung die Vorteile überwiegen (Kahneman u. a., 1991).

Eine andere für die Begründung des Nachhaltigen Konsums bedeutsame Heuristik aus dem Gebiet der Prospect Theory ist die *Verfügbarkeitsheuristik*. Sie stellt eine Faustregel dar, die Konsumenten verwenden, um Produkte auch dann beurteilen zu können, wenn kein Zugang zu präzisen und vollständigen Informationen besteht. Hierbei wird die Häufigkeit eines Ereignisses dadurch geschätzt, wie leicht es fällt, sich an passende Beispiele zu erinnern. Dies ist ein Fall systematischer Verzerrung, der in der Konsequenz z.B. zu einer fälschlicherweise zu niedrigen Einschätzung von Konsumenten bezüglich der Wahrscheinlichkeit von Produktdefekten und zu einer zu geringen Nachfrage nach Garantien führt. Hier wird die Notwendigkeit von Institutionen[18] wie der Produkthaftung und Gewährleistungspflichten allgemein anerkannt (Tirole, 1999, S. 114).[19]

Die empirisch und psychologisch fundierte Prospect-Theory Kahnemans steht in Konkurrenz zur normativen Theorie des Utilitarismus. Verhaltensökonomische Theorien sind vom normativen Kern her „mechanistische Theo-

---

16 Einen Überblick über empirische Untersuchungen dieses Problems gibt Leprich (1994, S. 97 ff.).

17 Aufgrund von hohen Anfangsinvestitionskosten für Wärmepumpen oder Photovoltaik-Anlagen sowie unrealistisch hohen (impliziten) Diskontraten (Leprich, 1994, S. 97 ff.).

18 Vgl. Abschnitt 3.3.3.

19 Damit verbunden ist das Problem der „planned obsolescence": Die vom Produzenten ex ante bestimmte Lebensdauer von Produkten ist den Konsumenten häufig nicht bekannt. Gleichzeitig werden die Lebensdauern bei vielen Konsumgütern kürzer. So haben digitale Stromzähler, die in intelligenten Energienetzen eingesetzt werden, eine Eichdauer von acht Jahren gegenüber den herkömmlichen Stromzählern, die eine Eichdauer von 16 Jahren aufweisen (Eichordnung, §12).

rien“, die auf einer Analogisierung des Menschen mit einer Maschine beruhen und sich durch grundsätzliche Annahmen beschreiben lassen, wie der Annahme universeller Prozesse (z.B. Lernen), anlagemäßig festgelegter Grundbedürfnisse und eines behaviouristischen Reiz-Reaktions-Schemas (Lampe, 1985, S. 75 f.). Die Kritik Kahnemans richtet sich wie Sens Kritik gegen die Annahmen der neoklassischen Rational-Choice-Theorie. Sens Kritik basiert nicht auf psychologischer Verzerrrung, sondern auf der Forderung nach interner Konsistenz des Axiomensystems, wie der Unabhängigkeit von irrelevanten Alternativen. Gemeinsam ist Kahneman und Sen die Betonung des Umstandes, dass die Lebenszufriedenheit sich deutlich an die Lebensumstände anpassen kann, wobei sie dieses Phänomen unterschiedlich erklären (Vikander, 2007).

Über die Verhaltensökonomik hinausgehend versucht in den letzten Jahren die *Neuroökonomik*, die ökonomische Theorie durch die empirischen Methoden der Neurowissenschaften zu bereichern, indem sie das Entscheidungsverhalten von Konsumenten über die Beobachtung von Hirnaktivitäten zu erklären sucht. Dies erweitert die Wirtschaftswissenschaften um einen empirischen Zweig und stellt eine methodische Renovation dar (Priddat, 2007, S. 7). Als wesentlicher Beitrag der Neurowissenschaft für die Ökonomie wird der empirische Nachweis gesehen, dass neben der Kognition *Emotionen* eine wichtige Rolle in Entscheidungsprozessen einnehmen. Emotionen sind hierbei als neuronale Aktivität der entsprechenden Hirnregionen zu verstehen (Kabalak, 2007, S. 151). Die Neuroökonomie bietet eine Reihe von Beobachtungen zu diesem Phänomen. Unter Komplexitätsbedingungen erhalten Emotionen die Entscheidungsfähigkeit des Akteurs, indem sie der *Komplexitätsreduktion* und der *Kontingenzbewältigung* dienen (Kabalak, 2007, S. 158; Priddat, 2007, S. 8).

Erkenntnisse der Neuroökonomie stützen hierbei Theorien der Verhaltensökonomie. Eine Versuchsreihe von Deppe (2005) zeigt, dass Probanden, die ihre paarweisen Präferenzen für Produkte verschiedener Marken einer Güterart angeben sollten, hohe emotionale und niedrige kognitive Aktivität zeigen, wenn die Lieblingsmarke zur Wahl steht. Hierbei wirkt die Emotion als kognitive Entlastung. Die Lieblingsmarke kann als Referenzniveau für einen Framing-Effekt (Tversky und Kahneman, 1986) gedeutet werden (Kabalak, 2007, S. 156 f.).

Die Neuroökonomik und die Institutionenökonomik sind „natürliche Partner im Geschäft, menschliches Verhalten zu erklären“ (Herrmann-Pillath, 2011, S. 18): „Das menschliche Gehirn ist ein hochkomplexes System, das ohne externe Anker in überbordernder Dynamik kollabieren würde. Institutionen sind dieser Anker. [...] Institutionen schaffen Verbindlichkeiten, die nicht nur für andere wichtig sind, sondern vor allem auch für das Individuum selbst in seiner Fähigkeit zur Reflexion." Herrmann-Pillath (2011, S. 19) argumentiert, dass es nicht möglich ist, beobachtbares Verhalten ausschließlich durch interne neuronale Prozesse zu erklären, da neuronale Prozesse werden erst im Zusammenspiel mit externen institutionellen Fakten kausal spezifiziert werden.[20]

3.3.3 Begründung durch Neue Institutionenökonomik und evolutionäre Ökonomik

Informations-, verhaltens- und neuroökonomische Theorien können den Ansatz des nachhaltigen Konsums nur teilweise begründen, denn es scheint darüber hinaus eine adäquatere Analyse des *institutionellen Rahmens*, innerhalb dessen sich das Entscheidungsverhalten der Konsumenten entfaltet, erforderlich zu sein (Gowdy, 2008, S. 639; Schubert, 2017, S. 339; Sunstein, 2015; Lehner u. a., 2016; Dietz u. a., 2009; Ferraro und Miranda, 2013).[21] Hier können Theorien der Neuen Institutionenökonomik ergänzt werden, die eine komplementäre Analyse der Beschränkungen, denen die Entscheidungssituationen der Konsumenten unterliegen, liefern. Institutionen sind „humanly devised constraints that shape human interaction" (North, 1990, S. 3). Dazu gehören *formale und informelle Normen und Regeln* (Rischkowsky und Döring, 2008, S. 285). Das Forschungsgebiet der Neuen Institutionsökonomik beruht auf dem Konzept des Grenznutzens (Rau-Bredow, 1992, S. 3). Mit dem (i) *Prinzipal-Agent-Ansatz*, dem (ii) *Transaktionskostenansatz* und den (iii) *interdependenten Nutzenfunktionen* bietet das Forschungsgebiet der Neuen Institutionsökonomik eine theoretische Grundlage für den Ansatz des Nachhaltigen Konsums (vgl. 2.6.1; Schiffer und von Hauff, 2010).

Die Neue Institutionsökonomik bedient sich des neoklassischen Menschenbilds des Homo Oeconomicus. Da der Ansatz des Nachhaltigen Konsums nicht primär das Wohlergehen des Individuums, sondern das der gegenwärtig lebenden Gesellschaft sowie jenes zukünftiger Generationen anstrebt, kann das Modell nur in einer erweiterten Version zur Begründung hinzugezogen

20 Auf das Verhältnis des neuroökonomischen Forschungsansatzes zur Institutionenökonomik geht Herrmann-Pillath (2011) ausführlich ein.

21 Vgl. Rischkowsky und Döring (2008) zur Begründung der Verbraucherpolitik („consumer policy").

werden. Es besteht das Risiko einer Dilemmasituation, in der das kollektive Ziel und das individuelle Handeln auseinanderdriften. Mehrheitlich anerkannte Regeln, mit denen sich die Neue Institutionsökonomik befasst, können dieses Dilemma lösen (Schiffer und von Hauff, 2010, S. 3). Interdependente Nutzenfunktionen, bei denen der Nutzen eines Individuums auch vom Nutzen ihrer Mitmenschen und künftiger Generationen determiniert wird (Voigt, 2009, S. 196), bieten einen Erklärungsansatz für intra- und intergenerationelle Gerechtigkeit. Der Transaktionskostenansatz, Prinzipal-Agent-Ansatz und Property-Rights-Theorie bilden Grundsteine der Neuen Institutionsökonomik. Hier wird der Transaktionskostenansatz zur Erklärung der Normenbildung herangezogen. Der Prinzipal-Agent-Ansatz kann zur Erklärung adverser Selektion von Konsumgütern auf Märkten angewendet werden. Anschließend soll auf den Zusammenhang zwischen Institutionen und Gerechtigkeit eingegangen werden.

Erstens kann der *Prinzipal-Agent-Ansatz* auf den Konsumenten als Prinzipal und den Produzenten als Agent angewendet werden. Aufgrund asymmetrischer Informationsverteilung zum Nachteil des Konsumenten (Prinzipal) und einer Reihe mangelnder Möglichkeiten, den Produzenten (als Agenten) zu beobachten, bleiben einerseits wichtige Attribute des Agenten („hidden characteristics") vor dem Konsumenten vor Abschluss eines Vertrages verborgen, während andererseits Handlungen gegen die Konsumenteninteressen („hidden action") nach Abschluss des Vertrags verborgen bleiben. Als Folge entsteht die als adverse Selektion bezeichnete Ineffizienz (Rischkowsky und Döring, 2008, S. 296). Für den Ansatz eines nachhaltigen Konsums bedeutet dies, dass Konsumenten die ökologische und soziale Qualität des Angebots nicht beurteilen können und Märkte für entsprechende Produkte sich nicht oder nur unzureichend entwickeln. Trotz Stromkennzeichnungspflicht bleibt die Zusammensetzung des Strommix' häufig intransparent, da Stromversorger die Möglichkeit haben, die Herkunft von Strom zu verschleiern („Umetikettierung", „Greenwashing"), indem dieser über die Strombörse gehandelt wird (INFRAS und Öko-Institut, 2014, S. 51). Das UBA (2014b, S. 8) fasst zusammen: „Die fehlende Transparenz über die Produkteigenschaften von Ökostrom, die auch durch bestehende Labels nicht behoben wird, führt zu einer Präferenz der Nachfrager für Produkte mit geringen Anforderungen und damit zu der Dominanz der günstigen Anbieter."

Aus Sicht der Neuen Institutionenökonomik kann der Ansatz des Nachhaltigen Konsums zweitens begründet werden durch die Tatsache, dass positive *Transaktionskosten* vorliegen, die dem Abschluss von Verträgen entgegenwirken. Die Höhe der Kosten wird durch die Art des institutionellen Rahmens sowie durch die Art der Transaktionen bestimmt (Martiensen, 2000, S. 361). Institutionen wie Vertrags- oder Gewährleistungsrecht bewirken sinkende Transaktionskosten für Konsumenten.[22] Instrumente, die die Informationskosten der Konsumenten senken, sind: (i) Informationspflichten des Herstellers, (ii) Festlegung von Standards oder Messgrößen für Produktinformation sowie (iii) Verbot irreführender Information (Rischkowsky und Döring, 2008, S. 291).[23] Im Strombereich geht die Prinzipal-Agent-Begründung (s.o.) in die Transaktionskostenbegründung über, da Strom Eigenschaften einer Dienstleistung (z.B. Gleichzeitigkeit von Produktion und Konsum, Immaterialität)[24] hat, die ihn eng sowohl mit Erzeuger, Netzbetreiber als auch dem Händler verknüpft. In Bezug auf nachhaltigen Konsum legt der Transaktionskostenansatz nahe, dass eine Norm, die die intergenerationelle Gerechtigkeit fördert, dann von der Gesellschaft anerkannt wird, wenn ihr zusätzlicher Nutzen bzw. Grenznutzen (z.B. die Sauberkeit der Energieversorgung) ihre zusätzlichen Kosten bzw. Grenzkosten (z. B. die Einschränkung der individuellen Handlungsmöglichkeiten) übersteigt (s. Schiffer und von Hauff, 2010, S. 3, S. 14 f.).

Eine zentrale Frage des Nachhaltigen Konsums ist, wie die institutionellen Bedingungen gestaltet werden können, damit die Gesellschaftsmitglieder zum wechselseitigen Vorteil interagieren. Leschke (2008, S. 308) weist auf das Auftreten von Dilemmasituationen hin, in denen das unkooperative Verhalten dem Einzelnen mehr Nutzen bringt als das kooperative, die Nachhaltigkeit unterstützende Verhalten. Einen Erklärungsansatz für Situationen, in denen die Gesellschaftsmitglieder das normenkonforme Verhalten unterstützen, bieten *interdependente Nutzenfunktionen*. Individuen sind in diesem Modell bereit, ein nicht normenkonformes, Gemeinschaft schädigendes Verhalten anderer zu sanktionieren, auch wenn es sie nicht direkt betrifft. Wenn der Nutzen von Q ein positives Argument der Nutzenfunktion einer dritten Person R ist und das normeninkonforme Verhalten der Person P Nutzeneinbußen

22 Sie ermöglichen Transaktionen in anonymen Märkten, da sie Vertragsbruch, Liefer- oder Zahlungsausfall rechtlich ahnden (Schäfer und Ott, 2012, S. 370 ff.). Einen Überblick geben Rischkowsky und Döring (2008, S. 299 f.).

23 In ähnlicher Weise wirken sich Qualitätsstandards, das Verbot bestimmter Inhaltsstoffe oder die Festschreibung von Prozessstandards als sinkende Transaktionskosten für den Konsumenten aus. Siehe Tirole (1999, S. 109–110), Leland (1979) und Shapiro (1986) sowie kritisch Rischkowsky und Döring (2008, S. 291).

24 Vgl. zur Abgrenzung von Dienstleistungen Rück (1995).

der Person Q verursacht, so kann R einen Anreiz haben das nichtkonforme Verhalten von P zu sanktionieren (vgl. Abb. 3.1, Voigt, 2009, S. 196).[25]

Abbildung 3.1: **Interdependente Nutzenfunktionen.** Quelle: Schiffer und von Hauff (2010, S. 11); Voigt (2009, S. 196).

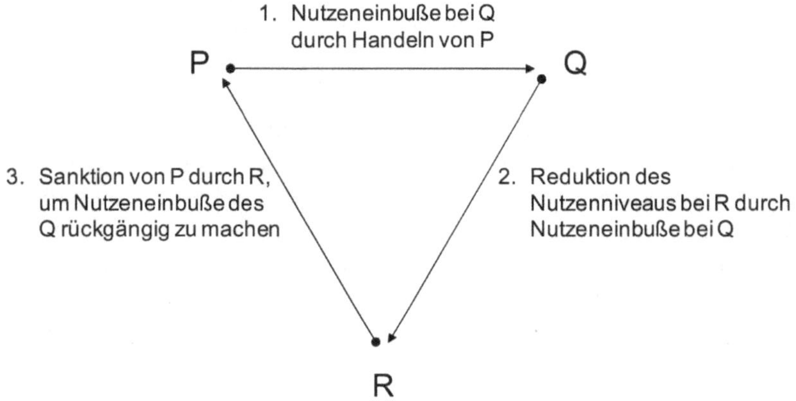

Der Nutzen[26] U_R des Individuums R hängt im Fall interdependenter Nutzenfunktionen nicht nur von seinem eigenen Güterbündel p_R ab, sondern ist auch von dem einer anderen Person Q zur Verfügung stehenden Güterbündel p_Q abhängig:

$$U_R = f(p_R, p_Q) \tag{3.1}$$

Die einfachste Form einer interdependenten Nutzenfunktion ist die Cobb-Douglas-Nutzenfunktion:

$$U_R = p_R{}^{\alpha} \cdot p_Q{}^{\beta} \tag{3.2}$$

mit $\alpha, \beta > 0$ als Parameter, die Gewichtung der einzelnen Güterbündel für das Individuum R abbilden. Dabei hängt der Grenznutzen des Individuums R nicht nur vom Güterbündel des Individuums R, sondern auch vom Güterbündel des Individuums Q ab (Stobbe, 1991, S. 77 f., Schiffer und von Hauff, 2010, S. 12).

Ferrer-i-Carbonell und van den Bergh (2004, S. 371) sowie van den Bergh u. a. (2000) weisen in ihrer Übersicht über verschiedene mikroökonomische

25 Siehe Stobbe (1991, S. 77 ff.) und Leschke (2008).

26 Der Nutzen soll die Lebensqualität von R widerspiegeln und ist deshalb nicht nur monetär zu messen.

Modellierungsansätze (vgl. 2.5.1) darauf hin, dass es möglich ist, interdependente Präferenzen in Nachfragesystemen abzubilden, indem das Nachfragesystem direkt spezifiziert wird. Alessie und Kapteyn (1991) spezifizieren z.B. ein Nachfragemodell mit interdependenten Präferenzen für die Niederlande und finden, dass Konsum von Bildung/Unterhaltung, Kleidung/Schuhen und medizinischer Versorgung von den Präferenzen Dritter abhängig ist (sog. „conspicious consumption"; Leibenstein, 1950). Discrete-Choice-Modelle (Yang und Allenby, 2003) und Machine-Learning-Modelle (Zhu, 2020) können interdependente Präferenzen abbilden. Discrete-Choice-Modelle können z.B. die Bevorzugung japanischer Automarken im japanischen Markt und die Grundstückspreise in Washington D.C. in Abhängigkeit ihrer geographischen Nähe zueinander erklären.

3.4 Wohlfahrtsökonomische Begründung: Konsumstrom und Kapitalbestände

Für die inhaltliche und quantitative Konkretisierung eines nachhaltigen Konsums ist der Zusammenhang zwischen der Stromgröße Konsum und den gesellschaftlichen Kapitalbeständen zu betrachten. Die intuitive Einsicht, dass Konsum negativ auf die Kapitalakkumulation wirkt, wird in Wachstumsmodellen formalisiert. Bei Analysen und Modellierungen ist eine systematische Betrachtung der Kapitalbestände notwendig (von Hauff, 2021, S. 34). Die konsensual akzeptierten drei Dimensionen der Nachhaltigkeit bilden hierfür drei sinnvolle Kategorien (Barbier, 1987, S. 89 f.). Die drei Dimensionen (Abschnitt 3.1.1) werden nachfolgend als unterschiedliche Kapitalarten aufgefasst (Kleine, 2009, S. 10 f.). Hierbei kann auf das Kapitalkonzept, das durch wirtschaftstheoretische Ansätze ab den 1970er Jahren eingeführt wurde, zurückgegriffen werden. Der Begriff „Kapital" kann nach Aghion und Howitt (2015, S. 20)

- monetäre Einheiten (Ökonomie),
- physikalische Einheiten (Ökologie) sowie
- zeitliche und qualitative Größen (Soziales) umfassen,

wobei eine Quantifizierung durch Monetarisierung bisher nur bedingt zufriedenstellend zu erreichen ist (Ott und Döring, 2008, S. 188 f.). Gleichzeitig ist zu beachten, dass die Ergebnisse der Wachstumsanalyse sensibel auf die Art und Weise reagieren, wie Kapital gemessen wird (Aghion und Howitt, 2015, S. 95–99; Jorgenson, 1995). Analog zu den drei Säulen einer Nachhaltigen Entwicklung werden drei größere Kapitalarten definiert (Hediger,

1999, S. 1123–1125; Kopfmüller u. a., 2001, S. 50–102; von Hauff, 2007, S. 351–356), wobei das der Säule „Soziales“ zugeordnete Kapital teilweise weiter in Human- und soziales Kapital untergliedert wird (Berger-Schmitt und Noll, 2000, S. 35). Im Folgenden wird unterschieden zwischen

- dem natürlichen Kapital wie z.B. Bodenschätze, Reinheit von Luft und Wasser, Artenvielfalt,
- dem produzierten Kapital wie z.B. Anlagen, Gebäude, Netze, sowie dem
- dem Sozialkapital wie z.B. soziale Netzwerke, gesellschaftliche Institutionen und Technologiestand, einschließlich des Humankapitals[27] wie z.B. Fähigkeiten, Wissen, Gesundheit der Menschen.

Die drei Formen von Kapital repräsentieren die ökologische, ökonomische und soziale Dimension (Humankapital und Sozialkapital) von Nachhaltigkeit. Zwischen den Kapitalarten bestehen Überschneidungen, wie in Abbildung 3.2 dargestellt ist.[28] Beispielsweise kann ökologisches Kapital wie Kohle, Uran oder Neodym zum Produktivkapital der Energieindustrie werden. Aufgrund dessen ist einerseits eine integrierende Betrachtung erforderlich, in der andererseits die einzelnen Kapitalformen ausreichend voneinander abgegrenzt sind (von Hauff, 2021, S. 35).

Während bei neoklassischen Wohlfahrtsmodellen lediglich die Wohlfahrtswirkung des Konsumstroms sowie des produzierten Kapitals berücksichtigt wird, wird beim Ansatz eines *nachhaltigen* Konsums zusätzlich die Wohlfahrtswirkung des Erhalts bzw. des Ausbaues ökologischen und sozialen Kapitals *für zukünftige Generationen* anerkannt.[29] Formal bezieht sich die Analyse des Zusammenhangs zwischen Konsumstrom, Wohlfahrt und Kapitalbeständen auf die Modellierung einer sozialen Wohlfahrtsfunktion, die

27 Vgl. grundlegend Beutel (2006, S. 4) zur Deutung des Produktionsfaktors Arbeit als Humankapital, das das Wissen, die Fähigkeiten und Fertigkeiten von Personen, die durch Ausbildung, Weiterbildung und Erfahrung erworben werden, umfasst.

28 Mauerhofer (2008) bevorzugt eine konzentrische Darstellung, bei der ökonomisches Kapital in das soziale Kapital eingebettet ist und dieses wiederum in das ökologische Kapital (Mauerhofer, 2008, S. 498; vgl. Abschnitt 3.1.5).

29 Endres und Radke (1998, S. 15) differenzieren zwischen einer *engen* und einer *weiten* Interpretation wirtschaftlicher Ziele: Einerseits nehmen sie Bezug auf eine enge Auslegung wirtschaftlicher Ziele, die allein eine Wohlfahrtswirkung des Konsum*stroms* anerkennt. Andererseits nehmen Sie Bezug auf eine weite Interpretation wirtschaftlicher Ziele, die über den Konsumstrom hinaus eine Wohlfahrtswirkung natürlicher Ressourcen*bestände* postuliert.

Abbildung 3.2: **Überschneidungen zwischen Kapitalarten**. Quelle: Kleine (2009, S. 11)

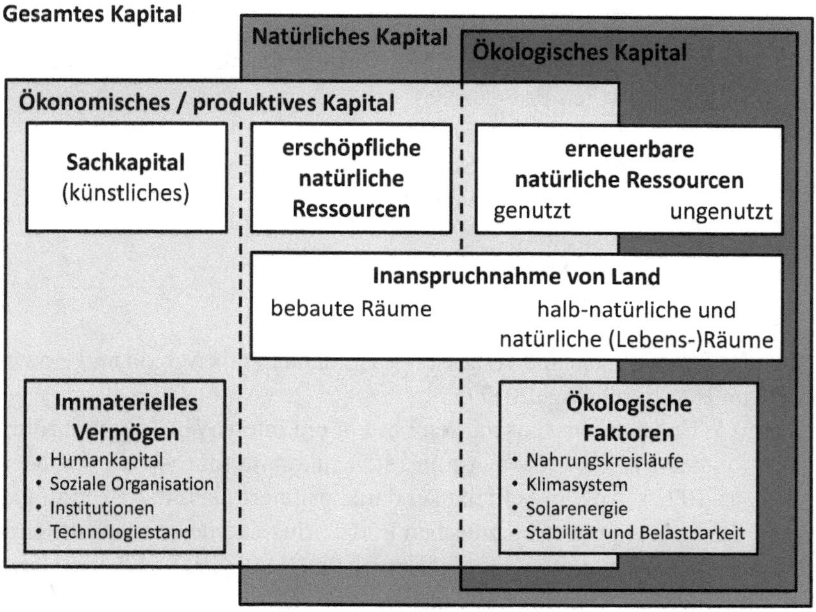

das gesellschaftliche Wohlfahrtsniveau einer Zeitperiode in Abhängigkeit von verschiedenen Strom- und Bestandsgrößen dieser Periode abbildet.

Im Folgenden wird dargestellt, wie im Grundmodell der künftige Konsumpfad vom heutigen Konsumniveau und dem technischen Fortschritt abhängt (Abschnitt 3.4.1), wie darauf aufbauend die Verbindung zwischen Konsum und ökologischem Kapital modelliert wird (Abschnitt 3.4.2) und welche Rolle Konsumexternalitäten spielen und welcher Zusammenhang mit dem sozialen Kapital besteht (Abschnitt 3.4.3).

3.4.1 Nachhaltiger Konsum und ökonomisches Kapital

Die Wachstumstheorie bietet einen Zugang zur ökonomischen Nachhaltigkeit. Ihre wesentliche Aussage ist, dass eine Steigerung des Wachstums und damit des Konsums im langfristigen Gleichgewicht möglich ist, insbesondere durch

Tabelle 3.5: **Variablen im Ramsey-Modell.** Quelle: Eigene Darstellung.

Variable		Bedeutung
C		Konsum, da zeitabhängig auch: C_t oder $C(t)$
K		Kapitalstock (teilweise inkl. Humankapital und natürlichen Ressourcen)
$\dot{K}$	$= \frac{dK}{dt}$	Kapitalakkumulation
Y		Einkommen, Sozialprodukt, Output
c	$= 1 - s$	Konsumquote mit $0 < c \leq 1$
s		Sparquote
δ		Abschreibungsrate

technische Innovationen und verbessertes Humankapital (Aghion und Howitt, 2015; von Hauff und Jörg, 2017).

In den Wirtschaftswissenschaften besteht ein intensiver Disput darüber, welche Relevanz positiven Wachstumsraten zukommt (ausgehend von Meadows u. a., 1972). An dieser Stelle sei daran erinnert, dass der Brundtland-Bericht die Bedeutung des technischen Fortschritts und des wirtschaftlichen Wachstums zur Armutsbekämpfung hervorhebt (Hauff, 1987). Ökonomische Nachhaltigkeit des Konsums zielt auf die Aufrechterhaltung und Erhöhung der Lebensqualität. Diese wird häufig mit materiellem Wohlstand gleichgesetzt und anhand des Bruttoinlandsprodukts pro Kopf (BIP) gemessen, was jedoch problematisch ist.[30] Das Wohlbefinden der Bürger ist zunehmend vom Wirtschaftswachstum abgekoppelt. Daher wird vermehrt qualitatives Wachstum gefordert.

In der Ökologischen Ökonomie wird die Frage nach den Bedingungen eines Wachstumsgleichgewichts (sog. „steady state growth") gestellt. Hierfür wird das optimale Wachstumsgleichgewicht, bezogen auf die Zielsetzung der Maximierung des dauerhaft möglichen Konsums ermittelt. Im Steady-State ändert sich der Kapitalstock von einer Periode auf die nächste nicht und auch der Konsum bleibt in zwei aufeinanderfolgenden Perioden gleich (Heinemann, 2015, S. 66).

Das Ramsey-Cass-Koopmans-Modell dient aufgrund seiner Eleganz und Einfachheit vielfach als Ausgangspunkt ökonomischer Modellierung, so auch im Folgenden.

30 Seit einigen Jahren gibt es eine intensive Diskussion um alternative Messmethoden zum BIP (Diefenbacher, 2001a, S. 687).

Im Ramsey-Modell resultiert das Einkommen Y aus einer aggregierten Produktionsfunktion[31] (vgl. Tab. 3.5; Aghion und Howitt, 2015, S. 20, 29):

$$Y = F(K) \tag{3.3}$$

Das Einkommen wird auf Konsum C und Ersparnis bzw. Investition sY aufgeteilt, wobei letztere den Kapitalstock K des Haushalts erhöht.[32] Dies lässt sich am Bewegungsgesetz (*Kapitalakkumulationsgleichung*) als fundamentaler Differentialgleichung der neoklassischen Wachstumstheorie erkennen (Heinemann, 2015, S. 57 f., Arnold, 1997; Aghion und Howitt, 2015, S. 11, 21):

$$\dot{K} = sY - \delta K \tag{3.4}$$

$$= (1 - c)Y - \delta K \tag{3.5}$$

Die Kapitalakkumulation $\dot{K}$ entspricht dem Anteil $(1 - c)$ des Outputs Y, der nicht konsumiert wird, abzüglich der aggregierten Abschreibungen δK. Konsum und Kapitalakkumulation einer Periode stehen somit in Konkurrenz zueinander. Durch Einsetzen der Produktionsfunktion (3.3) in das Bewegungsgesetz (3.4) ergibt sich die Nebenbedingung:

$$\dot{K} = F(K) - \delta K - C \tag{3.6}$$

Es existiert eine Zeitpfadabhängigkeit, denn künftige Konsumniveaus $(C_{t+1}, C_{t+2}, \ldots)$ hängen insbesondere bei erschöpflichen Ressourcen vom heutigen Verzehr (C_t) ab (Solow, 1974a; Stiglitz, 1974; Dasgupta und Heal, 1974).

Die normative Fragestellung besteht darin, den gesellschaftlichen Konsumpfad zu bestimmen, der unter den zugrundeliegenden technischen Restriktionen die gesellschaftliche Wohlfahrt maximiert. Die Antwort auf eine solche Fragestellung hängt davon ab, welche gesellschaftliche Wohlfahrtsfunktion zur Beurteilung alternativer Konsumpfade zur Anwendung kommt.

---

31 Die Produktionsfunktion wird als monoton steigend und mit abnehmenden Grenzerträgen angenommen. In neoklassischen Modellen gelten die Inada-Bedingungen, d.h. es wird abnehmende Kapitalproduktivität und unendliche Steigung im Nullpunkt angenommen. Die Inada-Bedingungen gelten nicht bei endogenen Modellen (Barro und Sala-i-Martin, 1998, S. 49).

32 C, Y und K sind zeitabhängige Größen und werden teilweise auch als C_t bzw. $C(t)$ notiert. Zeitindizes werden hier aus Gründen der Lesbarkeit weggelassen, falls sie nicht erforderlich sind, um den Übergang von einer in die nächste Periode zu betrachten.

Wird eine gesellschaftliche Wohlfahrtsfunktion unterstellt, bei der die gesellschaftliche Wohlfahrt vom Konsum des repräsentativen Haushalts C_t abhängt, lautet das Optimierungsproblem in zeitdiskreter Form (Aghion und Howitt, 2015, S. 29; Heinemann, 2015, S. 24):[33]

$$\max W = \sum_{t=0}^{\infty} \beta^t U(C_t) \tag{3.7}$$

wobei der Diskontfaktor β bestimmt, wie stark zukünftiger Nutzen im Vergleich zu gegenwärtigem Nutzen gewichtet wird. Durch die Wahl des Diskontfaktors lassen sich daher unterschiedliche Vorstellungen intergenerationaler Gerechtigkeit abbilden (Kleine, 2009).

Tabelle 3.6: **Variablen der gesellschaftlichen Wohlfahrtsfunktion (zeitdiskrete Form).** Quelle: Eigene Darstellung nach Aghion und Howitt (2015, S. 37).

Variable		Bedeutung
W		gesellschaftliche Wohlfahrt
$U(C)$		periodische Nutzenfunktion
C_t		Zeitpfad des Konsums (Bevölkerung $L = 1$)
K		Kapital (inkl. Humankapital und natürlichen Ressourcen)
$F(K)$		Produktionsfunktion
Y		Sozialprodukt, Output
$\dot{K}$		Kapitalwachstum, Nettoinvestitionen
β	$\equiv \frac{1}{1+\rho}$	Diskontierungsfaktor (im diskreten Modell)
ρ	$\equiv \frac{1}{\beta} - 1$	positive Zeitpräferenzrate (im stetigen Modell), „wettbewerbsmäßiger Zinssatz“
δ		Abschreibungsrate auf Kapital
ε		Arrow-Pratt-Maß für Risikoaversion

33 Das Ramsey-Cass-Koopmanns-Model wird zum einen in einer diskreten Version ($t = 1, 2, \ldots$) und zum anderen in einer in zeitstetigen Version formuliert ($t \in \mathbb{R}_0^+$) (Heinemann, 2015, S. 68; Sato, 2014, S. 154 ff.). Obwohl das stetige Modell häufiger zu finden ist, wird in einigen neueren makroökonomischen Modellen diskrete Zeit angenommen, um aufeinanderfolgende Generationen zu repräsentieren. Dies ist nicht unüblich in der Wachstumstheorie, jedoch eher ungewöhnlich in der Nachhaltigkeitsliteratur (Fleurbaey, 2015, S. 37).

Erweiterungen des Ramsey-Modells führen u.a. (exogenen) technischen Fortschritt analog zum Solow-Swan-Modell ein (Aghion und Howitt, 2015, S. 33 f.). In den 1990er Jahren kamen in einer Renaissance der Wachstumstheorie endogene Modelle auf, die den technischen Fortschritt endogen erklären.[34] Eine weitere Ergänzung ist die explizite Betrachtung von Umweltverschmutzung und Ausgaben zu ihrer Reduktion in einem endogenen Wachstumsmodell (Smulders und Gradus, 1996; Abschnitt 3.4.2). Eine dritte Variation ist die Betrachtung von Konsumexternalitäten.

In diesem Abschnitt wurde am Grundmodell aufgezeigt, wie erhöhter heutiger Konsum die Kapitalakkumulation verringert und somit das Wachstum dämpft. Dieser Effekt wird durch den technischen Fortschritt überkompensiert. Die Umsetzung technischen Fortschritts fällt nicht unter die Konsumentensouveränität, sondern unter das Produzentenermessen (2.2.2) und entsprechende Modelle werden daher im Folgenden nicht näher betrachtet. Eine Förderung technischen Fortschritts bzw. von Innovationen ist über die Gestaltung der institutionellen Rahmenbedingungen möglich. An diesen Gestaltungsoptionen hat der Einzelne über die Bürgersouveränität Anteil. Konsumentensouveränität erlaubt den Individuen, sich für innovative Konsumoptionen zu entscheiden und technischen Fortschritt indirekt über die Marktnachfrage nach innovativen Produkten zu fördern.

3.4.2 Nachhaltiger Konsum und ökologisches Kapital

Obwohl ein breiter Konsens besteht, dass Konsum ohne eine bestimmte Qualität der ökologischen Systeme nicht nachhaltig sein kann, ist bei den ökologischen Systemen teilweise ein Niveau der Übernutzung erreicht, das für die Menschheit, insbesondere für künftige Generationen, zunehmend bedrohlich wird (von Hauff und Schiffer, 2013, S. 15). Ein anhaltendes Marktwachstum und kürzere Innovationszyklen bewirken im Konsumbereich „Wohnen“[35], dass elektrische Geräte schneller ersetzt werden und Elektro- und Elektronikgeräte eine schnell wachsende Abfallquelle bilden (Kiddee u. a., 2013; EU, 2012; Kang und Schoenung, 2004; UNEP, 2012; Baldé u. a., 2015; Magalini u. a., 2015). Am Beispiel der Mobiltelefone wurde exemplarisch aufgezeigt, wie der Konsum elektrischer Geräte direkt und indirekt zu

34 Einen Überblick geben Aghion und Howitt (2015).

35 Der angestrebte Umbau hin zu intelligenten Netzen hat insbesondere Auswirkungen auf den Konsumbereich „Wohnen“. Dies wird in Kapitel 4 näher auszuführen sein.

Abbau und Nutzung von Rohstoffen, zur Umlenkung von Stoff- und Energieströmen und zur Akkumulation seltener Metalle im Elektroschrott[36] sowie zur Belastung von Schutzgütern wie der Atmosphäre durch Emissionen beiträgt (Reller u. a., 2009). Die Auswirkungen des Konsums betreffen nicht nur Ressourcen, sondern vor allem die Senken. Daher wird ein Modell benötigt, das den Einfluss des Konsums auf das Verschmutzungsniveau darstellt.

Beim Smulders-Gradus-Modell handelt es sich um ein endogenes Ein-Sektor-Wachstumsmodell, in dem die Wohlfahrt durch den Zustand der Umwelt mitbestimmt wird. Umweltverschmutzung wird als unvermeidliches Nebenprodukt ökonomischer Aktivität modelliert und kann durch Umweltschutzausgaben reduziert werden (Smulders und Gradus, 1996; Anh. A.2). Bovenberg und Smulders (1996) modifizieren das Modell, um den Übergang zu einem stabilen Wachstumspfad sowie die kurz- und langfristigen Effekte von Umweltschutzpolitik zu illustrieren. Das Smulders-Gradus-Modell wird in aktuellen Veröffentlichungen häufig angewendet (Klarl, 2016; Hritonenko und Yatsenko, 2016; Chu u. a., 2016; Baiardi u. a., 2016; Calcagnini u. a., 2016; Bréchet u. a., 2016; Aznar-Marquez und Ruiz-Tamarit, 2016; Saltari und Travaglini, 2016).

Die Literatur ist einerseits empirisch und andererseits theoretisch ausgerichtet. In der empirischen Strömung untersuchen Calcagnini u. a. (2016) den Zusammenhang von Nachfrageschocks und Energieintensität sowie Pro-Kopf-Verschmutzung anhand empirischer Daten für Italien mittels eines strukturellen VAR-Ansatzes[37]. Baiardi u. a. (2016) untersuchen die Heterogenität von Konsumwachstum und Umweltpräferenzen in Mittelmeeranrainerländern. Chu u. a. (2016) untersuchen den theoretischen Zusammenhang zwischen Steuern, endogener Zeitpräferenz und Umweltqualität. Aznar-Marquez und Ruiz-Tamarit (2016) untersuchen ein Modell mit zwei Umweltexternalitäten, einer lokalen und einer globalen, und leiten daraus Politikmaßnahmen wie Pigousteuern und Emissionsstandards ab.

Smulders und Gradus (1996, S. 508) beschreibt die Grundstruktur des Modells:

---

36 Elektroschrott (Waste Electrical and Electronic Equipment, WEEE) macht 3–5% der festen Abfallmenge aus, enthält jedoch einen hohen Anteil wertvoller Metalle wie Silber, Gold, Platin u.a. (Zhang und Xu, 2016; Li u. a., 2015).

37 Vektorautoregressive Modelle (vector autoregressive models, VAR) werden für die ökonometrische Schätzung von Zeitreihen eingesetzt.

$$Y = \begin{cases} Y(P, K) & \text{falls } P \leq \bar{P}, Y_K > 0, Y_P < 0 \\ 0 & \text{falls } P > \bar{P} \end{cases} \tag{3.8}$$

$$\dot{K} = Y - C - A \tag{3.9}$$

$$P = P(A, K), P_A < 0, P_K > 0. \tag{3.10}$$

$$W = \int_0^\infty U(C, P)e^{-\vartheta t}\mathrm{d}t, U_C > 0, U_P \leq 0. \tag{3.11}$$

Physisches Kapital K ist der einzige direkte Produktionsfaktor in diesem Modell. Es ist in einem weiten Sinne zu interpretieren und schließt Humankapital und natürliche Ressourcen mit ein. Die natürliche Umwelt ist ein indirekter Produktionsfaktor, da eine höhere Qualität der Umwelt die Produktivität der direkten Produktionsfaktoren positiv beeinflusst, z.B. durch eine Reduktion physischer Abnutzung, durch Erhöhung der Qualität natürlicher Inputs oder durch Verbesserung der Gesundheit der Arbeitskräfte.

Im Modell hängt die Wohlfahrt W positiv vom Konsum C und negativ von der Verschmutzung P ab (Gl. 3.11). In diesem Modell wird das Entstehen von Verschmutzung nicht direkt auf Konsum zurückgeführt. Vielmehr entsteht Verschmutzung als Nebenprodukt des Sozialprodukts Y. Das Sozialprodukt hängt wiederum vom Kapitalstock K, Verschmutzung und kritischem Verschmutzungsniveau $\bar{P}$ ab (Gl. 3.8). Erst zwischen Kapital bzw. Kapitalakkumulation $\dot{K}$ und Konsum ist eine direkte Verknüpfung modelliert. Hier wird deutlich, dass bei der Verwendung des Outputs Y der Konsum C, die Kapitalakkumulation $\dot{K}$ und die Ausgaben zur Vermeidung der Umweltverschmutzung A konkurrieren (Gleichung 3.9). Ceteris paribus verringert erhöhter Konsum somit die Ausgaben zur Reduktion der Umweltverschmutzung, von denen im Modell u.a. das Verschmutzungsniveau abhängt (Gl. 3.10). Erhöht sich der Konsum, nähert sich das Verschmutzungsniveau somit ceteris paribus dem kritischen Verschmutzungsniveau $\bar{P}$ an.

Wird Gleichung (3.9) durch K geteilt und (3.8) und (3.10) eingesetzt, ergibt sich die optimale Wachstumsrate des Kapitals (sog. Harrod-Dromar-Gleichung):

$$\frac{\dot{K}}{K} = (1 - s_a - s_c) \cdot \frac{Y(P(A, K), K)}{K} \tag{3.12}$$

Ein positives, konstantes wirtschaftliches Wachstum ist möglich und nachhaltig, wenn langfristig gilt, dass Verschmutzung durch Kapitaleinsatz beseitigt

Tabelle 3.7: **Variablen im Smulders-Gradus-Modell** Quelle: Eigene Darstellung nach Smulders und Gradus (1996).

Variable		Bedeutung
hline W		gesellschaftliche Wohlfahrt
U		Periodennutzen
C		Konsum (Bevölkerungsgröße normiert auf 1)
K		Kapital (inkl. Humankapital und natürlichen Ressourcen)
Y		Sozialprodukt, Output
P		Nettoverschmutzungsniveau pro Einheit Luft, Boden, etc.
$\bar{P}$		kritisches Niveau von P
A		Ausgaben für Reduktion der Umweltverschmutzung
$\dot{K}$		Investitionen
s_c	$\equiv \frac{C}{Y}$	Anteil der Ausgaben für Konsum
s_a	$\equiv \frac{A}{Y}$	Anteil der Ausgaben für Reduktion von Umweltverschmutzung
ϑ	$= \rho$	Zeitpräferenzrate
σ	$= \frac{1}{\varepsilon}$	Elastizität der intertemporalen Substitution ($\varepsilon > 0$)

werden kann[38] und ökologisch nachhaltiges Wachstum vorliegt, so dass die Verschmutzung unter dem kritischen Niveau bleibt ($P \leq \bar{P}$).

In diesem Abschnitt wurde am Smulders-Gradus-Modell aufgezeigt, wie erhöhter heutiger Konsum und Umweltschutzausgaben konkurrieren, so dass erhöhter heutiger Konsum das künftige Verschmutzungsniveau ceteris paribus erhöht. Varianten des Modells sind im Anhang dargestellt (A.2).

3.4.3 Nachhaltiger Konsum und soziales Kapital

Während die soziale Dimension der nachhaltigen Entwicklung in der wirtschaftswissenschaftlichen Diskussion eine wachsende Aufmerksamkeit erfährt, hat sie jedoch bisher nicht die Beachtung wie die anderen beiden Dimensionen erlangt. Soziale Nachhaltigkeit hat den gesellschaftlichen Zusammenhalt in Humanität, Freiheit und Gerechtigkeit (Kohäsionsfunktion)

---

38 P und K in $Y(P, K)$ müssen mit einer Elastizität von Eins substituiert werden können.

zum Ziel und ist damit gleichwohl nicht weniger bedeutend als die anderen Dimensionen. Einen möglichen theoretischen Zugang eröffnet die Neue Institutionenökonomik.[39] Letztere beschäftigt sich mit Normen und Regeln, die den dauerhaften Zusammenhalt in einer Gesellschaft verbessern oder bedrohen können. Im weitesten Sinne sind Institutionen „jegliche Art von Beschränkung [...] zur Gestaltung menschlicher Interaktionen" (North, 1998, S. 4). Beschränkungen werden hier im Sinne von Grenzen verstanden, die Handlungsspielräume definieren.[40] Innerhalb der neuen Institutionenökonomik können interdependente Nutzenfunktionen (Abschnitt 3.3.3) eine Verknüpfung zwischen individueller Nutzenmaximierung und gesellschaftlichem Wohlergehen herstellen (von Hauff und Schiffer, 2013, S. 18 f.).

Der Begriff des Sozialkapitals wurde wesentlich von Pierre Bourdieu geprägt, der es definiert als „die Gesamtheit der aktuellen und potenziellen Ressourcen, die mit dem Besitz eines dauerhaften Netzes von mehr oder weniger institutionalisierten Beziehungen gegenseitigen Kennens oder Anerkennens verbunden sind" bzw. als „Ressourcen, die auf der Zugehörigkeit zu einer Gruppe beruhen" (Bourdieu, 1983, S. 190 f., zitiert nach Schiffer und von Hauff, 2010, S. 3). Humankapital wird in der Literatur häufig als Teil des Sozialkapitals aufgefasst (Dyllick und Hockerts, 2002, S. 133 f.), so auch im Folgenden. Jackson und Smith (2018, S. 494) weist darauf hin, dass Konsum eine symbolische Bedeutung hat. Materielle Güter haben demzufolge mehr als nur funktionalen Wert, da sie die persönliche Identität definieren und unterstützen (Giddens, 1991). Die symbolische Bedeutung ist sozial definiert, sie wohnt weder dem Konsumgut (Artefakt) selbst inne noch kann sie völlig selbstbestimmt vom einzelnen Konsumenten interpretiert werden (Simmel, 1971; Hirschman und Holbrook, 1980).

Der aktuelle Wandel hin zu zunehmend dezentraler und erneuerbarer Energieerzeugung wie z.B. Eigenstromversorgung durch Photovoltaik stellt neue Anforderungen an den gesellschaftlichen Zusammenhalt. Einschlägige Normen, die einen Einfluss auf das Sozialkapital haben, sind (a) Umweltverträglichkeit, Sozialverträglichkeit und (b) Versorgungssicherheit (Europäische Kommission, 2007).[41] Darüber hinaus kann als relevante informelle Institution (c) die Tendenz gesehen werden, sich beim Konsum an einem gesellschaft-

39 Siehe Abschnitt 2.6.1.

40 Sie schränken im Kontext sozialer Nachhaltigkeit jedoch nicht nur Optionen ein, sondern können auch die Möglichkeiten weniger privilegierter Individuen erweitern (von Hauff und Schiffer, 2013, S. 6), wie im Falle der Versorgungssicherheit.

41 Umweltverträglichkeit, Versorgungssicherheit und Wirtschaftlichkeit bilden das sog. „Zieldreieck der Energiewirtschaft". Die Wirtschaftlichkeit kommt in den hier be-

lichen Referenzwert (Jackson und Smith, 2018, S. 494) zu orientieren. Diese Tendenz wird als „conspicious consumption", „neighborhood effects" oder „bandwagon effect" bezeichnet (Yang und Allenby, 2003, S. 3) und stellt eine Konsumexternalität dar. Einen neueren Zugang zu Konsumexternalitäten stellen Theorien zu institutionellem Wandel und Pfadabhängigkeiten dar (Langer, 2011; Beyer, 2006; Schreyögg u. a., 2003).

Einen weiteren Zugang stellen soziologische Theorien und Modelle zu sozialen Praktiken, symbolischen Bedeutungen von Gütern und Identitätskonstruktion dar (Jackson und Smith, 2018; Elliott und Wattanasuwan, 1998). So unterliegt die Gestaltung der Beleuchtung in Wohnräumen Mustern, die von sozialen und kulturellen Normen bestimmt werden, wie ein Vergleich von Japan und Norwegen in einer Studie von Wilhite u. a. (1996) zeigt. Bei der Wahl der Beleuchtung geht es nicht nur darum, das Sehen im Dunkeln zu ermöglichen. Vielmehr sind Art, Anzahl, Lichtfarbe und -intensität der Wohnraumbeleuchtung Ausdruck kultureller und gesellschaftlicher Vorstellungen. In dieser Sichtweise moderner Lebensstile wird die Bedeutung materieller Güter erst über einen sozialen Prozess festgelegt (Elliott und Wattanasuwan, 1998). Hierfür stehen dem Individuum materielle (Güter) und symbolische Ressourcen (Bedeutungen, Interpretationen, Assoziationen) zur Verfügung. Ein Beispiel sind Markenprodukte, die aus einem physischen Gut (materielle Ressource) und einem Markenimage (symbolische Ressource) bestehen. Beides wird auf einer individuellen Ebene verknüpft und geht halb-definiert mit einer noch „fließenden Bedeutung" in den gesellschaftlichen Diskurs ein. Erst durch den anschließenden sozialen Diskurs wird die Bedeutung eines Lebensstils bzw. einer Konsumgüterwahl bestätigt und konkretisiert und kann in die eigene Identität, Lebensgeschichte und -situation integriert werden (Jackson und Smith, 2018, S. 495 f.).

Die drei genannten Institutionen (a–c) stehen nicht unabhängig nebeneinander. Teilweise gibt es komplementäre Beziehungen und Zielkonflikte. Erneuerbare Energieträger bringen Herausforderungen für die Versorgungssicherheit mit sich. Die Umweltverträglichkeit der Energieversorgung kann globale Wirkung auf den Zustand der Atmosphäre entfalten und wirkt sich durch den Ressourcenverbrauch und die Treibhausgasemissionen auf künftige Generationen aus. Bezüglich der Sozialverträglichkeit hat die Entwicklung der Arbeitsplätze lokale Wirkung auf den gesellschaftlichen Zusammenhalt bzw. das Sozialkapital. Hier hat Deutschland bspw. viele Arbeitsplätze

---

trachteten Modellen als Optimierungskalkül zum Tragen und soll deswegen nicht eigens betrachtet werden.

in der PV-Branche verloren, betroffen sind Zell- und Modulproduzenten, Maschinenbau und Installateure (Fraunhofer ISE, 2022, S. 26 f.).[42]

Zweitens wirkt Versorgungssicherheit sich positiv auf den gesellschaftlichen Zusammenhalt und das Sozialkapital aus. Eine Wirkung entfaltet sie vor allem für die aktuelle Generation und räumlich begrenzt (z.B. im europäischen Netzgebiet ENTSO-E). Um Versorgungssicherheit zu gewährleisten, ist die Akkumulation produktiven Kapitals im Sinne von Infrastruktur (Anlagen, Netze, Speicher, Steuer- und Regelungstechnik usw.) sowie von Humankapital (technisches Wissen) erforderlich. Bei der Versorgungssicherheit geht es in den Industrieländern darum, das erreichte hohe Niveau zu halten, während die Umweltverträglichkeit zu erhöhen ist. Die Versorgungssicherheit gerät unter Berücksichtigung intelligenter und dezentraler Netze zunehmend in den Bereich der Konsumentensouveränität, wenn es um die Selbstversorgung mit Photovoltaikstrom geht.

Drittens wirkt sich der gesellschaftliche Referenzkonsum auf die Kapitalakkumulation und die Diffusion von Innovationen aus. Infrastrukturplanungen werden Standardlastprofile zugrunde gelegt, die den Durchschnittsverbrauch von Haushalten institutionalisieren und somit bestehende Strukturen stärken (Hellwig, 2003; Reichel und Kliemt, 2001). Kopatz (2017, S. 10) entwirft im Unterschied dazu ein Rahmenwerk, in dem nachhaltiger Konsum nicht „die sonderbare und jeweils erklärungs- und legitimationsbedürftige Abweichung vom normalen, nicht-nachhaltigen Verhalten ist, sondern der normale, erwartbare Verhaltensstandard“. Er zeigt auf, mithilfe welcher ordnungspolitischer Maßnahmen von der Präferenzverschiebung über den Subventionsabbau bis hin zur gesetzlichen Regelung eine solche Situation herzustellen wäre. Materielle Konsummuster werden zudem durch kulturelle Vorstellungen beeinflusst, z.B. die Gestaltung der Wohnungsbeleuchtung oder das Heiz- und Badeverhalten (Jackson und Smith, 2018; Wilhite u. a., 1996; s.o.). Konsumenten, insbesondere frühe Nutzer innovativer Technologien („Early Adopter“; Rogers, 2003), können andererseits positiven Einfluss auf andere nehmen. Einen Ansatz zur Untersuchung der Außenwirkung nachhaltigen Konsums auf die Ausbreitung von innovativen Produkten bieten die Multi-Level-Perspektive auf Innovation (Geels und Schot, 2007), Technologie-Akzeptanzmodelle (Davis u. a., 1989; Davis, 1989; Venkatesh und Davis, 2000) sowie die Markt-

42 Nennenswerte Anteile am Weltmarkt hielten im Jahr 2016 noch die deutschen Wechselrichterhersteller (SMA, KACO), poly-Siliciumhersteller (Wacker) und Silberpastenhersteller (Heraeus).

bzw. Diffusionsforschung (Weinberg u. a., 2013, S. 737 f., Bilharz, 2008, S. 192; Neuner, 2001, S. 203 ff., Bodenstein u. a., 1998, S. 37).

In Standardmodellen wird ein Mittelwert als Referenz für den Pro-Kopf-Konsum herangezogen, der die Varianz von Konsumniveaus nicht widerspiegelt. Es ist unmittelbar einsichtig, dass starke Abweichungen des individuellen Konsums vom gesellschaftlichen Mittelwert bzw. eine breite Streuung um den Mittelwert (d.h. hohe Standardabweichung) tendenziell negativ auf den gesellschaftlichen Zusammenhalt wirken. Ein Auseinanderfallen von Median und Mittelwert zeigt eine schiefe Verteilung an, bei der eine kleine Zahl von Individuen mit hohem Konsumniveau den Mittelwert nach oben verzerrt. Treten solche Phänomene auf, sind die Voraussetzungen der Konsumentensouveränität verletzt, da eine Gleichberechtigung der „Stimmzettel" beim „plébiscite des tous les jours" nicht mehr gegeben ist (2.3.3). Bei der Betrachtung von nachhaltigem Konsum in einem nationalen Kontext werden diese Abweichungen im Folgenden vernachlässigt.

Es ist daher festzuhalten, dass die Institutionen (a) Versorgungssicherheit und Sozialverträglichkeit eher kurzfristig und lokal und (b) Umweltverträglichkeit langfristig und global den Zusammenhalt in einer Gesellschaft verbessern können. Die Institution (c) Referenzkonsum kann dagegen als Konsumexternalität sowohl kurz- als auch langfristig den Zusammenhalt in einer Gesellschaft bedrohen. Einzelne Konsumenten spielen als „Early Adopter" eine wichtige Rolle, um technische Innovationen für nachhaltigen Konsum in die Gesellschaft zu tragen (Abschnitt 3.5.2). Die Frage nach Bewertungskriterien für die Institutionen muss vor einem normativen Hintergrund geklärt werden und spiegelt die Positionen schwacher und starker Nachhaltigkeit wider.

3.5 Leitstrategien nachhaltigen Konsums

Mit Effizienz und Effektivität, Suffizienz und Konsistenz bieten sich vier Leitstrategien zur Umsetzung nachhaltigen Konsums an. Alle vier Leitstrategien unterliegen Einschränkungen oder werden durch entgegengerichtete Effekte abgeschwächt. Die Effizienzstrategie wird z.B. durch Reboundeffekten abgeschwächt. Um dies zu umgehen, kann von der Effizienz zur Effektivität übergegangen werden (3.5.1). Die Zielerreichung in einer Dimension kann in den anderen Dimensionen problematische Auswirkungen haben (Zielkonflikte). Für die Konsistenzstrategie (3.5.2) sind Innovationen erforderlich, von denen einige erst gefunden werden müssen. Die Suffizienzstrategie (3.5.3) orientiert sich an den Grenzen der ökologischen Tragfähigkeit, benötigt dazu jedoch einen breiten gesellschaftlichen Konsens.

3.5.1 Von der Effizienz zur Effektivität

Die *Effizienzstrategie* ist eine der Leitstrategien zur Umsetzung nachhaltigen Konsums (von Hauff, 2021, S. 67). Die Effizienzstrategie strebt eine *Entkopplung* („decoupling“) des Konsums vom Ressourcen- und Umweltverbrauch durch *technischen Fortschritt* an. In der Literatur entspann sich eine umfangreiche Debatte darüber, ob Effizienzanstrengungen den Ressourcen- und Umweltverbrauch insgesamt reduziert haben (Jackson, 2009; Knight und Schor, 2014; Jorgenson und Clark, 2012; Pothen und Schymura, 2015; O'Rourke und Lollo, 2015). Effizienzbedingte Einsparungen werden häufig durch Zunahme der Nachfrage teilweise ausgeglichen (Reboundeffekte) oder überkompensiert (Backfire-Effekt; Madlener und Alcott, 2010; Brookes, 1990; Khazzoom, 1980; Saunders, 2000; Madlener und Alcott, 2010). Dies wird auf einer mikroökonomischen Ebene durch den Preis- und Einkommenseffekt erklärt (direkter und indirekter Reboundeffekt; Rezai u. a., 2013, S. 73). Beispiele sind effizientere künstliche Beleuchtung und gestiegener absoluter Konsum von Lichtmengen (Fouquet und Pearson, 2006; Herring und Roy, 2007, S. 197). Abb. 3.3 zeigt auf der linken Seite den direkten Rebound-Effekt am Beispiel des Austauschs einer Glühlampe gegen eine energieeffiziente Lampe, bei dem durch eine technische Effizienzsteigerung statt einer Lampe mehrere Lampen eingesetzt werden, so dass der Stromverbrauch konstant bleibt (zweite Zeile links) oder steigt (dritte Zeile links). Auf der rechten Seite ist der indirekte Rebound-Effekt dargestellt, bei dem die Glühlampe durch eine effiziente Lampe und ein anderes Elektrogerät ersetzt wird, dessen Anschaffung durch den Einkommenseffekt bzw. die eingesparten Beleuchtungskosten ermöglicht wird (zweite Zeile rechts).

Im Hinblick auf intelligente Energienetze werden Reboundeffekte des Haushaltsstromkonsums aktuell auf 10–40% geschätzt (Braungardt u. a., 2016, S. 226; Gillingham u. a., 2013; Sorrell u. a., 2009). Gründe sind z.B. längere Betriebsdauern von Fernsehgeräten, größere Bildschirme und eine größere Anzahl von Lichtquellen im Haus (vgl. Abb. 3.3). Obwohl intelligente Netze einen unterstützenden Kontext für nachhaltigen Konsum bieten, kann andererseits eine unüberschaubare Vielfalt an Information und Technologien überwältigend auf Konsumenten wirken, wie die *Verhaltensökonomik* – unterstützt von der *Neuroökonomik* – nahelegt (Abschnitt 2.4.3, 3.3.2). Erkenntnisse der Verhaltensökonomik stellen die Effizienzstrategie als alleinige Leitstrategie nachhaltigen Konsums in Frage.

Abbildung 3.3: **Direkter und indirekter Reboundeffekt.** Links direkter und rechts indirekter Reboundeffekt, vereinfacht dargestellt am Beispiel des Ausstiegs aus der Glühlampe nach EG-Verordnung 244/2009. Quelle: Madlener und Alcott (2011, S. 8).

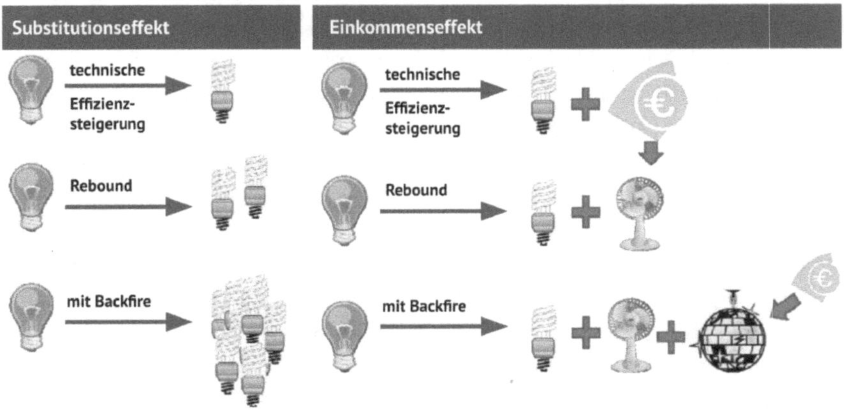

Effizienz wird *relativ* als das Verhältnis von Nutzen zu Kosten aufgefasst. Effizienz wird zumeist als *operative Effizienz* verstanden, „die Dinge richtig zu tun“ (von Hauff und Kleine, 2005, S. 8). Die Effizienzstrategie wird konsensual als notwendiger Teil einer Strategie für nachhaltigen Konsum verstanden (O'Rourke und Lollo, 2015, S. 241). Die *Effektivität* wird als das *absolute Erreichen von Zielen* definiert (Czymmek, 2003, S. 23–28; Kleine, 2009, S. 78). Effektivität betrifft die Zielerreichung auf der normativen oder strategischen Ebene, „die richtigen Dinge zu tun“. Für jede der drei Dimensionen bestehen absolute Ziele, die unabhängig von den anderen Dimensionen anzustreben sind (insbesondere Öko-Effektivität, Sozio-Effektivität; Pufé, 2017, S. 182).

Beispielsweise ist aus Perspektive der Ökoeffizienz eine verbrauchsarme Klimaanlage zu bevorzugen, da sie sowohl ökologisch verträglicher als auch wirtschaftlich sparsamer als ein älteres Modell ist. Die Herstellung und die Verwendung einer Klimaanlage tragen jedoch zur Umwelt- und Ressourcenbelastung bei, so dass aus der Perspektive der Öko-Effektivität ihre Anschaffung in Frage zu stellen ist (von Hauff und Kleine, 2005, S. 8).

Direkte Maßnahmen gegen den Rebound-Konsum sind Caps oder Steuern, die das Umweltziel der Verminderung des Verbrauchs und der Emissionen unmittelbar zu erreichen helfen. Problematische Auswirkungen im Sozialbereich, wo es die Kaufkraft der Ärmsten zu schützen gilt, oder im Bereich des internationalen Handels, wo die Konkurrenzfähigkeit darunter leiden würde, werden häufig als Begründung gegen effektive Umweltmaßnahmen angeführt. Hier besteht die Möglichkeit, durch Einkommens- oder Wohlfahrtspolitik bzw. internationale Abkommen entgegenzuwirken (Madlener und Alcott, 2011, S. 4). Weitere Strategien nachhaltigen Konsums stellen auf langlebige Produkte (3.5.3) und/oder eine Kreislaufwirtschaft ab (3.5.2).

3.5.2 Konsistenz-Strategie und Innovation

Bei der Konsistenzstrategie geht es um die Anpassung von anthropogenen und geogenen Stoff und Energieströmen (Belz und Bilharz, 2005, S. 15; Bauer, 2008, S. 64). Während die Effizienz- und die Suffizienzstrategie am quantitativen Wachstum ansetzen, zielt die Konsistenzstrategie auf qualitatives Wachstum (Müller, 2015, S. 202 ff.). Im Gegensatz zur Effizienzstrategie geht es nicht primär darum, den Ressourcenverbrauch pro Produkt zu verringern, sondern die eingesetzten Ressourcen erneut zu nutzen. Die Konsistenzstrategie strebt eine Kreislaufwirtschaft an, in der Rohstoffe kontinuierlich wiederverwendet werden (Crade to Cradle, C2C), statt nach ihrer Nutzung zu Abfall zu werden (Cradle to Grave; Braungart und McDonough, 2020; Müller, 2015, S. 202 ff.). Die Konsistenzstrategie umfasst nach Ansicht mancher Autoren die Effizienz und die Suffizienz (s. 3.5.3) als notwendige Bestandteile und wird als „Königsweg" eines nachhaltigen Konsums gesehen (Nertinger, 2015, S. 37; vgl. Kap. 5).

Dabei geht es nicht darum, gefährliche Stoffe wie Flammschutzmittel oder Schwermetalle völlig zu vermeiden. Ohne sie kommt die aktuelle Kommunikations- und Datenverarbeitungstechnologie intelligenter Energienetze nicht aus. Entscheidend ist vielmehr, dass naturfremde Stoffe bzw. Giftstoffe in geschlossenen industriellen Kreisläufen bleiben (z.B. Chlorsilan bei der Silizium-Produktion für Photovoltaikanlagen) und wiedergewonnen werden (Bauer, 2008, S. 64).

Zentrale Herausforderungen der Konsistenz-Strategie sind erstens die *technische Machbarkeit* und zweitens die *gesellschaftliche Akzeptanz* (Degenhardt, 2007, S. 55). Für eine technische Machbarkeit der Konsistenzstrategie sind *Innovationen* erforderlich. Während bekannte Technologien weiterent-

Abbildung 3.4: **Untersuchungsrahmen für sozio-technische Transformationen aus der Multi-Level-Perspektive auf Innovationen für nachhaltigen Konsum.** Quelle: eigene Darstellung nach Geels und Schot (2007)

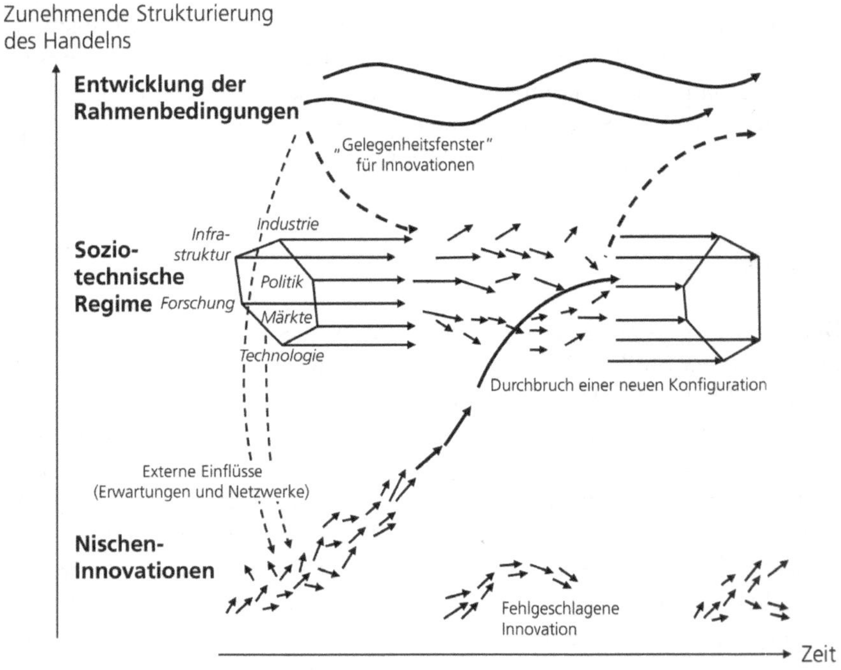

wickelt werden können, können die erforderlichen *Basisinnovationen*[43] nicht geplant werden, sondern müssen erst entdeckt werden (Steitz und Bechmann, 2016, S. 128; von Hauff, 2021, S. 75; Kondratieff, 1926). „Für die Nutzung von Basistechnologien im Bereich der Konsistenzstrategie muss auf Konsumentenseite ein notwendiges Wissen, gepaart mit einem dazugehörigen Problembewusstsein und einer persönlichen uns sozialen Verankerung in der eigenen Lebenswelt, gegeben sein, damit die Märkte für solche Produkte rasch wachsen können" (Degenhardt, 2007, S. 55). Die Verbreitung und Markteinführung neuer Technologien stellt oftmals eine Hürde im Innovationsprozess dar (Müller, 2015, S. 202 ff.).

43 Die Photovoltaik gilt als Basisinnovation bzw. Basistechnologie.

Christensen (1997) untersucht die Übernahme von technischen und sozialen Nischen-Innovationen in den gesellschaftlichen Mainstream über den Eintritt neuer Marktteilnehmer durch den *disruptiven Innovationsansatz* des Innovationsmanagements. Demzufolge „greifen neue Marktteilnehmer von unten an" und stürzen etablierte Firmen (Geels, 2018, S. 7). Eine Erweiterung dieses Ansatzes ist die Multi-Level-Perspektive bzw. der Untersuchungsrahmen für sozio-technische Transitionen von Geels (2018), der statt einzelner Produkte sozio-technische Systeme betrachtet, die Dienstleistungen wie z.B. Mobilität oder Wärme bieten (Geels, 2018; Geels, 2014; Geels und Schot, 2007; Geels, 2005; Elzen u. a., 2004; Abb. 3.4). In Nischen entstehen technische Innovationen (wie Batteriespeicher, Elektrofahrzeuge und Smart Homes). Wenn die Rahmenbedingungen günstig sind[44] kann die Nischeninnovation als „Bottom-Up-Lösung" Druck ausüben, was auf lange Sicht etablierte, „locked-in" Technologien, Institutionen und Interessen verdrängt (Abb. 3.4; Gui und MacGill, 2018, S. 98). Der Untersuchungsrahmen für sozio-technische Transitionen hat sich in einer Reihe von Fallstudien bewährt. Kritisiert wird aus ökonomischer Sicht, dass er Wachstum nicht abbildet. Vergragt u. a. (2014) weist darauf hin, dass es sich jedoch um eines der wenigen Rahmenwerke handelt, die eine strategische Langzeit-Betrachtung systemischen Wandels erlauben.

Im Kontext intelligenter Netze kommt es zu einem Zusammenspiel von Innovation und Konsumentenverhalten. Konsumentenverhalten und Technologie entwickeln sich gemeinsam bzw. parallel (Leonard-Barton, 1988, S. 251). Die Evolution von Konsummustern als eine Reihe von einzelnen, jedoch voneinander abhängigen und miteinander verbundenen Handlungen kann aus der Perspektive der *evolutionären Ökonomik* und der *Neuen Institutionenökonomik* betrachtet werden (Abschnitt 2.6.1, 3.3.3). Ein interdisziplinärer Ansatz ist die Multi-Level-Perspektive auf Innovation (MLP; Abb. 3.4). Einerseits werden Technologien in größeren und kleineren Schritten angepasst, um sich besser in die Nutzerumgebung einzufügen. Andererseits passt sich die Nutzerumgebung (Nutzerverhalten, Routinen, Infrastruktur, Politik) an die neuen Technologien an (Geels u. a., 2018, S. 25). Kleine Netzwerke von Akteuren setzen die technischen Innovationen in Nischen praktisch um und tragen zur Stabilisierung sozio-technischer Anpassung bei. Von Hippel (1988) weist darauf hin, dass eine kleine Gruppe von Konsumenten, sog. „Lead User",

44 Steigende Strompreise, die neue Energiepolitik Deutschlands (Abschnitt 4.2.1.2), soziale Bedürfnisse nach Selbstkontrolle und ein Trend zu Autarkie bzw. Selbstversorgung gelten als Faktoren, die solche Änderungen anregen.

in einer frühen Phase Marktbedürfnisse antizipieren und Ideen für die Entwicklung neuer Produkte weitergeben können. Im Bereich der erneuerbaren Energien sind Energiegenossenschaften solche Netzwerke (Dorniok, 2017, S. 162). Fraunhofer ISI (2016) nennt als Beispiel für soziale Innovationen verteilte Nutzungsformen, die gleichzeitig gesellschaftliche Bedürfnisse erfüllen (effektiver als existierende Lösungen) und zu neuen oder verbesserten Fähigkeiten und Beziehungen sowie besserer Nutzung von Ressourcen führen. Beispiele sind Energieprojekte auf Gemeindeebene (z.B. Zero Emission Village Weilerbach), virtuelle Kraftwerke, Peer-to-peer-Handel (P2P), Microgrids auf Gemeindeebene sowie integrierte Gemeinde-Energiesysteme (Koirala u. a., 2016).

3.5.3 Suffizienz-Strategie und sozio-ökonomisches Anschlusspotenzial

Die Suffizienzstrategie orientiert sich an den Grenzen der ökologischen Tragfähigkeit und der Ressourcen (Rockström u. a., 2009; Abschnitt 3.1.5). Durch Suffizienzstrategien des Stromkonsums könnten erhebliche Minderungen der Umweltbelastung erzielt werden (Meyer u. a., 2013, S. 181 f., Hennicke und Welfens, 2012, S. 190–192). Die Umsetzung der Suffizienz-Strategie wird oftmals mit einem geänderten Wohlfahrtsverständnis assoziiert (Lange und Santarius, 2018, S. 151; Nertinger, 2015, S. 35; Unmüßig u. a., 2015, S. 137 f.,). Ekardt (2016b, S. 486 f., 494) argumentiert, dass Suffizienz als unvermeidliche Ergänzung der allein nicht ausreichenden technischen Strategien zur starken Nachhaltigkeit gehört, da moderne Ressourcen- und Senkenprobleme auf eine Mengenproblematik zurückgehen.

Suffizienz umfasst einerseits *langlebige Produkte* und andererseits *Konsumverzicht*. Zum Konsumverzicht insbesondere die Konsumenten in den Industrieländern aufgerufen, da Konsumverzicht unter dem Aspekt der intergenerationellen Gerechtigkeit nur für Länder gefordert werden kann, in denen ein ausreichendes Maß an Güterversorgung herrscht (Ekardt, 2016b, S. 57; Carnau, 2011; Dyckhoff und Souren, 2008, S. 51).

Unter Berücksichtigung intelligenter Netze sprechen Lange und Santarius (2018, S. 147) von digitaler Suffizienz in Form von Techniksuffizienz, Datensuffizienz und Nutzungssuffizienz. Bei der *Techniksuffizienz* geht es darum, Informations- und Kommunikationssysteme so zu konzipieren, dass weniger Geräte nötig sind. Hard- und Software sind gemeinsam zu betrachten, da die Einführung neuer, datenintensiverer Software häufig dazu führt, dass noch einwandfrei funktionierende Hardware (z.B. Smartphones) ausgewechselt werden muss (Lange und Santarius, 2018, S. 152). Langlebige Produkte werden als zentrales Element der Suffizienzstrategie gesehen (Nertinger, 2015, S. 35), insbesondere lange Nutzungsdauern von Hard- und Software (Lange und Santarius, 2018, S. 152). Langlebigkeit steht im Widerspruch zu sich verkürzenden Lebensdauern[45] und Innovationszyklen von Informations- und Kommunikationstechnologien (IKT). Daher fordert Wieser (2016, S. 159): „product durability and replacement rates need to figure more prominently in current efforts towards a circular economy if significant backfire effects are to be avoided." Ein Nebeneffekt kostspieliger, langlebiger Produkte wie Photovoltaikanlagen ist, dass die Investition dauerhaft Kapital bindet und damit Rebound-Effekte minimiert, so dass der übrige Konsum nicht bzw. weniger stark zunimmt (Bilharz, 2008). Ein Problem intelligenter Netze ist, dass für Technologien wie Batteriespeicher und Windkraft-Anlagen Seltenerdelemente benötigt werden, deren Knappheit zunehmend diskutiert wird (Ganguli und Cook, 2018; UBA, 2019b; Marscheider-Weidemann u. a., 2016).[46]

Die *Datensuffizienz* bezieht sich auf digitale Anwendungen, die Datenverkehr verursachen und Serverkapazitäten und IT-Infrastrukturen benötigen. Häufig kann auf nebensächliche Hintergrunddienste und mehrfaches Streaming derselben Inhalte verzichtet werden. Datensuffizienz stellt die Frage, wieviel permanente Vernetzung und Datenverkehr sinnvoll und nötig ist (Lange und Santarius, 2018, S. 153). Sie zielt darauf ab, dass möglichst wenig Information generiert *(Datensparsamkeit)* und über Kommunikationsnetze mit Rechenzentren u.ä. ausgetauscht wird. Dies dient gleichzeitig dem Datenschutz (Lange und Santarius, 2018, S. 158). Bei der *Nutzungssuffizienz* geht es um ein verändertes Nutzungsverhalten wie die Reparatur defekter Geräte statt der Neuanschaffung sowie um die Vermeidung von Mehrkonsum und Rebound-Effekten (Lange und Santarius, 2018, S. 154).

Gegen die Suffizienzstrategie wird der Haupteinwand erhoben, dass sie im Widerspruch zur Mainstream-Ökonomik steht und ihr somit das „soziokulturelle Anschluss- und Resonanzpotenzial" bzw. die *gesellschaftliche Akzeptanz* fehlt (Nertinger, 2015, S. 36; Degenhardt, 2007, S. 55). Die Frage nach der gesellschaftlichen Akzeptanz ist aus sozialwissenschaftlicher Sicht

45 Einen Ansatzpunkt zur Untersuchung sich verkürzender Lebensdauern von Produkten bietet die Soziologie (Bakker u. a., 2014, S. 14 f., Shove u. a., 2012).

46 Potenziell knappe Materialien sind Gallium für Photovoltaik, Gold, Silber und Kupfer für elektrische Leiter und Schaltkreise sowie Nickel und Chrom für die Edelstahlproduktion (Lieberei und Gheewala, 2017, S. 185). Weitere kritische Materialien sind Neodym und Dysprosium als Teile von Batterien (DOE, 2011, S. 4).

von zentraler Bedeutung, da Produktion und Konsum nicht notwendigerweise eine Einheit bilden, wie aus der wirtschaftswissenschaftlichen Perspektive der Konsumentensouveränität angenommen. Vielmehr wird Konsumieren als soziales Handeln gesehen, das mit Fragen der Identität, dem Lebenssinn und der Zugehörigkeit zu sozialen Gruppen gekoppelt ist (Degenhardt, 2007, S. 55; Schultz und Weller, 1997, S. 161 f.). Zweitens beinhaltet die Interpretation eines materiellen Verzichtes als persönlicher Gewinn ein *Interpretationsdilemma*, das von der Persönlichkeit ebenso wie vom Umfeld beeinflusst wird. Dies zeigt sich aktuell in Umfragen potenzieller Nutzer von Smart-Home-Technologien im Vereinigten Königreich (Wilson u. a., 2017, S. 81; Abschnitt 4.2.1.2). Drittens wird kritisch angemerkt, dass der Suffizienzansatz als Ansatz für Besserverdienende gilt (Friese, 1998, S. 48; Barufke, 1997; Belz und Bilharz, 2007, S. 35). Bilharz (2008, S. 186) merkt an, dass ein „nachhaltiger Konsum als Luxus", der geringeren Nutzen mit höheren Kosten verbindet, einem „nachhaltigen Konsum als Sparsamkeit" mit Kostenersparnis und Nutzeneinbußen vorzuziehen ist, da durch Kapitalbindung Reboundeffekte verringert werden (vgl. Tab. 4.1).

Zusammenfassend ist zu sagen, dass alle drei Leitstrategien für nachhaltigen Konsum Einschränkungen unterliegen oder durch entgegengerichtete Effekte abgeschwächt werden. Die Effizienzstrategie wird z.B. durch Reboundeffekte abgeschwächt. Für die Konsistenzstrategie sind Innovationen erforderlich, die teilweise erst gefunden werden müssen. Bei der Suffizienzstrategie wird das Fehlen eines breiten gesellschaftlichen Anschlusspotenzials kritisiert.

4 Nachhaltiger Konsum unter Berücksichtigung intelligenter Netze

Aus ökologischer Sicht bietet die Konsumkategorie Wohnen mit Strom und Wärme das größte Einsparpotenzial für nachhaltigen Konsum, noch vor Mobilität und Ernährung (Grießhammer u. a., 2010; Tukker und Jansen, 2006). In diesem Bereich fördert seit einigen Jahren die neue Energiepolitik Deutschlands die erneuerbaren Energien intensiv. Gleichzeitig unterliegen die Energieversorgungsnetze aktuell einem umfassenden Wandel hin zu intelligenten Netzen.

Das Leitbild eines nachhaltigen Konsums hat eine Reihe von Ansätzen hervorgebracht, die im Konsumverständnis und in ihren Schlussfolgerungen stark divergieren. Zur Systematisierung werden hier sieben verschiedene Ansätze in einer *ersten Typologie* zusammengefasst (4.1). Zu intelligenten Netzen, die in dieser Arbeit den Kontext nachhaltigen Konsums bilden, liegen Beiträge verschiedener Forschungsrichtungen vor, wie eine systematische Literaturanalyse zeigt. Die Ergebnisse werden in einer *zweiten Typologie* zusammengefasst (4.2). Beide Typologien werden einander gegenübergestellt, um ein facettenreiches Bild des aktuellen Forschungsstandes zu nachhaltigem Konsum unter Berücksichtigung intelligenter Netze zu erhalten.

4.1 Erstellung einer Typologie nachhaltigen Konsums unter Berücksichtigung intelligenter Netze

Im Folgenden wird zunächst die Typologie als Forschungsmethode erläutert (4.1.1). Anschließend folgen Synopsen von sieben Ansätzen nachhaltigen Konsums (4.1.2), aus denen sich vier Typen bilden lassen (4.1.3).

4.1.1 Typologie als systematische Forschungsmethode

Die *Forschungsmethode der Typologie* wird im Folgenden verwendet, um aktuelle Ansätze nachhaltigen Konsums zu ordnen. Die Typologie benötigt erstens eine konsistente Terminologie zur Beschreibung nachhaltigen Konsums im Sinne einer Zusammenfassung verschiedener Sichtweisen. Hierfür kann auf die theoretische Fundierung nachhaltigen Konsums in Abschnitt 3.1 und auf die nachhaltigen Entwicklungsziele und Strategien der nationalen und internationalen Politik in Abschnitt 3.2 zurückgegriffen werden. Die Typologie nimmt zweitens eine Brückenfunktion zwischen verschiedenen Forschungsinteressen ein, indem sie ökonomische Theorien zur Begründung nachhaltigen Konsums heranzieht. Hierfür kann auf die mikro- und institutionenökonomische Begründung nachhaltigen Konsums in Abschnitt 3.3 und die wohlfahrtsökonomische Begründung in Abschnitt 3.4 zurückgegriffen werden. Drittens soll eine Typologie als Basis für Konsumentenkommunikation, Produzentenrichtlinien und Politikgestaltung dienen. Dies wird in Abschnitt 4.2.4 darzustellen sein.

Die Typisierung (oder die Erzeugung einer Typologie) gehört zu den grundlegenden Forschungsmethoden in den Wissenschaften und wird als „systematische Denk- und Untersuchungsmethode" bezeichnet (Große-Oetringhaus, 1974, S. 21). Typisierung ist neben der Klassifikation und der morphologischen Methode eine spezifische analytische Methode. Alle systematischen analytischen Methoden beziehen sich auf den Zusammenhang eines Ganzen und seiner Teile. Im Gegensatz zur Klassifizierung sind bei der Typisierung die Kategorien, Einheiten und Maßstäbe, die für die Beschreibung und den Vergleich von Untersuchungsobjekten benötigt werden, noch strittig, weshalb zusätzliche Methoden benötigt werden, um sie zu entdecken, zu bilden oder zu bewerten (Round und Corbett, 2020, S. 489 f.). In der Praxis kommen folglich „Arbeitsdefinitionen" zum Einsatz, die zur Überarbeitung vorgesehen sind (Cartwright und Bradburn, 2011, S. 57). Bei der morphologischen Methode wird im Unterschied zur Typisierung eine feldüberdeckende Übersicht aller möglichen oder plausibel erscheinenden Kombinationen von Merkmalsausprägungen angestrebt (Johansen, 2018; Ritchey, 2018; Müller-Merbach, 1993). Der systematische Ansatz ist notwendigerweise umfassend und interdisziplinär. Die Typisierung gilt insbesondere in den Wirtschaftswissenschaften als leistungsfähige, seit langem anerkannte und praktizierte Vorgehensweise (Meffert u. a., 2015, S. 35). Typologien eignen sich zur Systematisierung von Literatur im Forschungsgebiet der Nachhaltigkeit und werden aktuell für die Untersuchung von Spillover-Effekten (Liu u. a., 2018), Transformationsprozessen (Lam u. a., 2020) oder ökologischen Gemeinden (Escribano u. a., 2020) sowie zur Charakterisierung von Innovationen in „Smart Cities" eingesetzt (Nilssen, 2019).

Methodisch orientiert sich die vorliegende Arbeit an der Dissertation von Isenmann (2003), der mit der Forschungsmethode der *Typisierung* Literatur zum Thema „Natur als Vorbild" im Forschungsgebiet der Nachhaltigkeit ordnet. Die Typisierung ist eine manuelle Methode und wird hier gewählt, weil relativ wenige Monographien analysiert werden – im Gegensatz zu über

3.000 Zeitschriftenartikeln, die zu intelligenten Netzen vorliegen und daher in Abschnitt 4.2.2.1 zunächst mit einer teilautomatischen Methode analysiert werden. Die im Folgenden erstellte Typologie nachhaltigen Konsums umfasst *vier Arbeitsschritte*: (i) Überblick über die Untersuchungsobjekte, (ii) Entwicklung einer Merkmalssystematik, (iii) Differenzierung von Merkmalsausprägungen und (iv) Bündelung zu Typen. Der erste Arbeitsschritt (i) der Typologisierung besteht in einem Überblick über die Untersuchungsobjekte (4.1.2). Hier werden zunächst sieben ausgewählte Ansätze zur Systematisierung nachhaltigen Konsums in der ökonomischen Literatur analysiert. Dies dient dazu, im zweiten Arbeitsschritt (ii) eine aussagekräftige Merkmalssystematik zu entwickeln (4.1.3). Im dritten Arbeitsschritt (iii) lässt sich auf Grund konkreter Ausprägungen beurteilen, welche typenbildenden und typenbeschreibenden Merkmale heranzuziehen sind, welche Bedeutung die Merkmale für die Typenbildung haben und welche Merkmale sinnvoll miteinander kombiniert werden können (4.1.3). Im vierten Arbeitsschritt (iv) wird das Ergebnis sinnvoll in verschiedenen Typen zusammengefasst (4.1.3).

4.1.2 Synopsen von sieben Ansätzen nachhaltigen Konsums (Schritt 1)

In einem *ersten Arbeitsschritt* werden sieben Ansätze nachhaltigen Konsums als Synopsen vorgestellt, wobei auf sowohl auf Kritik an ihnen als auch auf ihre hauptsächlichen Stärken eingegangen wird. Autoren und Titel einschließlich der zentralen Erkenntnis sind in Tabelle 4.1 dargestellt. Hierbei liegt ein Schwerpunkt auf deutschsprachiger Literatur, begleitet von ausgewählten internationalen Standardwerken, da die deutsche Politik von herausgehobener Bedeutung für die vorliegende Arbeit ist. Hierbei kann teilweise auf die Ausführungen in den vorangegangen Kapiteln zurückgegriffen werden, auf den entsprechenden Abschnitt verweist die erste Spalte von Tab. 4.1. Anschließend werden vier Typen in drei weiteren Arbeitsschritten erstellt (4.1.3). Die folgenden Ansätze für nachhaltigen Konsum wurden berücksichtigt:

- das Konzept der Konsumentensouveränität,
- der Lebensqualitätsansatz,
- der Ansatz „Wohlstand ohne Wachstum",
- der Öko-Routine-Ansatz,
- der Key-Points-Ansatz,
- die Consumer Social Responsibility und
- der Ansatz „Smarte grüne Welt" sowie

- als Referenz das neoklassische wohlfahrtsökonomische Grundmodell nach Ramsey-Cass-Koopmanns.

4.1.2.1 Das Konzept der Konsumentensouveränität von Hutt

Der einflussreiche Artikel von Hutt (1940) beschreibt unter dem Begriff der Konsumentensouveränität den Markt als Mechanismus, in dem die Konsumenten die Produktion durch ihre Nachfrage (oder Nicht-Nachfrage) kontrollieren (siehe Abschnitt 2.2.2). Im Kontext intelligenter Netze scheint es möglich, die Konsumentensouveränität auf den Bereich der Stromversorgung auszuweiten, etwa durch den Einsatz von Photovoltaikanlagen (Haslinger, 2006, S. 23, 27, 113).

Kritisiert wird, dass das Konzept der Konsumentensouveränität ignoriert, dass Konsumenten substantieller Manipulation durch Produzenten ausgesetzt sind (z.B. Werbung). Kritisch anzumerken ist, dass das Marktergebnis stark von der anfänglichen Einkommensverteilung abhängt. Zusammenfassend erscheint die Annahme, die Konsumenten seien der Souverän einer Marktdemokratie, als verkürzt. Die Relevanz des Werkes von Hutt (1940) ergibt sich daraus, dass es das Paradigma der Konsumentensouveränität in der Mainstream-Ökonomik und der Wohlfahrtsökonomik begründet.

4.1.2.2 Der Lebensqualitätsansatz von Nussbaum und Sen

Eine systematische Schwäche der Konsumentensouveränität besteht darin, dass sie auf Verfahrensgerechtigkeit abstellt (von Hauff, 2021, S. 158). Grenzen werden sichtbar, wenn keine politischen, rechtlichen, wirtschaftlichen Institutionen existieren, die die Verfahrensgerechtigkeit umsetzen. Dem setzt der Ansatz von Nussbaum und Sen die Grundfreiheiten gegenüber, d.h. die Chancen, die das Individuum hat, seine selbstgewählten Ziele zu verfolgen (ausführlich in Abschnitt 2.4.2).

Im Kontext intelligenter Netze kommen zunehmend Technologien auf, die als Mittel fungieren können, um Fähigkeiten bzw. Funktionen zu verbessern, wie Ambient-Assisted-Living-Technologien (AAL). Solche intelligenten Technologien wie etwa Präsenzmelder zur Beleuchtungssteuerung, Fall-Detektoren zur Erkennung von Unfällen oder Spracheingabegeräte könnten Senioren ein längeres Leben in der eigenen Wohnung ermöglichen (Almeida u. a., 2019; 4.2).

Tabelle 4.1: **Übersicht über die sieben analysierten Ansätze zur Systematisierung nachhaltigen Konsums und Referenz**. Quelle: eigene Darstellung

Abschn.	Autor (Jahr)	Titel (und zentrale Erkenntnis)
2.2.2	Hutt (1940)	„The concept of consumers' sovereignty" (Konsumentensouveränität als Marktdemokratie)
2.4.2	Nussbaum und Sen (1993)	*The Quality of Life* (Lebensqualität durch Umwandlung von Konsumgütern mithilfe individueller Fähigkeiten in Funktionen)
3.1.5, 3.4.3	Jackson (2017b)	*Wohlstand ohne Wachstum. Grundlagen für eine zukunftsfähige Wirtschaft* (Konsumdynamik der Wegwerfgesellschaft als strukturelle Voraussetzung für Wirtschaftswachstum)
4.1.2.4	Kopatz (2017)	*Ökoroutine* (Konsum als routinierter, verschwenderischer Umgang mit Ressourcen; daher Übergang zur Ökoroutine, um Standards zu verbessern, Limits festzulegen und Anreize zu schaffen)
4.1.2.5	Bilharz (2008)	*Key Points nachhaltigen Konsums: ein strukturpolitisch fundierter Strategieansatz für die Nachhaltigkeitskommunikation im Kontext aktivierender Verbraucherpolitik* (Individuelle Verantwortung für nachhaltigen Konsum; Erfolg wird wesentlich durch eine klare Nachhaltigkeitskommunikation beeinflusst)
4.1.2.6	Schmidt (2015)	*Consumer Social Responsibility. Gemeinsame Verantwortung für nachhaltiges Konsumieren und Produzieren* (Wirtschaftsethischer Ansatz spiegelbildlich zur Corporate Social Responsibility)
4.1.2.7	Lange und Santarius (2018)	*Smarte grüne Welt? Digitalisierung zwischen Überwachung, Konsum und Nachhaltigkeit* (Digitalisierung wirkt als Konsumkatalysator, Geschwindigkeit der technologischen Entwicklung wird als problematisch charakterisiert)
3.4.1	Ramsey (1928)	„A mathematical theory of saving" (Wachstumstheoretisches Grundmodell als Referenz)

Kritisiert wird, dass der Ansatz von Nussbaum und Sen ohne eine Liste der erreichten Funktionen zu unspezifisch sei (Lohse und Reydon, 2017). Die Stärke des Ansatzes von Nussbaum und Sen ist, dass er eine deutlich breitere Informationsbasis berücksichtigt als das neoklassische Paradigma der Konsumentensouveränität.

4.1.2.3 Wohlstand ohne Wachstum von Jackson

Der britische Ökonom Jackson bietet in seinem Standardwerk zur Wachstumsdebatte eine umfassende Übersicht über Grundlagen einer künftigen nachhaltigen Wirtschaft. Jackson (2017b) ist der neuen Wohlfahrtsökonomik zuzuordnen und fasst eine Reihe von interdisziplinären Ansätzen zur nachhaltigen Entwicklung synoptisch zusammen (3.4.3). Zentral ist die Forderung, Wohlstand neu zu definieren. Jackson argumentiert, dass der gesamte Konsum in seiner Dimension beziehungsweise seiner Zunahme ökologisch und sozial schädlich ist (3.1.5). Den Ansatz einer Entkopplung kritisiert Jackson als Mythos.

Im Kontext intelligenter Netze bieten Sprachassistenten wie z.B. Amazon Alexa, Google Assistant oder Apple Siri unbezahlte Inhalte und Dienste an, die von Konsumenten teilweise umfangreiche personenbezogene Daten erheben. Dies ermöglicht Geschäftsmodelle mit zielgerichteter Werbung. Jackson kritisiert jedoch, dass Werbung zusätzliche materielle Wünsche stimuliert.

Jackson wurde dahingehend kritisiert, dass es durchaus Konsum gibt, der gesellschaftlich erwünscht ist, wie Konsum im Pflegebereich oder Konsum von regenerativer Energie. Wachstum, das sich aus diesem Konsum begründet, sei im Kontext von Nachhaltigkeit positiv zu werten, insbesondere wenn der Konsum ökologisch wenig belastend ist. Dies vernachlässige Jackson zu stark. Die Stärke von Jacksons Ansatz ist ein umfassender, knapper Überblick über wachstumskritische Theorien und Forschungsergebnisse.

4.1.2.4 Ökoroutine von Kopatz

Der Ansatz von Kopatz (2017) zählt zu den aktuellen Arbeiten im deutschsprachigen Raum zum nachhaltigen Konsum. Der Autor ist organisatorisch dem „Wuppertal Institut“ zuzuordnen, das sich als große deutsche Forschungseinrichtung auf eine nachhaltige Transformation fokussiert. Kopatz charakterisiert den Konsum als Routine innerhalb von politisch gesetzten Rahmenbedingungen und bezeichnet die Engführung des verantwortungsvollen Konsumenten als „Mär" (S. 69). Die Politik sollte demnach dazu beitragen, die bereits vorhandenen nachhaltigen Absichten vieler Bürger in die Praxis umzusetzen. Kopatz (2017, S. 351 f.) fordert ein öko-faires Design von Standards für den Energieverbrauch des Wohnens, die Lebensdauer von Elektrogeräten und Produktionsanforderungen.

Im Zusammenhang mit intelligenten Netzen misst Kopatz (2017, S. 146 f.) der Ökodesign-Richtlinie (2009/125/EG) und der Richtlinie zur Energieverbrauchskennzeichnung (2010/ 30/EG) zentrale Bedeutung bei, um die Umweltauswirkungen von Produkten während ihres gesamten Lebenszyklus' zu reduzieren. In der EU fehlt jedoch noch eine Regulierung für bestimmte Geräte (z.B. eingebettete Computer, Photovoltaikmodule, Wechselrichter u.a.; Europäische Kommission u. a., 2016).

Der Öko-Routine-Ansatz ist wegen einer damit verbundenen Bagatellisierung der Konsumentenverantwortung kritisiert worden (Bilharz u. a., 2011). Kopatz (2017, S. 71) bezeichnet die Debatte um Konsumentenmacht und strategischen Konsum als fehlgeleitet, da sie die politische Dimension der Nachhaltigkeit ausblende. Sie belaste den Einzelnen mit einer Verantwortung, die er weder tragen kann noch möchte (so auch bei Grunwald, 2010). Bogun (2020) bezweifelt, dass der souveräne Konsument Art und Umfang der Produktion bestimmt, aus seiner Sicht spricht mehr für die umgekehrte These von Wirtschaft und Politik als Treibern von Wachstum, Konsum und den damit verbundenen Umweltbelastungen. Die Stärke des Ansatzes von Kopatz ist der pragmatische Fokus auf politische Instrumente, welche einen Rahmen für nachhaltigen Konsum zu schaffen sollen.

4.1.2.5 Key Points nachhaltigen Konsums von Bilharz

Die Dissertation von Bilharz (2008) zählt zu den frühen Arbeiten zum nachhaltigen Konsum aus Sicht von Soziologie und Volkswirtschaftslehre mit Schwerpunkt auf einer möglichen Anwendung in der Verbraucherschutzpraxis und hat signifikante Aufmerksamkeit erfahren.[1] Der Autor verantwortet

1 Die Arbeit liegt in einer englischen Zusammenfassung (Bilharz und Schmitt, 2011) sowie in einer zweiten deutschsprachigen Auflage vor. Dies ist außergewöhnlich unter den etwa vier Dutzend anderen einschlägigen deutschsprachigen Dissertationen seit 1992 und ergibt sich durch eine kurze Recherche in der Dissertationsdatenbank der

aktuell im Umweltbundesamt den CO2-Rechner und den Konsumindikator der Deutschen Nachhaltigkeitsstrategie (s. Abschnitt 3.2.1); sein Ansatz liegt verschiedenen einschlägigen Veröffentlichungen des Umweltbundesamtes zum nachhaltigen Konsum zugrunde (UBA, 2021e; UBA, 2020b; UBA, 2015a; UBA, 2014c).

Bilharz (2008) geht es einerseits um die Klärung der Frage, welche Maßnahmen nachhaltigen Konsums prioritären Charakter haben. Andererseits geht es um die Vermittlung dieser Einsicht über die Nachhaltigkeitskommunikation. Der Autor argumentiert, dass es nicht ausreichend sei, umweltfreundliche Produkte zu konsumieren, während gleichzeitig Maßnahmen mit hohen Umweltauswirkungen vernachlässigt werden (Bilharz und Schmitt, 2011). Hierfür legt der Autor mit den „Key Points nachhaltigen Konsums" eine Methode zur strategischen, fundierten Bewertung und Gewichtung der Handlungsoptionen nachhaltigen Konsums vor (Bilharz, 2008, S. 149 f.). Als übergeordnetes Ziel wählt der Autor das anspruchsvollere Ziel „stark nachhaltiger Konsum" (3.1.5). Das spezifische Ziel ist die effektive Gestaltung des individuellen Beitrags von Konsumenten zum Erreichen dieses übergeordneten Ziels. Prioritäre Maßnahmen nachhaltigen Konsums können anhand dreier Bewertungsdimensionen bestimmt werden (Bilharz, 2008, S. 179): *Relevanz*, *Dauerhaftigkeit* und *Außenwirkung*.

Die Bewertungsdimension der *Relevanz* ergibt sich aus der Mittel-Zweck-Relation. Bilharz (2008, S. 144) zielt auf ein nachhaltiges Konsumniveau, das mit unterschiedlichen Lebensstilen zu erreichen ist. Einschlägige Indikatoren sind der CO_2-Ausstoß, der Primärenergieverbrauch und der „ökologische Fußabdruck" (vgl. Tab. 4.3).

Die Bewertungsdimension der *Dauerhaftigkeit* ergibt sich einerseits aus der Anforderung der intergenerationellen Gerechtigkeit (3.1.2) und andererseits aus der Einsicht, dass Konsum keine einmalige Handlung, sondern eine Folge ineinander übergehender Handlungen darstellt (Bilharz, 2008, S. 185). Als prioritäre Maßnahmen nachhaltigen Konsums gelten Konsumentscheidungen, die dauerhafte Wirkung entfalten, etwa die Anschaffung langlebiger Wirtschaftsgüter (Photovoltaikmodule, Elektrofahrzeuge, intelligente Haushaltsgeräte) und Investitionen mit hohen „sunk costs" (kabelgebundene Infrastruktur für Energiemanagement, Heizungssysteme). Maßnahmen nachhaltigen Konsums sollten dauerhaft durchgehalten werden können, da ansonsten die Wirkung über einen größeren Zeitraum trotz maximaler Relevanz

Deutschen Nationalbibliothek (dnb.de) mit den Suchbegriffen *nachhaltig** and *konsum** im Titel, wobei die Treffer auf Dissertationen begrenzt werden.

gering sein kann. Zur Bewertung von Konsumoptionen ist daher eine Abschätzung über die Dauer der Aufrechterhaltung der gewünschten Wirkung bzw. die Häufigkeit der Umsetzung erforderlich.

Vor dem Hintergrund eines ökonomisch-rationalen Konsumverhaltens nimmt Bilharz (2008, S. 186) an: Je höher der Nettonutzen einer neuen nachhaltigen Konsumoption im Vergleich zum bisherigen Konsumverhalten ist, desto wahrscheinlicher ist eine dauerhafte Umsetzung. Dies lässt sich grafisch in einer Matrix mit vier Ausprägungen darstellen: Nachhaltiger Konsum als Altruismus, Sparsamkeit, Luxus oder Normalfall (Abb. 4.1). Geht nachhaltiger Konsum mit einer Nutzensteigerung und einer Kostenersparnis einher, gilt er als Normalfall und eine dauerhafte Umsetzung ist wahrscheinlicher. Nachhaltiger Konsum als Normalfall ist somit die anzustrebende Variante. Die Stromgestehungskosten[2] für Photovoltaik-Anlagen liegen aktuell (2022) beispielsweise zwischen 6 und 11,5 ct/kWh Euro-Cent/kWh (Fraunhofer ISE, 2022, S. 9) und damit unter den durchschnittlichen Endkundenstrompreisen von 37,14 Euro-Cent/kWh (BDEW, 2022, S. 8). Die Variante „Nachhaltiger Konsum als Luxus“, die sowohl mit Kosten- als auch mit Nutzensteigerung einher geht, wird tendenziell höher bewertet als die Variante „Nachhaltiger Konsum als Sparsamkeit“. Hierfür werden drei Gründe angeführt: erstens haben Pioniermilieus bzw. „Early Adopter“ neuer Technologien ein höheres Einkommen, zweitens sinken mit zunehmender Verbreitung bzw. Marktdurchdringung die Kosten und drittens binden teurere Konsumoptionen Kaufkraft und verringern dadurch Reboundeffekte (Bilharz, 2008, S. 186 f. und angegebene Literatur).

Bei Routine-Handlungen wie dem bedarfsgerechten Ein- und Ausschalten des Lichts ist im Unterschied zu dauerhaft bindenden Investitionsentscheidungen jedesmal eine Wahl zwischen der nachhaltigen und nicht-nachhaltigen Konsumoption notwendig. Der Aufwand, Routinen zu verändern, wird häufig unterschätzt. Hier können Energiemanagementsysteme mit entsprechender Standardeinstellung oder Zentralschalter zum Ausschalten von Stand-By-Geräten beim Verlassen der Wohnung einen Lösungsansatz bieten (z.B. Sche-

2 Die Stromgestehungskosten (Levelized Costs of Electricity, LCOE) werden in Euro/kWh angegeben und ergeben sich aus der Differenz aller über die Lebensdauer einer Anlage für die Errichtung und den Betrieb der Anlage anfallenden Kosten und der Summe der erzeugten Energiemenge über die Nutzungsdauer (Fraunhofer ISE, 2021b, S. 31). Der dominierende Kostenanteil einer Photovoltaik-Anlage sind dabei die Investitionskosten, wobei der Preis der Photovoltaik-Module nur noch für etwa ein Drittel der Investitionskosten verantwortlich ist (Fraunhofer ISE, 2022, S. 8).

lisch, 2016, S. 134; Spellerberg u. a., 2009). Dies ist zwar mit anfänglichen Investitionskosten verbunden, erhöht jedoch die Dauerhaftigkeit.

Abbildung 4.1: **Nachhaltiger Konsum in einer Kosten-Nutzen-Analyse.** Quelle: eigene Darstellung in Anlehnung an Bilharz (2008, S. 186) und Belz (2001, S. 70).

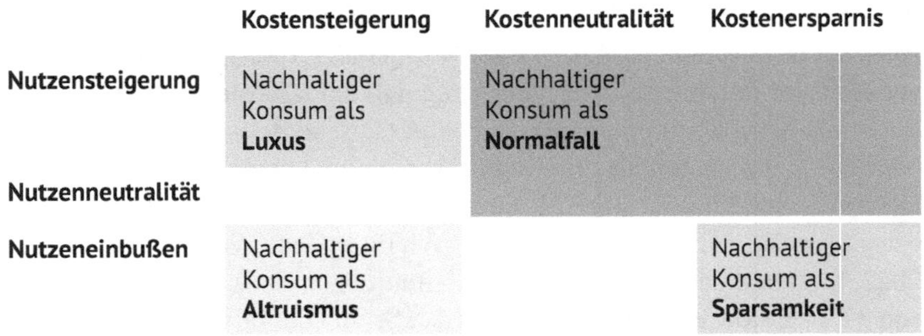

Key Points nachhaltigen Konsums sollen drittens eine positive *Außenwirkung* entfalten, die von Dritten wie anderen Konsumenten oder Herstellern von Konsumgütern wahrgenommen wird. Einen theoretischen Zugang zu diesem Phänomen bieten Psychologie und Marketing, die Ökonomie der Aufmerksamkeit (Dolgin, 2009, S. 164; Lanham, 2007; Franck, 1998), die Multi-Level-Perspektive auf Innovation (Geels und Schot, 2007; Abschnitt 3.5.2) sowie soziale Innovation (Backhaus u. a., 2018).

Bei der Außenwirkung unterscheiden sich einzelne Konsumoptionen stark. Ein sparsam eingestelltes Energiemanagementsystem hat andere Außenwirkungen als die Installation einer Photovoltaikanlage. Hierfür sind zumindest grobe Vorstellungen von den Außenwirkungen nachhaltigen Konsums erforderlich. Fünf Kriterien können für die Beurteilung der Außenwirkung herangezogen werden (Bilharz, 2008, S. 193 ff.): *Beobachtbarkeit*, *Trendpotenzial*, *Skaleneffekte*, *Struktureffekte* und *Unternehmens-* bzw. *Markeneffekte*. Als relevant für diese Arbeit werden insbesondere Skalen- und Struktureffekte erachtet. Die anderen Außenwirkungen werden nachfolgend kurz beschrieben, ohne näher darauf einzugehen.

Damit andere Konsumenten beeinflusst werden können, muss nachhaltiger Konsum zunächst *beobachtbar*, d.h. sichtbar sein. Zweitens können nachhaltige Konsumoptionen im Hinblick auf Passung zu gegenwärtig bestehenden *Trends* (wie Individualisierung und Digitalisierung) beurteilt werden. Laufen bedeutende Tendenzen bzw. äußere Bedingungen der Umsetzung nachhaltiger Konsumoptionen entgegen, bleiben Projekte häufig im Stadium von Pilotprojekten stehen (Dena, 2016, S. 29). Drittens können *Skaleneffekte* bei zunehmender Verbreitung und/oder technischer Weiterentwicklung nachhaltiger Konsumoptionen die Kosten-Nutzen-Bilanz verbessern. So haben sich die Preise für Photovoltaikanlagen und Batterien verringert. Kann eine Kostendegression unterstellt werden, sinken die Kosten für weitere Nutzer mit geringer ausgeprägten Umweltpräferenzen und die Verbreitung einer nachhaltigen Technologie wird wahrscheinlicher. Viertens kann sich der Konsument fragen, ob durch seine Wahl einer nachhaltigen Konsumoption *strukturelle Veränderungen* wahrscheinlicher werden. Je mehr Konsumenten sich für dezentrale Photovoltaikanlagen entscheiden, desto eher sind strukturelle Veränderungen in der Energieversorgung notwendig (Aichele, 2018, S. 713). Aus Gründen der stabilen Netzbetriebsführung wird der Wandel zu einem intelligenten Netz dringlicher. Weniger klar ist der strukturelle Effekt von umfassenden Energiemanagementsystemen, die noch nicht im Massenmarkt angekommen und vielfältig sind (Connected Living, 2017; Deloitte, 2018). Fünftens kann der Konsument fragen, welche *Unternehmen* oder Wertschöpfungs- bzw. Lieferketten durch den Konsum eines bestimmten Produkts gefördert werden. So sind die langfristigen Umweltkosten jeder einzelnen Stufe der Photovoltaik-Anlagenproduktion vom Abbau des Rohmaterials über den Transport bis hin zur Stromversorgung der Fabriken außerhalb Europas unter Umständen doppelt so hoch wie in Europa (Yue u. a., 2014). In China werden über 80 Prozent des Vorprodukts Polysiliziums produziert, davon rund die Hälfte in der Region Xinjiang. Xinjiangs Bedeutung für die Produktion von hochreinem Silizium für solare Anwendungen liegt nicht in der Rohstoffproduktion (die Erdkruste besteht zu über 90 Prozent aus siliziumhaltigen Mineralen), sondern stammt von den hohen Energiemengen des Herstellungsprozesses sowie Xinjiangs geringen Energiekosten.

Zusammenfassend plädiert Bilharz (2008, S. 334) für Verbraucherkommunikation als suasorisches Instrument zur Förderung nachhaltigen Konsums (vgl. 5.2.4). Er empfiehlt eine Konzentration auf wesentliche Key Points nachhaltigen Konsums statt einer ungewichteten Vielfalt unterschiedlichster Tipps. Der Key-Points-Ansatz kann auf den CO_2-Rechner des Umweltbundesamtes (Schächtele und Hertle, 2007) sowie Bestenlisten effizienter Haushaltsgeräte zurückgreifen (Grießhammer u. a., 2004). Zwar wird es auf längere Zeit hinaus mit wenigen Ausnahmen nicht möglich sein, für viele unterschiedliche Produktgruppen verlässliche und begutachtete Ökobilanzen von Konkurrenzprodukten mit gleichen Bilanzbedingungen zu erhalten (Grießhammer u. a., 2010, S. 57; PCF-Projekt, 2009, S. 46), jedoch führt der Product Carbon

Footprint (PCF) der EU absehbar zu zunehmender Evidenz (vgl. Kap. 5). Der Key-Points-Ansatz verwendet robuste Methoden zur Bestimmung prioritärer Maßnahmen nachhaltigen Konsums anhand der drei Bewertungsdimensionen Relevanz, Dauerhaftigkeit und Außenwirkung (Bilharz, 2008, S. 179; 4.1.2.5).[3]

Der Key-Points-Ansatz wurde als zu stark verengt kritisiert (Grunwald, 2010; Bogun, 2020). Obwohl ein informationsbasierter Ansatz wie der Key-Points-Ansatz Konsumenten zu einem bewussten Lebensstil befähige und den Weg für eine nachhaltigkeitsorientierte Politik ebne, könne er fundamentale Änderungen des politischen Rahmens nicht ersetzen. Die Stärke von Bilharz Key-Points-Ansatz ist die systematische, theoretisch fundierte Einschätzung und Bewertung möglicher nachhaltiger Konsumoptionen.

4.1.2.6 Consumer Social Responsibility von Schmidt

Die Arbeit von Schmidt (2015) ist eine neuere deutschsprachige Dissertation aus der Perspektive der Wirtschaftsethik, die sich methodisch auf eine inhaltliche Analyse von Zeitungsartikeln stützt. Sie führt das Konzept der „Consumer Social Responsibility" (ConSR) analog zur Corporate Social Responsibility (CSR; WBCSD, 1999; Überblick bei Bassen u. a., 2005) bzw. der unternehmerischen Verantwortung ein. Die Autorin skizziert vier Szenarien gemeinsamer Verantwortungsübernahme von Unternehmen und Konsumenten (S. 383):

- „Gegenmachtszenario": Im Szenario einer Überflussgesellschaft wird neue Nachfrage von Produzenten durch Werbung erzeugt (so auch bei Galbraith, 1958). Konsumenten können mit Boykotten reagieren (S. 384).
- „Grünes Wachstum": Im Szenario grünen Wachstums setzen Konsumenten ihre Marktmacht dazu ein, um mehr „grüne" Produkte zu erwerben (S. 386; Glöckner u. a., 2010). Ein Beispiel ist die Photovoltaik, die seit 2010 ein starkes grünes Wachstum erfahren hat.
- „Isolationsszenario": Im Isolationsszenario führt „Greenwashing" zu Vertrauensverlust. Greenwashing-Vorwürfe werden etwa gegen Ökostrom er-

3 Die Beurteilung der *Relevanz* bezieht sich auf Ressourcenverbrauch und Emissionen, die in Ökobilanzen bewertet werden (s. 5.1.1.1). Die Beurteilung der *Dauerhaftigkeit* bezieht sich auf Lock-in-Effekte (vgl. 2.7.2) und Kosten-Nutzen-Analysen. Die Beurteilung der *Außenwirkung* bezieht sich auf die Diffusionswahrscheinlichkeit nachhaltigerer Produktalternativen.

hoben und richten sich auf eine nicht ausreichende Zubauwirkung (UBA, 2018d, S. 159). Konsumenten können sich aus dem Markt zurückziehen (S. 390), zum Beispiel durch Installation eines eigenen Photovoltaik-Systems.

- „Verantwortungsgemeinschaft“: Hier geht es um eine kooperative Lösung mit einer Reduktion materiellen Besitzes (Decluttering), langlebigen bzw. reparierbaren Produkten (Deceleration, De-Commercialization) und Stärkung der Kreislaufwirtschaft (Disentanglement, S. 396). Schmidt weist darauf hin, dass Praxisbeispiele für gemeinsame Verantwortungsübernahme von Konsumenten und Unternehmen nur vereinzelt existieren und keinen Trend oder gesellschaftlichen Paradigmenwechsel anzeigen (S. 399). Bei Elektro- und Elektronikgeräten wird z.B. ein beträchtlicher Anteil ersetzt und entsorgt, bevor die Geräte ein Alter von fünf Jahren erreicht haben (UBA, 2016b).

Schmidts Ansatz kann mit Grunwald (2010) und Bogun (2020) kritisiert werden, da ihr Ansatz Nachhaltigkeit „privatisiert“ und die politische Dimension ausblendet. Die Stärke von Schmidts Ansatz ist die detaillierte Analyse der Beziehung zwischen Konsumenten und Produzenten und ihrer geteilten Verantwortung für nachhaltigen Konsum.

4.1.2.7 Smarte grüne Welt von Lange und Santarius

Die Arbeit von Lange und Santarius (2018) zählt zu den aktuellen Arbeiten, die potenzielle Auswirkungen der Digitalisierung auf Umwelt und Gesellschaft diskutieren. Obwohl nicht auf Konsum im engeren Sinne ausgerichtet, wird das Buch hier herangezogen, um einen vorläufigen Einblick in relevante Technologien zu nehmen. In ihrem Übersichtsbeitrag skizzieren Lange und Santarius in einem ersten Schritt Energie- und Ressourcenverbrauch sowie Emissionen ausgewählter Informations- und Kommunikationstechnologien (IKT) wie Smartphones und eingebettete Systeme (S. 21–82).

In einem zweiten Schritt fassen die Autoren aktuelle wissenschaftliche und gesellschaftliche Debatten über Nebeneffekte der Digitalisierung zusammen. Dazu gehören Rationalisierung und Arbeitsplatzabbau, ein zunehmendes Maß an Automatisierung, Aufkommen von „Prosumenten“[4], Open-Source-

4 Unter Prosumenten („prosumer“) werden Konsumenten verstanden, die etwa ihren eigenen Strom produzieren und damit am Markt teilnehmen.

und proprietäre Software, Dezentralisierung, monopolartige Konzentration von Marktmacht sowie Steuerflucht (S. 83–142).

In einem Zwischenfazit nennen sie zwei Leitprinzipien einer zukunftsfähigen Digitalisierung:

- Digitale *Suffizienz*, d.h. Sparsamkeit und Ersetzen von nicht-nachhaltigen Konsummustern. Dies lässt sich weiter aufteilen in technologische Suffizienz (z.B. geringere Anzahl an Geräten), Datensuffizienz (z.B. geringere Belastung von Infrastrukturen) und Nutzungssuffizienz (z.B. Reparatur, Vermeidung von Rebound-Effekten) und
- *Datenschutz*, um einem expansiven Marketing zu begegnen, von dem angenommen wird, dass es das Konsumniveau erhöht.

In einem vierten Schritt diskutieren Lange und Santarius kurz die Rolle der Politik. Die Autoren kritisieren insbesondere die hohe Geschwindigkeit der Digitalisierung, die die gesellschaftliche Anpassungsfähigkeit übersteigt. Lange und Santarius plädieren daher für eine „sanfte", wohlüberlegte Digitalisierung anstelle eines raschen, disruptiven Prozesses, der von Unternehmen gelenkt wird.

Der Arbeit von Lange und Santarius (2018) fehlt eine systematische Übersicht über die zugrundeliegenden Theorien und Forschungsfelder, die für eine umfassende Einführung in das Thema erforderlich erscheint. Diese Kritik trifft auch andere einschlägige Publikationen (z.B. Sühlmann-Faul und Rammler, 2018), die entweder die betriebswirtschaftliche Sicht betonen (Redlich u. a., 2018; Schwab u. a., 2019), oder die Form von Beitragssammlungen haben (Vieweg u. a., 2018; Gadatsch u. a., 2018). Wegen der relativen Neuheit und Interdisziplinarität des Forschungsfeldes „intelligente Netze als Kontext für nachhaltigen Konsum" erscheint es plausibel, dass Standard-Einführungswerke erst noch erscheinen müssen. Von den genannten wurde Lange und Santarius (2018) gewählt, weil hier potenzielle politische Maßnahmen etwas detaillierter erläutert wurden.

4.1.3 Bildung von vier Typen nachhaltigen Konsums (Schritte 2–4)

Die Analyse der sieben Ansätze als erster Arbeitsschritt der Typisierung bildet die Basis für die Entwicklung einer aussagekräftigen *Merkmalssystematik* im zweiten Arbeitsschritt. Die vorbereitende Analyse stellt eine Vielzahl an Merkmalskandidaten zur Auswahl, die zur Typen*bildung* und Typen*beschreibung* eingesetzt werden können. Die hier entworfene Merkmalssystematik verwendet fünf Merkmale, davon drei zur Typenbildung und zwei zur Typenbeschreibung.

Drei typenbildende Merkmale werden hier herangezogen:

- *Konsumverständnis*,
- *Konsumverhältnis* und
- *Erkenntnisinteresse am Konsum.*

Neben einem breiten inhaltlichen Spektrum berücksichtigen diese drei Merkmale auch formale Aspekte: das Konsumverständnis zielt auf *theoretische* Aspekte, das Konsumverhältnis bezieht sich auf *praktische* Aspekte und das Erkenntnisinteresse am Konsum bezieht sich auf *meta-theoretische* Aspekte.

Zur weiteren Beschreibung werden die Merkmale mit zwei typenbeschreibenden Merkmalen ergänzt. Sie erlauben eine zusätzliche Spezifizierung der zu bildenden Typen:

- *Beziehung Mensch-Konsum* und
- *Analyseebene.*

Das erste beschreibende Merkmal „Beziehung Mensch-Konsum" ist mit dem typenbildenden Merkmal „Konsumverständnis" verknüpft. Es zielt auf das Verständnis, in welchem Verhältnis der Mensch zum Konsum steht. Dieses relationale Merkmal geht auf das menschliche Selbstverständnis bzw. Menschenbild zurück. Das zweite beschreibende Merkmal „Analyseebene" weist auf den Bereich hin, in welchem die Verantwortung des Menschen für Konsum gesehen wird. Die Analyseebene wird hier explizit berücksichtigt, da sie letztlich die Verantwortung für Konsum schwerpunktmäßig auf einem Mikro- oder Makrolevel verortet.

Zusammenfassend besteht die Merkmalssystematik, die hier entworfen wird, aus fünf Merkmalen: (i) Konsumverständnis, (ii) Konsumverhältnis, (iii) Erkenntnisinteresse am Konsum, (iv) Beziehung Mensch–Konsum sowie (v) Analyseebene.

In einem dritten Arbeitsschritt folgt die *Differenzierung von Merkmalsausprägungen.* An den fünf Merkmalen der Merkmalssystematik werden nunmehr die sieben Ansätze zur Systematisierung ökonomischer Konsumverständnisse geprüft. Dies wird zur Vermeidung von Redundanzen hier nicht im Einzelnen ausgeführt, sondern mit einer Zuordnungstabelle nur angedeutet (Tab. 4.2). Aus der Prüfung der zugeordneten Literatur ergeben sich jeweils die Ausprägungen der Merkmale.

Zum ersten typenbildenden Merkmal „Konsumverständnis" werden hier vier Ausprägungen angeboten: (i) Konsum als Steuerungsmechanismus, (ii) Konsum als Wohlfahrt, (iii) Konsum als Routine und (iv) Konsum als Teilsystem. Der Differenzierung zugrunde liegen vor allem die Arbeiten von

Tabelle 4.2: **Zuordnungstabelle zur schwerpunktmäßigen Berücksichtigung der sieben analysierten Ansätze in der Merkmalssystematik.** Quelle: eigene Darstellung analog Isenmann (2003, S. 216)

Abschn.	Autor(en)	Konsumverständnis	Konsumverhältnis	Erkenntnisinteresse am Konsum	Beziehung Mensch-Konsum	Analyseebene
4.1.2.5	Bilharz (2008)	x	x	x		
4.1.2.6	Schmidt (2015)	x	x	x		x
4.1.2.4	Kopatz (2017)		x		x	
4.1.2.3	Jackson (2017a)	x		x	x	x
2.2.2	Hutt (1940)	x	x	x	x	
2.4.2	Nussbaum und Sen (1993)			x	x	x
4.1.2.7	Lange und Santarius (2018)		x			
2.5.1	Becker (1965)	x	x	x		x
2.1.1	Lancaster (1966)	x	x	x		x

Bilharz (2008), Schmidt (2015) und Jackson (2017a). Zusätzlich wurde das Konzept der Konsumentensouveränität nach Hutt (1940) berücksichtigt.

Für das zweite Merkmal „Konsumverhältnis" werden hier fünf Ausprägungen empfohlen: (i) Konsum steuert Produktion, (iia) Konsum ermöglicht Wachstum, (iib) Konsum aktiviert Befähigungen, (iii) Rahmen strukturiert Konsum sowie (iv) Konsum unterhalb Tragfähigkeit. Zur Differenzierung wurden schwerpunktmäßig die Ansätze von Bilharz (2008), Schmidt (2015), Kopatz (2017) und Lange und Santarius (2018) sowie Hutt (1940) herangezogen.

Zum Erkenntnisinteresse am Konsum werden hier fünf Merkmalsausprägungen vorgeschlagen: (i) Selbstkoordination, (ii) Wachstum, Entkopplung, (iii) Lebensqualität, (iv) Lenkung und (v) Begrenzung, Verteilung. Zur Differenzierung wurden schwerpunktmäßig die Ansätze von Bilharz (2008), Schmidt (2015), Jackson (2017a) und Hutt (1940) sowie Nussbaum und Sen (1993) verwendet.

Zum ersten typenbeschreibenden Merkmal „Beziehung Mensch-Konsum" werden hier fünf Ausprägungen vorgelegt: (i) Einflussnahme auf Produktion, (ii) Wunscherfüllung, (iii) Verwirklichen von Fähigkeiten, (iv) Führen eines Lebensstils, (v) Bedürfnisbefriedigung. Zur Differenzierung wurden die Ansätze von Kopatz (2017), Jackson (2017a), Hutt (1940) und Nussbaum und Sen (1993) herangezogen.

Zum zweiten typenbeschreibenden Merkmal „Analyseebene" werden hier zwei Merkmalsausprägungen unterbreitet: (i) Mikro-Ebene und (ii) Makro-Ebene. Diese Zweiteilung gründet sich auf die Ausrichtung der analysierten Ansätze zwischen eher auf das Individuum bezogenen einerseits und auf die Gesellschaft bezogenen Ansätzen andererseits. Zur Differenzierung wurden die Ansätze von Schmidt (2015), Jackson (2017a) und Nussbaum und Sen (1993) verwendet.

Nach dem Prozess der Differenzierung durch die Zuordnungstabelle wird im vierten Arbeitsschritt das Ergebnis der Differenzierung in einer Übersicht gebündelt (Abb. 4.3). Auf der Grundlage der fünf herangezogenen typenbildenden und typenbeschreibenden Merkmale werden die differenzierten Merkmalsausprägungen schließlich sinnvoll zu verschiedenen Typen zusammengefasst (Tab. 4.4). Zur eindeutigen begrifflichen Unterscheidung erhalten die vier gebildeten Typen eine aussagekräftige Bezeichnung nach ihrem inhärenten Konsumverständnis (vgl. Isenmann, 2003, S. 222):

- Konsum als Steuerungsmechanismus,
- Konsum als Wohlfahrt,
- Konsum als Routine und
- Konsum als Teilsystem.

Parallelen in den Merkmalsausprägungen erlauben die Synthese von Typ zwei, „Konsum als Wohlfahrt", aus zwei Subtypen. Einerseits wird in der neoklassischen Wohlfahrtsökonomik Konsum mit (materieller) Wohlfahrt gleichgesetzt. Anderseits sehen Ansätze zur Lebensqualität Konsum lediglich als eine von mehreren Voraussetzungen für Wohlfahrt. Beide Ansätze messen Konsum eine hohe Relevanz für Wohlfahrt zu.

Tabelle 4.3: **Übersicht über die zur Typisierung herangezogenen Merkmalsarten, Merkmale und Merkmalsausprägungen**. Quelle: eigene Darstellung analog Isenmann (2003, S. 218)

Merkmalsarten	Merkmale	Merkmalsausprägungen
Typenbildend	Konsum-verständnis	Konsum als Steuerungsmechanismus Konsum als Wohlfahrt Konsum als Routine Konsum als Teilsystem
	Konsum-verhältnis	Konsum steuert Produktion Konsum ermöglicht Wachstum Konsum aktiviert Befähigungen Rahmen strukturiert Konsum Konsum unterhalb Tragfähigkeit
	Erkenntnis-interesse am Konsum	Selbstkoordination Wachstum, Entkopplung Lebensqualität Lenkung Begrenzung, Verteilung
Typen-beschreibend	Beziehung Mensch-Konsum	Einflussnahme auf Produktion Wunscherfüllung Verwirklichen von Fähigkeiten Führen eines Lebensstils Bedürfnisbefriedigung
	Analyseebene	Mikroebene Makroebene

4.2 Stand der Diskussion um intelligente Netze

Nachhaltiger Konsum unter Berücksichtigung intelligenter Netze ist aktuell Gegenstand einer rasch zunehmenden Vielzahl von Zeitschriftenartikeln, wobei zugleich ein Mangel an Monographien, Dissertationen und Übersichtsartikeln vorliegt, der auf die Dynamik des Forschungsfeldes zurückzuführen ist. Der Stand der Diskussion zu intelligenten Netzen soll daher im Folgenden mit der Methode der systematischen Literaturanalyse abgebildet werden.

Der technische Fortschritt einerseits und das Ziel, große Mengen erneuerbarer Energien in die Stromnetze einzuspeisen andererseits und werden

Tabelle 4.4: **Vier Typen zum ökonomischen Konsumverständnis**. Quelle: eigene Darstellung

	Typ 1	**Typ 2**		**Typ 3**	**Typ 4**
Konsum-verständnis	Konsum als Steuerung	Konsum als Wohlfahrt		Konsum als Routine	Konsum als Teilsystem
Konsum-verhältnis	Konsum steuert Produktion	a) Konsum ermöglicht Wachstum	b) Konsum aktiviert Befähigungen	Rahmen strukturiert Konsum	Konsum unterhalb Tragfähigkeit
Erkenntnis-interesse	Selbst-Koordination	Wachstum, Entkopplung	Lebensqualität	Lenkung	Begrenzung, Verteilung
Beziehung Mensch-Kons.	Einflussnahme auf Produktion	Wunsch-erfüllung	Fähigkeiten verwirklichen	Führen eines Lebensstils	Bedürfnis-befriedigung
Analyse-ebene	Makro (Hutt) & Mikro (Bilharz, Schmidt)	Makro & Mikro (Becker, Lancaster)	Makro (Nussbaum und Sen)	Makro (Kopatz) & Mikro (Lange und Santarius)	Makro (Jackson)
Ökonomische Theorien	Institutionen-ökonomik, Innovations-ökonomik	Neoklassische Wohlfahrts- und Umwelt-ökonomik, Haushalts-produktions-theorie	Neue Wohlfahrts-ökonomik, Glücks-forschung	Politische Ökonomie, Verhaltens-ökonomik	Ökologische Ökonomik

durch den Ausbau *intelligenter Netze* und eine *neue Energiepolitik Deutschlands* möglich (4.2.1). Um das rasch wachsende und stark diversifizierte Forschungsfeld zu nachhaltigem Konsum unter Berücksichtigung intelligenter Netze zu strukturieren, wird der *Stand der Diskussion* um intelligente Netze zusammengefasst (4.2.2). Im Anschluss kann analog Abschnitt 4.1 eine *Typologie zum Verständnis intelligenter Netze* erstellt werden (4.2.3). Aus der Kombination beider Typologien lassen sich *Konsumenten-, Produzenten- und Politikempfehlungen* ableiten (4.2.4).

4.2.1 Intelligente Netze und neue Energiepolitik

Konsumenten haben durch kostengünstigere kleine Photovoltaikanlagen und weitere intelligente Gebäudetechnik zunehmend neue Möglichkeiten für einen nachhaltigen Stromkonsum (4.2.1.1). Eine neue Energiepolitik Deutschlands fördert parallel seit einiger Zeit erneuerbare Energien in hohem Maße (4.2.1.2).

4.2.1.1 Intelligente Netze als Kontext nachhaltigen Konsums

Intelligente Netze bilden den Kontext künftigen, nachhaltigen Stromkonsums. Sie erzeugen, speichern und verbrauchen Energie, im Idealfall nivellieren sich Erzeugung und Verbrauch und die jeweiligen Spitzen werden durch lokale Speichertechnologien gepuffert. Die dafür notwendige Automatisierung wird durch ein Energiemanagementsystem erreicht. Dieses sorgt für den Energieausgleich durch Speicher und für Komfortfunktionen (Aichele, 2018, S. 700). Der Begriff „intelligente Netze“ wird zurückgeführt auf die Intelligenz als Fähigkeit des Menschen, abstrakt und vernünftig zu denken und daraus zweckvolles Handeln abzuleiten. Der Intelligenzbegriff wird variantenreich gebraucht und auch auf andere Träger angewendet. Als *künstliche Intelligenz* (KI) wird diese Eigenschaft Computern, Netzen und Gebäuden zugeschrieben, so auch im Folgenden (Styczynski u. a., 2017, S. 1, 15 f. Bitkom und DFKI, 2017, S. 61). Synonym zum Begriff „*intelligente Netze*“ wird der Begriff „*Smart Grids*“ verwendet. *Im engeren Sinne* bezieht sich der Begriff der intelligenten Netze auf öffentliche Energieversorgungsnetze (Bundestag, 2016). *In einem weiteren Sinne* beziehen sich intelligente Netze auf *intelligente Wohngebäude* (*Smart Homes*; Darby, 2018; de Silva u. a., 2012; REN21, 2020; Fraunhofer BIG DATA, 2017, S. 33 ff.). Da für die vorliegende Arbeit insbesondere der Bereich des Stromkonsums relevant ist, der der Konsumentensouveränität unterliegt, sind im Folgenden intelligente Netze in Wohngebäuden gemeint, die schwerpunktmäßig dem privaten Stromverbrauch im Bereich Wohnen dienen.

Photovoltaikanlagen mit Batteriespeichern können bis zu 80% des Strombedarfs von privaten Haushalten decken und zur bedarfsgerechten Versorgung mit Solarstrom beitragen. Batteriespeicher dienen dazu, einen möglichst großen Anteil des Eigenbedarfes an Strom vor Ort aus der eigenen Erzeugung zu decken. Der Anteil des Direktverbrauchs und der Anteil der Batterieladung an der erzeugten PV-Energie ergeben zusammen den sogenannten Eigenverbrauchsanteil. Da Solarstrom wetterabhängigen Fluktuationen unterliegt, können Batteriespeicher als Puffer wirken. Das Energiemanagement bzw. die Ladestrategie der PV-Batterie hat Einfluss auf die Belastung des Stromnetzes; während direktes Laden (1) ungünstig wirkt, reduzieren Strategien wie verzögertes Laden (2), Peak-Shaving (3) oder prognosebasiertes Laden (4) die Einspeisung in das Stromnetz (Abb. 4.2). Neben der Größe des PV-Systems und Batteriespeichers sowie der Höhe des Stromverbrauchs bestimmen weitere Einflussgrößen den Eigenverbrauchsanteil und Autarkiegrad, etwa der individuelle tages- und jahreszeitliche Verlauf des Stromverbrauchs, der vom Nutzerverhalten und der Geräteausstattung des Haushalts bestimmt wird. Liegt der Eigenverbrauchsanteil beispielsweise bei 60%, werden nur noch 40% des jährlichen PV-Ertrags in das Stromnetz eingespeist (Sterner u. a., 2015; Figgener u. a., 2017; Weniger u. a., 2015).

Stark fallende Kosten kleinerer Photovoltaikanlagen (PV-Anlagen) und eine neue deutsche Energiepolitik haben in den letzten zehn Jahren die Möglichkeit eines nachhaltigen Verbrauchs von Strom deutlich erweitert (Bilharz u. a., 2011, S. 11 f.). Ähnliche Entwicklungen finden überall in Europa statt (Darby, 2018). Photovoltaikanlagen und andere Erneuerbare-Energien-Anlagen scheinen eine Möglichkeit zu bieten, die Konsumentensouveränität auf den Bereich der Stromversorgung auszuweiten (Überblick und weitere Literatur bei Haslinger, 2006, S. 23, 27, 113).[5] Die Einspeisung von erneuerbaren Energien birgt jedoch Herausforderungen für Systemsicherheit und

5 Es ist festzuhalten, dass in Elektrizitätsversorgungsnetzen die Konsumentensouveränität eingeschränkt ist, da es sich aufgrund ihrer Unteilbarkeit um natürliche Monopole handelt, die in Verbindung mit hohen versunkenen Investitionskosten ein Marktversagen auf vor- und nachgelagerten Märkten begünstigen (vgl. 2.7.2). Das Netzmonopol muss daher durch den Staat reguliert werden, indem durch Preisregulierungen auf die Preissetzung Einfluss genommen wird.

Netzstabilität aufgrund ihres tages- und jahreszeitlich fluktuierenden Aufkommens (Wirth u. a., 2011; REN21, 2020). Künftige, *intelligente Netze* sind eher in der Lage, fluktuierende Einspeisung aufzunehmen (Styczynski u. a., 2017, S. 14 f., Aichele, 2018, S. 700). Volatile erneuerbare Energien können entweder durch eine Erhöhung der Nachfrageelastizität (*Demand-Side-Management*; Bundestag, 2016) oder durch eine *Entkopplung* von Erzeugung und Verbrauch im Stromnetz aufgenommen werden. Im ersten Fall ist eine moderne Zählerinfrastruktur (Smart-Metering-Infrastruktur) und im zweiten Fall dezentrale Speichermöglichkeiten notwendig. Hierbei handelt es sich um Kernkomponenten eines intelligenten Netzes (Römer u. a., 2012, S. 489; Zeiler und Labeodan, 2019, S. 305; Cao u. a., 2018; Stojkoska und Trivodaliev, 2017).

Die Verknüpfung physischer Geräte durch Internettechnologien, die eine direkte Kommunikation zwischen vernetzten Dingen ermöglicht, wird als *Internet der Dinge* (Internet of Things, IoT) bezeichnet (Fraunhofer IAO, 2017, S. 6; Sicari u. a., 2015; Dorri u. a., 2017). Diese untereinander verbundenen Geräte sammeln und interpretieren Daten und lösen Aktionen aus, was die Notwendigkeit menschlichen Eingreifens reduziert oder letztlich überflüssig werden zu lässt (Adegbija u. a., 2018; Sembroiz u. a., 2019; Zeiler und Labeodan, 2019). In diesem Sinne sind Smart Homes ein spezieller Zweig des Internet der Dinge, der sich auf die Anwendung in Wohngebäuden konzentriert (Dorri u. a., 2017).

Intelligente Netze bzw. Smart Grids sind in komplexer Weise mit nachhaltigem Konsum verknüpft, worauf die Vielzahl und teilweise konkurrierende Anforderungen einschlägiger Ziele für nachhaltige Entwicklung (SDG) hinweisen. Unter Berücksichtigung intelligenter Netze wird nachhaltiger Konsum mit SDG 7 (bezahlbare und saubere Energie), 9 (Industrie, Innovation und Infrastruktur), 12 (nachhaltiger Konsum und Produktion) and 13 (Maßnahmen zum Klimaschutz) in Verbindung gebracht (vgl. 3.2.1). Alle genannten SDGs haben einen mittleren bis starken Fokus auf die *ökologische* Dimension (UN, 2016, S. 2). Intelligente Netze sind vor allem mit der Konsumkategorie des „Wohnens“ verknüpft. Wohnen ist eine von drei prioritären Kategorien (neben Mobilität und Ernährung), die für 70% der Umweltauswirkungen in der EU verantwortlich sind (Tukker und Jansen, 2006, S. 168). Tukker und Jansen (2006) beziehen sich in einer umfangreichen Metastudie auf zwölf Hauptkategorien des Konsums, die auf die „Classification of individual consumption according to purpose“ (COICOP) zurückgehen. COICOP ist ein Klassifikationssystem der UN (UN, 2018), das von den meisten nationalen statistischen Ämtern verwendet wird, um

Abbildung 4.2: **Ladestrategien PV-Batterie.** Quelle: Kairies u. a. (2015), zitiert nach Sterner u. a. (2015, S. 14)

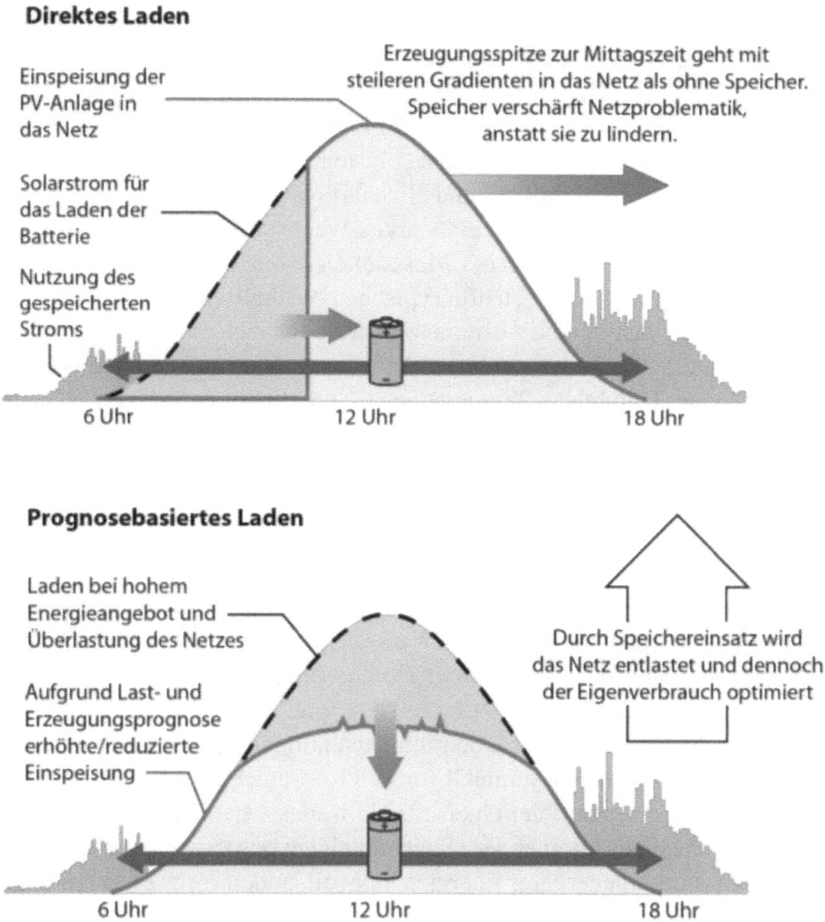

über Konsumausgaben zu berichten. Wird die Konsumkategorie „Wohnen" (Housing, COICOP 04–05) weiter unterteilt, gehen die Umweltauswirkungen primär auf Gebäudestrukturen, Heizung und (elektrische) energieverbrauchende Geräte zurück (Tukker und Jansen, 2006, S. 159). EEA (2013) weist die direkten und indirekten Umweltauswirkungen (z.B. Treibhausgase,

Versauerung) des privaten Konsums nach Konsumkategorien aus.[6] Es ist erkennbar, dass „housing and infrastructures" zu den drei Bereichen mit den größten Auswirkungen gehört. Etwa 33% der Treibhausgasemissionen, 16% der Versauerung, 26% der Vorläufersubstanzen für bodennahes Ozon und 37% des gesamten Materialaufwands können diesem Bereich zugeordnet werden (EEA, 2013, S. 54). UBA (2021f, S. 12) zeigt am Beispiel der Treibhausgasemissionen des Konsums in Deutschland, dass ein Drittel der Emissionen im Konsumfeld „Wohnen" entstehen und jeweils ein Fünftel in den Konsumfeldern „Mobilität" und „Ernährung".

In intelligenten Netzen wird ein starkes Wachstum der Messtechnik erwartet, was einerseits die Zahl der Messstellen und andererseits die Anzahl der zu messenden Größen betrifft. Typische physikalische Messgrößen im Kontext von Gebäuden und Stromnetzen beziehen sich auf Strommessung (Strom/Spannung mit hoher zeitlicher Auflösung, Wirk- bzw. Blindleistung), Wärmemengen (Durchfluss, Temperaturen), Durchflussmengen (Gas, Wasser, Flüssigbrennstoff, Feststoff) und Zustandssensoren für Temperatur, Strahlung, Präsenzmessung oder Luftqualität (Ronge und Wittwer, 2013). Bei sensorischen Messungen fallen kontinuierlich Daten in großen Mengen an (Fraunhofer BIG DATA AI, 2018, S. 57).[7] Die langen Lebenszyklen vieler Anlagen im Stromnetz und in Wohngebäuden lassen nach Prognosen von Fraunhofer BIG DATA (2017, S. 31) eine schnelle, flächendeckende Nachrüstung mit innovativen Sensoren als eher unwahrscheinlich erscheinen. Eine zentrale Anforderung stellt der *Datenschutz* dar (Bundestag, 2018a; Europäische Kommission, 2019).

Da es in der vorliegenden Arbeit um nachhaltigen Konsum geht, der im Sinne der Konsumentensouveränität von den Konsumenten d.h. von den Individuen ausgeht, erscheint hier einerseits ein weites Verständnis intelligenter Netze im Sinne eines Internet der Dinge mit einem besonderen Schwerpunkt auf den Konsum erneuerbarer Energien sinnvoll, andererseits erscheint eine Einengung auf die Konsumkategorie „Wohnen" zielführend. Intelligente Netze stehen in einem engen Zusammenhang mit der neuen Energiepolitik

---

6 EEA (2013) verwendet für die Konsumkategorien eine von COICOP leicht abweichende Einteilung namens European Statistical Classification of Products by Activity (CPA), die mittels einer Matrix in COICOP transformiert werden kann.

7 Vernetzte Geräte werden im Jahr 2025 schätzungsweise über 90 Zettabyte an Daten generieren. Die weltweit generierte Datenmenge steigt von derzeit 33 Zettabyte (ZB; 2018) auf geschätzt 175 ZB im Jahr 2025, das entspricht einem Wachstum von 27% pro Jahr (Reinsel u. a., 2018, S. 3 ff.).

Deutschlands ab dem Jahr 2010. Daher wird nachfolgend ein kurzer Abriss dieses Rahmens gegeben (4.2.1.2).

4.2.1.2 Neue Energiepolitik Deutschlands

Mit einer neuen Energiepolitik hat die deutsche Bundesregierung im Jahr 2010 eine neue Energiepolitik zur Neuausrichtung der Energieversorgung eingeleitet. Sie basiert auf dem *Ausbau der erneuerbaren Energien* (EE), der *Reduktion des Energieverbrauchs* einschließlich des *Stromverbrauchs* und der *Steigerung der Energieeffizienz* (BMWi und BMU, 2010).[8] Ausgewählte quantitative Steuerungsziele der neuen Energiepolitik Deutschlands und der Stand von 2020 sind in Abb. 4.3 dargestellt. Die dargestellten Ziele stehen im Einklang mit der UN-Klimarahmenkonvention (UN, 1992; UN, 1998). Um zu gewährleisten, dass die von den Vereinten Nationen im Pariser Abkommen (UN, 2015b) aus dem Jahr 2015 festgelegten Ziele eingehalten werden, hat die deutsche Bundesregierung im Jahr 2019 das Klimaschutzprogramm 2030 und das Bundes-Klimaschutzgesetz verabschiedet (BMU, 2019; Bundestag, 2021b).

In Bezug auf *Quellen* stieg der *Anteil der erneuerbaren Energien am Bruttostromverbrauch* zwischen 2000 und 2021 von 6,3 % auf 41,1 % (UBA, 2022c).[9] Damit wurde das Ziel deutlich übertroffen, den Anteil der Erneuerbaren am Bruttostromverbrauch im Jahr 2020 auf 35 % zu steigern. Als Instrument für die Förderung von Strom aus regenerativen Quellen ist im Jahr 2000 das *Erneuerbare-Energien-Gesetz* (EEG) eingeführt worden. Das EEG schafft durch eine gesetzlich garantierte Abnahme und Vergütung[10] des erneuerbaren Energie-Stroms einen hohen Umsetzungsanreiz für Konsumenten. Finanziert wird die Vergütung durch die EEG-Umlage als Teil des Strompreises. Die Einspeisevergütung sorgte für einen raschen Zubau von erneuerbaren Energien insbesondere durch Privatpersonen und kleine bis

8 Unter erneuerbaren Energien werden Energie aus Wind, Sonne, aerothermische Energie (Energie, die in Form von Wärme in der Umgebungsluft gespeichert ist), geothermische, hydrothermische Energie (Energie, die in Form von Wärme in Oberflächengewässern gespeichert ist), Meeresenergie, Wasserkraft, Biomasse, Deponiegas, Klärgas und Biogas verstanden (EU, 2018).

9 Im Jahr 2020 lag der Anteil kurzfristig höher.

10 Das EEG sieht eine feste Einspeisevergütung für Photovoltaikanlagen bis 100 Kilowatt (kW) vor, differenziert nach Anlagenleistung und weiterer Kennwerte. Die Dauer der Förderung beträgt in der Regel 20 Jahre (UBA, 2021c).

Abbildung 4.3: **Ausgewählte quantitative Ziele der neuen Energiepolitik Deutschlands (2010) und der EU sowie Stand 2020.** Quelle: Eigene Darstellung mit Daten und Zahlen aus dem Bundes-Klimaschutzgesetz (Bundestag, 2021b), dem Primärenergieverbrauchsindikator (UBA, 2022d), dem nationalen Energie- und Klimaplan (BMWi, 2020b, S. 54), dem nationalem Inventarbericht (UBA, 2022a), dem Energiekonzept (BMWi und BMU, 2010; BMWi, 2019, S. 19) und der Erneuerbare-Energien-Statistik (UBA, 2021b, S. 6).

	Stand	**Nationale Ziele**				
	2020	2020	2030	2040	2045	2050
Anteil Erneuerbare am Bruttostromverbrauch	**45%**	mind. 35%	mind. 65%			**
Primärenergieverbrauch (ggü. 2008)	**-17%**	-20%	-30%			-50%
Treibhausgasemission (ggü. 1990)	**-41%**	mind. -40%	mind. -65%	mind. -88%	Netto-Null	
Bruttostromverbrauch (ggü. 2008)	**-11%**	-10%				-40%

**lt. EEG 2021 soll im Jahr 2050 der gesamte Strom, der im Bundesgebiet erzeugt oder verbraucht wird, treibhausgasneutral erzeugt werden (BMWi, 2017, S. 10).

mittelständische Unternehmen. Eine Änderung des Wälzungsmechanismus 2009 führte zu einem sprunghaften Anstieg der EEG-Umlage und damit der Haushaltsstrompreise. Dadurch kam es 2012 zu einer vorgezogenen Absenkung der Fördersätze und einer Verschlechterung der Förderbedingungen für Photovoltaik (Hook, 2018, S. 42 f.). Durch die Besteuerung des Eigenverbrauchs von Solarstrom und der sinkenden EEG-Einspeisevergütung wird es zunehmend attraktiver, Batteriesysteme mit PV-Anlagen außerhalb des EEGs zu betreiben (Sterner u. a., 2015, S. 13 f. Figgener u. a., 2017). Es wird erwartet, dass weiter sinkende Stromgestehungskosten (Levelized Costs of Electricity, LCOE)[11] die Absatzpotentiale der PV- und Batteriespeichertechnologien in den kommenden Jahren deutlich wachsen lassen und zu einer weiterhin dynamischen Marktentwicklung der erneuerbaren Energien beitragen.

Mit den EEG-Änderungen 2017 wurden Ausbauvolumina für Photovoltaik und Windenergie begrenzt, was mit dem Fehlen von Netzkapazitäten bzw. dem zu langsamen Ausbau der Übertragungsnetze begründet wurde. Der Netzausbauplan der Bundesnetzagentur (BNetzA) fällt umfangreich aus, weil neben der Verteilung des erneuerbaren Energie-Stroms der Abtransport von fossil erzeugtem Strom ermöglicht werden soll, so dass selbst bei maximaler Wind- und Sonnenstromeinspeisung die konventionellen Kraftwerke auf Volllast produzieren können (Hook, 2018; Weber u. a., 2016; Kreutzfeldt, 2014; Kemfert, 2013; Jarass und Obermair, 2012). Simulationsstudien des UBA legen nahe, dass eine vollständig auf erneuerbaren Energien beruhende Stromerzeugung im Jahr 2050 in Deutschland mit heutigem Lebensstil, Konsum- und Verhaltensmustern technisch möglich ist (UBA, 2010, S. 4). Seit dem EEG 2021 ist der Ausbaupfad für die erneuerbaren Energien im Strombereich festgelegt.[12] Im Jahr 2030 sollen 65 Prozent des Bruttostromverbrauchs aus erneuerbaren Energien stammen (UBA, 2021c). Im Jahr 2050 soll der gesamte Bruttostromverbrauch treibhausgasneutral erzeugt sein (BMWi, 2017, S. 10).

Die Bundesregierung hat sich 2010 im Rahmen des *Energiekonzepts* zum Ziel gesetzt, den *Stromverbrauch* bis zum Jahr 2020 um 10 % gegenüber 2008 zu senken (Tab. 4.3). Dieses Ziel wurde im Jahr 2020 durch einen Rückgang von knapp 11 % erreicht. Jedoch wirkte sich in diesem Jahr die Corona-Pandemie auf den Stromverbrauch aus. 2021 stieg der Stromverbrauch erneut leicht an. Im Jahr 2021 lag der Stromverbrauch etwa 8 % unter dem Wert von 2008 und verfehlt somit das Ziel der Bundesregierung wieder, so das Umweltbundesamt (UBA, 2022e). Künftig wird mit einer Zunahme des Stromverbrauchs gerechnet, da z.B. die Wärmebereitstellung in Gebäuden (etwa mit Wärmepumpen) zunehmend auf elektrischer Basis betrieben werden soll. Die wichtigsten die Konsumenten betreffenden Maßnahmen im Hinblick auf das Stromverbrauchsziel sind Effizienzstandards der *Ökodesign-Richtlinie* (2009/125/EG, s. 3.2.2) für elektrische Geräte,

11 Eine detaillierte Erläuterung der Methodik zur Berechnung von Stromgestehungskosten geben Fraunhofer ISE (2018, S. 31).

12 Gesetz für den Ausbau erneuerbarer Energien (Erneuerbare-Energien-Gesetz - EEG 2021) §4 d Ausbaupfad

eine erweiterte Energieverbrauchskennzeichnung (UBA, 2022e). *Digitale Stromzähler* (Smart Meter) sollen eine höhere Transparenz über den tages-, wochen-, monats- und jahresbezogenen Stromverbrauch geben, eine Identifikation verbrauchsintensiver Geräte ermöglichen und Einsparpotentiale aufzeigen. Eine Kosten-Nutzen-Analyse im Auftrag der Bundesregierung schätzt die Stromeinsparpotenziale durch Smart Meter jedoch auf lediglich 1,8 % (Ernst & Young, 2013, S. 189).

In Bezug auf *Senken* hat die Bundesregierung im Bundes-Klimaschutzgesetz in der Fassung von 2021 eine Verringerung der *Treibhausgasemissionen* gegenüber 1990 bis 2020 um 40 %, bis 2030 um 65 % und bis 2040 um 88 % zum Ziel. Bis zum Jahr 2045 soll Netto-Treibhausgasneutralität und nach dem Jahr 2050 sollen negative Treibhausgasemissionen erreicht werden (Bundestag, 2021b). Dies ist eine Verschärfung gegenüber dem europäischen Klimagesetz, das bis 2050 *Netto-Treibhausgasemissionen* von Null („Klimaneutralität“) sowie anschließend negative Emissionen ab 2050 anstrebt (Europäische Kommission, 2021c). Das Ziel für 2020 wurde durch die Reduktion der Treibhausgasemissionen um -41 % erreicht (UBA, 2022a). Die konkreten Treibhausgasemissionsziele beziehen sich auf den nationalen Inventarbericht (NIR), der eine sog. *Quellenbilanz* des Treibhausgasausstoßes darstellt (Schächtele und Hertle, 2007, S. 2). Die derzeitigen Pro-Kopf-Treibhausgasemissionen liegen für Deutschland in der Größenordnung von 9,74 t/Person (2019) Kohlendioxid-Äquivalenten (CO_{2e}).[13] Für die Aufschlüsselung nach Konsumkategorien liegen Abschätzungen vor, die sich jeweils an den wichtigsten Emissionsbereichen orientieren, die in der amtlichen Statistik ausgewiesen sind (Destatis, 2015; Schächtele und Hertle, 2007; Grießhammer, 2007; Destatis, 2006).

Alternativ zur Treibhausgas-Quellenbilanz kann eine *Verbrauchsbilanz* den Außenhandel mit einbeziehen und zusätzlich diejenigen Emissionen berücksichtigen, die außerhalb der Landesgrenzen in Folge von Wertschöpfungsketten entstehen oder dorthin fließen. Bei der Berechnung werden sowohl die im Inland hergestellten als auch die importierten Konsumgüter berücksichtigt (Schoer u. a., 2007, S. 106 f. EEA, 2013, S. 48 ff.). Die Verbrauchsbilanz ist bisher nicht Gegenstand konkreter politischer Ziele, kann jedoch dazu dienen, prioritäre Konsumkategorien zu identifizieren. Auffäl-

13 Laut Treibhausgasinventarbericht lagen die deutschen Emissionen (2019) bei insgesamt 809.799 Tsd. t CO_2-Äquivalent (UBA, 2021a, S. 70). Die Einwohnerzahl lag nach Statistischen Bundesamt bei 83.166,7 Tsd. (Destatis, 2022a). Damit ergibt sich rechnerisch eine CO_2-Emission pro Einwohner von 9,74 t/Person (2019).

lig ist der prioritäre Charakter der Konsumkategorie Wohnen mit Heizung und Strom neben Mobilität und Ernährung (Grießhammer u. a., 2010, S. 5 f. Tukker und Jansen, 2006).

Die neue Energiepolitik Deutschlands erfordert erheblich verstärkte Bemühungen, um die mittel- und langfristigen Ziele zu erreichen (UBA, 2022b). Sie birgt ökonomische und soziale Risiken, etwa das soziale Risiko, dass durch die Digitalisierungsbemühungen die „digitale Kluft" („digital divide") zwischen wohlhabenden und weniger wohlhabenden Haushalten (etwa älteren Haushalten, Haushalten mit geringem Einkommen, geographisch ungünstig gelegenen Haushalten mit schlechtem Internetzugang) vertieft wird (Wilson u. a., 2017, S. 80).

4.2.2 Systematische Literaturanalyse und Charakterisierung des wissenschaftlichen Verständnisses intelligenter Netze

Zum nachhaltigen Konsum unter Berücksichtigung intelligenter Netze wird nachfolgend in aktuellen Peer-Review-Zeitschriften eine systematische Literaturanalyse durchgeführt (4.2.2.1). Um das wissenschaftliche Verständnis als Ergebnis der Literaturanalyse zu charakterisieren, kommt der Ansatz des IPCC zur Anwendung (4.2.2.2).

4.2.2.1 Systematische Literaturanalyse zum interdisziplinären Feld intelligenter Netze

Im Folgenden wird eine systematische Literaturanalyse durchgeführt (Tranfield u. a., 2003), um zu einer geordneten und reproduzierbaren Literaturübersicht zu kommen. Systematische Literatur-Analysen decken *Trends, Zusammenhänge* und *(In-)Konsistenzen* sowie *Forschungslücken* auf, um den Forschungsstand in einem bestimmten Feld zu ordnen (Crossan und Apaydin, 2010). Der aus der medizinischen Forschung stammende Ansatz erfreut sich zunehmender Popularität in den Wirtschaftswissenschaften allgemein und in der Nachhaltigkeitsbewertung und -messung im Speziellen (Kühnen u. a., 2019; Kühnen und Hahn, 2018; Kühnen und Hahn, 2017).

In der ersten Stufe sind die Untersuchungsziele und Datenquellen festzulegen. Das Untersuchungsziel „Nachhaltiger Konsum unter Berücksichtigung intelligenter Netze" ist bewusst breit angelegt und typisch für Fragen der nachhaltigen Entwicklung. Fraglich ist, was Schlüsselaspekte bzw. -elemente nachhaltigen Konsums unter Berücksichtigung intelligenter Netze sind. Die Datenquellen wurden auf begutachtete (Peer-Review-) Literatur beschränkt, da sie als validiert gelten (Crossan und Apaydin, 2010). Geeignet erscheinen die englischsprachigen Datenbanken EBSCO[14], Web of Science (WoS)[15] und Scopus[16]. Diese Aufsatzdatenbanken gehören zu den umfassendsten auf dem Gebiet der Gesellschafts- und Sozialwissenschaften[17].

In der zweiten Stufe bildet eine Suche mit trunkierten Schlagwörtern, die mit boolscher Logik verknüpft werden, den Kern der systematischen Literatur-Analyse (Tranfield u. a., 2003). Da es sich bei intelligenten Netzen um ein breites, interdisziplinäres Feld handelt, sind bei einer umfassenden, systematischen Literaturrecherche nach den übergreifenden Schlagworten viele Ergebnisse zu erwarten, d.h. ein großer Textkorpus.

In einem ersten Schritt wurden relevante Artikel in der EBSCO-Datenbank gesucht, anschließend wurde die Suche in den Datenbanken Scopus und Web of Science wiederholt, um weitere relevante Artikel zu ermitteln, die im ersten Datenerhebungsschritt noch nicht erfasst worden waren (Nielsen u. a., 2016). Initial wurde in Übereinstimmung mit der Abgrenzung nachhaltigen Konsums unter Berücksichtigung intelligenter Netze in Abschnitt 4.2.1.1 nach den Schlüsselwörtern „smart home“ UND „sustain*“ gesucht, was zu vier Treffern bei EBSCO führte, von denen nur zwei innerhalb des Rahmens der vorliegenden Untersuchung waren (Datum: 21.08.2019). Dieses Ergebnis kann auf einen Mangel an übergreifender Terminologie für Smart Homes mit erneuerbarer Energie zurückzuführen sein.

Die Suchparameter wurden deshalb im nächsten Durchgang ausgeweitet, indem Schlüsselwörter zu Smart Homes, erneuerbaren Energien und nachhaltigem Konsum hinzugefügt wurden (Adams u. a., 2012; Tab. 4.5). Dieser Ansatz resultierte in einer größeren Anzahl relevanter Artikel, erhöhte jedoch auch die Anzahl erfasster Artikel, die aus dem hier gesetzten Untersuchungsrahmen herausfallen. Wird eine Volltextsuche durchgeführt, ergibt sich eine nicht mehr handhabbare Anzahl von Treffern. Deshalb wurden die

---

14 EBSCOhost ist eine Zitationsdatenbank des Verlags EBSCO Publishing, Inc., Birmingham, Alabama, USA, und ist erreichbar unter search.ebscohost.com

15 Web of Science ist eine Zitationsdatenbank des Verlags Clarivate Analytics, Boston, Massachusetts, USA, und ist erreichbar unter webofscience.com

16 Scopus ist eine Zitationsdatenbank des niederländischen Elsevier-Verlags und ist erreichbar unter www.scopus.com

17 Weitere wissenschaftliche Datenbanken, die für künftige Forschung auf diesem Gebiet in Frage kommen, sind: GoogleScholar, ACM Digital Library und IEEE Xplore (Czekster u. a., 2021) sowie Science Direct und Springer Link (Barisic u. a., 2019).

Tabelle 4.5: **Schlüsselwortketten zu den Schlagwörtern für die systematische Literaturanalyse.** Das Stern-Symbol (*) ersetzt mehrere Buchstaben (z.B. verschiedene Endungen), das Fragezeichen (?) ersetzt genau einen Buchstaben (z.B. Bindestrich oder Leerzeichen; EBSCO, 2021). Quelle: eigene Darstellung analog Nielsen u. a. (2016)

Schlagwörter	Schlüsselwortketten (Synonyme und Alternativen)
smart home	(smart OR intelligen* OR automat* OR IoT) AND (grid OR home OR house OR building)
renewables	(photovoltai* OR PV OR solar* OR renewable*) OR (self-consum* OR prosumer*) OR (batter* OR storage OR CHP OR HP OR heat?pump)
sustainable consumption	((sustain* OR green OR environment* OR renewable* OR responsib* OR eco?friendly OR eco?efficient OR ecol*) AND consum*) AND (pattern* OR lifestyle* OR routine* OR decision OR choice)

Suchkriterien auf Titel, Kurzzusammenfassung (abstract) und vom Autor definierte Schlüsselwörter (author-supplied keywords) beschränkt. Weiterhin wurde die Suche zunächst auf eine einzige Datenbank – Business Source Complete by EBSCO – beschränkt, die aus drei Gründen ausgewählt wurde: Erstens machten die weit gefassten Suchparameter eine Beschränkung erforderlich, um die Anzahl der Treffer in einem vertretbaren Rahmen zu halten. Zweitens umfasst die EBSCO-Datenbank eine Vielzahl an einschlägigen, relevanten Zeitschriften wie das Journal of Cleaner Production, Ecological Economics und Research Policy. Drittens begrenzt EBSCO die Anzahl der angezeigten und exportierbaren Datensätze nicht, was sie von anderen Datenbanken abhebt. Dies kann im Hinblick auf die praktische Datenverarbeitung großer Datenbestände als signifikanter Vorteil gelten (Nielsen u. a., 2016). Tabelle 4.6 zeigt sämtliche Kriterien für die initiale Literaturrecherche.

Abbildung 4.4: **Paarweise Kombination von Schlüsselwortketten.** Quelle: eigene Darstellung analog Nielsen u. a. (2016)

Tabelle 4.6: **Kriterien für die Literatursuche - Inklusions- und Exklusionsparameter.** Quelle: eigene Darstellung analog Nielsen u. a. (2016)

Kriterium	Inklusion	Exklusion
Datenbank	EBSCO – Business Source Premier	Andere Datenbanken
Dokumenttyp	Zeitschriftenartikel (Peer-reviewed)	Andere Dokumenttypen
Empirischer Ansatz	Keine Einschränkungen	
Zeitperiode	Juli 1992 bis August 2019 (inkl. Artikel im Druck)	Veröffentlichungen vor Juli 1992
Suchparameter	Suchworttreffer in Titel, Abstract oder Author-supplied Keywords	Suchworttreffer in anderen Teilen des Zeitschriftenartikels
Sprache	Englisch	Andere Sprachen
Relevanz	Literatur bezogen auf nachhaltigen Konsum, intelligente Netze und erneuerbare Energien	

Die Suche in der EBSCO-Datenbank wurde Nielsen u. a. (2016) folgend in drei Durchgängen mit paarweisen Kombinationen der Schlagwörter durchgeführt (Abb. 4.4), d.h. im ersten Durchgang wurde die Schlüsselwortkette zu „smart home" mit der Schlüsselwortkette zu „renewables" zu einer längeren Suchwortkette (1) kombiniert, im zweiten Durchgang (2) „smart home" mit „sustainable consumption" und im dritten Durchgang (3) „sustainable consumption" mit „renewables". Die paarweise Kombination der Schlüsselwortketten wurde gewählt, um einen größeren Überblick über die Literatur zu erhalten.

Die initiale Datenbanksuche mit den drei getrennten Suchwortketten ergab 2.173 Treffer für Suchwortkette 1, 105 Treffer für Suchwortkette 2 und 1.668 Treffer für Suchwortkette 3. In diesen insgesamt 3.946 Treffern waren 279 Duplikate enthalten, so dass die Anzahl der potenziell relevanten Artikel

Abbildung 4.5: **Überblick über den Literaturanalyseprozess.** Quelle: eigene Darstellung analog Nielsen u. a. (2016)

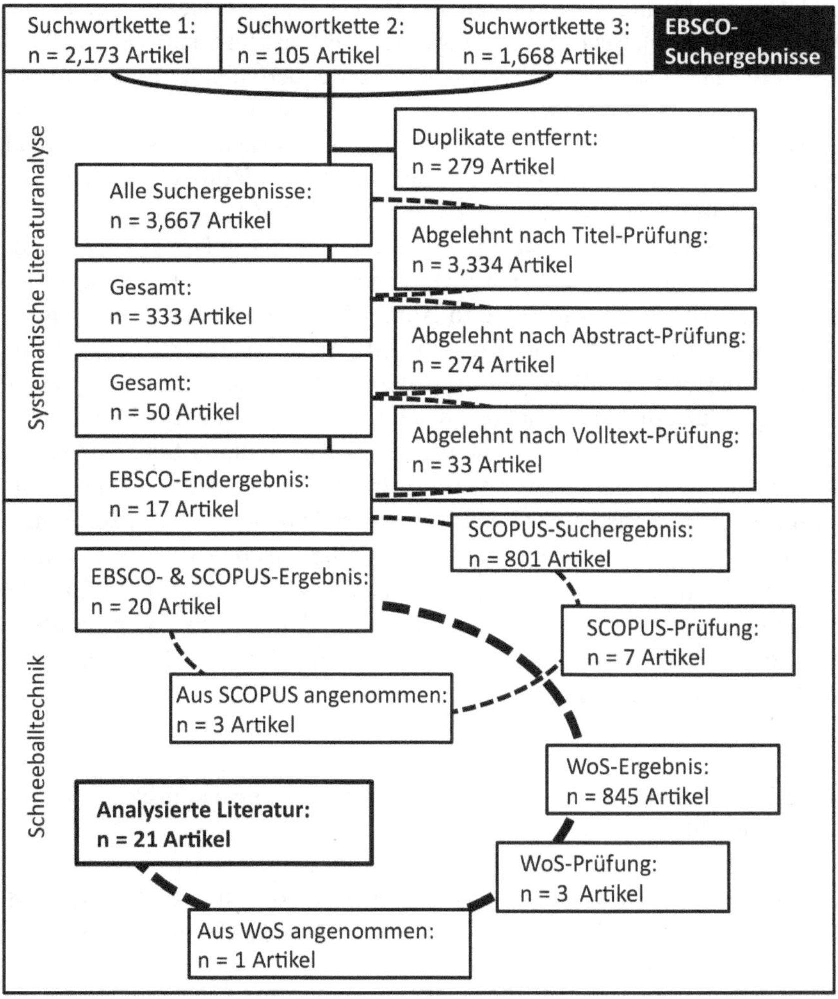

auf 3.667 reduziert wurde. Literaturverwaltungsprogramme (JabRef[18], Citavi[19]) wurden verwendet, um die Artikel zu sortieren. Der Analyseprozess umfasste zunächst eine Titelprüfung, gefolgt von einer Abstract-Prüfung und schließlich eine Volltextprüfung, um die Suchergebnisse auf den Untersuchungsrahmen dieser Arbeit einzuengen.

Die Titelprüfung verringerte die Anzahl potenziell relevanter Artikel auf 333. Die anschließende Prüfung der Abstracts führte zu einer weiteren Reduktion auf 50 Artikel. Bei den Abstracts wurde zunächst ein Smart-Home-Bezug überprüft, um anschließend festzustellen, ob der betreffende Abstract entweder einen Bezug zu erneuerbaren Energien oder zu nachhaltigem Konsum aufwies. Abschließend ergab die Sichtung der Volltexte insgesamt 17 Artikel, die sich im Untersuchungsrahmen befanden. Abb. 4.5 gibt einen Überblick über den Literaturanalyseprozess (Nielsen u. a., 2016).

Im Anschluss wurde ein weiterer Schritt durchgeführt: Die 17 in der ersten Datenbanksuche gefunden Artikel wurden einer „Schneeballtechnik" (Nielsen u. a., 2016) unterzogen, die in Abb. 4.5 dargestellt ist. Eine Suche in der Scopus-Datenbank ergab insgesamt 801 Artikel. Diese 801 Artikel wurden zunächst auf Duplikate geprüft. Eine nachfolgende Titel- und Abstract-Prüfung reduzierte die Anzahl potenziell relevanter Artikel auf 7, von denen sich bei Volltextprüfung 3 im Untersuchungsrahmen dieser Studie befanden. Eine weitere Datenbankrecherche im Web of Science basierend auf den nun 20 im Untersuchungsrahmen befindlichen Quellen ergab 845 Artikel. Erneut wurden Duplikate und bereits geprüfte Artikel aus den vorigen Schritten aussortiert. Anschließend reduzierte eine Titel- und Abstract-Prüfung die Anzahl potenziell relevanter Artikel auf 3 von denen nach Volltextprüfung letztlich 1 Artikel in den Untersuchungsrahmen fiel. Schließlich bildeten 21 Artikel den Kern der systematischen Literaturanalyse.

4.2.2.2 Charakterisierung des wissenschaftlichen Verständnisses intelligenter Netze nach IPCC

Im Anschluss an die systematische Literaturanalyse soll das wissenschaftliche Verständnis intelligenter Netze charakterisiert werden. Hierzu wird der

---

18 JabRef ist eine Open-Source-Literaturverwaltungssoftware, die unter www.jabref.org kostenlos heruntergeladen werden kann.

19 Citavi ist eine kostenpflichtige Literaturverwaltungssoftware der Swiss Academic Software GmbH und kann unter www.citavi.com heruntergeladen werden.

Ansatz von Mach u. a. (2017) herangezogen, um „scientific understanding and uncertainties“ zu bewerten, der auch im Assessment Report des IPCC[20] zur Anwendung kommt (IPCC, 2021a, S. 1-31). Es handelt sich dabei um ein „framework for developing and communicating expert judgments in environmental assessment“ (Mach u. a., 2017). Die abgestufte, systematische Vorgehensweise beginnt mit einer Bewertung der wissenschaftlichen *Evidenz* (*evidence*), die *gering*, *mittel* oder *hoch* bewertet sein kann und dem Grad des wissenschaftlichen *Konsenses* (*agreement*), der *gering*, *mittel* oder *hoch* ausfallen kann. In Abbildung 4.6 ist dies in den Schritten 1 und 2 dargestellt. Im nächsten Schritt können die Bewertungen der Evidenz und des Konsenses in der Kennzahl der *Konfidenz*, d.h. des Vertrauensniveaus (*confidence*), zusammengefasst werden, die die fünf Niveaus *sehr gering*, *gering*, *mittel*, *hoch* und *sehr hoch* erreichen kann. In Abbildung 4.6 ist dies in den Schritten 3 und 4 dargestellt. Die Konfidenz ist eine qualitative Kennzahl zur Charakterisierung des wissenschaftlichen Verständnisses. Die kalibrierte Sprache für Konsens, Evidenz und Konfidenz ermöglicht nachfolgend einen raschen qualitativen Überblick über den wissenschaftlichen Stand. Zur Verdeutlichung der eingesetzten kalibrierten Sprache wurden die Niveau-Bezeichnungen (z.B. *gering*, *mittel*, *hoch*) jeweils *kursiv* gesetzt. Die verfeinernden Schritte 5 und 6 von Mach u. a. (2017) zur Bewertung der Wahrscheinlichkeit (*likelihood*) werden hier nicht übernommen, da in der in dieser Arbeit analysierten Literatur keine statistischen Daten untersucht wurden.

---

20 Intergovernmental Panel on Climate Change (Weltklimarat der Vereinten Nationen)

Abbildung 4.6: **Ansatz zur Charakterisierung des derzeitigen wissenschaftlichen Verständnisses.** Bewertung von wissenschaftlicher *Evidenz* und wissenschaftlichem *Konsens* (Schritt 1–2) mit anschließender Ermittlung der Kennzahl der *Konfidenz* (Schritt 3–4). Quelle: eigene Darstellung nach Mach u. a. (2017).

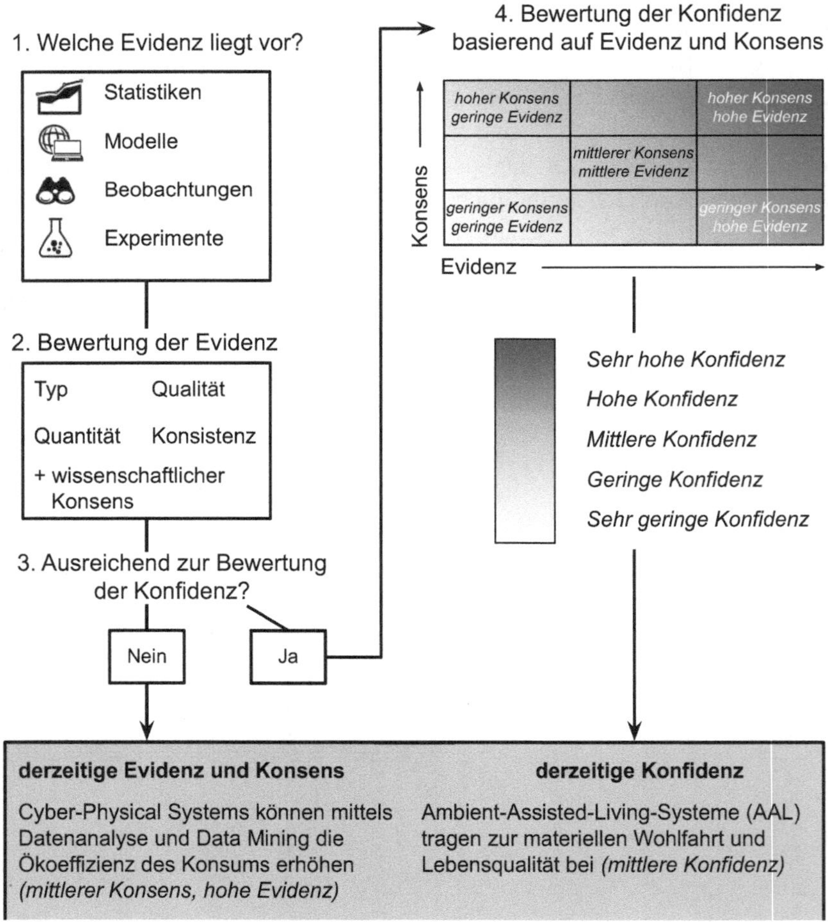

4.2.3 Typologie zum Verständnis intelligenter Netze

Die Literatur-Stichprobe (21 Artikel, Tab. 4.7) spiegelt die Vielfalt des Forschungsfeldes wider. Es sind 17 verschiedene Zeitschriften vertreten, von denen sechs vom Institute of Electrical and Electronics Engineers (IEEE) publiziert werden. Drei Zeitschriften sind überdurchschnittlich häufig vertreten: Building Research & Information (3 Artikel), IEEE Communications Magazine (2 Artikel) und Energy Policy (2 Artikel).

Eine deskriptive Analyse zeigt, dass die Literatur zum Themenkomplex nachhaltiger Konsum in intelligenten Netzen häufig empirisch-fallbasiert angelegt ist. Empirische Studien variieren sowohl im Umfang als auch im Fokus; so sind Studien zu speziellen Smartwatches und Möbelstücken für Ältere vertreten (Almeida u. a., 2019; Bleda u. a., 2017), Beschreibungen von Pilotprojekten (Smale u. a., 2019; Gercek und Reinders, 2019; Hargreaves u. a., 2018) sowie qualitative Interviews und Befragungen (Heiskanen und Matschoss, 2016; Römer u. a., 2012). Obwohl es Versuche gibt, Fallstudien in einen übergreifenden Rahmen wie Cyber-Physical Systems (Manic u. a., 2016) einzubetten, tendiert das Forschungsfeld zu einer empirischen Fülle bei gleichzeitigem Mangel an theoretischer Fundierung. Inhaltlich ist festzuhalten, dass die Konsumkategorie[21] „Strom und Wärme“ (19 Artikel) in intelligenten Netzen von hoher Relevanz ist, was auf die verwendete Schlüsselwortkette für „renewables“ zurückzuführen ist (vgl. Tab. 4.5). Die Kategorie Mobilität wird in der Literaturstichprobe als Nebenaspekt erwähnt. Die insgesamt 71 Autoren der 21 Beiträge stammten aus 18 Ländern, wobei die Niederlande einen Schwerpunkt bildeten. Die Institutionen, denen die korrespondierenden Autoren angehörten, waren in 14 Ländern angesiedelt. Aus den Niederlanden stammten $n = 5$ Beiträge, aus Deutschland, Großbritannien und den USA stammten je $n = 2$ Beiträge, aus Belgien, Kanada, China, Algerien, Spanien, Finnland, Indien, Iran, Italien und Taiwan stammte je ein Beitrag. An den Beiträgen waren bis zu sechs Co-Autoren beteiligt. In Abb. 4.7 sind die Länder, in denen die Institutionen der korrespondierenden Autoren angesiedelt sind, nach der Anzahl der Beiträge eingefärbt. In Abb. 4.7 ist die institutionelle Zugehörigkeit aller Co-Autoren mit Punkten

21 Ökologisch relevante Konsumkategorien werden abgeleitet im Ansatz Environmental Impact of Products (EIPRO) (Tukker und Jansen, 2006).

Tabelle 4.7: **Zuordnungstabelle zur schwerpunktmäßigen Berücksichtigung der 21 analysierten Ansätze in der Merkmalssystematik.** Quelle: eigene Darstellung analog Isenmann (2003, S. 216)

Nr.	**Autor (Jahr)**	**Verständnis int. Netze**	**Verhältnis zu int. Netzen**	**Erkenntnisinteresse an int. Netzen**	**Beziehung Mensch-int. Netze**
1	Agarkar und Agrawal (2019)	x			
2	Almeida u. a. (2019)	x			
3	Bleda u. a. (2017)		x		
4	Chin u. a. (2017)			x	x
5	Darby (2018)	x			x
6	Dogger u. a. (2011)		x	x	
7	Ejaz u. a. (2017)	x			
8	Esmaeili und Jadid (2018)			x	
9	Gercek und Reinders (2019)			x	x
10	Habib u. a. (2018)			x	
11	Hammoudi u. a. (2018)		x	x	
12	Hargreaves u. a. (2018)	x			x
13	Heiskanen und Matschoss (2016)	x			
14	Manic u. a. (2016)	x		x	
15	Mosannenzadeh u. a. (2017)	x			x
16	Römer u. a. (2012)	x		x	
17	Smale u. a. (2019)	x			x
18	Stragier u. a. (2013)			x	x
19	van Dam u. a. (2013)			x	
20	Zeiler und Labeodan (2019)	x	x		
21	Zhai u. a. (2019)			x	

markiert;[22] insgesamt gehörten die Autoren 36 verschiedenen Institutionen an (siehe Anhang A.6).

Abbildung 4.7: **Geografische Zuordnung der Beiträge zu intelligenten Netzen.** Die Einfärbung der Länder stellt die Anzahl der Beiträge pro Land nach institutioneller Zugehörigkeit des korrespondierenden Autors dar (weiß: keine Beiträge; dunkelgrau: *n*=5 Beiträge). Punkte zeigen die institutionelle Zugehörigkeit aller Co-Autoren (insgesamt 36 verschiedene Institutionen). Quelle: eigene Darstellung

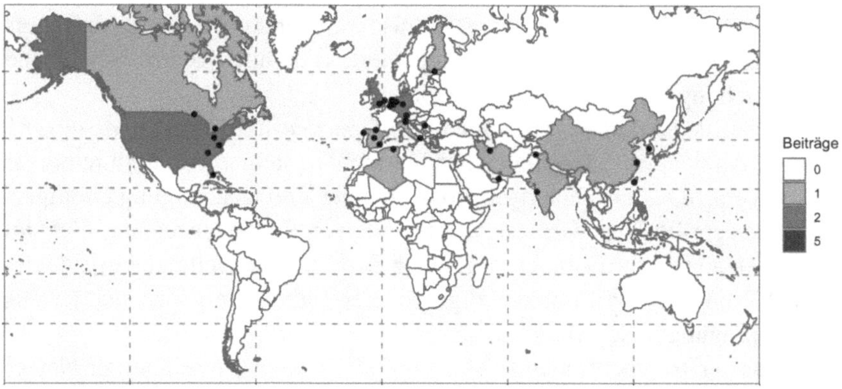

Üblicherweise wird im Anschluss an die systematische Literaturrecherche (Abb. 4.5) in einem zweiten Schritt eine Einteilung in Gruppen von Publikationen vorgenommen (so auch bei Kühnen und Hahn, 2017, S. 1551), hier mit der Methode der Typologie (4.1). Im zweiten Arbeitsschritt steht die Entwicklung einer aussagekräftigen *Merkmalssystematik* an. Die vorbereitende Analyse stellt eine Vielzahl an Merkmalskandidaten zur Auswahl, die zur Typen*bildung* und Typen*beschreibung* eingesetzt werden können. Die hier entworfene Merkmalssystematik verwendet vier Merkmale, davon drei typenbildende und ein typenbeschreibendes Merkmal.

Drei typenbildende Merkmale werden hier herangezogen:

- *Verständnis intelligenter Netze*,
- *Verhältnis zu intelligenten Netzen* und

22 Aufgrund der räumlichen Nähe sind nicht alle Punkte einzeln zu erkennen, z.B. lagen drei verschiedene Institutionen – Shanghai Jiao Tong University, Tongji University und Shanghai Municipal Electric Power Company – in Shanghai, China.

– *Erkenntnisinteresse an intelligenten Netzen.*

Zur weiteren Beschreibung werden die Merkmale mit einem typenbeschreibenden Merkmal ergänzt.[23] Es erlaubt eine zusätzliche Spezifizierung der zu bildenden Typen:

– *Beziehung Mensch-intelligente Netze.*

Das beschreibende Merkmal „Beziehung Mensch-intelligente Netze“ ist mit dem typenbildenden Merkmal „Verständnis intelligenter Netze“ verknüpft. Es zielt auf das Verständnis, in welchem Verhältnis der Mensch zu intelligenten Netzen steht. Dieses relationale Merkmal geht auf das menschliche Selbstverständnis bzw. Menschenbild zurück.

Zusammenfassend besteht die Merkmalssystematik, die hier entworfen wird, aus vier Merkmalen: (i) Verständnis intelligenter Netze, (ii) Verhältnis zu intelligenten Netzen, (iii) Erkenntnisinteresse an intelligenten Netzen und (iv) Beziehung Mensch-intelligente Netze.

In einem dritten Arbeitsschritt folgt die *Differenzierung von Merkmalsausprägungen*. An den vier Merkmalen der Merkmalssystematik werden nunmehr die 21 Ansätze zum nachhaltigen Konsum unter Berücksichtigung intelligenter Netze geprüft. Dies wird zur Vermeidung von Redundanzen hier nicht im Einzelnen ausgeführt, sondern mit einer Zuordnungstabelle nur angedeutet (Tab. 4.7). Aus der Prüfung der zugeordneten Literatur ergeben sich jeweils die Ausprägungen der Merkmale.

Für das erste typenbildende Merkmal „Verständnis intelligenter Netze“ werden hier vier Ausprägungen vorgeschlagen: (i) Assisted-Living-System (AAL), (ii) Cyber-Physical-System (CPS), (iii) Demand-Side-Management (DSM) und (iv) Disruptive Technologie (DT). Zur Differenzierung wurden schwerpunktmäßig die Ansätze von Agarkar und Agrawal (2019), Almeida u. a. (2019), Darby (2018), Ejaz u. a. (2017), Hargreaves u. a. (2018), Heiskanen und Matschoss (2016), Manic u. a. (2016), Mosannenzadeh u. a. (2017), Römer u. a. (2012), Smale u. a. (2019) und Zeiler und Labeodan (2019) verwendet (s. Zuordnungstabelle 4.7).

Für das zweite typenbildende Merkmal „Verhältnis zu intelligenten Netzen“ werden hier fünf Ausprägungen empfohlen: (i) Intelligente Netze aktivieren menschliche Befähigungen, (ii) intelligente Netze verbessern Effizienz und erleichtern Lebensstile, (iii) intelligente Netze als Quelle großer Datenmen-

23 Das zweite typenbeschreibende Merkmal „Analyseebene“ aus Abschnitt 4.1.3, das der weiteren Präzisierung und Konkretisierung der dort zu bildenden Typen diente, wird hier nicht benötigt. Ein typenbeschreibendes Merkmal ist an dieser Stelle ausreichend, um eine sinnvolle Typisierung vorzunehmen.

Tabelle 4.8: **Übersicht über die zur Typisierung herangezogenen Merkmalsarten, Merkmale und Merkmalsausprägungen**. Quelle: eigene Darstellung analog Isenmann (2003, S. 218)

Merkmalsarten	Merkmale	Merkmalsausprägungen
Typenbildend	Verständnis intelligenter Netze	(i) Assisted-Living-System (AAL) (ii) Cyber-Physical-System (CPS) (iii) Demand-Side-Management (DSM) (iv) Disruptive Technologie (DT)
	Verhältnis zu intelligenten Netzen	(i) intelligente Netze aktivieren menschliche Befähigungen (ii) intelligente Netze verbessern Effizienz und erleichtern Lebensstile (iii) intelligente Netze als Quelle großer Datenmengen (iv) intelligente Netze gleichen Erzeugung und Verbrauch aus (v) intelligente Netze verbessern Konsumentensouveränität
	Erkenntnis-interesse an intelligenten Netzen	(i) Entwicklung eingebetteter Systeme (ii) Datenanalyse und Data Mining (iii) Kryptographie (iv) Statistische und Stakeholder-Analyse (v) Nutzerinnovation und Energieverbrauchsverhalten
Typen-beschreibend	Beziehung Mensch-intelligente Netze	(i) Menschliches Wohlbefinden wird verbessert (ii) Verhalten wird überwacht/antizipiert (iii) Datenschutz wird gefährdet (iv) Verhaltensmuster werden den natürlichen Gegebenheiten gerecht (v) Energieverbrauch wird optimiert

gen, (iv) intelligente Netze gleichen Erzeugung und Verbrauch aus sowie (iv) intelligente Netze verbessern Konsumentensouveränität. Zur Differenzierung wurden die Ansätze von Bleda u. a. (2017), Dogger u. a. (2011), Hammoudi u. a. (2018) und Zeiler und Labeodan (2019) herangezogen (s. Tab. 4.7).

Zum dritten typenbildenden Merkmal „Erkenntnisinteresse an intelligenten Netzen“ werden hier fünf Ausprägungen vorgelegt: (i) Entwicklung eingebetteter Systeme, (ii) Datenanalyse und Data Mining, (iii) Kryptographie, (iv) Statistische und Stakeholder-Analyse und (v) Nutzerinnovation und Energieverbrauchsverhalten. Zur Differenzierung wurden die Ansätze von Chin u. a. (2017), Dogger u. a. (2011), Esmaeili und Jadid (2018), Gercek und Reinders (2019), Habib u. a. (2018) und Hammoudi u. a. (2018) verwendet (s. Tab. 4.7).

Zum einzigen typenbeschreibenden Merkmal „Beziehung Mensch-intelligente Netze“ werden hier fünf Merkmalsausprägungen unterbreitet: (i) Menschliches Wohlbefinden wird verbessert, (ii) Verhalten wird überwacht/antizipiert, (iii) Datenschutz wird gefährdet, (iv) Verhaltensmuster werden den natürlichen Gegebenheiten gerecht und (v) Energieverbrauch wird optimiert. Zur Differenzierung wurden die Ansätze von Chin u. a. (2017), Darby (2018), Gercek und Reinders (2019), Hargreaves u. a. (2018), Mosannenzadeh u. a. (2017), Smale u. a. (2019) und Stragier u. a. (2013) herangezogen (s. Tab. 4.7).

Die 21 Quellen wurden seit 2019 von insgesamt 628 Artikeln zitiert (Datum: 18.02.2022). Dies ergibt eine automatische Suche mit den Paketen *crossref* und *citecorp* der quelloffenen Statistik-Software *R*.[24] Unter den zitierenden Artikeln sind auch Zusammenfassungen, systematische Literaturanalysen und Reviews, die Gegenstand weiterer Forschungen zur Berücksichtigung intelligenter Netze für einen nachhaltigen Konsum sein können.

Im Folgenden (4.2.3.1 bis 4.2.3.4) werden die vier Typen zum nachhaltigen Konsumverständnis (1 bis 4, Tab. 4.4) in Bezug gesetzt zu den vier Typen zum Verständnis intelligenter Netze (A bis D, Tab. 4.9), um Divergenzen, Forschungslücken und Übereinstimmungen sowie das Vertrauensniveau (Konfidenz) zu ermitteln, auf dem davon auszugehen ist, dass intelligente Netze einen nachhaltigen Konsum unterstützen.

---

24 R gilt als Standardsprache für statistische Problemstellungen und ist unter r-project.org verfügbar.

Tabelle 4.9: **Vier Typen zum Verständnis nachhaltigen Konsums unter Berücksichtigung intelligenter Netze als Ergebnis einer systematischen Literaturanalyse von 3.667 Zeitschriftenartikeln**. Quelle: eigene Darstellung

	Typ A	Typ B		Typ C	Typ D
Verständnis int. Netze	Assisted-Living-System	Cyber-Physical-System		Demand-Side-Management	Disruptive Technologie
Verhältnis zu int. Netzen	Aktivieren von Befähigungen	Erhöhung der Effizienz	Quelle großer Datenmengen	Erzeugung = Verbrauch	Erhöhung Konsumentensouv.
Erkenntnis-interesse	Eingebettete Systeme	Datenanalyse, Data Mining	Kryptographie	Stakeholder-Analyse	Nutzer-innovation
Verhältnis Mensch-Netze	Wohlbefinden wird verbessert	Verhalten wird überwacht	Datenschutz wird gefährdet	Verhaltensmuster angepasst	Optimierung Energieverb.
Anzahl	*n*=2	*n*=11		*n*=3	*n*=5
Quellen	Almeida u. a. (2019), Bleda u. a. (2017)	Dogger u. a. (2011), Ejaz u. a. (2017), Esmaeili und Jadid (2018), Gercek und Reinders (2019), Hammoudi u. a. (2018), Manic u. a. (2016), Zeiler und Labeodan (2019), Zhai u. a. (2019)	Agarkar und Agrawal (2019), Chin u. a. (2017), Habib u. a. (2018)	Darby (2018), Mosannenzadeh u. a. (2017), Römer u. a. (2012)	Hargreaves u. a. (2018), Heiskanen und Matschoss (2016), Smale u. a. (2019), Stragier u. a. (2013), van Dam u. a. (2013)

4.2.3.1 Intelligente Netze und Key Points nachhaltigen Konsums

Der Key-Points-Ansatz (Typ 1: Nachhaltiger Konsum als Steuerungsmechanismus) wird in diesem Abschnitt in Bezug zum Verständnis intelligenter Netze als Assisted-Living-System (A), als Cyber-Physical-System (B), als Demand-Side-Management (C) und als disruptive Technologie (D) gesetzt (Tab. 4.10). Der Key-Points-Ansatz (Bilharz, 2008) plädiert für eine Prioritätensetzung nachhaltigen Konsums. Bilharz (2008) nennt folgende Key Points nachhaltigen Konsums im Wohnbereich: „gedämmtes Haus; Möglichst sparsam die Räume heizen; Wohnung statt Haus bewohnen; Möglichst geringe Wohnfläche bewohnen; Kauf von Ökostrom; Finanzielle Beteiligung an erneuerbaren Energien (z.B. Photovoltaik- oder Windanlage)“ (Bilharz, 2008, S. 359; vgl. Übersicht in Anhang A.8). Erweiterungen durch intelligente Netze ergeben sich durch den Kauf von Wärmepumpen und Batteriespeichern (REN21, 2020, S. 179 ff.) sowie durch die Nutzung von intelligenten Stromzählern und Energiemanagementsystemen, die den Eigenverbrauch von Photovoltaikstrom maximieren und/oder eine sparsame Nutzung von Energie ermöglichen können.

Die Literatur zu intelligenten Netzen als „Assisted-Living-Systeme (AAL)“ (Typ A, *n*=3 Quellen) steht derzeit unverbunden neben dem Key-Points-Ansatz, so dass ein *geringer Konsens* besteht, dass AAL nachhaltigen Konsum fördern (vgl. Tab. 4.10). Bilharz (2008) trifft keine Aussagen zu Assisted-Living-Systemen, was einerseits teilweise sicherlich darauf zurückzuführen ist, dass diese eine relativ neue Entwicklung im Kontext intelligenter Netze darstellen bzw. erst in jüngerer Zeit marktreife Produkte zur Verfügung stehen (Plattner u. a., 2020).[25] Andererseits geben die hier zitierten Studien (Bleda u. a., 2017; Almeida u. a., 2019) keine Hinweise auf ökologische Auswirkungen, sondern beziehen sich auf die soziale Dimension der Nachhaltigkeit, indem sie positive Wirkungen für das menschliche Wohlbefinden hervorheben. Aufgrund der geringen Anzahl *n*=2 von Studien und der fehlenden Beachtung der ökologischen Dimension ist hier von *geringen Belegen* für die Wirksamkeit von AAL auf den nachhaltigen Konsum auszugehen. Weiterer Forschungsbedarf besteht hinsichtlich einer integrierten Nachhaltigkeitsbewertung bzw. eines Life Cycle Assessments (LCA) von AAL (von Hauff und Kleine, 2005; Niemann u. a., 2009), um einzuschätzen, inwiefern es sich bei Assisted-Living-Systemen um Key Points nachhaltigen

---

25 Inzwischen stehen systematische Literatur-Analysen zu AAL zur Verfügung (Bastardo u. a., 2021).

Tabelle 4.10: **Gegenüberstellung von vier Typen intelligenter Netze zu Typ 1 nachhaltigen Konsums.** Vgl. Tab. 4.11 bis 4.13 unten. Abkürzungen: W.=Wohlfahrt, R.=Routine, T.=Teilsystem. Quelle: eigene Darstellung

Typen intelligenter Netze		**Typen zum ökonomischen Konsumverständnis**			
		Typ 1 Steuerungsmechanismus	**Typen 2–4 W.**	**R.**	**T.**
A	Assisted-Living-Systeme	Ansätze stehen unverbunden nebeneinander (*geringer Konsens*), Lebenszyklusanalyse von Assisted-Living-Systemen erforderlich (*geringe Evidenz, sehr geringe Konfidenz*)			
B	Cyber-Physical-Systems	unterschiedliche Zielstellung (Ökoeffizienz vs. Ökoeffektivität) der Ansätze (*mittlerer Konsens, mittlere Evidenz, mittlere Konfidenz*)	s.u.		
C	Demand-Side-Management	Direkte Lastkontrolle steht in Konkurrenz zur Konsumentensouveränität (*geringer Konsens, geringe Evidenz, sehr geringe Konfidenz*), anreizbasierte Laststeuerung bzw. variable Tarife sind vereinbar mit der Konsumentensouveränität (*hoher Konsens, geringe Evidenz, mittlere Konfidenz*)			
D	Disruptive Technologie	Übereinstimmung beider Ansätze (*hoher Konsens*), Motivation-Behaviour-Gap ist unzureichend untersucht (*geringe Evidenz, mittlere Konfidenz*)			

Konsums handelt (vgl. 5.1.1). Nach Mach u. a. (2017) bzw. Abb. 4.6 (Schritt 4) besteht somit *sehr geringe Konfidenz*, dass AAL nachhaltigen Konsum als Steuerungsmechanismus unterstützen.

Das Verständnis intelligenter Netze als Cyber-Physical Systems (CPS, Typ B), ist der am häufigsten vorliegende Typ in der vorliegenden Stichprobe

(n=11 Quellen). Die meisten Autoren haben ein Erkenntnisinteresse an Datenanalyse und Data Mining sowie kryptographischen Verfahren. Aufgrund der Anzahl n=11 von Studien und der robusten theoretischen Fundierung in der statistischen Datenanalyse liegt eine *mittlere Evidenz* vor, dass Cyber-Physical Systems die Ökoeffizienz des Konsums erhöhen können. In Übereinstimmung mit dem Key-Points-Ansatz werden in CPS Kosten-Nutzen-Analysen für Photovoltaikanlagen, Batteriespeicher oder intelligente Stromzähler eingesetzt. Der Key-Points-Ansatz nachhaltigen Konsums legt nahe, dass es bei nachhaltigem Konsum wesentlich darauf ankommt, Konsumentscheidungen mit großen, insbesondere ökologischen, Auswirkungen prioritär zu behandeln, d.h. der Ansatz bezieht sich auf die Effektivität des Konsums und seiner Steuerungswirkung. Im Unterschied dazu werden intelligente Netze in Typ-B-Literatur als Verbesserung der Effizienz des Konsums gesehen. Für eine völlige Kohärenz beider Ansätze ist ein Übergang von der Ökoeffizienz zur Ökoeffektivität erforderlich (vgl. 5.1.3), weshalb hier von *mittlerem Konsens* ausgegangen wird. Es besteht demnach eine *mittlere Konfidenz*, dass Cyber-Physical-Systems nachhaltigen Konsum als Steuerungsmechanismus unterstützen.

Ein Verständnis intelligenter Netze als wesentliche Voraussetzung für Demand-Side-Management (Typ C, n = 3 Quellen) unterscheidet sich vom Key-Points-Ansatz (Römer u. a., 2012; Darby, 2018; Mosannenzadeh u. a., 2017). Beim Demand-Side-Management i.e.S. liegt die Steuerung des Energieverbrauchs auf Seiten des Energieversorgungsunternehmens (EVU) und nicht beim Konsumenten. Ein Beispiel für DSM von Haushaltskunden ist die Steuerung der Ladevorgänge von E-Pkw und die Nutzung von E-Pkw als Pufferspeicher. Es sind verschiedene konkrete Ausgestaltungsmöglichkeiten, die sich zwischen direkter Lastkontrolle und indirektem Lastmanagement bewegen, denkbar (Paetz u. a., 2012, S. 1). Dezentralisierung und eine steigende Anzahl der Einspeiser in das Niederspannungsnetz führen dazu, dass einem intelligenten, automatischen Lastmanagement in Niederspannungsnetzen große Bedeutung beigemessen wird, etwa durch direktes Lastmanagement über Fernwirktechnik. So lassen sich z.B. Heizungen und Warmwasserbereitung von privaten Haushalten fernsteuern (Stadler, 2005, S. 23 f.). Das enge Verständnis von DSM steht daher in Konkurrenz zur Konsumentensouveränität, es besteht ein *geringer Konsens*. Wegen der geringen Anzahl an Quellen n = 3 liegt nur *geringe Evidenz* vor. Insgesamt ist mit *sehr geringer Konfidenz* davon auszugehen, dass DSM i.e.S. den nachhaltigen Konsum fördert. Es wird im Kern eine „Abkehr von der Mentalität des energetischen Überflusses und das Entwickeln einer Vision von kultivierten Verhaltensmustern, die den natürlichen Gegebenheiten gerecht werden" als notwendig erachtet (Bauer, 2008, S. 296). Dem Key-Points-Ansatz liegt ein weites DSM-Verständnis näher, das sich variabler Tarife bedient (Schittek, 2019) und nicht in Konkurrenz zur Konsumentensouveränität tritt (*hoher Konsens*). Intelligente Netze und Demand-Side-Management werden in der Literatur vom Typ C als unerlässlich für eine effiziente Nutzung fluktuierender erneuerbarer Energien hervorgehoben. Probleme, die sich aus fluktuierender Einspeisung ergeben, können entweder durch eine Erhöhung der Nachfrageelastizität oder durch eine (zeitliche und/oder räumliche) Entkopplung von Angebot und Nachfrage gelöst werden. Für ersteres werden eine moderne Zählerinfrastruktur und für letzteres dezentrale Speicher als Kernfaktoren gesehen (Römer u. a., 2012). Im Hinblick auf DSM wird von Konsumenten eine Anpassung an die Verfügbarkeit von Sonnen- und Windkraft erwartet. Dies soll z.B. erreicht werden durch eine intelligente Regelung von Geräten wie Kühlschränken, Wärmepumpen oder Batterien. Die Autoren betonen die rasch wachsende Bedeutung dynamischer selbst-lernender Steuerungssysteme im Wohngebäudesektor. Sie sehen darüber hinaus einen Bedarf an ganzheitlichen Ansätzen wie Steuern, Subventionen und stringenten Bauvorschriften (Darby, 2018, S. 33). Einen vergleichenden Überblick über die wichtigsten Ergebnisse ausgewählter weltweiter DSM-Feldversuche mit variablen Stromtarifen gibt die Dissertation von Hillemacher (2014, S. 45 ff.). Er hält fest, dass die Spitzenlastreduktionen nordamerikanischer und französischer Versuche deutlich höher ausfallen als etwa bei deutschen Feldversuchen, was auf die Haushaltsausstattung mit Klimageräten bzw. Elektroheizanwendungen zurückgeführt wird. Eine getrennte Betrachtung von Energiemanagement und Konsumentenverhalten wird in der Literatur von Typ C als unzureichend bezeichnet. Eine Zusammenarbeit mit Stakeholdern und eine gesellschaftliche Akzeptanz wird als zentral für DSM gesehen (Mosannenzadeh u. a., 2017). Mosannenzadeh u. a. (2017, S. 63) betonen, dass intelligente Netze effektiver umgesetzt werden können, wenn Informations- und Kommunikationstechnologie (IKT) durch nicht-technische Maßnahmen (z.B. Stakeholder-Dialoge) begleitet wird (s. Mosannenzadeh u. a., 2017, S. 55, mit weiterführender Literatur). Wegen der geringen Anzahl an Quellen $n = 3$ (*geringe Evidenz*)[26] und dem

26 Beucker und Hinterholzer (2020) haben zu den Auswirkungen von DSM auf die CO2-Emissionen von Haushalten eine neuere Fallstudie vorgelegt, die nicht mehr in der systematischen Literaturanalyse enthalten ist. Eine zeitliche Verschiebung des Haushaltsstromverbrauchs, der Wärmeerzeugung und des Ladezeitpunkts von Elektrofahrzeugen kann in einem Wohnbezirk mit 224 Wohnungen bis zu 643 t direkte

hohen Konsens ist insgesamt mit *mittlerer Konfidenz* davon auszugehen, dass DSM i.w.S. den nachhaltigen Konsum als Steuerungsmechanismus fördert.

Artikel vom Typ „intelligente Netze als disruptive Technologie“ (Typ D, $n = 5$ Artikel) der Literatur-Stichprobe zu intelligenten Netzen kommen dem Key-Points-Ansatz am nächsten (*hoher Konsens*), da Konsumentensouveränität bei beiden Ansätzen eine zentrale Rolle spielt. Intelligente Netze erhöhen in diesem Zweig der Literaturstichprobe die Sichtbarkeit des Energieverbrauchs, was aus Sicht der Autoren zu einem bewussteren und verantwortungsvolleren Konsum beiträgt. Die Autoren (Heiskanen und Matschoss, 2016; Smale u. a., 2019; Zhai u. a., 2019; Stragier u. a., 2013) zeigen ein Erkenntnisinteresse an Nutzerinnovation und verändertem Energie-Konsumverhalten. Messeinrichtungen werden als zentrales Element eines intelligenten Netzes gesehen (Smale u. a., 2019, S. 595). Jedoch gehen die fünf Autoren der Literatur vom Typ D nicht ausreichend auf die Lücke zwischen Anspruch und Wirklichkeit ein, die unter dem Begriff „Motivation-Behaviour-Gap“ dokumentiert ist (Kopatz, 2017, S. 69–72; Nielsen u. a., 2016, S. 69, mit weiteren Literaturverweisen). Aufgrund der eher geringen Anzahl von $n = 5$ Quellen und der unzureichenden theoretischen Fundierung wird die wissenschaftliche *Evidenz* als *gering* bewertet.[27] Es ist mit *mittlerer Konfidenz* davon auszugehen, dass disruptive Technologien nachhaltigen Konsum als Steuerungsmechanismus unterstützen.

4.2.3.2 Intelligente Netze und Konsum als Wohlfahrt bzw. Lebensqualität

Das neoklassisch-wohlfahrtsökonomische Verständnis und der Lebensqualitätsansatz (Typen 2a und 2b) werden in diesem Abschnitt in Bezug zum Verständnis intelligenter Netze als Assisted-Living-System (AAL), als Cyber-Physical-System, als Demand-Side-Management und als disruptive Technolo-

---

und indirekte CO2-Emissionen einsparen (knapp 3 t pro Haushalt). Die Autoren kritisieren einen Mangel an „political and financial incentives or reliable indicators for evaluating the buildings and their equipment“, weshalb die Bewertung *geringe Evidenz* weiterhin gerechtfertigt erscheint.

27 Hansen u. a. (2020) betonen, dass „designing energy feedback directly targeted at an energy community has only sparsely been researched in the HCI community“ (HCI steht für Human-Computer Interaction). Die Autoren sehen weiteren Forschungsbedarf für langfristig angelegte Feldstudien, um die Effekte von Energieverbrauchs-Feedback zu untersuchen. Die qualitative Feldstudie von Hansen u. a. (2020) wurde in der systematischen Literaturanalyse nicht berücksichtigt, da sie später erschienen ist.

gie gesetzt (vgl. Tab. 4.4 und 4.9). Konsum dient in wohlfahrtsökonomischen Ansätzen der Steigerung bzw. Gewährung eines materiell akzentuierten Lebensstandards, die hier unter Typ 2a zum ökonomischen Konsumverständnis subsumiert werden (Abschnitte 2.2.3, 3.4.1). Dieses Konsumverständnis ist verbunden mit einem Erkenntnisinteresse an Wachstum und Entkopplung von Ressourcenverbrauch bzw. Verschmutzung. Erneuerbare Energien sind aus dieser Perspektive elementar für nachhaltigen Konsum. Während die nicht-regenerativen Energieträger durch ihre Verknappung im Zeitablauf einer gesetzmäßigen progressiven Kostenfunktion unterliegen, die durch technologische Effizienzsteigerungen langfristig nicht aufgefangen werden kann,[28] unterliegt regenerative Energiegewinnung derzeit einer degressiven Kostenfunktion, vor allem durch „economies of scale" bei der Produktion der notwendigen Investitionsgüter (z.B. Solarzellen aus Massenproduktion), stetiger Weiterentwicklung der Technologie (z.B. effizientere und größere Windkraftanlagen) und Wegfall der ansteigenden Kosten für rohstoffliche Energieträger (Bauer, 2008, S. 296, 302; REN21, 2020, S. 15 ff. Creutzig u. a., 2017). Erweiterungen durch intelligente Netze ergeben sich im Bereich der Energiemanagementsysteme, die u.a. den Eigenverbrauch des PV-Stroms deutlich steigern können (Allerding, 2013, S. 28).

Literatur vom Typ „intelligente Netze als *Assisted-Living-Systeme (AAL)*" (Typ A, $n = 2$ Quellen) betont die Relevanz von Lebensqualität, die durch in Mobiliar eingebettete Systeme erreicht werden soll. Den Zielbezug zur Lebensqualität teilt sie mit Ansätzen der neuen Wohlfahrtsökonomik (Typ 2b in Tab. 4.4, z.B. Nussbaum und Sen, 1993; *hoher Konsens*). Assisted-Living-Systeme (AAL) tragen als Konsumgüter zur materiellen Wohlfahrt (Typ 2a) bei. Inwiefern materielle Wohlfahrt der Lebensqualität entspricht, ist – wie von Easterlin (1974) angemerkt – fraglich. Es liegt geringe Evidenz ($n = 2$ Quellen) vor. Es besteht *mittlere Konfidenz*, dass AAL zu nachhaltigem Konsum als Wohlfahrt und Lebensqualität beitragen.

Das Verständnis intelligenter Netze als *Cyber-Physical Systems* (Typ B; $n = 11$ Quellen) bezieht sich auf Anwendungen in Gebäuden und für Gebäudeenergiemanagement. Cyber-physikalische Systeme (CPS) integrieren Computer-Berechnungen, Informationsnetzwerke und physikalische Prozesse (Lun u. a., 2019). Cyber-physikalische Systeme zielen auf Resilienz und Sicherheit, die durch Methoden wie Aufklärung (Wetter- und Stromverbrauchsvorhersagen, moderne Messsysteme), Redundanz (Fehlertoleranz)

28 Der progressive Verlauf der Funktion setzt spätestens ab dem Zeitpunkt des maximalen rohstofflichen Ertrags (z.B. Peak Oil) ein (Bauer, 2008, S. 302).

Tabelle 4.11: **Bezug von vier Typen zum Kontext intelligenter Netze zu Typ 2 nachhaltigen Konsums.** Vgl. Tab. 4.10, 4.12 und 4.13. Abkürzungen: S.=Steuerungssystem, R.=Routine, T.=Teilsystem. Quelle: eigene Darstellung

Typen intelligenter Netze		Typen zum ökonomischen Konsumverständnis		
		Typ 1	**Typ 2**	**Typ 3,4**
		S.	**Wohlfahrt**	**R. T.**
A	Assisted-Living-Systeme		übereinstimmende Betonung der Lebensqualität, AAL tragen zum materiellen Lebensstandard bei (*hoher Konsens, geringe Evidenz, mittlere Konfidenz*)	
B	Cyber-Physical-Systems	s.o.	weitgehende Übereinstimmung mit Ansätzen materieller Wohlfahrt, mögliche Beeinträchtigung der Lebensqualität in Datenschutzbelangen (*hoher Konsens, mittlere Evidenz, hohe Konfidenz*)	s.u.
C	Demand-Side-Management		Direkte Eingriffe stehen in Konkurrenz zur Konsumentensouveränität (*geringer Konsens, geringe Evidenz, sehr geringe Konfidenz*), variable Tarife sind vereinbar mit der Konsumentensouveränität (*hoher Konsens, geringe Evidenz, mittlere Konfidenz*)	
D	Disruptive Technologie		grundsätzliche Übereinstimmung (*hoher Konsens, geringe Evidenz, geringe Konfidenz*)	

sowie Entkopplung (Fähigkeit zum Inselbetrieb) erreicht werden sollen. Auf Gebäudeebene wird ein durchgängiger Betrieb für das Wohlbefinden der Nutzer angestrebt. Durch Einsatz von PV, Batteriespeichern und Microgrids, die im Inselbetrieb operieren können, kann ein Stromausfall bis zu einem gewissen Grad kompensiert werden (Manic u. a., 2016, S. 28). Der Sicherheitsaspekt cyber-physikalischer Systeme ist für Agarkar und Agrawal (2019), Habib u. a. (2018) und Chin u. a. (2017) Ausgangspunkt einer Analyse kryptografischer Verfahren. Da in intelligenten Netzen ein ständiger Austausch von Energieverbrauchsdaten, Nachfrage- und Preisänderungen zwischen Kunden und Energieversorgungsunternehmen stattfindet, sind sie anfällig für Attacken wie Man-In-The-Middle-Attacke und DoS (Denial-of-Service-Attacke; Agarkar und Agrawal, 2019, S. 4). Anwar und Mahmood (2014) und Langner (2011) nennen als Beispiel Instabilitäten im Stromnetzbetrieb, die durch einen gegen Siemens-Industriesoftware gerichteten Computerwurm („Stuxnet") im Jahr 2010 verursacht wurden. Cyber-physikalische Systeme als Form intelligenter Netze (Typ B) erscheinen geeignet, sowohl die materielle Wohlfahrt (Typ 2a zum ökonomischen Konsumverständnis) als auch die Lebensqualität (Typ 2b) zu fördern (*hoher Konsens*). Agarkar und Agrawal (2019, S. 15) sehen Trade-offs zwischen der Sicherheit intelligenter Netze und Datenschutz und damit verbunden indirekt Einschränkungen der Lebensqualität.[29] Aufgrund der Anzahl $n = 11$ von Studien liegt eine *mittlere Evidenz* vor, dass cyber-physikalische Systeme relevant für nachhaltigen Konsum unter Berücksichtigung intelligenter Netze sind.[30] Es besteht *hohe Konfidenz*, dass cyber-physikalische Systeme nachhaltigen Konsum als Wohlfahrt und Lebensqualität fördern können.

Ein Verständnis intelligenter Netze als *Demand-Side-Management* (Typ C, $n = 3$ Quellen) findet sich in der hier untersuchten Stichprobe vorwiegend in der Literatur zur intelligenten Stadt (smart energy city) aus einer Stadtplanungsperspektive und folgt einem interdisziplinären (sozio-ökonomischen und ökologischen) Ansatz (Darby, 2018; Mosannenzadeh u. a., 2017; Römer u. a., 2012). Die Erhöhung der Lebensqualität wird als erklärtes Ziel der Untersuchung angeben (Mosannenzadeh u. a., 2017, S. 54), weshalb dieser

---

29 Edu u. a. (2020) legen einen neuen Überblick zu Sicherheits- und Datenschutzrisiken von Smart Home Personal Assistants (SPA, z.B. Amazon Alexa und Google Assistant) vor. Die Autoren betonen: „SPA security and privacy is a fast-moving field still in its infancy". Der Überblicksartikel von Edu u. a. (2020) wurde aufgrund der späteren Veröffentlichung nicht bei der systematischen Literaturanalyse berücksichtigt.

30 Fiorini und Aiello (2020) legen eine neue Modellierung des Potenzials von Energie-Management-Systemen in Smart Homes für die Reduktion von Emissionen und zur Energiekostenersparnis vor. Die Autoren betonen, dass „emissions and costs strongly depend on the importance given by the users to the environmental and economic goals". Die Modellierung von Fiorini und Aiello (2020) wurde aufgrund des Veröffentlichungsdatums nicht bei der systematischen Literaturanalyse berücksichtigt.

Literaturzweig in Einklang mit Typ 2b zum ökonomischen Konsumverständnis zu sehen ist (*hoher Konsens*). Insofern DSM eine effiziente Nutzung erneuerbarer Energien ermöglicht, ist DSM auch aus der Perspektive eines ökonomischen Konsumverständnisses vom Typ 2a wünschenswert. Aufgrund der geringen Anzahl von $n = 3$ Quellen liegt *geringe Evidenz* vor, dass DSM wirksam ist. Es besteht *mittlere Konfidenz*, dass DSM nachhaltigen Konsum als Wohlfahrt und Lebensqualität fördert.

Literatur vom Typ „intelligente Netze als *disruptive Technologie*" (Typ D, $n = 5$ Quellen; Heiskanen und Matschoss, 2016; Smale u. a., 2019; Hargreaves u. a., 2018; Stragier u. a., 2013; van Dam u. a., 2013) erklärt Energiemanagement mit Hilfe des Social-Practice-Ansatzes (Herrero u. a., 2018; Naus, 2017, Überblick bei). Der Social-Practice-Ansatz weicht vom Fokus auf das Individuum ab, der ökonomische Theorien kennzeichnet. Stattdessen bezieht sich der Social-Practice-Ansatz auf „the instantaneous interplay between agency and structure - the practice - that forms the appropriate ‚level' of analysis" (Giddens, 1984; Naus, 2017). Solche Praktiken dienen speziellen Haushaltsaufgaben; Beispiele sind Wäschewaschen, Energieverbrauchsüberwachung, Erzeugung erneuerbarer Energie und Zeitverschiebung von Energieverbrauch (Naus, 2017, S. 121; Smale u. a., 2019, S. 587). Die Autoren dieses Literaturzweigs haben sowohl Komfort als auch Energie- und Klimaziele im Blick (Smale u. a., 2019, S. 596) und verfolgen einen nutzer-zentrierten Ansatz (Stragier u. a., 2013, S. 17; Hargreaves u. a., 2018, S. 137). Somit scheint eine grundlegende Übereinstimmung dieses Literaturzweigs (Typ D) mit dem Verständnis von Konsum als Wohlfahrt, sowohl im materiellen Sinne (Typ 2a) wie auch im Sinne von Lebensqualität (Typ 2b) gegeben zu sein (*mittlerer Konsens*). Aufgrund der eher geringen Anzahl von $n = 5$ Quellen liegt *geringe Evidenz* vor, dass disruptive Technologien relevant sind. Es besteht *geringe Konfidenz*, dass disruptive Technologien nachhaltigen Konsum als Wohlfahrt und Lebensqualität fördern.

4.2.3.3 Intelligente Netze und Konsum als Ökoroutine

Der Ökoroutine-Ansatz (Typ 3) wird in diesem Abschnitt in Bezug zum Verständnis intelligenter Netze als Assisted-Living-System (AAL), als Cyber-Physical-System, als Demand-Side-Management und als disruptive Technologie gesetzt (vgl. Tab. 4.4 und 4.9). Kopatz (2017, S. 356) plädiert im Ökoroutine-Ansatz für technische Standardeinstellungen als Anstoß für nachhaltiges Konsumverhalten. Als Beispiel erwähnt er die typischen Zeitschalter für Treppenhausbeleuchtung, die automatisch das Licht ausschalten; Nutzer müssen die Beleuchtung jedesmal manuell einschalten. Wäre die Standardeinstellung umgekehrt, bliebe die Beleuchtung unter Umständen stundenlang eingeschaltet, wenn ein Nutzer das Ausschalten vergesse. Analog könnte die Werkseinstellung der Kühlschranktemperatur höher ausfallen, oder Ökostrom könnte als Standard-Stromtarif angeboten werden. Erweitert auf künstliche Intelligenz, die routinemäßige Konsumentscheidungen wie die Bedienung von Heizungsthermostaten, Rollläden oder Beleuchtung übernimmt, fordert der Ansatz eine sorgfältige Bestimmung von Standard- bzw. Werkseinstellungen.

Ein Verständnis intelligenter Netze als *Assisted-Living-System (AAL)* (Typ A, $n = 3$ Quellen) steht teilweise in Konkurrenz zum Ökoroutine-Ansatz (*geringer Konsens*). Während Autoren wie Bleda u. a. (2017) und Almeida u. a. (2019) argumentieren, dass eine Ausweitung von Geräten und eingebetteten Systemen wie Armbändern, Bewegungssensoren und intelligenten Möbeln das menschliche Wohlbefinden verbessern kann, indem der Gesundheitszustand überwacht wird oder (ältere) Personen stimuliert werden, plädiert Kopatz (2017, S. 144) für einen „Weniger-Effekt" beim Stromverbrauch, der dadurch erreicht wird, dass Konsumenten bewusst darauf verzichten, weitere oder größere Geräte anzuschaffen. Dies trifft umso mehr auf die Elektrifizierung bisher „analoger" Einrichtungsgegenstände wie Möbel zu. Kopatz (2017) favorisiert Nachbarschaftshilfe, Selbsthilfe und Freiwilligendienste, um Solidarität zwischen den Generationen zu fördern (S. 300–307, 270 ff.). Da sich das Erkenntnisinteresse der Literatur vom Typ A vor allem auf technische Sensor-Entwicklung richtet, liegt dieser Literaturzweig eher weiter von den nachhaltigen Politikempfehlungen, die Kopatz' Ökoroutine-Ansatz umfasst, entfernt. Um die Frage zu beantworten, inwiefern menschliches Wohlbefinden durch intelligente Technologien des Ambient-Assisted-Living (AAL) gefördert wird, ist eine entsprechende theoretische Fundierung erforderlich, die die beiden Quellen jedoch nicht bieten. Aufgrund der geringen Anzahl von $n = 2$ Quellen und der unzureichenden theoretischen Fundierung liegt *geringe Evidenz* vor, dass AAL relevant sind. Es besteht *sehr geringe Konfidenz*, dass AAL nachhaltigen Konsum als Routine fördern.

Die Relevanz von Standards wird in der Literaturstichprobe zu nachhaltigem Konsum unter Berücksichtigung intelligenter Netze betont, insbesondere in Quellen vom Typ *Cyber-Physical-System* (Typ B, $n = 11$ Quellen). Dogger u. a. (2011) streben eine Verlängerung von Batterielebensdauern durch eine Antizipation des Energieverbrauchsverhaltens der Nutzer aufgrund von Vergangenheitswerten an. Hier besteht ein Risiko, nicht-nachhaltige Konsummuster zu verstetigen (*geringer Konsens*). Autoren dieses Literaturzweigs sehen intelligente Netze typischerweise als ein System zur Überwachung und Vorhersage menschlichen Verhaltens. Dies ist die am häufigsten vertretene Position in der Stichprobe (fast zwei Drittel der Quellen). Die meisten Autoren zeigen ein Erkenntnisinteresse an Datenanalyse- und Data-Mining-Methoden für die großen Sensor-Datenmengen, die typischerweise in intelligenten Netzen anfallen. Der Literaturzweig teilt sich weiter in zwei Sub-Typen auf: ein größerer Zweig optimistischer Autoren, die hauptsächlich auf eine Erhöhung der Energieeffizienz und eine Erleichterung des Lebensstils zielen und ein kleinerer Zweig vorsichtigerer Autoren, die Datenschutzprobleme sehen und sich daher vor allem mit kryptografischen Methoden beschäftigen. Eine Diskussion von Datenschutz und -sicherheit wie sie für Teile der Cyber-Physical-Systems-Literatur kennzeichnend ist, fehlt im Ökoroutine-Ansatz von Kopatz (2017). Aufgrund der Anzahl von $n = 11$ Quellen und der umfangreichen Vorarbeiten in den Gebieten der Statistik und Datenanalyse liegt eine *mittlere Evidenz* für die Relevanz von CPS vor. Es besteht *geringe Konfidenz*, dass CPS nachhaltigen Konsum als Routine fördern.

Intelligente Netze werden als unabdingbare Voraussetzung für *Demand-Side-Management* bzw. effiziente Nutzung fluktuierender, dezentral erzeugter erneuerbarer Energie gesehen (Typ C, $n = 3$ Quellen). Demand-Side-Management steht beispielhaft für eine Abkehr von der Mentalität des energetischen Überflusses und für Verhaltensmuster, die den natürlichen Gegebenheiten gerecht werden (Bauer, 2008, S. 296). Dies wird z.B. durch eine Lastverschiebung von Wärmepumpen oder des Ladezeitpunkts von Elektrofahrzeugbatterien angestrebt. Folglich betonen die Autoren eine zunehmende Relevanz dynamischer, selbst-lernender Gebäudemanagementsysteme, wobei sie einen Bedarf an flankierenden politischen Regelungen sehen (Darby, 2018, S. 33). Obwohl Kopatz (2017, S. 122 ff.) nicht explizit Bezug auf DSM nimmt, zeigt er am Beispiel einer Lüftungsanlage, dass umweltfreundliche Gebäudeautomation ihren Zweck nicht erreicht, wenn die Nutzer sie nicht nutzen. Übereinstimmend wird eine getrennte Betrachtung von Konsumentenverhalten und Energiemanagement in Literatur vom Typ C als unangemessen angesehen (*hoher Konsens*). Mosannenzadeh u. a. (2017, S. 55) heben hervor, dass begleitende nicht-technische Maßnahmen zur Förderung sozialen Kapitals z.B. in Form von Stakeholderdialogen zentral für die effektive Entwicklung intelligenter Netze seien. Mosannenzadeh u. a. (2017, S. 63) betonen, dass IKT kein Selbstzweck sei: „ICT is not an end, but an enabler". Aufgrund der niedrigen Anzahl von $n = 3$ Quellen liegt derzeit *geringe*

Evidenz für die Relevanz von DSM vor. Es besteht *mittlere Konfidenz*, dass DSM nachhaltigen Konsum als Routine fördert.

In einem vierten Zweig der Literaturstichprobe werden intelligente Netze als *disruptive Technologie* gesehen, die es Konsumenten durch eine erhöhte Sichtbarkeit des Energieverbrauchs ermöglichen soll, ökologisch verantwortungsvoll zu handeln. Die Quellen (Typ D, $n = 5$) weisen ein Erkenntnisinteresse an Nutzerinnovation und dem Wandel von Energieverbrauchsverhalten auf (Heiskanen und Matschoss, 2016; Smale u. a., 2019; Zhai u. a., 2019; Stragier u. a., 2013). Als zentrales Element werden Sensortechnologien gesehen (Smale u. a., 2019, S. 595). Jedoch stellt Kopatz (2017, S. 44, 144 ff.) in Frage, dass ökologische und nachhaltige Fragestellungen durch technische Innovation alleine gelöst werden können, und plädiert zur Vermeidung von Rebound-Effekten für begleitende politische Maßnahmen im Sinne der Ökodesign-Verordnung (Verordnung 2009/125/EC). Zudem steht der in der Literatur zum nachhaltigen Konsum dokumentierte Motivation-Behaviour-Gap im Gegensatz zur Grundannahme von Typ D, weshalb *geringer Konsens* besteht (Kopatz, 2017, S. 69–72; Nielsen u. a., 2016, S. 69 mit weiteren Literaturhinweisen). Hargreaves u. a. (2018, S. 136) weist darüber hinaus auf das Risiko hin, dass Disruption durch Smart-Home-Technologien (SHT) bzw. Energiemanagementsysteme (EMS) zu „non-use, resistance and rejection" oder zu lediglich partieller Nutzung führen können. Analysen qualitativer Interview-Daten aus Feldversuchen ergibt nur *geringe Evidenz* für substantielle Energieeinsparungen, während gleichzeitig ein Risiko gesehen wird, dass Smart-Home-Technologien (SHT) energieintensive Nutzungsformen begünstigen (Hargreaves u. a., 2018, S. 127). Es besteht *sehr geringe Konfidenz*, dass disruptive Technologien nachhaltigen Konsum als Routine fördern.

4.2.3.4 Intelligente Netze und Konsum als Teilsystem

Der Ansatz einer Postwachstumsökonomie (Typ 4) wird in diesem Abschnitt in Bezug zum Verständnis intelligenter Netze als Assisted-Living-System (AAL), als Cyber-Physical-System, als Demand-Side-Management und als disruptive Technologie gesetzt (vgl. Tab. 4.4 und 4.9). Jackson (2017b) vertritt eine wachstumskritische Perspektive auf nachhaltigen Konsum, indem er argumentiert, dass der gesamte Konsum in seiner Dimension beziehungs-

Tabelle 4.12: **Bezug von vier Typen zum Kontext intelligenter Netze zu Typ 3 nachhaltigen Konsums.** Vgl. Tab. 4.10, 4.11 und 4.13. Abkürzungen: S.=Steuerungssystem, W.=Wohlfahrt, T.=Teilsystem. Quelle: eigene Darstellung

Typen intelligenter Netze		**Typen zum ökonomischen Konsumverständnis**			
		Typ 1,2		**Typ 3**	**Typ 4**
		S.	**W.**	**Routine**	**T.**
A	Assisted-Living-Systeme (AAL)			In Mobiliar eingebettete Systeme stehen in Konkurrenz zum vom Ökoroutine-Ansatz geforderten „Weniger-Effekt“ (*geringer Konsens, geringe Evidenz, sehr geringe Konfidenz*)	
B	Cyber-Physical-Systems	s.o.		Risiko einer Verstetigung nicht-nachhaltiger Konsummuster wird kaum gesehen (*geringer Konsens, mittlere Evidenz, geringe Konfidenz*)	s.u.
C	Demand-Side-Management			weitgehende Übereinstimmung beider Ansätze (*hoher Konsens, geringe Evidenz, mittlere Konfidenz*)	
D	Disruptive Technologie			Konkurrenz zur Ökoroutine, da Motivation-Behaviour-Gap unberücksichtigt bleibt (*geringer Konsens, geringe Evidenz, sehr geringe Konfidenz*)	

weise seiner Zunahme ökologisch und sozial schädlich ist.[31] Gleichzeitig kritisiert Jackson Entkopplung als Mythos. Eine Postwachstumsökonomie mit einer komplexen Anreizstruktur kann es sich aus Jacksons Sicht nicht leisten, dass Werbung zusätzliche materielle Wünsche stimuliert. Diese Einsicht steht potenziell in einem Konflikt mit Teilen der Internet-Ökonomie, deren Geschäftsmodelle wesentlich auf Werbung beruhen.

31 Dieser Ansatz wird stellvertretend für Typ 4 zum ökonomischen Konsumverständnis herausgegriffen, s. Tab. 4.4 auf S. 151.

Tabelle 4.13: **Bezug von vier Typen zum Kontext intelligenter Netze zu Typ 4 nachhaltigen Konsums.** Vgl. Tab. 4.10 bis 4.12 oben. Abkürzungen: S.=Steuerungssystem, W.=Wohlfahrt, R.=Routine. Quelle: eigene Darstellung

Typen intelligenter Netze		**Typen zum ökonomischen Konsumverständnis**			
		Typen 1–3			**Typ 4**
		S.	**W.**	**R.**	**Teilsystem**
A	Assisted-Living-Systeme				wenige Anknüpfungspunkte, mögliche Zunahme von Elektroschrott steht in Konkurrenz zum Ansatz Jacksons (*geringer Konsens, geringe Evidenz, sehr geringe Konfidenz*)
B	Cyber-Physical Systems		s.o.		Spezialfall eines dargebotsabhängigen Inselbetriebs ist beispielhaft für eine Begrenzung des Konsums im Sinne Jacksons, im Allgemeinen sehen CPS jedoch keine Begrenzung vor (*geringer Konsens, mittlere Evidenz, geringe Konfidenz*)
C	Demand-Side-Management				*Hoher Konsens*, dass eine Abkehr von der Mentalität des energetischen Überflusses und eine Hinwendung zu Verhaltensweisen, die den natürlichen Gegebenheiten gerecht werden, erforderlich ist (*geringe Evidenz, mittlere Konfidenz*)
D	Disruptive Technologie				*Geringer Konsens*, da *geringe Evidenz* für Energieeinsparungen vorliegen, energieintensive Nutzungsformen jedoch begünstigt werden (*sehr geringe Konfidenz*)

Die Literatur zu „intelligenten Netzen als *Assisted-Living-Systeme (AAL)*“ (Typ A, $n = 2$ Quellen) hat kaum Anknüpfungspunkte zum Ansatz der ökologischen Ökonomik (*geringer Konsens*). Jackson trifft Aussagen auf einer Makro-Ebene, während Assisted-Living-Systeme eher an technischem Fortschritt auf einer Mikro-Ebene interessiert sind. Assisted-Living-Systeme befinden sich noch in einer Nische, da erst in jüngerer Zeit marktreife Produkte zur Verfügung stehen (Plattner u. a., 2020). Autoren wie Bleda u. a. (2017) und Almeida u. a. (2019) befürworten tendenziell eine Ausweitung von eingebetteten Systemen in Möbeln, wobei sie nicht auf Reparaturfähigkeit und kürzere Nutzungszeiten eingehen (UBA, 2016b). Aufgrund der geringen Anzahl von $n = 2$ Quellen und der noch geringen Verfügbarkeit Markt liegt derzeit *geringe Evidenz* für die Relevanz von AAL vor. Es besteht *sehr geringe Konfidenz*, dass AAL nachhaltigen Konsum als Teilsystem fördern.

Das Verständnis intelligenter Netze als *Cyber-Physical Systems* (Typ B); $n = 11$ Quellen) umfasst als Besonderheit die Möglichkeit eines Inselbetriebs (Manic u. a., 2016), die dargebotsabhängig von fluktuierender erneuerbarer Erzeugung ist (Federau, 2016, S. 116), was in einem solchen Inselnetz eine Begrenzung und Verteilung des Konsums im Sinne Jacksons erforderlich macht. Außerhalb dieses Sonderfalls sehen Cyber-Physical Systems eine Begrenzung jedoch nicht vor (*geringer Konsens*). Aufgrund der Anzahl von $n = 11$ Quellen und der umfangreichen Vorarbeiten in den Gebieten der Statistik und Datenanalyse liegt eine *mittlere Evidenz* für die Relevanz von CPS vor. Es besteht *geringe Konfidenz*, dass CPS nachhaltigen Konsum als Teilsystem fördern können.

Eine Perspektive, aus der Konsum als Teilsystem erscheint, hat Parallelen zu Literatur vom Typ „*Demand-Side-Management* als Voraussetzung für intelligente Netze" (Typ C, $n = 3$ Quellen), da Demand-Side-Management für eine Abkehr von der Mentalität des energetischen Überflusses und für Verhaltensmuster, die den natürlichen Gegebenheiten gerecht werden, steht (*hoher Konsens*; Bauer, 2008, S. 296; s.a. Abschnitt 4.2.3.3 und 4.2.3.2). Aufgrund der niedrigen Anzahl von $n = 3$ Quellen liegt derzeit *geringe Evidenz* für die Relevanz von DSM vor. Es besteht *mittlere Konfidenz*, dass DSM nachhaltigen Konsum als Teilsystem fördert.

Der Literaturzweig zu intelligenten Netzen als *disruptive Technologie* (Typ D, $n = 5$ Artikel) unterscheidet sich von der Analyseebene her vom Makro-Ansatz Jacksons, da hier die Mikro-Ebene der Nutzer und ihrer „social practices" im Vordergrund einer qualitativ-empirischen Analyse steht (*geringer Konsens*). Bisher gibt es nur *geringe Evidenz* für substantielle Energieeinsparungen, während gleichzeitig ein Risiko gesehen wird, dass Smart-Home-Technologien energieintensive Nutzungsformen begünstigen (Hargreaves u. a., 2018, S. 127), was in Konkurrenz zum Anspruch Jacksons an einen nachhaltigen Konsum steht. Es besteht *sehr geringe Konfidenz*, dass DSM nachhaltigen Konsum als Teilsystem fördert.

4.2.4 Zusammenfassung, Kritik und Politikempfehlungen für nachhaltigen Konsum unter Berücksichtigung intelligenter Netze

Nachhaltiger Konsum ist ein relativ neuer Ansatz innerhalb einer nachhaltigen Entwicklung, der sich tendenziell auf die ökologische Dimension und einen Konsum innerhalb planetarer Grenzen richtet. Konsum wurzelt im Gegensatz dazu hauptsächlich in der ökonomischen Dimension. Im Ergebnis weist nachhaltiger Konsum facettenreiche Bezüge zu einer Vielzahl ökonomischer Theorien und teilweise inkommensurabler ökonomischer Ansätze auf. Eine Typologisierung von sieben Ansätzen hat *vier Typen nachhaltigen Konsums* ergeben: Konsum als Steuerungsmechanismus, als Wohlfahrt, als Routine und als Teilsystem. Das Erkenntnisinteresse reicht von marktlicher Koordination über Wirtschaftswachstum und Entkopplung bis hin zu Postwachstum.

Unter Berücksichtigung intelligenter Netze erweitern sich derzeit durch eine neue Energiepolitik und technischen Fortschritt die Spielräume von Konsumenten für nachhaltigen Konsum. Aufgrund der dynamischen Entwicklung und der Verschiedenheit der beteiligten Forschungszweige zum Kontext intelligenter Netze scheint es sinnvoll, die umfangreiche und rasch wachsende einschlägige Literatur systematisch zu sammeln und vorzusortieren. In einer systematischen Literaturanalyse wurden aus über 3.600 aktuellen, begutachteten Zeitschriftenbeiträgen mit Hilfe standardisierter Suchwortketten 21 einschlägige Quellen zu nachhaltigem Konsum unter Berücksichtigung intelligenter Netze herausgefiltert. Eine zweite Typologisierung der 21 systematisch analysierten Zeitschriftenartikel hat *vier Typen intelligenter Netze* ergeben: intelligente Netze als Assisted-Living-System (AAL), als Cyber-Physical-System (CPS), als Demand-Side-Management (DSM) und als disruptive Technologie (DT). Das Erkenntnisinteresse innerhalb der Literaturstichprobe ist weit gestreut von der Entwicklung eingebetteter Systeme über Datenanalyse und Data Mining bis hin zu Nutzerinnovation und Nutzerverhalten.

In Abb. 4.8 ist ein Überblick über die *Konfidenz*, mit der unterschiedliche Typen intelligenter Netze (A–D) verschiedene Typen eines nachhaltigen Konsums (1–4) fördern, dargestellt. Dies entspricht Schritt 3–4 in dem abgestuften Vorgehen von Mach u. a. (2017).[32] *Mittlere Konfidenz* besteht, dass cyberphysikalische Systeme nachhaltigen Konsum als Steuerungsmechanismus

32 Die Schritte 1–2 der Ansatzes von Mach u. a. (2017) mit einer qualitativen Bewertung von *Konsens* (*gering*, *mittel*, *hoch*) und *Evidenz* (*gering*, *mittel*, *hoch*) sind in Anhang A.7 einzeln dargestellt.

Abbildung 4.8: **Charakterisierung des wissenschaftlichen Verständnisses der Typen intelligenter Netze (Zeilen A–D) und nachhaltigen Konsums (Spalten 1–4).** (vgl. Schritt 3–4 in Abb. 4.6) Quelle: eigene Darstellung nach Mach u. a. (2017).

	1 Steuerungsmech.	2 Wohlfahrt	3 Routine	4 Teilsystem
A (AAL)	*sehr gering*	*mittel*	*sehr gering*	*sehr gering*
B (CPS)	*mittel*	*hoch*	*gering*	*gering*
C (DSM)	*sehr gering bis mittel*	*mittel*	*mittel*	*mittel*
D (DT)	*mittel*	*gering*	*sehr gering*	*sehr gering*

unterstützen können. Die Empfehlung, Key Points nachhaltigen Konsums in der Verbraucherkommunikation bzw. -beratung hervorzuheben, bleibt daher in cyber-physikalischen Systemen aktuell. Weiterer Forschungsbedarf besteht zu möglichen Lock-in-Effekten in cyber-physikalischen Systemen. Der Key-Points-Ansatz empfiehlt, den Konsumenten Investitionstipps zu geben, insofern Verhaltens- bzw. Routineveränderungen zu aufwändig erscheinen (Bilharz, 2008, S. 190 f.). Es besteht aber weiterer Forschungsbedarf, inwiefern Investitionen in CPS Konsumverhaltensänderungen ersetzen können. Mit *sehr geringer* bis *mittlerer Konfidenz* unterstützt DSM – je nach Ausprägung durch direktes Lastmanagement von Energieversorgungsunternehmen (EVU) oder indirekt über variable Strompreise – den Key-Points-Ansatz nachhaltigen Konsums. Disruptive Technologien tragen mit *mittlerer Konfidenz* zur Umsetzung von Key Points nachhaltigen Konsums bei. Verhaltensänderungen werden in intelligenten Netzen eher auf die Disruption zurückgeführt, die die Einführung bzw. Nutzung einer neuen Technologie in einem Haushalt mit sich bringt. Für diese Annahme fehlt jedoch wissenschaftliche Evidenz bzw. theoretische Fundierung, wie z.B. eine Betrachtung des „Motivation-Behaviour-Gap". Ambient-Assisted-Living-Systeme unterstützen bisher mit *sehr geringer Konfidenz* den Key-Points-Ansatz nachhaltigen Konsums, da die wenigen aktuell verfügbaren AAL-Systeme nicht in relevante Energieverbrauchskategorien (vgl. Anh. A.8) wie z.B. Wärmepumpen, Batteriespeicher oder Eigenverbrauchsoptimierung fallen.

Hohe Konfidenz besteht, dass cyber-physikalische Systeme nachhaltigen Konsum als Wohlfahrt fördern, da sie die Ökoeffizienz des Konsums erhöhen können. Dies trifft insbesondere zu, wenn Wohlfahrt materiell akzentuiert verstanden wird. Mit *mittlerer Konfidenz* fördern Ambient-Assisted-Living-Systeme und Demand-Side-Management nachhaltigen Konsum als

Wohlfahrt. Mit *geringer Konfidenz* unterstützen disruptive Technologien nachhaltigen Konsum als Wohlfahrt.

Mittlere Konfidenz besteht, dass Demand-Side-Management nachhaltigen Konsum als Ökoroutine unterstützt. Zu dieser Bewertung trägt bei, dass DSM finanzielle Anreize bis hin zu direktem Lastmanagement zur Reduktion bzw. Verschiebung des Stromverbrauchs einsetzen kann, was vom Ansatz der Ökoroutine tendenziell befürwortet wird. *Geringe Konfidenz* besteht, dass cyber-physikalische Systeme nachhaltigen Konsum als Routine unterstützen können. *Sehr geringe Konfidenz* besteht, dass disruptive Technologien und AAL den Ökoroutine-Ansatz unterstützen. Der Ansatz der Ökoroutine geht im Unterschied zu DT davon aus, dass bestimmte umweltschädliche Verhaltensweisen, obwohl sie von Konsumenten abgelehnt werden, aufgrund von Verhaltensinkonsistenzen dennoch beibehalten werden (vgl. Übersicht in Tab. 2.5 auf S. 59).

Es besteht *mittlere Konfidenz*, dass DSM nachhaltigen Konsum als Teilsystem („Postwachstumsökonomie“) unterstützt. DSM, das im engeren Sinne in Konkurrenz zur Konsumentensouveränität ein direktes Lastmanagement durchführen kann, kann ein Instrument zur Begrenzung des Stromverbrauchs im Sinne einer Postwachstumsökonomie sein. Es stellt sich jedoch die Frage nach der Umsetzbarkeit bzw. dem gesellschaftlichen Anschlusspotenzial von DSM i.e.S. Cyber-physikalische Systeme können mit *geringer Konfidenz* eine Postwachstumsökonomie fördern, etwa in Inselnetzen, die eine dargebotsabhängige Begrenzung des Konsums vorsehen. Inselnetze sind jedoch nur ein Nebenaspekt von CPS. *Sehr geringe Konfidenz* besteht, dass AAL und disruptive Technologien einen nachhaltigen Konsum als Teilsystem unterstützen.

Kritisch anzumerken ist, dass auf die Problematik knapper Ressourcen in den analysierten Quellen zu intelligenten Netzen (Typ A–D) kaum eingegangen wird. Im Unterschied dazu wird diese Problematik in Ansätzen nachhaltigen Konsums wie Ökoroutine- und Key-Points-Ansatz (Typ 1 und 3) thematisiert. In nahezu allen analysierten Zeitschriftenartikeln zu intelligenten Netzen wird nachhaltiger Konsum in einem engen Zusammenhang mit erneuerbaren Energien gesehen. Verglichen mit fossilen Stromerzeugungsanlagen benötigen Wind- und Photovoltaik-Stromerzeugungsanlagen größere Mengen an potenziell seltenen Rohstoffen wie Seltenerdmetallen (Lieberei und Gheewala, 2017, S. 185). Dem Problem der Verknappung dieser Ressourcen ist noch keine ausreichende Aufmerksamkeit im gesellschaftlichen und wissenschaftlichen Diskurs geschenkt worden.

5 Weitere Bewertungsinstrumente und Fördermöglichkeiten für nachhaltigen Konsum unter Berücksichtigung intelligenter Netze

In diesem Kapitel geht es einerseits um weitere, ergänzende bzw. vertiefende Bewertungsinstrumente und staatliche Fördermöglichkeiten für nachhaltigen Konsum unter Berücksichtigung intelligenter Energienetze. Zu den weiteren Bewertungsinstrumenten für nachhaltigen Konsum gehören die Lebenszyklusansätze mit Ökobilanz, Fußabdruck und Handabdruck, der Product Environmental Footprint (PEF) der EU als multikriterielles Verfahren sowie Ökoeffizienz- und Ökoeffektivitätsanalysen (5.1). Im zweiten Teil dieses Kapitels geht es um Fördermöglichkeiten des Staates bzw. staatliche Instrumente für nachhaltigen Konsum unter Berücksichtigung intelligenter Energienetze. Zu den Fördermöglichkeiten für nachhaltigen Konsum gehören insbesondere umweltökonomische Instrumente der staatlichen Politik, die im Idealfall die Rahmenbedingungen beeinflussen, ohne die Konsumentensouveränität einzuschränken (5.2). Abschließend werden die Bewertungsinstrumente und politischen Instrumente zusammengefasst und kritisch gewürdigt sowie weiterer Forschungsbedarf aufgezeigt (5.3).

5.1 Weitere Bewertungsinstrumente für nachhaltigen Stromkonsum

In diesem Abschnitt werden Bewertungsinstrumente für nachhaltigen Konsum unter Berücksichtigung intelligenter Energienetze diskutiert. *Lebenszyklusansätze* wie Ökobilanzen, Hand- und Fußabdruck-Analysen untersuchen Umweltwirkungen von Produkten (5.1.1). Eine *multi-kriterielle Analyse* kann Ökobilanzen durch Benchmarks vergleichbar machen; ein Beispiel ist das Konzept der Product Environment Footprints der EU (5.1.2). Die *Ökoeffizienz-Analyse* zielt darauf ab, die Wertschöpfung im Verhältnis zur Schadschöpfung zu steigern und bietet hierfür einen Indikator. In den letzten Jahren findet ein Übergang zur *Ökoeffektivität* statt, die darüber hinausgehend den Anspruch hat, Kreisläufe zu schließen (5.1.3).

5.1.1 Lebenszyklusansätze für Photovoltaik und Smart Homes

Lebenszyklusansätze untersuchen die Auswirkungen von Produkten und Herstellungsprozessen auf die Umwelt und bieten eine Grundlage für produktbezogene Umweltinformationen und Verbraucherkennzeichnungen.[1] Zur Lebenszyklusbewertung existiert eine Vielzahl von Normen auf nationaler, europäischer und internationaler Ebene.

Ökobilanzen beruhen auf einem international standardisierten Verfahren und können von Unternehmen freiwillig angewendet werden, um den wachsenden ökologischen Anforderungen von Konsumenten gerecht zu werden. Umweltwirkungen eines Produktes sollen damit vollständig erfasst werden, von der Gewinnung der Rohstoffe bis zur Abfallverwertung (5.1.1.1). Der *CO_2-Fußabdruck* und der *Wasser-Fußabdruck* bieten standardisierte Verfahren für die Bilanzierung ausgewählter Umweltwirkungen (5.1.1.2). Der *ökologische Handabdruck* wurde von der UNESCO als komplementäres Maß vorgeschlagen und bezieht sich auf positive Umweltauswirkungen (5.1.1.3).

5.1.1.1 Umweltbilanz, Ökobilanz und Lebenszyklusanalysen von Photovoltaik, Batteriespeichern und smarten Haushaltsgeräten

Die Ökobilanz[2] ist eine quantitative Methode zur Bewertung der Umweltwirkung von Produkten[3], die Umweltaspekte und -auswirkungen eines Produkts systematisch erfasst und bewertet. Eine Ökobilanz zeigt Schwerpunkte der Umweltbelastung auf und unterstützt den Prozess der Verbesserung eines Produktes sowie die umweltgerechte Produktnutzung. Sie kann einerseits Potenziale für einen effizienteren Einsatz von Rohstoffen und Energie und eine Verringerung der Umweltbelastungen durch Schadstoffausstoß und Abfälle aufzeigen und andererseits als Grundlage für fundierte Umweltaussagen gegenüber Konsumenten dienen (Haase, 2020; Dyllick und Rost, 2017). Die Normenreihe ISO 14040 versteht einen Lebenszyklus als „consecutive and interlinked stages of a product system, from raw material acquisition or ge-

1 Zur Umsetzung im suasorischen Instrument der Verbraucherinformation siehe vertiefend 5.2.4. Zur Umsetzung im einschlägigen ordnungsrechtlichen Instrument der EG-Ökodesign-Richtlinie siehe 5.2.3.

2 Alternative Bezeichnungen für Ökobilanz sind Umweltbilanz oder Lebenszyklusanalyse bzw. Life Cycle Assessment (LCA).

3 Auch für Herstellungs- bzw. Verfahrensprozesse und Dienstleistungen sowie Organisationen können Ökobilanzen erstellt werden.

neration from natural resources to final disposal" (ISO, 2006). Die Normen DIN EN 15804 und DIN EN 15978 liefern darüber hinaus spezifische Regeln zur Erstellung von Ökobilanzen von Gebäuden und Bauprodukten (BBSR, 2017, S. 34). Die Ökobilanz bezieht sich somit auf die Umweltauswirkungen eines Produkts von der Wiege bis zur Bahre (cradle to grave; C2G; BMU u. a., 2019, S. 66; im Unterschied dazu siehe den Ansatz der Ökoeffektivität in Abschnitt 5.1.3).

Die Grundsätze der Ökobilanz-Methodik umfassen insbesondere

- die Lebenswegbetrachtung,
- den Bezug auf eine funktionelle Einheit,
- die Betonung eines prozessorientierten, iterativen Ansatzes bei der Erstellung mit vier Phasen sowie
- weitere Anforderungen wie ein Anspruch auf Vollständigkeit, Konsistenz, Transparenz und Fairness (BMU u. a., 2019, S. 71).

Das methodische Vorgehen bei einer Ökobilanz umfasst *vier Phasen*:

- der Untersuchungsrahmen legt Ziel und Rahmen einer Ökobilanz fest;
- die Sachbilanz (Life Cycle Inventory, LCI) erfasst die Stoff- und Energieströme während des Lebenszyklus', d.h. welche Rohstoffe und welche Menge jedes Rohstoffs verwendet werden, wie viel Energie verbraucht wird und welche Abfälle und Emissionen entstehen;
- die Wirkungsabschätzung (Life Cycle Impact Assessment, LCIA) beurteilt die potenziellen Wirkungen des Produkts auf Mensch und Umwelt, z.B. auf die Qualität von Luft und Boden und den Verbrauch von nicht erneuerbaren Ressourcen. Typische Wirkungskategorien sind das Treibhauspotenzial, das Versauerungspotenzial, das Eutrophierungspotenzial und das Ozonabbaupotenzial;
- die Auswertung ergibt Schlussfolgerungen und Empfehlungen.

Zur *Festlegung des Untersuchungsrahmens* einer Ökobilanz gehört beispielsweise die Definition der Systemgrenzen, der Funktion des Systems und der Anforderungen an die Datenqualität. Im Hinblick auf die *Sachbilanz* ist zu beachten, dass die Datengrundlagen einer Ökobilanz typischerweise Mittelwerte zum Energie- und Rohstoffverbrauch und zu Emissionen sind, die den mittleren Stand der Technik repräsentieren. Die Verwendung vorhandener Daten kann den Arbeitsaufwand für eine Ökobilanz erheblich reduzieren. Je nach dem tatsächlich realisierten Stand der Technik (z.B. Effizienz von Schadstoffabscheidung) können spezifisch ermittelte Daten erheblich von allgemeinen Daten abweichen. Für viele Stoffe und Energieträger sind Ökobilanz-Daten in einer Reihe von kostenpflichtigen Datenbanken verfügbar (beispielsweise Ecoinvent, 2013; Sphera, 2020; PRé Sustainability, 2020). Datenbanken wie

ProBas, OpenLCA und ÖKOBAUDAT stehen zur freien Verfügung (BMUB, 2021; UBA, 2015b; GreenDelta, 2005). LCI-Daten zur Photovoltaik werden z.B. von der Internationalen Energieagentur IEA veröffentlicht (IEA, 2020). Die UN-Initiative Global LCA Data Access Network (GLAD) bemüht sich aktuell darum, den Zugang zu geeigneten Ökobilanz-Datensätzen zu vereinfachen (UN, 2020). Die Daten aus der Sachbilanz werden durch die *Wirkungsabschätzung* (LCIA, Life-Cycle-Impact-Assessment) über den Zwischenschritt der Wirkungskategorien (Midpoint categories) wie z.B. Versauerung (Acidification) oder Ökotoxizität (Ecotoxicity) auf Schutzgüter wie die natürliche Umwelt (Biotic and abiotic natural environment) abgebildet (Jolliet u. a., 2004). In der *Auswertung* sind Schlussfolgerungen zu erläutern, damit sichtbar bleibt, aus welchen Informationen der Sachbilanz oder der Wirkungsabschätzung die Schlussfolgerungen hergeleitet sind (BMU u. a., 2019, S. 68).

Die *Anwendung* der Ökobilanz auf *Smart Homes* kann in den umfassenderen Kontext der Ökobilanzen für Gebäude bzw. Gebäuderenovierungen eingeordnet werden und bezieht sich auf die Nutzungsphase des Gebäudes (Fonseca i Casas und Fonseca i Casas, 2017, S. 12).[4] In einem Review von 13 Studien stellen Vilches u. a. (2017) fest, dass Ökobilanzen zur Gebäudenutzung unterschiedliche Verbräuche umfassten. So umfasste knapp ein Drittel der Ökobilanzen nur Heizungs-, Klima- und Lüftungsanlagen, während ein mehr als zwei Drittel zudem Beleuchtung, Haushaltsgeräte und/oder Warmwassererzeugung bewerteten. Die Autoren kritisieren, dass diese Diversität den Vergleich und die Interpretation des Energieverbrauchs erschwert. *Beispiele für Ökobilanzen* bezogen auf Haushaltsgeräte sind die der Bestenliste „EcoTopTen“ des Öko-Instituts zugrundeliegenden Studien (z.B. Quack und Rüdenauer, 2007). Die Ergebnisse der Untersuchungen werden in einem Internet-Vergleichsportal für Konsumenten dargestellt, wobei eine Sortierung nach verschiedenen Kriterien möglich ist (z.B. Stromverbrauch, CO_2-Emissionen). Ein Beispiel für die Anwendung der Ökobilanz im Kontext *intelligenter Netze* ist die vergleichende Analyse von *Batterietypen für Photovoltaik-Systeme* (Ahmad Ludin u. a., 2021; Lopez u. a., 2021). Relevante Batterieeigenschaften mit Einfluss auf die Ökobilanz sind demnach Zellchemie, Lebensdauer, Energie- bzw. Leistungsdichte, Sicherheit, Energieeinsatz in der Produktion und Standort der Produktion (UBA, 2016d, S. 72; Bundestag, 2018c). Schrader (2017) merkt kritisch an, dass grundlegende Annahmen

4 Die Nutzungsphase wird in DIN EN 15804 in den Phasen B1–B7 betrachtet; B6 bezieht sich auf den Energieeinsatz (Vilches u. a., 2017, S. 289; BBSR, 2017, S. 12).

über das Ergebnis einschlägiger Ökobilanzen im Bereich der Elektromobilität entscheiden. Eine geringere Rolle spielt die chemische Zusammensetzung der Batterie, eine deutlich größere die geografische Herkunft, weil die Aufbereitung der Rohstoffe und die Montage der Zellen Strom benötigen. Ein anderes *Beispiel* für die Anwendung der Ökobilanzierung im Kontext *intelligenter Netze* ist ein Vergleich verschiedener *Technologien für Photovoltaikmodule* (kristalline versus Dünnschicht-PV-Module; Morales-Mora u. a., 2021) sowie Studien zur *Abfallbehandlung von Photovoltaik-Modulen* (Verbrennung oder Pyrolyse von PV-Backsheets; Aryan u. a., 2018). Dünnschicht-Module (Cadmiumtellurid, CdTe) stellen demnach aktuell die umweltfreundlichste PV-Technologie dar (Morales-Mora u. a., 2021, S. 29089). Die Ökobilanz von *Photovoltaik-Systemen* erfordert eine Betrachtung der Umweltwirkungen von der Phase des Rohstoffabbaus (Herstellung von Silizium aus Quarzsand) bis hin zur Entsorgung oder Recycling der ausgedienten Module. Xu u. a. (2018) weisen darauf hin, dass die Sachbilanzdaten regelmäßig aktualisiert werden müssen, da die energetische Amortisationszeit („Energy Payback Time", EPBT) und die Umweltprofile stark von den system- und standortspezifischen Rahmenbedingungen abhängen. So ist der Strommix im Herstellungsland relevant, wobei die Silizium-Herstellung bzw. -Reinigung die höchsten Produktionskosten verursacht. Das UBA (2017b, S. 42) schätzt den durchschnittlichen Hilfsenergieaufwand für das Recycling bzw. den Rückbau von PV-Anlagen auf etwa ein Fünftel der Energie, die in der Vorkette für die Herstellung aufgewendet wird. Die energetische Amortisationszeit für Solaranlagen hängt von Technologie und Anlagenstandort ab und beträgt im Durchschnitt bei europäischen Standorten ein Jahr, während die Lebensdauer von Solarmodulen im Bereich von 25-30 Jahren liegt. Das Fraunhofer ISE (2022, S. 51) geht davon aus, dass eine heute hergestellte Solaranlage während ihrer Lebensdauer mindestens zehnmal mehr Energie erzeugt als zu ihrer Herstellung benötigt wurde.

Seit einigen Jahren wird die Ökobilanzierung in Richtung Lebenszyklus-Nachhaltigkeitsbewertung um die ökonomische und soziale Dimension erweitert (Swarr u. a., 2011):

$$\text{LCSA} = \text{LCA} + \text{LCC} + \text{S-LCA}$$

Das Life Cycle Sustainability Assessment (LCSA) setzt sich demnach aus drei Elementen zusammen:

- *LCA* (Life Cycle Analysis) steht für die Ökobilanz.
- *LCC* (Life Cycle Costing) steht für die Lebenszykluskostenrechnung, die die relevanten Kosten ermittelt, die für ein Produkt und die Alter-

nativen entlang des Produktlebenszyklus entstehen. Die methodischen Grundlagen für die Durchführung von Lebenszykluskostenanalysen sind für unterschiedliche Anwendungen in verschiedenen internationalen und nationalen Standards und Richtlinien verankert (UBA, 2019c, S. 12). Eine Analyse der Lebenszykluskosten erscheint insbesondere bei Produkten sinnvoll, bei denen signifikante Kosten während der Betriebs- bzw. Nutzungsphase oder durch die Entsorgung entstehen. Häufig übersteigen die Kosten während der Betriebsphase die Anschaffungskosten oder variieren erheblich, je nachdem, welche Alternative betrachtet wird. Beispielsweise kann für einen privaten Haushalt die Anschaffung eines Wäschetrockners mit Wärmepumpe trotz höherer Anschaffungskosten sinnvoll sein, da niedrigere Stromkosten über die Lebensdauer des Geräts die Preisdifferenz ausgleichen oder überkompensieren (Grießhammer u. a., 2007, S. 61, 104).
- *S-LCA* (Social Life Cycle Assessment) steht für Sozialbilanz-Analyse und ist eine Methode zur Bewertung sozialer Auswirkungen eines Produkts entlang seines Lebenszyklus'. Die wesentlichen sozialen Aspekte ergeben sich aus *Hot Spots* in der Vorkette oder der End-of-Life-Phase (z.B. Löhne unter dem Existenzminimum oder Kinderarbeit in Entwicklungsländern). Das Umweltprogramm der Vereinten Nationen UNEP und die Non-Profit-Organisation SETAC[5] haben daher Leitlinien für die S-LCA veröffentlicht (UNEP, 2020). Ein Beispiel für eine vereinfachte Sozialbilanz nach diesen Leitlinien ist eine S-LCA für Laptop-Computer (Ekener-Petersen und Finnveden, 2013; Petti u. a., 2018). Datenquellen wie die „Social Hotspots Database" werden in den UNEP-Leitlinien benannt (UNEP, 2020, S. 69). Kritisiert wird, dass es den S-LCA Guidelines an einer empirischen Fundierung und Systematisierung mangele. Baumann u. a. (2013) kritisieren Indikatoren wie Kinderarbeit als „ideologisch geprägt", missverständlich und mehrdeutig. Ramos Huarachi u. a. (2020) folgern daraus, dass noch ein „weiter Weg" vor der S-LCA liege, um „scientific maturity" zu erreichen.

Eine konkrete Anwendung einer LCSA im Smart-Home-Kontext ist der PROSA-Ansatz (Product Sustainability Assessment) des Öko-Instituts, mit dem der „virtuelle Anrufbeantworter" untersucht wurde (Grießhammer u. a., 2007; Quack und Grießhammer, 2005). Gröger u. a. (2021) identifizieren aktuell mit der PROSA-Methode die *aus Sicht des Klimaschutzes wichtigsten hundert Produkte*, darunter Photovoltaik-Wechselrichter, und entwickeln

5 SETAC steht für Society of Environmental Toxicology and Chemistry.

Kriterien zur Beschreibung der effizientesten und umweltfreundlichsten Produkte. Neben der Energieeffizienz sind auch Ressourcenschutz, Toxizität der eingesetzten Stoffe und Gebrauchstauglichkeit relevant (Fischer u. a., 2012).

Abbildung 5.1: **Der PROSA-Ansatz zur Lebenszyklus-Nachhaltigkeitsbewertung.** Quelle: Quack und Grießhammer (2005)

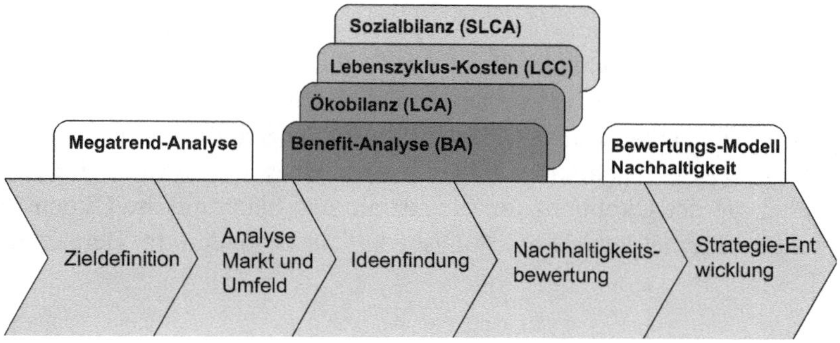

Wie in Abb. 5.1 zu erkennen ist, bildet die Lebenszyklus-Nachhaltigkeitsbewertung den Kern des PROSA-Ansatzes und ist eingebettet in einen umfassenderen Prozess, der mit einer Zieldefinition und einer Analyse des Marktumfeldes beginnt und bis zur Nachhaltigkeitsbewertung und Strategie-Entwicklung reicht. Über die drei beschriebenen Methoden der LCA, des LCC und der S-LCA hinaus enthält PROSA noch die Benefit-Analyse (BA), die den Gebrauchsnutzen und den symbolischen Nutzen aus Sicht der Konsumenten sowie den gesellschaftlichen Nutzen analysiert. Mit der *Benefit-Analyse* (BA) wird auf Basis der Konsumforschung (z.B. durch Fragebögen, Interviews) der Nutzen von Produkten und Dienstleistungen aus Sicht der Nutzer analysiert und bewertet. Die wesentlichen Elemente des *Gebrauchsnutzens* sind messbar (Leistung, Haltbarkeit, usw.) und können in vergleichenden Warentests, Qualitätssicherungssystemen oder ISO-Normen erfasst werden. Ein Beispiel für den Gebrauchsnutzen ist die Peak-Leistung eines PV-Moduls. Der *symbolische Nutzen* (psychologischer Nutzen, Zusatznutzen) wird über das Produkt und seine Vermarktung transportiert und löst Gefühle oder Stimmungen wie Prestige, Identitätsstiftung oder Gruppenzugehörigkeit aus (Grießhammer u. a., 2007, S. 68 ff.). Ein Beispiel sind schwarze PV-Module mit schwarzem Rahmen und schwarzer Rückseitenfolie, die auf dem Dach als ebene einfarbige Fläche erscheinen. PROSA leistet keine abschließende Nachhaltigkeitsbewertung von Produkten, da dem Instrument die vollständige Bewertung der human- und ökotoxikologischen Risiken bzw. Gefährdungspotenziale fehlt (UBA, 2012, S. 3).

Zusammenfassend ist zur Ökobilanz zu sagen, dass es sich um ein methodisch fundiertes und international genormtes Bewertungsinstrument handelt. Für Konsumenten gewinnen die daraus abgeleiteten, produktbezogenen Umweltinformationen zunehmend an Bedeutung (5.2.4). Problematisch erscheint, dass aktuelle Sachbilanzdaten häufig nicht frei zugänglich sind und die Datenbestände verstreut vorliegen. Bei der Bewertung konkreter Produkte ist der tatsächliche Stand der Technik ausschlaggebend, der von durchschnittlichen Sachbilanzdaten erheblich abweichen kann. Generell ist eine Vergleichbarkeit von verschiedenen Ökobilanzen nicht gegeben, sofern nicht zusätzlich Benchmarks eingeführt werden wie im PEF (5.1.2). Zur Erweiterung der Ökobilanz um die soziale und ökonomische Dimension besteht noch erheblicher Forschungsbedarf, insbesondere im Bereich des S-LCA.

5.1.1.2 Carbon Footprint von Clouddienstleistungen und Konsumenten und Wasser-Fußabdruck der Stromerzeugung

Mit den Normen zum Wasser-Fußabdruck (DIN EN ISO 14046; ISO, 2016) und zum Carbon Footprint von Produkten (CFP; DIN EN ISO 14067; ISO, 2018) liegen seit kurzem standardisierte Verfahrensbeschreibungen für die Bilanzierung ausgewählter Umweltwirkungen vor.[6] Der Wasser-Fußabdruck bezieht die Umweltauswirkungen der Wassernutzung und des Wasserverbrauchs umfassend ein. Der Carbon Footprint von Produkten behandelt als einzigen Umweltaspekt den Ausstoß von Treibhausgasen. Wasser-Fußabdruck und Carbon Footprint sind an Experten und teilweise an die Öffentlichkeit gerichtet und beruhen auf den Grundprinzipien für Ökobilanzen (BMU u. a., 2019, S. 10, 66).

Ein *Carbon Footprint eines Produkts* (CFP) stellt nach ISO 14067 die Gesamtmenge der Emissionen an Kohlenstoffdioxid (CO_2-Emissionen) und anderen klimarelevanten Treibhausgasen (wie Methan, Lachgas) in einem Produktsystem dar, *beruhend auf einer Ökobilanz* unter Nutzung der *Treib-*

---

6 Beim Wasser-Fußabdruck hat sich eine deutsche Bezeichnung etabliert, wie der deutsche Titel der einschlägigen Norm zeigt. Beim Carbon Footprint ist das nicht der Fall, hier wird im deutschen Titel der Norm ebenfalls die englische Bezeichnung verwendet, so auch in der vorliegenden Arbeit.

hausgasemissionen als einziger Wirkungskategorie. Das Ergebnis wird als CO_2-Äquivalenzwert (abgekürzt: CO_{2e}) angegeben. Der CFP macht somit keine Aussagen über die mögliche Verlagerung von Umweltwirkungen in andere Bereiche. Sollen insbesondere unterschiedliche Produktsysteme (die zum Beispiel verschiedene Rohstoffe nutzen) miteinander verglichen werden, ist dies zu berücksichtigen (BMU u. a., 2019, S. 70). Die Bereitstellung elektrischer Energie liefert bei vielen Carbon Footprints von Produkten im Kontext *intelligenter Netze* einen hohen Beitrag zu den gesamten Treibhausgas-Emissionen. Bei der Analyse von Ökostrom sind Sensitivitätsanalysen erforderlich, um den Ökostromanteil des Strommix' aus dem Netz korrekt zu berücksichtigen (BMU u. a., 2019, S. 72). Sensitivitätsanalysen dienen dazu, die Signifikanz von Annahmen bspw. zu den Nutzungsbedingungen bei der Festlegung der funktionellen Einheit und die Bedeutung von Einflussfaktoren besser einschätzen zu können (UBA, 2017c, S. 21). *Beispielsweise* wird bei *Elektrofahrzeugen* ein besonderer Fokus auf die *Herkunft des Ladestroms* gelegt, der den größten Einfluss auf die Treibhausgas-Bilanz der batterieelektrischen Autos hat (Wietschel u. a., 2019, S. 2). Es bestehen zudem Unterschiede hinsichtlich der Ladezeitpunkte des Stromes im Tagesverlauf. Fattler u. a. (2017) zeigen, dass im Jahr 2030 durch eine Optimierung der Ladezeitpunkte eine Reduktion der spezifischen Emissionen um 26% erzielbar sein könnte, weil künftig der Anteil volatiler erneuerbarer Energien an der Stromerzeugung und damit die Varianz der spezifischen Emissionen in der Stromerzeugung weiter zunimmt.

Ein *Fallbeispiel* für einen Carbon Footprint unter Berücksichtigung intelligenter Netze ist eine Studie des UBA (2017c, S. 154 ff.) zu Onlinespeicherdiensten (wie z.B. Dropbox). Die Betrachtung schließt anteilig alle Komponenten ein, die für die Bereitstellung und Nutzung einer IKT-Dienstleistung erforderlich sind: die IKT-Endgeräte, die erforderlichen Netze und die Rechenzentren. Im Ergebnis wird deutlich, dass der Beitrag der Onlinespeicherdienste zu den THG-Emissionen privater Konsumenten im Vergleich zu anderen IKT-Geräten nicht vernachlässigbar ist, sondern sich in einer ähnlichen Größenordnung wie beispielsweise die Nutzung von Fernsehgeräten bewegt. Grießhammer u. a. (2010, S. 57) *kritisieren*, dass CFPs für die Verbraucherinformation weniger hilfreich seien, weil Informationen über weitere, zum Teil gegenläufige, Umweltauswirkungen fehlten und weil Verbraucher mit der Informationsvielfalt ohne Benchmarking eher überfordert seien. Grießhammer u. a. (2010) fordern daher, dass CFPs noch um ein Ranking und Benchmarking ergänzt werden müssten.

Analog zum Carbon Footprint eines Produkts bietet *beispielsweise* der CO_2-Rechner die Möglichkeit, einen vereinfachten *Carbon Footprint eines Konsumenten* basierend auf Mittelwerten aus der Studie „CO_2-Bilanz des Bürgers" zu berechnen (Schächtele und Hertle, 2007). Ein solcher Carbon Footprint eines Konsumenten schließt die Ressourcenverbräuche mit ein, die in den vor- und nachgelagerten Stufen der Versorgungsketten von Unternehmen verursacht werden. Dies wird mit der Konsumentensouveränität begründet: „consumers and households can exert influence over the entire supply chain" (Moran u. a., 2020). Moran u. a. (2020) argumentiert, dass der Konsumenteneinfluss über die reine Nutzungsphase hinaus reicht und sich zum einen über die vorgelagerte Lieferkette bis zur Produktion und zum anderen auf die nachgelagerte Entsorgungsphase erstreckt. So können Konsumenten Produkte mit geringer Treibhausgasemission wählen, lokale Produkte bevorzugen, Zusammensetzung und Niveau der Nachfrage beeinflussen sowie langlebige Produkte wählen bzw. gebrauchte Produkte wiederverwenden. Es handelt sich dabei um die *Perspektive einer Verbrauchsbilanz*, nicht die einer Quellenbilanz (vgl. Abschnitt 4.2.1.2). Diese nicht unproblematische Ausweitung wird von Bogun (2020) *als intransparent kritisiert.* Bogun (2020) *kritisiert* mit Bezug auf UBA (2007, S. 60) die Anwendung von Fußabdruck-Konzepten auf Konsumenten, da die Emissionen für die Konsum- und Nach-Konsum-Stadien eines Produkts oft vernachlässigbar gering gegenüber dem Produktionsstadium seien. An dieser Stelle wird erneut die Diskussion um die *Privatisierung der Nachhaltigkeit* versus Bagatellisierung der Konsumentenverantwortung berührt (vgl. Abschnitt 4.1.2.4 und 4.1.2.5).

Der *Wasser-Fußabdruck* (WF) ist ein Indikator für die Nutzung der Ressource Wasser (UBA, 2017c; UBA, 2018e). Das Konzept des Wasserfußabdrucks kann einen versteckten Wasserhandel zu Lasten wasserarmer Länder transparenter machen (UBA, 2017c, S. 78). Die Norm ISO 14046 stellt seit 2014 den Standard für den Wasserfußabdruck dar. Der Wasserverbrauch wird bei der Methode des virtuellen Wassers nach Allan (1998) sowie beim Konzept von Hoekstra u. a. (2011) für eine spätere Bewertung des Wasserfußabdrucks in die drei Kategorien blaues, grünes und graues Wasser eingeteilt.

Als „grünes Wasser" wird das natürlich vorkommende Boden- und Regenwasser bezeichnet, das von Pflanzen aufgenommen und verdunstet wird. Als „blaues Wasser" wird das Grund- oder Oberflächenwasser bezeichnet, das zur Herstellung eines Produktes genutzt wird und nicht mehr in ein Gewässer zurückgeführt wird. Als „graues Wasser" wird die Wassermenge bezeichnet, die während des Herstellungsprozesses verschmutzt wird (Stibbe, 2017, S. 81). Der grüne und der blaue Wasserfußabdruck beschreiben quantitative Aspekte, während der *graue Wasserfußabdruck* einen Indikator für die *Wasserqualität* darstellt. Ein einfacherer Weg, einen Wasserfußabdruck für ein Produkt oder eine Organisation zu ermitteln, ist die Nutzung von Wasserbilanzen, die mittels Ökobilanz-Datenbanken erstellt werden können (UBA, 2017c, S. 81). Die Datenqualität der gängigen Ökobilanz-Datenbanken ist durch Unzulänglichkeiten gekennzeichnet, was die Ermittlung des Wasser-Fußabdrucks im Vergleich zum Carbon Footprint wesentlich erschwert. Für die Bewertung der Wassernutzung in Bezug auf potenzielle Belastungen von Mensch und Umwelt sind hoch aufgelöste Inventardaten nötig. Neben der Nutzung sind die lokale Wasserknappheit, sozio-ökonomische Faktoren, die Herkunft des verbrauchten Wassers und die qualitativen Auswirkungen der Wassernutzung, beispielsweise bei Einleitung in Gewässer relevant (BMU u. a., 2019, S. 77).

Im Unterschied zur Ökobilanz ist beim Wasser-Fußabdruck *eine Betrachtung des gesamten Lebenswegs von Produkten nicht zwingend erforderlich*, sofern eine Beschränkung auf bestimmte Lebenswegabschnitte begründet ist (BMU u. a., 2019, S. 76). Im Kontext *intelligenter Netze* variieren die Literaturangaben zum geschätzten *Wasserverbrauch der Stromerzeugung* erheblich. Dies resultiert aus der unterschiedlichen Berücksichtigung bzw. Abgrenzung der Wertschöpfungskette: während einige Autoren die gesamte Wertschöpfungskette einschließlich Wasserkraftwerken einbeziehen, berücksichtigen andere Autoren lediglich den Wasserbedarf für die Kraftwerkskühlung (Mekonnen u. a., 2016, mit weiteren Quellenangaben). Ein *Beispiel* für blaue Wasser-Fußabdrücke verschiedener Energieträger geben Ristic u. a. (2015). Wie in Abb. 5.2 zu erkennen ist, ist Strom aus Windkraft und Photovoltaik am wenigsten wasserintensiv. Nukleare und fossile Kraftwerke beruhen auf Dampfturbinen, welche Wasser für den Betrieb benötigen und ausschlaggebend für den Wasser-Fußabdruck sind. Stromerzeugung aus Wasserkraft (Hydropower) hat den größten blauen Wasser-Fußabdruck. Kritisch angemerkt wird, dass der Wasserfußabdruck der Wasserkraft eine erhebliche Spannbreite über drei Zehnerpotenzen von $100m^3$/TJ bis $1.000.000m^3$/TJ aufweist (Ristic u. a., 2015). Ein anderes *Beispiel* für die Anwendung des Wasser-Fußabdrucks unter Berücksichtigung intelligenter Netze sind die Studien von Ren u. a. (2020) sowie Jenu u. a. (2020) zu Photovoltaik-Modulen. Diese benötigen in der Nutzungsphase Wasser zum Reinigen der PV-Module (Jenu u. a., 2020, S. 7).

Abbildung 5.2: **Blauer Wasser-Fußabdruck pro Einheit erzeugter elektrischer Energie für verschiedene Energiequellen, bezogen auf die gesamte Wertschöpfungskette der Stromerzeugung.** Quelle: Ristic u. a. (2015, S. 11271).

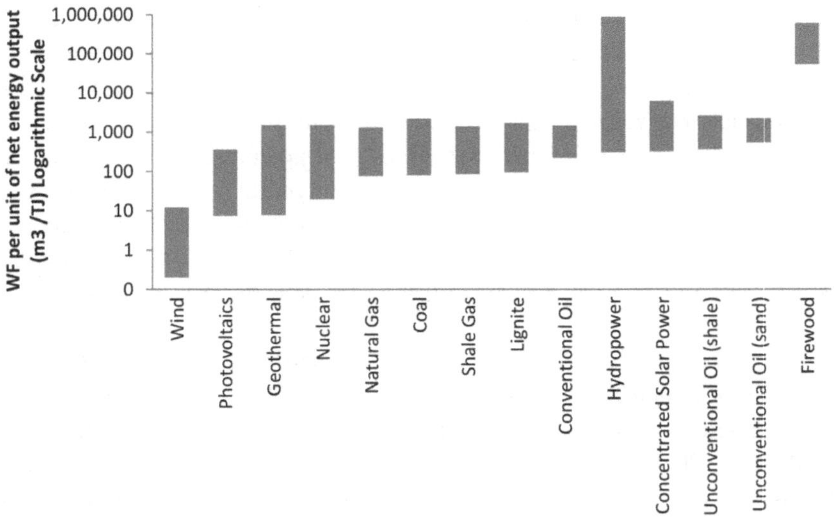

Zusammenfassend ist zu den Bewertungsinstrumenten des Carbon Footprint und des Wasser-Fußabdrucks zu sagen, dass es sich wie bei der Ökobilanz um international genormte Standards handelt. Die Verkürzung der CFP-Analyse auf einen einzigen Umweltaspekt – die CO_2-Emission – kann problematisch sein, weil Informationen über gegenläufige Umweltauswirkungen fehlen. Unter Berücksichtigung intelligenter Netze erscheint die korrekte Berechnung des Ökostromanteils des Strommixes aus dem Netz mit Hilfe geeigneter Sensitivitätsanalysen als zentraler Aspekt. Ristic u. a. (2015) merken zum Wasserfußabdruck der Stromerzeugung kritisch an, dass die hohen Spannbreiten auf große Unsicherheiten bzw. Varianz hinweisen. Siddik u. a. (2020) *kritisieren* die Anwendung von Fußabdruck-Konzepten auf den Stromkonsum, da Wasser-Fußabdruck und Carbon Footprint anfällig für geographische Zuweisungen seien und es physikalisch nicht möglich sei, den Weg des Stroms von der Erzeugung bis zum Konsumenten zu verfolgen. Beim Wasser-Fußabdruck besteht noch Forschungsbedarf, um die Datenlage zu verbessern.

5.1.1.3 Handabdruck von PV-Batteriespeichern als komplementäres Maß

Das Konzept eines Handabdrucks wurde 2007 von der UNESCO als komplementäres Maß vorgeschlagen und wird als „Antwort" auf das Konzept des Fußabdrucks verstanden. Während Wasser-Fußabdruck und Carbon Footprint auf negative Umweltauswirkungen abstellen, bezieht sich der weniger bekannte Handabdruck auf positive Auswirkungen von Produkten oder unternehmerischen Tätigkeiten (Kühnen u. a., 2017; Grönman u. a., 2019; Biemer u. a., 2013; Hayward, 2010). Die bisher vorgestellten Ansätze einer nachhaltigkeitsbezogenen Leistungsbewertung blenden eine *nachhaltige Wertschaffung* weitgehend aus. Damit werden wichtige Aspekte der Nachhaltigkeitsleistung nicht erfasst (Beske-Janssen u. a., 2015; Kühnen u. a., 2017). So kann ein Carbon Footprint im Extremfall auf Null reduziert werden, hingegen gibt es beim Handabdruck keine Begrenzung (Biemer u. a., 2013). Guillaume u. a. (2020) zeigen zum *Beispiel*, wie der Handabdruck als logische Erweiterung zur potenziellen Verringerung des Wasser-Fußabdrucks dienen kann.

Guillaume u. a. (2020) schlagen drei Prinzipien für das Erstellen eines Handabdrucks vor. Erstens liegt der Fokus eines Handabdrucks darauf, Maßnahmen mit positiven Auswirkungen anzuregen. Ein Handabdruck kann die Form eines Indikators annehmen, dessen Entwicklung als Anreiz für Fortschritte dient oder er kann in Form einer qualitativen Beschreibung der Möglichkeiten vorliegen. Zweitens kann der Handabdruck mit einer Verringerung eines Fußabdrucks (oder ähnlicher Maße) einhergehen, wobei darüber hinaus ein Wert geschaffen wird. Ein Handabdruck kann im Vergleich zur Fußabdruck-Analyse zusätzlichen Erkenntnisgewinn bieten, weil er speziell auf „doing good" abstellt, da er der Maßnahme selbst größere Aufmerksamkeit beimisst als dem Ergebnis oder weil er auf den Vorgang des „doing less harm" fokussiert. Als Beispiele sind zu nennen:

- Ein Handabdruck kann Indikatoren für positive Wirkungen umfassen, die per Definition *außerhalb* des Untersuchungsrahmens *von Fußabdruck-Analysen* liegen (Kühnen u. a., 2017).
- Ein Handabdruck kann die Verringerung negativer Auswirkungen (z.B. Carbon Footprints) *Dritter* einbeziehen (Grönman u. a., 2019).
- Ein Handabdruck kann die *Pfade* beschreiben, auf denen eine Verbesserung eintritt. Diese liegen notwendigerweise *außerhalb von Supply Chains* bzw. Wertschöpfungsketten, die in Fußabdruck-Analysen berücksichtigt werden, und beziehen weitere Akteure oder dynamische

Veränderungen der Wertschöpfungskette mit ein (Bair, 2009; Gereffi u. a., 2005; Gibbon u. a., 2008).
- Ein Handabdruck kann *Verbesserungen zuordnen*, die mit Indikatoren gemessen werden, d.h. Verantwortung für positive Veränderungen eines Indikators zuweisen.

Drittens beantwortet der Handabdruck die Frage, *welche Maßnahmen* ergriffen werden *sollten*. Damit weisen Handabdrücke einen *normativen Charakter* auf, so dass sie im Gegensatz zu Fußabdrücken nicht rein beschreibend verwendet werden können. Hayward (2010) betont, dass der Entwurf eines Handabdrucks seine ethische Implikation berücksichtigen muss.

Ein *Beispiel* für die Anwendung des Handabdrucks im Kontext *intelligenter Netze* geben Jenu u. a. (2020) mit einer Studie zum Einsatz von *Batterien als Speicher für Photovoltaikstrom* in sechs europäischen Ländern (Bulgarien, Deutschland, Finnland, Niederlande, Norwegen, Spanien). Die Studie berechnet den „carbon handprint" als Maß für positive Umweltwirkung. Die Autoren zeigen, wie die Zyklustiefe,[7] der durchschnittliche Ladezustand und die Betriebstemperatur den Handabdruck einer Batterie beeinflussen. Der Handabdruck von Batteriespeichern kann durch geringere Zyklustiefe in allen Ländern außer Norwegen verdoppelt werden. Erneuerbare Energie aus Wasserkraft stellt 96% der norwegischen Stromerzeugung. In Norwegen wird kein positiver Handabdruck erreicht, da der Carbon Footprint einer alternativen Stromversorgung mit Photovoltaik und Batteriespeichern höher wäre als in der Ausgangslage mit Wasserkraft (Jenu u. a., 2020, S. 11).

Kroeger und Weber *kritisieren*, dass es Handabdruck-Bewertungsansätzen an allgemeinen, *standardisierten Maßen mangele*, die deutlich positive Nachhaltigkeitsleistungen angeben (Kroeger und Weber, 2014). Ohne solche Maße können *keine einheitlichen und eindeutigen Ergebnisse* erreicht werden. Häufig wird argumentiert, dass positive Effekte zum einen aus der Reduktion von Umweltproblemen und zum anderen in der sozialen Dimension entstehen, da der Zweck sozialer Maßnahmen darin liegt, das menschliche Wohl zu verbessern. Kühnen u. a. (2017, S. 2 f.) kritisieren, dass gegenwärtig weder soziale noch ökologische und/oder ökonomische Ansätze ihr Potenzial zur Bewertung positiver Effekte systematisch ausschöpfen.

---

7 Die Zyklustiefe (depth of discharge, DOD) beschreibt die Tiefe des Entladungszyklus in % , unabhängig vom ursprünglichen Ladezustand einer Batterie. Hohe Zyklustiefen beschleunigen den Degradationsprozess bzw. die Abnutzung der Batteriezelle und verkürzen ihre Lebensdauer (Jenu u. a., 2020, S. 2).

In den UNEP-Leitlinien zur Sozialbilanz-Analyse wird darüber hinaus auf den *sozialen Handabdruck* eingegangen. Dieser wird als positive Veränderung gegenüber dem Status quo verstanden. Dies bezieht sich auf Veränderungen, die den sozialen Fußabdruck reduzieren oder zusätzliche positive soziale Auswirkungen erzeugen. Solche Veränderungen können sich auf die Wertschöpfungskette eines Produkts oder einer Organisation beziehen oder darüber hinaus gehen. So könnte beispielsweise ein Unternehmen eine Vereinbarung mit einem seiner Zulieferer treffen, die unverhältnismäßige Überstunden verhindert (UNEP, 2020, S. 31). Guillaume u. a. (2020) merken *kritisch* an, dass es entscheidend sei, welcher Referenzwert für den Handabdruck herangezogen werde. Diese Entscheidung sei normativ und Gegenstand von möglichen Debatten.

Zusammenfassend ist erstens festzuhalten, dass Handabdrücke ein inhärent *normatives Konzept* darstellen, da sie sich darauf beziehen, welche Maßnahmen ergriffen werden *sollten* und nicht nur darstellen, welche Maßnahmen ergriffen wurden. Zweitens befassen sich Handabdrücke mit *positiven statt negativen Wirkungen* gegenüber einem Referenzwert. Im Ergebnis gehen sie drittens deutlich über Fußabdruck-Berechnungen hinaus, sei es durch das *Erfassen anderer Indikatoren* (positive Wirkungen, Wirkungen Dritter), oder sei es durch eine *vertiefte Analyse* wie, von wem, wann und wo eine Maßnahme in der Praxis umgesetzt wird. Es besteht noch erheblicher Forschungsbedarf zu allgemeinen standardisierten Maßen, die deutlich positive Nachhaltigkeitsleistungen angeben, um zu einheitlichen und eindeutigen Ergebnissen zu kommen.

5.1.2 Product Environmental Footprint von Photovoltaik-Modulen als multikriterielle Methode

Der *Product Environmental Footprint* (PEF) ist eine von der EU-Kommission in Kooperation mit Unternehmen und Experten entwickelte multikriterielle Methode zur lebenszyklusbasierten Bewertung der Umweltauswirkungen von Produkten. Methoden der *multikriteriellen Analyse*[8] bieten die Möglichkeit, eine Vielzahl an Kriterien unterschiedlicher Natur im Zuge der Entscheidungsfindung gleichzeitig einzubeziehen. Insbesondere bei komple-

8 Die multikriterielle Analyse wird synonym als „Multi-criteria Decision Analysis (MCDA), Multikriterienanalyse oder multikriterielle Entscheidungsunterstützung bezeichnet.

xen Entscheidungsproblemen kann die multikriterielle Analyse durch eine strukturierte Problemaufbereitung eine Grundlage für fundierte Entscheidungen liefern (Schmidt-Bäumler, 2020; Schär, 2018; Greco u. a., 2016; Geldermann und Lerche, 2014; UBA, 2014d; Zopounidis und Doumpos, 2002; Zimmermann und Gutsche, 1991; Wilkens, 2012). Der PEF bezweckt die Vereinheitlichung bestehender Methoden zur ökobilanzgestützten Bewertung von Produkten und soll die Vergleichbarkeit der Umweltauswirkungen vergleichbarer Produkte sicherstellen. Dies gilt insbesondere für Bewertungen in unabhängigen Studien, die von verschiedenen Autoren durchgeführt werden. Da im Unterschied dazu die ISO-Normen zur Ökobilanzierung methodische Wahlfreiheiten zulassen, sind Ökobilanzen nicht ohne weiteres vergleichbar. Mit Hilfe des PEF sollen Konsumenten die generellen Umweltleistungen von Produkten vergleichen können (Europäische Kommission u. a., 2019; BMU u. a., 2019, S. 66; Europäische Kommission, 2013a; Europäische Kommission, 2021b; UBA, 2018a, S. 26; Europäische Kommission u. a., 2012).

Der PEF-Ansatz folgt über die Anforderungen einer Ökobilanz hinaus weiteren produktkategoriespezifischen Anforderungen und standardisierten Vorgaben, die eine höhere Vergleichbarkeit der Ergebnisse schaffen sollen. Der PEF-Ansatz wurde bzw. wird in vier Phasen weiterentwickelt (UBA, 2020g; UBA, 2018a):

- Vorbereitungsphase von 2008 bis 2013,
- Pilotphase von 2013 bis 2019,
- Übergangsphase ab 2020 und
- Implementierungs- bzw. Kommunikationsphase.

In einer *Vorbereitungsphase* von 2008–2013 entwickelte die Europäische Kommission ab 2008 eine Methodik für den CO_2-Fußabdruck, die anschließend auf weitere ökologische Auswirkungen ausgedehnt wurde. Die Europäische Kommission hat 2013 die Initiative „Schaffung eines Binnenmarktes für grüne Produkte“ (Europäische Kommission, 2013b) vorgestellt, die den Product Environmental Footprint als Methode zur Messung der Umweltleistung von Produkten empfiehlt. Ziel der Initiative ist es, die Vergleichbarkeit der Umweltleistung von Produkten zu erhöhen und die Vielfalt von als verwirrend angesehenen umweltbezogenen Produktinformationen zu reduzieren. In der *Pilotphase* von 2013–2019 wurden zunächst Regeln für 25 ausgewählte Produktkategorien wie Stromerzeugung aus Photovoltaik, Wärmedämmstoffe, wiederaufladbare Batterien, IT-Zubehör (Festplatten, CDs u.a.) entworfen. Die finale Version der zugehörigen Produktkategorieregeln (PEFCR) für Produktgruppen ist auf der Homepage der Europäischen Kommission abrufbar

(Europäische Kommission, 2021b). Derzeit läuft seit 2020 eine *Übergangsphase*, in deren Rahmen u.a. PEFCRs für weitere Produktgruppen entwickelt werden (UBA, 2020g, S. 38). Eine *Implementierungs- bzw. Kommunikationsphase* mit einer Einbindung in die Gesetzgebung auf europäischer Ebene (z.B. als Teil der Ökodesign-Richtlinie) soll folgen (UBA, 2018a). Derzeit steht noch nicht fest, in welcher Form der PEF künftig als Konsumenteninformation auf Produkten genutzt wird (UBA, 2020g, S. 38).

Vorteile von und Kritik an Methoden der multikriteriellen Analyse gelten analog für Product Environmental Footprints. Ein Vorteil der Multikriterienanalyse besteht darin, dass sie auch für *Entscheidungsprobleme mit mehreren Unsicherheitsfaktoren* anwendbar bleibt und so beispielsweise Schwerpunktlisten einzelner Politikmaßnahmen erstellt werden können, die für zukünftige Diskussionen nützlich sein und den Entscheidungsträgern als Orientierungshilfe dienen können (UBA, 2014d, S. 65). Ein *Schwachpunkt* der multikriteriellen Analyse ist, dass sie auf *Experten* angewiesen ist, die ihre Einschätzungen zur Verfügung stellen. Diese Werte sind stets mit Unsicherheit behaftet (Bell u. a., 2001, S. 229; UBA, 2014d, S. 65). Eine Kritik an PEFs lautet, dass es bei ihrer Erstellung zahlreiche methodische und praktische Herausforderungen gibt (UBA, 2018a, S. 15, 26). Zu den methodischen Herausforderungen gehören die Festlegung des Untersuchungsrahmens, insbesondere die Definition der funktionellen Einheit und die Definition des repräsentativen Produktes, die Modellierung des Produktsystems, die Modellierung von Elektrizität, sowie die Auswertung und Interpretation (z.B. Eignung der Wirkungsabschätzungsmethoden und Priorisierung von Wirkungskategorien). So wird für den PEF „Stromerzeugung aus Photovoltaik" als Benchmark bzw. repräsentatives Produkt ein durchschnittliches, in Europa installiertes Photovoltaik-Modul herangezogen. Es handelt sich dabei um ein „virtuelles Produkt", für das verschiedene Technologien, wie mono- und polykristalline sowie amorphe Siliziummodule, CdTe- und CIGS-Module berücksichtigt werden (Europäische Kommission, 2021a, S. 19). Unter Berücksichtigung intelligenter Netze betrifft eine weitere wesentliche Herausforderung die Modellierung von Elektrizität (UBA, 2018a, S. 73). Hier geht es u.a. darum, welcher Strommix in der Produktions- und Nutzungsphase angenommen wird und in welchem Umfang Ökostromanteile angerechnet werden. Bei den Product Environmental Footprints wird zudem der hohe Aufwand für ihre Erstellung kritisiert. Für die Erstellung einer PEFCR ist bisher ein mehrjähriger eigenständiger Branchenprozess unter Stakeholderbeteiligung erforderlich (UBA, 2020g, S. 42).

Zusammenfassend sollen einige Elemente des PEF-Ansatzes hervorgehoben werden, obwohl seine Entwicklung derzeit noch nicht abgeschlossen ist. Ein wesentlicher Vorteil, der den PEF-Ansatz von der Ökobilanz unterscheidet, ist die Vergleichbarkeit der Umweltleistung verschiedener Produkte in verschiedenen Dimensionen. Zugleich ist im PEF-Ansatz ein Benchmarking von Produkten gegenüber einem definierten Referenzprodukt angelegt, das als durchschnittliches Produkt in der definierten Produktkategorie ermittelt wurde. Gleichzeitig fehlen im PEF-Ansatz noch einige wesentliche Elemente. So wurden bisher nur für wenige Produkte PEFCRs definiert. Das UBA (2020g, S. 42) merkt kritisch an, dass derzeit nicht (nach Umweltrelevanz) priorisiert wird, für welche Produkte eine PEFCR definiert werden soll. Für aussagekräftige Produktvergleiche auf Basis des PEF sind noch zahlreiche methodische Fragen zu lösen (z.B. Modellierung von Elektrizität, UBA, 2018a). Ein Nachteil des PEF-Ansatzes ist, dass soziale Aspekte nicht abgebildet werden bzw. dies im methodischen Rahmen nicht vorgesehen ist.

5.1.3 Von der Ökoeffizienz-Analyse zur Ökoeffektivität von Photovoltaikmodulen

Die *Ökoeffizienz* beinhaltet eine besondere Sichtweise auf eine nachhaltige Entwicklung und bildet einen Ausgangspunkt für Bewertungs- und Entscheidungsmethoden. Die Ökoeffizienz ist eher als Management-Konzept denn als Indikator zu verstehen und strebt gleichzeitig ökonomische und ökologische Effizienz an. Kurz gefasst bedeutet Ökoeffizienz „create more value with less impact“ (Schmidheiny und Stigson, 2000; Schaltegger und Sturm, 1990, S. 281). Die Ökoeffizienz geht davon aus, dass die *Wertschöpfung* im Verhältnis zur *Schadschöpfung* beziehungsweise Ressourceninanspruchnahme zu steigern ist, d.h. ökonomisches und ökologisches Kapital werden aufeinander bezogen:

$$\text{Ökoeffizienz} = \frac{\text{Wertschöpfung}}{\text{Schadschöpfung}}$$

Wie in Tab. 5.1 zu erkennen ist, beinhaltet der Zähler des Bruches (Wertschöpfung) entweder die Anzahl hergestellter Produkteinheiten oder Netto-Umsätze eines Unternehmens, während der Nenner (Schadschöpfung) Umweltaspekte wie Energieverbrauch, Wasserverbrauch oder Materialverbrauch abdeckt oder sich auf Umweltaspekte wie Treibhausgasemissionen bzw. Emissionen ozonabbauender Substanzen bezieht (von Hauff, 2021, S. 109; Verfaillie und Bidwell, 2000).

Tabelle 5.1: **Kennzahlen für Schadschöpfung und Wertschöpfung der Ökoeffizienz**. Quelle: eigene Darstellung nach von Hauff (2014, S. 206).

Schadschöpfung	Wertschöpfung
– Energieverbrauch – Materialverbrauch – Treibhausgasemissionen – Netto-Wasserverbrauch – Emissionen ozonabbauender Substanzen	– Produkt- bzw. Dienstleistungseinheit – Netto-Umsatz

Beispiele im Kontext intelligenter Netze sind Photovoltaikmodule (Seitz u. a., 2014; Bifa, 2013), Elektrogeräte (Aoe, 2007) und IT-basierte Öko-Effizienz (Fraunhofer ISI, 2009, S. 76). Während die Ökobilanz den ökologischen Einfluss eines Produktes untersucht und als Ergebnis eine Vielzahl von Einzeldaten liefert, verdichtet die Ökoeffizienz-Analyse die Vielzahl der Einzeldaten so, dass daraus eine verständliche Darstellung hervorgeht, deren Ergebnisse klar abzulesen sind. Die Ökoeffizienz-Analyse bildet neben ökologischen auch ökonomische Faktoren ab. Hinsichtlich der Operationalisierung wird die Ökoeffizienz als abstrakter Bewertungsrahmen kritisiert, dem es an geeigneten Messkriterien und Indikatoren fehle, um eine relative Vergleichbarkeit zwischen den verschiedenen Produkten herzustellen. Ohne einen solchen Maßstab könne jedoch nicht objektiv festgestellt werden, welches Produkt am ökoeffizientesten sei (Mechel, 2017, S. 21). Übereinstimmend bewerten Peças u. a. (2019) die Ökoeffizienz-Analyse als „still no easy task, despite recent studies and publications, as no uniform, generally accepted definition and framework for its measurement is available, and it is focused on eco-efficiency at company level". Es gibt jedoch branchenspezifische Ansätze mit klar definierten Mess- und Regelwerk, die aussagekräftige Ergebnisse liefern (Mechel, 2017, S. 21 ff.). So hat das Unternehmen BASF zur Operationalisierung der Ökoeffizienz in der Chemiebranche eine eigene Methode entwickelt (Grosse-Sommer u. a., 2020; Saling u. a., 2002; BASF, 2016), mit der bisher mehr als 600 Ökoeffizienz-Analysen durchgeführt wurden, u.a. zu Dämmstoffen (Saling, 2017, S. 143). Im Hinblick auf *intelligente Netze* sieht Fraunhofer ISI (2009, S. 79) ein großes Potenzial für öko-effiziente

IT-Endgeräte in der Gebäudeautomatisierung und im Wohnungsbau (intelligentes Haus bzw. Smart Home).

Im Unterschied zur Ökoeffizienz, die die Umweltwirkungen eines Produkts „von der Wiege bis zur Bahre" (cradle to grave, C2G) analysiert, bezieht sich die *Ökoeffektivität* auf eine Produktentwicklung „von der Wiege bis zur Wiege" (cradle to cradle, C2C). Das Konzept der Ökoeffektivität geht über die Reduktion negativer Auswirkungen hinaus und hat den Anspruch, Kreisläufe zu schließen („closing the loop"; Braungart und McDonough, 2020; Schaltegger und Herzig, 2008, S. 54). Braungart u. a. (2007, S. 1343 ff.) legen eine Strategie mit fünf Schritten vor, um in der Produkt- und Dienstleistungsentwicklung den Übergang von der Ökoeffizienz zur Ökoeffektivität zu vollziehen. Der Prozess beginnt mit der Elimination unerwünschter Substanzen und bewegt sich auf die positive Festlegung erwünschter Substanzen zu:

- Frei von ...
- Subjektive Präferenzen
- Passive Positiv-Liste
- Aktive Positiv-Liste
- Neu-Erfindung

In *Schritt 1* geht es um das *Entfernen gefährlicher bzw. toxischer Substanzen* aus Produkten, wie z.B. Quecksilber, Cadmium, Blei. In *Schritt 2* geht es darum, unternehmensbezogene Bewertungskriterien im Sinne *subjektiver Präferenzen* zu entwickeln. In *Schritt 3* geht es um eine systematische Bewertung aller Produktbestandteile bezüglich ihrer Umwelt-Eigenschaften wie Toxizität für Menschen, Gewässergefährdung oder Abbaubarkeit (Henning u. a., 2020). Dies resultiert in einer sog. *passiven Positiv-Liste*, die zusammenfasst, in welchem Umfang jeder Produktbestandteil einer Verbesserung bedarf. *Schritt 4* optimiert das Produkt durch Ersetzen von Substanzen so, dass im Idealfall alle beteiligten Ausgangsstoffen eines Produkts anschließend biologisch abbaubare[9] Materialien sind (sog. *aktive Positiv-Liste*). In *Schritt 5* geht es um eine Weiterentwicklung bzw. *Neuerfindung* des Produkts aus Sicht des Kunden bzw. der Kundenbedürfnisse. So erfüllt eine Waschmaschine letztlich das Bedürfnis nach einem System zur komfortablen Reinigung von Kleidung. Dies könnte alternativ durch eine Vermietung oder

9 Nach DIN EN 13432 bedeutet Bioabbaubarkeit, dass sich ein Material nach einer festgeschriebenen Zeit unter definierten Temperatur-, Sauerstoff- und Feuchtebedingungen in der Anwesenheit von Mikroorganismen oder Pilzen zu mehr als 90 Prozent zu Wasser, Kohlendioxid (CO_2) und Biomasse abgebaut haben muss (UBA, 2009, S. 3).

Dienstleistung erfüllt werden. Ähnliches gilt für private Kraftfahrzeuge, die dem Bedürfnis nach persönlicher Mobilität entgegenkommen und durch gemeinsam genutzte Fahrzeuge ersetzt werden könnten (Braungart u. a., 2007, S. 1343 ff.).

Die Ökoeffektivität ist unter Berücksichtigung *intelligenter Netze* auf Produkte für *Smart Homes* angewendet worden. So beschreiben Contreras-Lisperguer u. a. (2017) und Latunussa u. a. (2016) die Herausforderungen eines Cradle-to-Cradle-Herstellungsprozesses für kristalline PV-Module.[10] Die Autoren empfehlen, beim Design neuer Module Fluorkunststoffe zu verringern oder zu vermeiden sowie die Demontage der Aluminiumrahmen zu vereinfachen. Henning u. a. (2020, S. 179) merken *kritisch* an, dass Photovoltaikmodul-Hersteller derzeit lediglich eine Recyclingrate von 80% anstrebten, was bereits durch das Recycling von Glas und Aluminiumrahmen erreicht werden könne, die 90 % des gesamten PV-Modulgewichtes ausmachten. Kritische Metalle[11] wie z.B. Gallium oder Indium (Europäische Kommission u. a., 2020) werden dabei aufgrund ihres geringen Anteils vernachlässigt. Die Autoren argumentieren, dass Closed-Loop-Prozesse für das Recycling von PV-Modulen sinnvoll erscheinen, weil ausgediente PV-Module mehr Metalle enthielten, als die Fertigung neuer Module künftig erfordern werde.[12] Bei Smart-Home-Produkten wie intelligenten Waschmaschinen gehe es bisher eher um eine Erhöhung der Effizienz während der Nutzungsphase sowie eine Verlängerung der Nutzungszeit und weniger um Wiederverwendung, Aufarbeitung und Recycling, *kritisieren* Ingemarsdotter u. a. (2019, S. 21). Die Hersteller hätten nur in wenigen Fällen eine Rückmeldung über die Verwendung von Produkten eingeholt, um die Produktentwicklung zu verbessern, kritisieren Ingemarsdotter u. a. (2019).

Der Ökoeffektivität wird kritisch entgegen gehalten, dass aufgrund von Dissipation und Entropie jedes Recycling unweigerlich mit Stoff- oder Qualitätsverlusten verbunden ist, weshalb die Vorstellung einer Kreislaufwirtschaft (C2C) „trügerisch“ sei (Weber, 2020). Lehmann (2020, S. 9) merkt an: „It

10 Kristalline PV-Module (c-Si Module) haben einen Marktanteil von derzeit ca. 90 % (UBA, 2020c, S. 115; LAGA, 2017, S. 29).

11 Rohstoffe mit hohem Versorgungsrisiko werden als kritische Rohstoffe bezeichnet. Bei den meisten Metallen ist die EU zu 75 % bis 100 % von Importen abhängig (Europäische Kommission, 2020c, S. 1, 6).

12 Bei Rohstoffen, die in Technologien für erneuerbare Energien benötigt werden, wie seltene Erden, Gallium oder Indium, leistet das Recycling zur Deckung der Rohstoffnachfrage nur einen geringfügigen Beitrag (Europäische Kommission, 2020c, S. 10 f.).

should be remembered that there can be no complete circularity, partly because there are always unavoidable dissipative losses. On the other hand, because few substances can be used completely – without degradation – again". Etwas ausführlicher fassen Faber u. a. (1987) zusammen: „Recovery and recycling of materials that have been dispersed through pollution, waste and end-of-life product disposal require energy and resources, which increase in a nonlinear manner as the percentage of recycled material rises (owing to the second law of thermodynamics: entropy causing dispersion). Recovery can never be 100%." Bühler u. a. (2019) kritisieren weiter, dass beim Cradle-to-Cradle-Prinzip nur die Werkstoffe und nicht die notwendigen Betriebsstoffe (Schmieröl, Treibstoffe) oder andere Belastungen in der Nutzungsphase berücksichtigt werden.

Zusammenfassend handelt es bei der Ökoeffektivität um ein Konzept für Unternehmen bzw. Produkthersteller mit dem Ziel, Kreisläufe zu schließen. Dies verlangt im Kern eine Weiterentwicklung von Produkten im Sinne einer *Neuerfindung*, die Abfälle vermeidet und Wiederverwendung fördert. Konsumentenbedürfnisse spielen hierbei eine zentrale Rolle und könnten beispielsweise dazu führen, ein Produkt durch eine Dienstleistung zu ersetzen. Entsprechende Service-Modelle der Hersteller wie Leasing, Rückkaufvereinbarung oder Nachsorgebehandlung werden als vielversprechende Strategie gegen Obsoleszenz gesehen (5.2.3). Eine Schwäche der Ökoeffizienz ist ihre derzeitige Beschränkung auf einzelne Firmen wie die BASF bzw. Branchen wie die Chemie-Branche. Weiterer Forschungsbedarf entsteht durch das Fehlen eines allgemein akzeptierten Rahmens mit geeigneten Messkriterien und Indikatoren, der eine Vergleichbarkeit verschiedener Produkte erlauben würde. Unter Berücksichtigung intelligenter Netze wird in der Ökoeffizienz-Analyse von Gebäudeautomatisierung großes Potenzial gesehen; dabei ist die Herausforderung proprietärer Energiemanagement-Systeme zu überwinden.

5.2 Fördermöglichkeiten für nachhaltigen Konsum unter Berücksichtigung intelligenter Netze

Dem Staat steht zur Vermeidung und Verringerung der mit Konsum verbundenen sozial-ökologischen Probleme eine Vielzahl von Fördermöglichkeiten und Instrumenten zur Verfügung, die in der umweltökonomischen Literatur nach Art der Beeinflussung des Entscheidungsverhaltens der Akteure gegliedert werden (Stehling, 1999, S. 6f. Streit, 2005, S. 283ff.). Dies führt zu einer Einteilung in

- ökonomische Instrumente, darunter
  - Emissionszertifikatehandel (5.2.1) und
  - Ökosteuern, Umweltabgaben und Subventionen (5.2.2),
- ordnungsrechtliche Instrumente (5.2.3) sowie
- suasorische Instrumente (5.2.4).

Ökonomische Instrumente können bei der Förderung nachhaltigen Konsums unter Berücksichtigung intelligenter Netze eine größere Rolle spielen, da sie Anreize setzen, ohne die Konsumentensouveränität einzuschränken (FÖS u. a., 2021, S. 2; Maier-Rigaud, 2001, S. 191; Phaneuf und Requate, 2016; Stehling, 1999, S. 7). Ordnungsrechtliche Instrumente sind bisher ein Schwerpunkt staatlicher Umweltpolitik in Deutschland (Bundestag, 2019, S. 111). Längere Gewährleistungsfristen könnten einer frühzeitigen Obsoleszenz von Elektro- und Elektronikgeräten im Kontext intelligenter Netze entgegenwirken. Da diese Instrumente Konsumenten indirekt betreffen, werden sie hier nur angerissen (5.2.3). Zu den suasorischen Instrumenten zählen einerseits produktbezogene Umweltinformationen und Verbraucherkennzeichnungen, die sich aus Bewertungsansätzen wie der Ökobilanz ergeben (5.1). Andererseits könnte eine Offenlegung der Lieferkette der Elektronikindustrie als suasorisches Instrument zu nachhaltigem Konsum unter Berücksichtigung intelligenter Netze beitragen (5.2.4).

5.2.1 Ökonomische Instrumente: Emissionshandel zur Internalisierung externer Kosten der Stromerzeugung

Zu den ökonomischen Instrumenten, die externe Kosten des Stromkonsums internalisieren sollen, gehören:

- der europäische Emissionshandel EU-ETS und
- das deutsche Brennstoffemissionshandelsgesetz BEHG.

Das seit 2005 erstmals großflächig eingesetzte ökonomische Instrument des European Union Emissions Trading System (EU-ETS) ist als marktähnlicher ökonomischer Anreiz konzipiert (EU, 2003; EU, 2009b; UBA, 2017a). Der Emissionshandel sieht vor, dass der Betrieb bestimmter klimarelevanter Anlagen der Energiewirtschaft und energieintensiver Industrie vom Erwerb und von der Abgabe entsprechender Emissionsrechte („Zertifikate“) abhängig gemacht wird. Europaweit deckt der Zertifikatehandel aktuell 45% der Treibhausgasemissionen ab (Fraunhofer ISE, 2022; Matthes, 2019). Der europäische Emissionshandel ist an das Prinzip einer Pigou-Steuer angelehnt, die sich an den gesellschaftlichen Grenzkosten bzw. externen Umweltkosten der Emission orientiert (s. 2.3.3). Es ist Konsens, dass ein bedeutender Teil der externen Umweltkosten noch nicht internalisiert ist (Held, 2018, S. 25). Nicht internalisierte externe Kosten der fossilen Stromerzeugung werden im mikroökonomischen Kalkül der Konsumenten nicht adäquat berücksichtigt. Sind *Umweltverschmutzungskosten* im Marktpreis nicht adäquat enthalten, wird der Preisvergleich von erneuerbarer mit fossiler und nuklearer Stromerzeugung erschwert (Cezanne, 2005, S. 34, 221 f., Sturm und Vogt, 2018; Fraunhofer ISE, 2022, S. 7; UBA, 2018b; FÖS u. a., 2012b; FÖS u. a., 2012a). Die direkten und indirekten Folgekosten der Emission gelten als schwer abschätzbar (Fraunhofer ISE, 2022, S. 18), wobei es verschiedene Ansätze gibt, Externalitäten zu quantifizieren (UBA, 2018b; Bundestag, 2006). Für eine weitere Konkretisierung besteht hier noch Forschungsbedarf. Nach aktuellen Berechnungen des Umweltbundesamtes verursacht die Emission einer Tonne CO_2 Schäden von rund 195 Euro/t (UBA, 2020e, S. 8).[13] Die Zertifikatspreise liegen aktuell noch deutlich darunter (Fraunhofer ISE, 2022, S. 18). Die Verwendung positiver Diskontraten wird im Hinblick auf intergenerationelle Gerechtigkeit kritisiert, da sie die Präferenzen der aktuellen Generation überbewertet (vgl. Abschnitt 3.1.2).

Der EU-ETS wurde erstens kritisiert, weil bis 2017 ein Überangebot an bereitgestellten Zertifikaten zu einem Preisverfall der Börsenstrompreise führte (Fraunhofer ISE, 2022, S. 18; Wegener, 2014, S. 169; UBA, 2014a, S. 24). Wegener (2009) erhebt zweitens den Einwand, das System des europäischen bzw. internationalen Emissionshandels sei zu komplex, um Wirkung zu erreichen. Drittens wird kritisiert, dass der EU-ETS ein Downstream-System ist, bei dem die Zertifikatpflicht beim Endverbraucher der Energieträger ansetzt. Als Alternative wird ein Upstream-Emissionshandelssystem vorgeschlagen, bei dem Importeure oder Produzenten von Energieträgern verpflichtet werden, so dass die Zertifikatspflicht „weiter oben" („upstream") in der Wertschöpfungskette ansetzt (Bundestag, 2018b, S. 12). Ekardt (2016a) schlägt eine Totalrevision des Emissionshandels in Richtung eines Upstream-ETS vor, der ausschließlich bei den Erstinverkehrbringern fossiler Brennstoffe anset-

13 Dies gilt bei einer Höhergewichtung der Wohlfahrt heutiger gegenüber zukünftigen Generationen. Bei einer Gleichgewichtung liegen die Schäden bei rund 680 Euro/t. Bei Verwendung einer reinen Zeitpräferenzrate (RZPR) von 0% werden heutige und zukünftige Schäden gleich gewichtet. Als Näherungswert für praktische Politikrelevanz verwendet das UBA (2020e) eine Gewichtung mit RZPR=1% . Die Problematik der Präferenz für gegenwärtigen gegenüber zukünftigem Konsum ist in Kapitel 2.3 (sowie in 2.7.4 und 2.7.5 vertieft) als Grenze der Konsumentensouveränität näher erläutert.

zen und das bisherige System ablösen soll. Eine Ergänzung des EU-ETS durch Upstream-Komponenten würde die Frage von Carbon Leakage bei Stromimporten (s.u.) nicht lösen (UBA, 2014a, S. 41).

In Deutschland ist parallel im Dezember 2019 ein Brennstoffemissionshandelsgesetz[14] in Kraft getreten. Das BEHG hat eine CO_2-Bepreisung für die Bereiche Gebäudewärme und Verkehr ergänzt, da das EU-ETS nicht für diese beiden Sektoren gilt. Dieses Gesetz hat einen nationalen Emissionshandel (EHS) für die Verbrennung von Heizöl, Flüssiggas, Erdgas, Kohle, Benzin und Diesel im Jahr 2021 eingeführt. Der Preis hat mit 25 Euro/t CO_2 im Jahr 2021 begonnen und steigt schrittweise auf 55 Euro/t CO_2 im Jahr 2025, danach soll sich der Preis innerhalb eines Preiskorridors am Markt bilden. Einnahmen aus dem nationalen Zertifikatehandel sollen – ebenso wie die Einnahmen aus der Versteigerung von Zertifikaten im europäischen Emissionshandel[15] – im Energie- und Klimafonds (EKF) erfasst und zur Deckelung des Anstiegs der EEG-Umlage (5.2.2) verwendet werden (Bundesrechnungshof, 2021, S. 41). Kritisiert wird das BEHG dahingehend, dass die Höhe der CO_2-Steuer nicht dem Pigou-Prinzip entsprechend der geschätzten Umweltkosten von 195 Euro/t CO_2 (s.o.) angesetzt ist, sondern zunächst mit niedrigeren Beiträgen von 25 Euro/t CO_2 startet und erst mit der Zeit steigt (Jensen u. a., 2015). Eine zu niedrige Steuer bei Einführung kann zu höheren Emissionen zu Beginn führen (sog. Green Paradox; Sinn, 2008).

Cosbey u. a. (2019) weisen darauf hin, dass die Effektivität des Emissionshandels durch internationalen Handel beeinträchtigt wird. Wenn Güter und Energie zwischen Märkten gehandelt werden, die unterschiedlicher Klimapolitik unterliegen, kann es zu einer Verlagerung von Produktion und Emissionen in Regionen kommen, in denen Umweltschutzstandards und entsprechende Kosten geringer sind (sog. „Carbon Leakage“). Als Gegenmaßnahme bieten sich zwei Strategien an:

- Gratiszuteilung von Emissionszertifikaten oder
- Grenzausgleich bzw. Border Carbon Adjustments.

Im EU-ETS sowie im deutschen BEHG erhalten Unternehmen, bei denen davon ausgegangen wird, dass sie einem erheblichen Risiko der Verlagerung von CO_2-Emissionen (Carbon Leakage) ausgesetzt sind, derzeit eine Gratiszuteilung von Emissionszertifikaten (Europäische Kommission, 2014;

---

14 Brennstoffemissionshandelsgesetz (BEHG) vom 12. Dezember 2019 (BGBl. I S. 2728), zuletzt geändert am 3. November 2020.

15 Im Jahr 2020 flossen dem EKF Erlöse aus dem Emissionshandel in Höhe von 2,7 Mrd. Euro zu (BMF, 2020, S. 64).

Bundesregierung, 2021b).[16] Dies soll dem Schutz der internationalen *Wettbewerbsfähigkeit der Unternehmen* dienen und eine Produktionsverlagerung in Länder mit geringeren Umweltstandards verhindern (BMF, 2018). Die Carbon-Leakage-Verordnung der Bundesregierung (2021c) zum BEHG[17] wird kritisiert, weil es zu viele Begünstige gebe und so die CO_2-Bepreisung außer Kraft gesetzt werde (Bundestag, 2021a). Becker u. a. (2015) kritisieren, dass die volle Wirksamkeit des Emissionshandels (EU-ETS) nur gewährleistet wird, wenn pauschale Ausnahmetatbestände unterbleiben. Becker u. a. (2015) schlagen daher vor, dass die Carbon-Leakage-Liste durch einen vollständigen *Grenzausgleich* ersetzt werden soll. Im Sinne eines Grenzausgleichs könnten die importierten Güter entweder in das EU-ETS einbezogen werden oder es kann eine Steuer an der Grenze erhoben werden, die der Belastung durch die Zertifikate auf die entsprechenden inländischen Produkte entspricht. Ekardt (2016a, S. 5) hält es für erforderlich, ein System von Border Adjustments für Im- und Exporte aus dem vom EU-ETS erfassten Wirtschaftsraum zu etablieren. „Border carbon adjustment (BCA) would address such carbon leakage concerns by using trade measures to ensure that products from foreign producers facing lower (or no) carbon prices are on equal footing with domestically produced goods“ (Cosbey u. a., 2019). Als Beispiel für ein BCA gilt eine kalifornische CO_2-Steuer auf subnationaler Ebene auf Stromimporte aus Nachbarstaaten (Mehling u. a., 2017, S. 33).[18] Im Kontext zukünftiger Maßnahmen zur Bekämpfung von Leakage ist auf EU-Ebene zu diskutieren, ob Stromimporte (insbesondere in ost- und süd-osteuropäische Länder aus Nicht-ETS-Ländern) der Zertifikatspflicht zu unterwerfen sind (UBA, 2014a, S. 41).

Zusammenfassend ist zum ökonomischen Instrument des Emissionshandels zu sagen, dass es langfristig auf eine marktähnliche Internalisierung externer Kosten zielt, diese jedoch aktuell noch nicht erreicht hat. Zum einen erzielt der EU-ETS als großflächige Umsetzung dieses Konzepts im europäischen Markt derzeit geringe Preise von 25 bis 50 Euro/t CO_2, während die geschätzten Umweltkosten um ein Vielfaches höher liegen, bei etwa 195 Euro/t CO_2. Ähnliches gilt für das deutsche BEHG, das mit vergleich-

16 Mit dem Beschluss 2010/2/EU (sog. Carbon-Leakage-Liste) hat die Europäische Kommission diejenigen Sektoren identifiziert, für die ein solches Risiko angenommen wird.

17 Brennstoffemissionshandelsgesetz BEHG

18 Die Basis für das California cap-and-trade program im US-Bundesstaat Kalifornien bildet der 2006 verabschiedete „California Global Warming Solutions Act“ (Assembly Bill 32; UBA, 2014a, S. 38 f.).

bar niedrigen Preisen von 25 Euro/t CO_2 startet. Zum anderen werden vom Emissionshandel derzeit nur ein Teil der Emissionen erfasst, was durch eine Ausweitung oder durch eine Umgestaltung in Richtung eines Upstream-Emissionshandels gelöst werden könnte. Da Konsumentensouveränität von einem maßgeblichen Einfluss der Preise auf die Verwendung der knappen Ressourcen einer Volkswirtschaft ausgeht, führt diese Unterbewertung bzw. das mangelnde Preissignal letztlich zu einer Fehlallokation insbesondere bei fossil erzeugtem Strom. Ansätze nachhaltigen Konsums, die sich wie der Key-Points-Ansatz auf Konsumentensouveränität stützen, benötigen deshalb zusätzliche Instrumente wie ökobilanzielle Kennzahlen, um Konsumalternativen zu bewerten.

5.2.2 Ökonomische Instrumente: ETR, Stromsteuern, Abgaben und Umlagen auf den Strompreis sowie Abbau von Subventionen fossiler Energieträger

Zu den ökonomischen Instrumenten, die den fossilen Stromverbrauch begrenzen und den erneuerbaren Stromkonsum fördern sollen, gehören:
- eine ökologische Steuerreform (environmental tax reform, ETR),
- die Stromsteuer,
- weitere Abgaben und Umlagen auf den Strompreis und
- der Abbau von Subventionen auf fossile Energieträger.

Unter Berücksichtigung intelligenter Netze spielen Strompreise und die damit verbundenen Steuern, Abgaben und Umlagen eine wichtige Rolle. Da die *Preise maßgeblichen Einfluss* auf die Verwendung knapper Ressourcen im Rahmen der Konsumentensouveränität ausüben (s. 2.2.2 und 2.3.1), wurde für einen ökologisch nachhaltigen Konsum gefordert, dass „die Preise die ökologische Wahrheit sagen“ (von Weizsäcker, 1991). Speziell fordert das UBA für die Weiterentwicklung des NPNK[19], dass *Energiepreise* „die ökologische Wahrheit“ sagen sollen (UBA, 2020h, S. 5). Als ökonomisches Instrument kommt dafür eine Ökologische Steuerreform (ÖSR) bzw. Environmental Tax Reform (ETR) in Frage. Hierbei geht es um eine systematische, aufkommensneutrale Ökologisierung des Steuersystems, wobei umweltschädliche Subventionen abgebaut und das verfügbare Steueraufkommen im Sinne der Nachhaltigkeit eingesetzt werden (Freire-González, 2018; Fiedler und Wun-

19 NPNK steht für das Nationale Programm für nachhaltigen Konsum der Bundesregierung (2019).

derlich, 2017). Dies muss nicht mit negativen Effekten auf Konsumenten einhergehen, so Klenert u. a. (2018): „an environmental tax reform can reduce inequality below initial levels by simple measures such as recycling the revenue as per-capita cash transfers.“ So schlägt das UBA (2020h, S. 34) eine CO_2-Komponente der Energiesteuer und eine Rückvergütung an die Bevölkerung als Klimabonus vor. Das als „doppelte Dividende“ (double dividend) bezeichnete Konzept geht auf Pigou (1929) und Binswanger (1970) zurück (Schlegelmilch, 2001; Pearce, 1991). Die Existenz einer doppelten Dividende bei Erhebung von Umweltsteuern ist tendenziell Konsens in der Literatur (Silva u. a., 2021; Freire-González, 2018). In diesem Sinne wurde 1999 die *Stromsteuer* eingeführt, um laut Gesetzesbegründung Energie durch höhere Besteuerung zu verteuern (Bundestag, 1999); die Einnahmen fließen überwiegend in die Rentenkasse (Fraunhofer ISE, 2022, S. 21).

Abbildung 5.3: **Durchschnittlicher Strompreis für einen Haushalt in ct/kWh, Jahresverbrauch 3.500 kWh.** Stand: 04/2022. Quelle: BDEW (2022, S. 13)

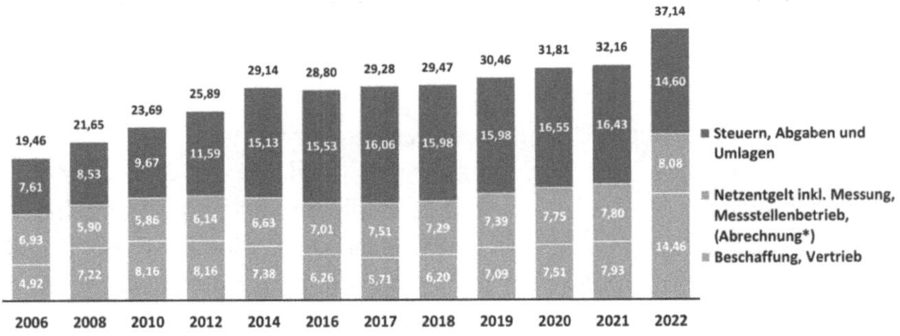

Das jetzige *Strompreissystem* mit Netzentgelten sowie Steuern, Abgaben und Umlagen führt absehbar zu höheren Strompreisen insbesondere für Haushaltskunden (Bundesrechnungshof, 2021, S. 32 ff.). Staatlich geregelte Preisbestandteile machen derzeit (2022) etwa drei Fünftel des Strompreises aus.[20] In Abb. 5.3 sind Beschaffung und Vertrieb (orange) vom Markt bestimmt, während die Netzentgelte (hellblau) und die Steuern, Abgaben und Umlagen (rot) staatlich geregelt sind. Das Ausmaß der staatlich geregelten Preisbestandteile

20 Aktuell hat sich der Anteil der staatlich geregelten Preisbestandteile von 75 % (2021) auf 61 % (2022) verringert, da die Energiepreise seit Beginn des Kriegs in der Ukraine im Februar 2022 deutlich angestiegen sind. Sie lagen im Mai 2022 um knapp 40 % über dem Vorjahresmonat (Destatis, 2022c).

wird von Fraunhofer ISE (2021a, S. 20) kritisiert, da Strom durch einen wachsenden Anteil erneuerbarer Energien zunehmend klimafreundlicher wird[21] und durch verzerrte Preissignale beim Strom die Konsumentensouveränität ihre Steuerungswirkung nicht entfalten kann. Wie in Abb. 5.3 zu erkennen ist, stieg der Haushalts-Strompreis im letzten Jahrzehnt durchschnittlich um 3 % pro Jahr von 24 Ct/kWh (2010) auf 32 Ct/kWh (2021); 2022 kam es zu einem überproportionalen Anstieg auf über 37 Ct/kWh; Steuern, Abgaben, Umlagen und Netzentgelt betragen 2022 insgesamt 23 Ct/kWh, während Beschaffung und Vertrieb 14 Ct/kWh ausmachen (BDEW, 2022, S. 9). Eine Reform bzw. nennenswerte Senkung des Strompreises kann an den drei Faktoren

- Stromsteuer,
- EEG-Umlage und
- Netzentgelt

ansetzen (Schaefer, 2020).

Die Stromsteuer wird dahingehend kritisiert, dass sie auf den Verbrauch anfällt und sich *nicht* nach den CO_2-Emissionen der Erzeugung richtet. Die Stromsteuer beträgt aktuell (2021) 2,05 Cent/kWh (BDEW, 2022). Eine Senkung der Steuer würde in erster Linie Unternehmen, die nicht bereits von Ermäßigungen profitieren, und Privathaushalte entlasten (Schaefer, 2020). Die *EEG-Umlage* beträgt aktuell (2022) 3,7 Cent/kWh (BDEW, 2022, S. 8). Eine Deckelung und schrittweise Absenkung der EEG-Umlage durch eine entsprechende Finanzierung aus dem Bundeshaushalt bzw. der Einnahmen aus dem BEHG sind im Klimaschutzprogramm beschlossen und teilweise bereits umgesetzt worden (Bundestag, 2020; BMU, 2019, S. 29). Die künftige Finanzierung der EEG-Umlage gilt als „wichtiger Prüfstein für eine verbraucherfreundliche EEG-Reform“ (VZBV, 2020). *Netzentgelte* betragen aktuell (2021) 8,08 Cent/kWh und machen etwa 21% des Haushalts-Strompreises aus (Abb. 5.3). Der VZBV (2020, S. 10) kritisiert, dass die aktuelle Praxis zur Ermittlung der Netzentgelte in Deutschland unverständlich und intransparent ist. So reichten die vorgesehenen Veröffentlichungspflichten nicht aus, um Netzentgelte nachvollziehbar zu machen. Weiter kritisiert VZBV (2020, S. 10), dass in der Praxis ein Großteil der Kostenposten – fast 80% der Tabellenzellen – als Betriebs- und Geschäftsgeheimnisse geschwärzt werden (BNetzA, 2021; VZBV, 2020, S. 18). Folglich ist es problematisch zu über-

21 Der Anteil der erneuerbaren Energien am Bruttostromverbrauch stieg zwischen 2000 und 2021 von 6,3 % auf 41,1 % (UBA, 2022c) und liegt damit deutlich über dem Ziel von 35 % des Energiekonzepts der Bundesregierung (UBA, 2022c; BMWi und BMU, 2010, S. 5).

prüfen, ob Netzentgelte in der Höhe gerechtfertigt sind oder ob Netzbetreiber ihre Gebietsmonopole durch das Abschöpfen von Monopolrenten ausnutzen (VZBV, 2020, S. vii).

Über die beschriebenen, staatlich geregelten Preisbestandteile hinaus sind die Strompreise durch *Subventionen* verzerrt. Subventionen senken den Preis und führen wie nicht internalisierte externe Kosten zu ineffizient hohen Verbräuchen des subventionierten Guts (Held, 2018, S. 25). Unter Subventionen werden staatsbudgetrelevante Finanzhilfen und Steuervergünstigungen verstanden, d.h. explizite und implizite steuerliche Ausnahmen von bestehenden gesetzlichen Regelungen. In der Abgrenzung des Subventionsbegriffs existieren in der Literatur deutliche Divergenzen. So erfasst der Subventionsbericht der Bundesregierung Subventionen in enger Abgrenzung, während in der Literatur weitere Abgrenzungen gebräuchlich sind.[22] Von staatlichen *Finanzhilfen* und *Steuervergünstigungen* profitieren die konventionellen Energieträger Atomenergie, Steinkohle, Braunkohle und Erdgas (FÖS u. a., 2019; FÖS u. a., 2010a). Hierzu zählen bei einem weiten Subventionsverständnis Finanzhilfen zu Forschung und Entwicklung, Gasinfrastruktur, Modernisierung, Sanierung und Stilllegung (FÖS u. a., 2010a; FÖS u. a., 2010b). Bei einem engen Begriffsverständnis zählen finanzielle Aufwendungen des Bundes für allgemeine Staatsaufgaben wie die Forschung nicht zu den Subventionen, „wobei die Abgrenzung im Einzelfall durchaus schwierig sein kann“, so das Bundesministerium der Finanzen (BMF, 2019, S. 10). Die EU-Kommission fordert in ihrer Strategie „Europa 2020“ sowie im „Fahrplan für ein ressourcenschonendes Europa“ dazu auf, alle umweltschädlichen Subventionen auslaufen zu lassen (UBA, 2019d; Europäische Kommission, 2010; Europäische Kommission, 2011). In Deutschland ist z.B. die Braunkohleförderung von Förderabgaben und Wasserentnahmeentgelten befreit (FÖS u. a., 2018b, S. 8 f.), wobei die quantitative Bedeutung gering ausfällt (FÖS u. a., 2010b). Hier wird ein Großteil der Kosten nicht transparent über den Strompreis ausgewiesen und bezahlt, sondern durch den Staatshaushalt subventioniert (FÖS u. a., 2012a, S. 3). Fraunhofer ISE (2022, S. 7) kritisiert, dass der Kostenvergleich der Photovoltaikstromerzeugung mit fossiler und nuklearer Stromerzeugung dadurch erschwert wird, dass deren externe Kosten und Risiken bezüglich Umwelt-, Klima- und Gesundheitsschäden bei der Preisbildung weitgehend unberücksichtigt bleiben (UBA, 2020e; FÖS u. a., 2020; FÖS u. a., 2018a). UBA (2020e, S. 18) verwendet Emissionsfaktoren

22 Für eine detaillierte Abgrenzung des Subventionsbegriffs siehe UBA (2017d).

für die verschiedenen Stromerzeugungstechnologien[23] und Umweltkosten pro Tonne emittierter Schadstoffe, um die Umweltkosten für verschiedene Technologien zur Stromerzeugung wie Erdgas, Stein- und Braunkohle zu berechnen. Die Kostensätze des UBA (2020e) berücksichtigen Treibhausgase und klassische Luftschadstoffe. Wie in Abb. 5.4 zu erkennen ist, ist die Braunkohleverstromung die Technologie mit den höchsten Umweltkosten; diese liegen weit höher als bei der Stromerzeugung aus Wind oder Photovoltaik (UBA, 2017d, S. 18). Das Umweltbundesamt empfiehlt, für die Emissionen aus der Kernenergie die Emissionsfaktoren der Technologie mit den höchsten Umweltkosten – der Braunkohle – zu verwenden. Da die tatsächlichen Gesamtkosten der Kernenergie nicht vollständig beziffert werden können und andere Umweltfolgen wie die Beeinträchtigung von Ökosystemen oder Landnutzungsänderungen in den Kostensätzen nur teilweise oder gar nicht berücksichtigt sind, besteht hier für eine weitere Konkretisierung noch Forschungsbedarf. Gemäß der Methodenkonvention zur Schätzung von Umweltkosten geht das Umweltbundesamt von externen Kosten der Braunkohleverstromung von 23 Ct/kWh aus (UBA, 2020e, S. 19; FÖS u. a., 2018a, S. 6), wobei aktuell nur ein kleiner Teil in Höhe von etwa 2 Ct/kWh durch Emissionshandel und Energiesteuern internalisiert wird (FÖS u. a., 2018b, S. 6).

Zusammenfassend ist zum ökonomischen Instrument der ETR zu sagen, dass es langfristig darauf zielt, dass sämtliche externe Kosten internalisiert und den Verursachern in Rechnung gestellt werden. Die Stromsteuer als frühe prototypische Umsetzung dieses Ansatzes richtet sich jedoch nicht nach den Emissionen der Erzeugung und fällt erst beim Verbrauch an. Die Stromsteuer setzt somit keine Anreize für erneuerbare Energien bzw. gegen fossile Stromerzeugung und kann konzeptionell lediglich den Stromkonsum insgesamt senken. Die Stromsteuer hat mit aktuell 2 Ct/kWh im Vergleich etwa mit den Netzentgelten (8 Ct/kWh) nur eine geringe Bedeutung. Eine grundlegende Reform der regulierten Bestandteile des Strompreises, wie vom Bundesrechnungshof gefordert, erscheint notwendig. Erst der Abbau umweltschädlicher Subventionen, wie von der EU-Kommission gefordert, würde im Energiesektor gleiche Wettbewerbsbedingungen für die verschiedenen Energieträger schaffen und die Konsumentensouveränität stärken.

---

23 Das Umweltbundesamt veröffentlicht die Emissionsfaktoren in der Einheit Gramm pro elektrische Kilowattstunde (kWh_{el}, d. h. bezogen auf die produzierte Einheit elektrischen Stroms) für fossile und erneuerbare Stromerzeugungstechnologien (UBA, 2020d, S. 16).

Abbildung 5.4: **Umweltkosten der Stromerzeugung in Deutschland einschließlich Vorketten in ct/kWh.** Quelle: UBA (2020e, S. 19)

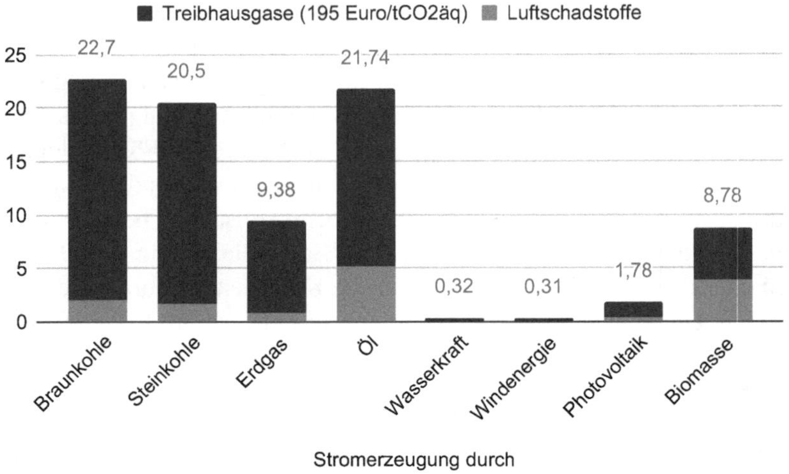

5.2.3 Ordnungsrechtliche Instrumente: Standards und Garantien gegen frühzeitige Obsoleszenz von Elektro- und Elektronikgeräten

Die Nutzungsdauer von Elektro- und Elektronikgeräten hat in den letzten Jahren abgenommen (UBA, 2016b; Bakker u. a., 2014; Huisman u. a., 2012). Elektro- und Elektronikgeräte werden häufig ersetzt, obwohl sie noch funktionieren. Beim Problem der Obsoleszenz[24] geht es insbesondere um *vorzeitige* Alterung oder Verschleiß; ein obsoleszentes Produkt ist nicht mehr geeignet, ein Konsumentenbedürfnis zu befriedigen. Kaufentscheidend ist der Wunsch nach einem besseren Gerät. Ein möglicher Grund für abnehmende Lebensdauern bei Elektro- und Elektronikgeräten ist nach Bakker u. a. (2014) einerseits, dass Hersteller bei manchen Produktgruppen absichtlich die (technische) Lebensdauer verkürzen, was als *geplante Obsoleszenz* bezeichnet wird. Kürzere Nutzungsdauern können andererseits ein Ergebnis des technischen Fortschritts und neuer Gesetzeslagen sein, die zu einer vorzeitigen Beendigung der Produktnutzung führen (UBA, 2016b, S. 76). So steigt aktuell (2020)

24 Die natürliche oder künstliche Alterung eines Produktes wird als Obsoleszenz bezeichnet.

insbesondere das Angebot an preiswerten Smart-Home-Einzellösungen wie intelligenten Beleuchtungssteuerungen, vernetzten Türklingeln und Sprachassistenten (Deloitte, 2021, S. 9). Im Smart-Home-Kontext besteht derzeit eine fehlende Interoperabilität von einzelnen Insellösungen verschiedener Hersteller (Deloitte, 2021, S. 10 ff.): „Konsumenten sind häufig an Endgeräte eines einzelnen Herstellers gebunden. [...] Konsumenten müssen ihren Gerätepark aktualisieren und Hardware vorhalten, die entsprechende [Software-] Schnittstellen unterstützt.“ Dies kann zur Obsoleszenz von Geräten aufgrund von Softwareproblemen führen. Zu den ordnungsrechtlichen Instrumenten, die der Obsoleszenz entgegenwirken sollen und für einen nachhaltigem Konsum unter Berücksichtigung intelligenter Netze diskutiert werden, gehören:

- verpflichtende Lebensdauertests von Elektro- und Elektronikgeräten,
- „Recht auf Reparatur“ einschließlich Austauschbarkeit von Akkus u.ä. und
- längere Gewährleistungsfristen.

Ein vorzeitiger Verschleiß bzw. frühzeitige Obsoleszenz lässt sich nur in Abhängigkeit von einer *erwarteten Lebensdauer*[25] feststellen (UBA, 2016b, S. 64 f.). Verpflichtende Lebensdauertests könnten durch die CE-Kennzeichnung oder als Mindestanforderung der Ökodesign-Richtlinie[26] vorgeschrieben werden (UBA, 2016b, S. 269 f.). Weiter könnten bestimmte Service-Modelle der Hersteller[27] und Mindestanforderungen an die Software gegen Obsoleszenz eingesetzt werden (UBA, 2016b, S. 5). Entsprechende Normen und Standards müssen teilweise noch entwickelt werden und können zeitaufwändig in der Prüfung sein. Eine weitere Strategie gegen Obsoleszenz ist die Reparierbarkeit von Geräten mit Akkus und sonstigen Verschleißteilen, die zum Zweck der Reparatur zerstörungsfrei demontierbar sein sollten. Dies könnte in der Ökodesign-Richtlinie geregelt werden (UBA, 2016b, S. 277).

Kopatz (2017, S. 168 f.) schlägt eine länger ausgedehnte Herstellergarantie vor, um geplante Obsoleszenz zu verringern. Das (UBA, 2020i, S. 219 ff.) kommt zu dem Ergebnis, dass an einer Verlängerung kaufrechtlicher Gewährleistungsfristen kaum ein Weg vorbeiführe. Längere Gewährleistungsfristen werden u.a. als Lösung des Problems der verdeckten Mängel gesehen. Ge-

---

25 Als Lebensdauer wird die durchschnittliche Zeit von der Erstvermarktung bis zum endgültigen Defekt eines Geräts bezeichnet (UBA, 2016b, S. 64 f.).

26 Richtlinie 2009/125/EG des Europäischen Parlaments und des Rates vom 21. Oktober 2009 zur Schaffung eines Rahmens für die Festlegung von Anforderungen an die umweltgerechte Gestaltung energieverbrauchsrelevanter Produkte

27 Mögliche Service-Modelle der Hersteller sind Leasing, Rückkaufvereinbarung oder Nachsorgebehandlung.

währleistungsfristen, die sich an der Lebenszeit von Produkten orientieren, führen dazu, dass diese Produkte zumindest die versprochene oder vom Käufer berechtigterweise erwartete Lebenszeit auch haben (UBA, 2020i, S. 236). Die EU-Kommission hat 2020 einen „Aktionsplan für die Kreislaufwirtschaft" vorgestellt, der u.a. eine längere Produktlebensdauer fördert (Europäische Kommission, 2020a, S. 8). Der Plan schlägt für eine nachhaltige Elektronik- und IKT-Produktpolitik ein Recht auf Reparatur für Konsumenten vor, um die Produktlebensdauer durch Wiederverwendbarkeit und Reparierbarkeit zu verlängern sowie die Nachrüstbarkeit von Bauteilen und Software zu verbessern, um vorzeitige Obsoleszenz zu vermeiden (Europäische Kommission, 2020b). Bei der Regulierung von Reparaturen für Elektro- und Elektronikgeräte werden berücksichtigt (UBA, 2020i):

- Zugang zu Wartungs- und Reparaturinformation für unabhängige Reparaturbetriebe;
- übliche Ersatzteilverfügbarkeiten; Einfluss des Produktpreises auf die Ersatzteilverfügbarkeit;
- angemessene Preisgestaltung für Ersatzteile, Reparaturanleitungen, Werkzeuge und Diagnosesoftware.

Die Einführung einer verpflichtenden Mindestlebensdauer wird kritisiert, weil damit eine „staatlich verordnete geplante Obsoleszenz" eingeführt werde, da es kaum Anreize für Hersteller gebe, ihre Produkte so zu gestalten, dass sie die staatlich festgelegte Mindestlebensdauer überschreiten (UBA, 2016b, S. 271). Beim Zugang unabhängiger Reparaturbetriebe zu Reparaturanleitungen werden mögliche Konflikte mit Patenten und Haftungsfragen für sicherheitsrelevante Funktionen gesehen (UBA, 2016b, S. 276). Bezüglich der verpflichtenden Vorhaltung von Ersatzteilen müssen die ökonomischen und ökologischen Effekte noch untersucht werden. Es wird kritisch angemerkt, dass der Neukauf von energieeffizienten Haushaltsgroßgeräten wie Waschmaschinen oder Kühlschränke im Vergleich zur Reparatur älterer Geräte sinnvoller sein kann, wenn in der Nutzungsphase dadurch Energie eingespart wird. Kritik an einer Verlängerung von Gewährleistungsfristen beruht auf drei Argumentationslinien. Kurze Gewährleistungsfristen „entlasten Gerichte von unbegründeten Klagen und überlangen Beweisaufnahmen; sie schützen Verkäufer vor unberechtigten Klagen und sie dienen der Förderung der Wirtschaft" (UBA, 2020i, S. 234). Bei einer Erweiterung der Ökodesign-Richtlinie um Vorschriften zur Demontierbarkeit bzw. Reparierbarkeit werden keine negativen Effekte gesehen. Dieses Instrument erhöht die Markttransparenz, gibt dem Nutzer Kontrolle über das Gerät zurück und erscheint somit förderlich für die Konsumentensouveränität.

Ein Nebeneffekt der Obsoleszenz ist der Abfallstrom von Elektro- und Elektronikaltgeräten (Waste Electrical and Electronic Equipment; WEEE). Über die Hälfte der Elektro- und Elektronikaltgeräte werden in Deutschland nicht ordnungsgemäß entsorgt (Eurostat, 2021b; Huisman u. a., 2015). Herausforderungen sind eine unsachgemäße Verwertung von Elektroabfall, illegale Mülltransporte und andere kriminellen Aktivitäten (Europäischer Rechnungshof, 2021). Seit 2019 gilt in der EU eine Mindesterfassungsquote bzw. Sammelquote von 65 Prozent der durchschnittlich in den letzten drei Jahren auf den Markt gebrachten Elektro- und Elektronikgeräte[28] (UBA, 2020a, S. 16; Baldé u. a., 2020, S. 9). Deutschland steht mit einer Sammelquote von etwa 45 Prozent noch beim Stand von 2016 (Europäischer Rechnungshof, 2021). Zusammenfassend ist zu ordnungsrechtlichen Instrumenten zu sagen, dass sie einen Schwerpunkt in der Umwelt- und Nachhaltigkeitspolitik der EU und Deutschlands bilden. Im Ökoroutine-Ansatz zum nachhaltigen Konsum von Kopatz (2017) nehmen ordnungsrechtliche Instrumente eine zentrale Rolle ein (4.1.2.4). Ordnungsrechtliche Instrumente greifen stark in das Entscheidungsverhalten der Akteure ein, insbesondere der Produzenten, weswegen häufig ökonomische (5.2.1 und 5.2.2) und suasorische Instrumente (5.2.4) bevorzugt werden. Aus der Perspektive der Konsumentensouveränität und insbesondere unter Berücksichtigung intelligenter Netze erscheinen eine obligatorische Reparierbarkeit bzw. Demontierbarkeit von Verschleißteilen als vorteilhaft, da sie die Handlungsmöglichkeiten der Konsumenten ausweiten. Unter Berücksichtigung intelligenter Netze besteht darüber hinaus noch erheblicher Forschungsbedarf, inwiefern veränderte Anforderungen an Software dazu beitragen können, die Lebensdauer der zugehörigen Hardware bzw. Geräte zu verlängern.

5.2.4 Suasorische Instrumente: Offenlegung von Lieferketten in der Solar- und Elektronikindustrie

Zu den suasorischen Instrumenten, die insbesondere unter Berücksichtigung intelligenter Netze unterstützend auf die Durchsetzung von Konsumenteninteressen und/oder auf einen nachhaltigeren Konsum wirken sollen, gehören:

- Deklaration von Lebensdauern und Verschleißteilen von Elektro- und Elektronikgeräten und

28 Diese werden im Englischen abgekürzt als „electrical and electronic equipment placed on the market (EEE POM)“ (Baldé u. a., 2020).

– Sorgfalts- und Berichtspflichten zur Offenlegung der Lieferkette.

Im Kontext globaler Wertschöpfungsketten der Elektro- und Elektronikindustrie kommt es zu Menschenrechtsverletzungen und Umweltschädigungen. Durch den Konsum von Produkten aus derartigen Wertschöpfungsketten tragen deutsche Konsumenten zu den genannten Missständen bei (Krebs u. a., 2020). Nachhaltiger Konsum von Elektro- und Elektronikgeräten findet in einem Spannungsfeld statt, das geprägt ist von Desinformation, da ein hoher Grad an Geheimhaltung über die Abläufe in der Herstellung besteht. Verbraucherinformationsportale und andere suasorische Instrumente sollen hier für Transparenz sorgen und der Konsumentensouveränität zur Wirksamkeit verhelfen (UBA, 2016b, S. 68). Umweltzeichen sollen den Konsum von Produkten unterstützen, die weniger Umweltbelastungen verursachen.

Das UBA (2016b, S. 5) fordert die Verbesserung der Verbraucherinformationen[29] und die Erhöhung der Informationspflichten der Hersteller[30]. Gerätekomponenten und Bauteile werden im Design- und Herstellungsprozess auf einen bestimmten Zielwert der Lebens- und Nutzungsdauer hin optimiert. Bei Konsumenten herrscht darüber fehlende Transparenz bzw. asymmetrische Information. Eine erhöhte Transparenz über die zu erwartende Lebensdauer des Produktes soll es Konsumenten ermöglichen, ihre Kaufentscheidung optimal zu treffen und wird als förderlich für die Konsumentensouveränität gesehen. Solche Lebensdauerangaben könnten im EU-Umweltzeichen oder im Blauen Engel als Mindestanforderung integriert und auf freiwilliger Basis von den Herstellern genutzt werden. Gegen eine freiwillige Angabe der Lebensdauer im EU-Umweltzeichen oder im Blauen Engel spricht, dass voraussichtlich nur Hersteller hochwertiger Produkte solche freiwilligen Lebensdauerangaben anbieten werden und keine flächendeckenden Angaben zu erwarten sind.

In Deutschland gilt ab 1. Januar 2023 das Gesetz über die unternehmerischen Sorgfaltspflichten in Lieferketten (Bundestag, 2021d; UBA, 2020f; Krebs u. a., 2020). Dieser Ansatz, der auf Markttransparenz setzt, verpflichtet die Unternehmen zur öffentlichen Berichterstattung über ihre Einhaltung der menschenrechtlichen und umweltbezogenen Sorgfaltspflicht. So ist die weltweite Solarindustrie vom Verdacht der Zwangsarbeit in der Lieferkette betroffen, insbesondere die Herstellung von hochreinem Silizium für solare Anwendungen in der chinesischen Region Xinjiang (UK Parliament, 2021; Preker und Schultz, 2021; White House, 2021; Bundestag, 2021c).

29 z.B. ökologische Vorteile von langlebigen Produkten
30 z.B. eindeutige Deklaration von Verschleißteilen

Der Ansatz der Berichtspflicht zielt auf Transparenz bzw. den Abbau von Informationsasymmetrien zwischen den Marktteilnehmern. Hierbei setzen Behörden und Gerichte nur die Einhaltung der Transparenzpflicht unmittelbar durch, während die Durchsetzung der materiellen Sorgfaltspflicht dagegen der Konsumentensouveränität überlassen wird, weshalb diese Instrumente als „marktnah" bzw. „marktförmig" eingestuft werden (Krebs u. a., 2020, S. 53; 4.1.2.5). In den USA gibt es mit dem Dodd-Frank-Act[31] seit 10 Jahren eine De-facto-Pflicht zur Offenlegung der gesamten Lieferkette im Hinblick auf Konfliktmineralien[32] (Giller und Tost, 2019). Hierbei handelt es sich um Minerale und Metalle, die bei der Herstellung elektrischer und elektronischer Geräte verwendet werden. Das Gesetz verpflichtet alle in den USA tätigen, börsennotierten Unternehmen[33] zur Rechenschaft darüber, ob Konfliktmineralien für die Herstellung oder Funktionalität ihrer Produkte notwendig waren. In der EU trat analog am 1. Januar 2021 eine Verordnung[34] über Konfliktmineralien in Kraft (Europäisches Parlament und Europäischer Rat, 2017). Importeure von Mineralien aus Konflikt- und Hochrisikogebieten wie der Demokratischen Republik Kongo sind damit verpflichtet, Sorgfaltsprüfungen ihrer Lieferanten durchzuführen. Kopatz (2017, S. 173) hebt hervor, dass die Grundidee eines derartigen „Name and Shame" sei, dass Unternehmen aus Sorge um ihre Reputation den Umgang mit Konflikt-Rohstoffen ändern. Amnesty und Global Witness (2015) kritisieren, dass das US-Gesetz nur geringe Effekte erzielt habe. Krebs u. a. (2020, S. 53) merken kritisch an, dass Konsumentensouveränität als Durchsetzungsmechanismus von Sorgfaltspflichten in der Lieferkette entsprechende Konsumentenpräferenzen voraussetzt. Krebs u. a. (2020) weist darauf hin, dass nicht unterstellt werden kann, dass Konsumenten die öffentlich zugänglichen Informationen bei ihren Kaufentscheidungen berücksichtigen. Positiv hervorgehoben wird, dass ein

---

31 Der Dodd-Frank Act (Dodd–Frank Wall Street Reform and Consumer Protection Act) ist ein US-amerikanisches Bundesgesetz aus dem Jahr 2010 zur Finanzmarkttransparenz mit besonderen Dokumentations- und Publizitätsverpflichtungen, die in Titel 15 Abschnitt 1502 geregelt sind (Handke u. a., 2019, S. 34).

32 Unter Konfliktmineralien werden die Rohstoffe Tantal, Zinn, Gold und Wolfram verstanden, die im Zusammenhang mit bewaffneten Konflikten in der Demokratischen Republik Kongo und ihren neun Nachbarstaaten stehen (Dießenbacher und Reller, 2016, S. 284).

33 Das Gesetz trifft sämtliche Zulieferer börsennotierter US-Firmen und hat damit weitreichende Konsequenzen für die Elektronikindustrie sowie Vorbildcharakter für Europa.

34 Verordnung (EU) 2017/821

Berichtspflichtenansatz sich durch die geringstmögliche Eingriffsintensität auszeichnet.

Zusammenfassend ist im Hinblick auf suasorische Instrumente zu sagen, dass für Konsumenten eine schwer zu durchdringende Informationsfülle herrscht, die geprägt ist durch Intransparenz, Unsicherheit und einen hohen Aufwand für die Beschaffung von verlässlichen Informationen. Staatliche Umweltzeichen wie der Blaue Engel werden vor diesem Hintergrund als glaubwürdig und verlässlich gesehen, werden jedoch nur von wenigen Herstellern verwendet. Verbraucherkommunikation bzw. suasorische Instrumente werden im Key-Points-Ansatz von Bilharz (2008) als wesentliches Instrument zur Förderung nachhaltigen Konsums gesehen (4.1.2.5). Hinsichtlich der Wirksamkeit einer Offenlegung von Lieferketten für eine nachhaltigere Elektronikproduktion sind aktuell noch erhebliche Zweifel angebracht.

5.3 Zusammenfassung von Bewertungs- und Förderinstrumenten für nachhaltigen Stromkonsum und Kritik an ihrer Wirksamkeit

Bewertungsinstrumente bilden eine Grundlage für Ansätze nachhaltigen Konsums (Kap. 4), die jeweils verschiedene staatliche Instrumente als Fördermöglichkeiten für nachhaltigen Konsum nahelegen. So setzt der in Deutschland weithin akzeptierte Key-Points-Ansatz nachhaltigen Konsums auf Konsumentensouveränität in Kombination mit Verbraucherinformation und stützt sich dazu auf standardisierte Bewertungsinstrumente wie Ökobilanzen. Ökobilanzen unter Berücksichtigung intelligenter Netze sind nur eingeschränkt verfügbar. Problematisch erscheint im Bereich des Elektro- bzw. Elektronikkonsums, dass grundlegende Annahmen häufig über das Ergebnis von Ökobilanzen entscheiden. Bei Batterien für Photovoltaik-Stromversorgung im Smart Home und Elektromobilität weist die chemische Zusammensetzung eine geringere Relevanz auf, während die geografische Herkunft eine deutlich größere Bedeutung hat. Den größten Einfluss auf die Treibhausgas-Bilanz des Stromkonsums hat die Herkunft des Stroms, die im Tagesverlauf erheblich schwanken kann. So könnten künftig bei günstiger Wahl des Ladezeitpunktes die spezifischen Emissionen des Batterieladestroms eines Elektrofahrzeugs um 25% sinken. Weiterer Forschungsbedarf besteht aktuell zu den zugrundeliegenden Sachbilanzdaten. In Ökobilanzen bzw. Carbon Footprints fehlen teilweise Informationen über weitere, zum Teil gegenläufige, Umweltauswirkungen. Für die Verbraucherinformation sind sie nur bedingt hilfreich, weil Verbraucher mit der Informationsvielfalt ohne Benchmarking überfordert sind. Eine Initiative der EU, der sog. Product Environmental Footprint (PEF), ergänzt daher Ökobilanzen noch um ein Benchmarking durch repräsentative Produkte. Schwächen des PEF-Ansatzes sind der hohe Aufwand zur PEF-Erstellung und die derzeit noch geringe Produktpalette, für die PEFs verfügbar sind. Einen Perspektivwechsel von der CO_2-Quellenbilanz zur -Verbrauchsbilanz beinhalten Online-Tools und CO_2-Rechner, die eine CO_2-Bilanz des Bürgers angeben. Die damit verbundene, jedoch nicht unproblematische Ausweitung der Bilanzierungsgrundlage und die Orientierung an groben Mittelwerten werden als intransparent kritisiert. Den Hintergrund dieser Kritik bildet die Diskussion um die Privatisierung der Nachhaltigkeit, der die Position der Bagatellisierung der Konsumentenverantwortung unversöhnlich gegenübersteht.[35]

Als zweiter Ansatz nachhaltigen Konsums mit hoher Praxisrelevanz in Deutschland hat sich der Ökoroutine-Ansatz erwiesen, der schwerpunktmäßig auf politische Instrumente abgestellt, mit denen die Rahmenbedingungen des Konsums beeinflusst werden. Eine marktähnliche Internalisierung externer Kosten wird in der EU durch das ökonomische Instrument des Emissionshandels und in Deutschland zusätzlich durch das BEHG angestrebt. Wegen eines Zertifikateüberschusses, geringer CO_2-Steuerhöhe und einer unvollständigen Erfassung von CO_2-Emissionen sind diese Instrumente bisher nicht ausreichend wirksam. Die Unterbewertung bzw. das mangelnde Preissignal führen somit zu einer Fehlallokation bei fossil erzeugtem Strom. Eine andere Möglichkeit zur Internalisierung bietet das Instrument der ökologischen Steuerreform. Beispielhaft wurde dies in Deutschland mit der Stromsteuer realisiert, die jedoch im Vergleich mit anderen regulierten Bestandteilen des Strompreises eine geringe Bedeutung aufweist. Problematisch ist die Erhebung der derzeitigen Stromsteuer als reine Verbrauchssteuer. Somit wird nicht zwischen fossiler und erneuerbarer Stromerzeugung unterschieden. Ein Konflikt entsteht aktuell durch die abnehmenden Umweltbelastungen der Stromerzeugung bei gleichzeitig weiter steigenden Strompreisen. Dies legt eine Reform des gesamten Systems von Steuern, Abgaben und Umlagen nahe, die derzeit 75% des Haushaltsstrompreises ausmachen. Der Ökoroutine-Ansatz setzt unabhängig von ökonomischen Instrumenten tendenziell auf ordnungsrechtliche Instrumente, die traditionell einen Schwerpunkt der Umwelt- und Nachhaltigkeitspolitik der EU und Deutschlands bilden. Als ordnungsrechtliche Instrumente werden aktuell Weiterentwicklungen der EU-Ökodesign-Verordnung im Hinblick auf ein „Recht auf Reparatur", Austauschbarkeit

35 Vgl. dazu die Abschnitte 4.1.2.4 und 4.1.2.5.

von Akkus und längere Gewährleistungsfristen für Elektrogeräte diskutiert. Im Kontext intelligenter Netze besteht noch erheblicher Forschungsbedarf, inwiefern veränderte gesetzliche Anforderungen an Software dazu beitragen können, die Lebensdauer der zugehörigen Hardware zu verlängern bzw. frühzeitige Obsoleszenz zu verringern. Da ordnungsrechtliche Instrumente stark in das Entscheidungsverhalten der Produzenten eingreifen, werden darüber hinaus suasorische Instrumente bevorzugt eingesetzt. Zu den suasorischen Instrumenten gehören staatliche Umweltzeichen wie der Blaue Engel, die künftig ggf. Angaben zu Verschleißteilen und Haltbarkeit enthalten könnten sowie Lieferketten-Berichts- bzw. Sorgfaltspflichten in Bezug auf Konfliktmineralien, die in Elektrogeräten verbaut sind. Berichtspflichten setzen letztlich auf die Konsumentensouveränität zur Durchsetzung der Sorgfalt in der Lieferkette. Die Wirksamkeit einer solchen Gesetzgebung zur Offenlegung von Lieferketten für eine nachhaltigere Elektronikproduktion wird bezweifelt, da in vielen Fällen nicht unterstellt werden kann, dass Konsumenten diese Informationen bei ihren Kaufentscheidungen berücksichtigen.

6 Zusammenfassung und weiterer Forschungsbedarf

Konsum bestimmt wesentlich die Dynamik wirtschaftlichen Wachstums bzw. wirtschaftlicher Entwicklung. Dies wird als Folge von Konsumentensouveränität gesehen und als wachsender Wohlstand sowie verbesserte Erfüllung von menschlichen Bedürfnissen gewertet. Gleichzeitig wirkt das Wachstum des Konsums als Katalysator einer krisenhaften Entwicklung, die auf der Ebene der internationalen, europäischen und nationalen Politik zur Entwicklung des Leitbildes einer nachhaltigen Entwicklung geführt hat. Nachhaltiger Konsum soll als relativ neuer Ansatz innerhalb dieses Leitbildes dazu beitragen, die Bedürfnisse der Gegenwart zu befriedigen, ohne zu riskieren, dass künftige Generationen ihre eigenen Bedürfnisse nicht befriedigen können. Ein Meilenstein ist die Agenda 2030 der Vereinten Nationen mit den 17 Sustainable Development Goals, darunter die Ziele des Zugangs zu bezahlbarer, verlässlicher, nachhaltiger und moderner Energie (SDG 7) und der Sicherstellung nachhaltiger Konsum- und Produktionsmuster (SDG 12). In Übereinstimmung damit hat die deutsche Bundesregierung im Jahr 2010 eine neue Energiepolitik eingeleitet. Dabei geht es um eine Neuausrichtung der Energieversorgung, die auf dem Ausbau der erneuerbaren Energien, der Reduktion des Energieverbrauchs sowie der Steigerung der Energieeffizienz basiert.

Nachhaltige Entwicklung trifft im Bereich der Stromnetze und Wohngebäude auf die Digitalisierung. Der technische Fortschritt einerseits und das politische Ziel andererseits, große Mengen erneuerbarer Energien in die Stromnetze einzuspeisen, führen zum Ausbau intelligenter Stromnetze. Fallende Kosten kleinerer Photovoltaikanlagen haben in diesem Kontext die Möglichkeiten privater Haushalte für einen nachhaltigen Stromkonsum deutlich erweitert. Ein Anliegen der vorliegenden Arbeit war es, zu untersuchen, inwiefern intelligente Netze Ansätze nachhaltigen Konsums unterstützen.

Die erste Forschungsfrage in dieser Arbeit bezog sich auf die Bedingungen, unter denen Konsumentensouveränität Wohlfahrt und Lebensqualität erhöht. Eine Retrospektive verdeutlicht, dass der vom britischen Ökonomen William Harold Hutt geprägte Begriff der Konsumentensouveränität sich ursprünglich auf die nomokratische Konsumfreiheit bezieht. Hutts Rezipienten Ludwig von Mises und Wilhelm Röpke umschreiben Konsumentensouveränität als „Marktdemokratie“. Heute wird das Paradigma der Konsumentensouveränität in der Ökonomie in einer Bandbreite von Begründungszusammenhängen verwendet. So gilt Konsumentensouveränität in der Wohlfahrtsökonomik als Maß, das die Wirtschaft danach bewertet, in welchem Umfang sie dem Interesse des Konsumenten dient. Die Wohlfahrtsökonomik postuliert dazu in der Präferenztheorie einen konstitutiven Zusammenhang zwischen Konsumwahl und Lebensqualität. Die damit verbundene Reduktion der Konsumentensouveränität auf die Präferenzautonomie rationaler Konsumenten wurde kritisiert, weil sie den wirtschaftlichen und gesellschaftlichen Wandel hemmt. Dies hat zur Weiterentwicklung einer neuen Wohlfahrtsökonomik geführt. Neuere Ansätze zur Bewertung von Wohlfahrt und Lebensqualität wurden ausgehend von der ökonomischen Glücksforschung, der Mikroökonomie sowie der Verhaltensökonomik entwickelt. In der Mikroökonomie relativieren Modelle auf Basis des Becker-Lancaster-Ansatzes durch die Einführung von Commodities die Gleichsetzung von Güterkonsum und Wohlfahrt; alternativ können direkte Modellierungen von Nachfragefunktionen z.B. auf die Nichtsättigungsannahme verzichten und interdependente Präferenzen berücksichtigen. In den Ansätzen der Verhaltensökonomik werden die Anforderungen an die Rationalität der Konsumenten reduziert, während die ökonomische Glücksforschung die normativen Grundlagen der Konsumentensouveränität neu untersucht. Forschungsbedarf besteht zur weiteren Konkretisierung der neurologischen Fundierung der Verhaltensökonomik.

Die zweite Forschungsfrage nahm Bezug auf die Grenzen der Idealvorstellung der Konsumentensouveränität. In Kapitel 2 wurden fünf Grenzen identifiziert. Erstens beruht eine „Demokratie der Konsumenten“, in der keine Majorisierung der Minderheit stattfindet, auf spezifischen Voraussetzungen. Dazu gehören materielle Mittel und konkrete Handlungsspielräume sowie geteilte Wissensbestände und kollektive Wertvorstellungen. Zum zweiten werden die Marktstruktur und gleichmäßige Einkommensverteilung als Voraussetzungen für Konsumentensouveränität kritisch beleuchtet. Einkommensungleichheit führt dazu, dass die Präferenzen wohlhabender Individuen stärker am Markt vertreten sind als diejenigen ärmerer Individuen. Weitere Grenzen der Konsumentensouveränität ergeben sich aus externen Effekten und Monopolen. Drittens stellen Informationsasymmetrien die Wirksamkeit der Konsumentensteuerung in Frage. Viertens ergeben sich aus irrationalen und endogenen Präferenzen weitere Grenzen der Konsumentensouveränität. Fünftens gibt die Betroffenheit Dritter Anlass zur Kritik am Prinzip der Konsumentensouveränität. Die von einer nachhaltigen Entwicklung besonders betroffenen künftigen Generationen und Entwicklungsländer sind an einem Großteil heutiger Konsumentscheidungen nicht beteiligt. Aus der Betroffenheit Dritter ergibt sich das wesentliche Argument für eine Einschränkung der Konsumentensouveränität als selbstregulatives Instrument.

Die dritte Forschungsfrage untersuchte, welche Anforderungen aus der Perspektive schwacher bzw. starker Nachhaltigkeit an Konsum zu stellen sind. Kapitel 3 rekurriert auf das internationale Leitbild einer nachhaltigen Entwicklung, das die Dreidimensionalität und die intra- und intergenerationelle Gerechtigkeit als konstitutive Merkmale umfasst. Diese Merkmale werden aus der Sicht schwacher und starker Nachhaltigkeit unterschiedlich interpretiert. Aus der Sicht schwacher Nachhaltigkeit sind die mit Produktion und Konsum verbundenen sozial-ökologischen Probleme relativ zum Status quo zu verringern. Angestrebt wird eine Entkopplung des Konsumniveaus bzw. des Konsumwachstums vom Ressourcen- und Umweltverbrauch durch technischen Fortschritt. Gegen die Position schwacher Nachhaltigkeit werden vier Einwände erhoben. Kritisiert wird erstens, dass auf Basis eines relativen Vergleichs nicht beantwortet werden kann, ob schwach nachhaltiger Konsum dem Anspruch einer intra- und intergenerationalen Gerechtigkeit entspricht. Der zweite Einwand besteht darin, dass die Messung und Berechnung von Nachhaltigkeitsindikatoren komplex ist, so dass Spielräume für nicht problemangemessene Betrachtungs- und Reaktionsweisen eröffnet werden (Abbildbarkeitsproblem). Der dritte Einwand (Wirkungsdefizit-Einwand) besteht darin, dass das Potenzial inkrementeller Konsumveränderungen begrenzt erscheint, da Rebound- und Verlagerungseffekte auftreten können und fraglich ist, ob eine sukzessive Veränderung von Konsumgewohnheiten schnell genug eintritt. Der vierte Einwand besteht darin, dass nicht zwingend eine Konsistenz zwischen kurzfristigen, individuellen, lokalen Zielen souveräner Konsumenten und dem langfristigen, gesellschaftlichen, globalen Ziel der Nachhaltigkeit vorliegt (Dilemmasituation). Aus der Sicht starker Nachhaltigkeit ist die absolute Zielerreichung der Bezugspunkt. Für einen stark nachhaltigen Konsum wird ein gesellschaftlicher Konsens über eine nachhaltige Größenordnung und gerechte Verteilung benötigt. Gegen die Position starker Nachhaltigkeit werden zwei Einwände erhoben. Erstens wird eine mangelnde empirische, insbesondere methodische Fundierung der zugrunde liegenden ökologischen Ökonomie kritisiert. Gefordert werden Methoden, die mit Unvollständigkeit und Unsicherheit von Daten transparent umgehen können. Zweitens wird kritisiert, dass beim stark nachhaltigen Konsum bisher ein umweltpolitisch orientiertes Leitbild im Mittelpunkt steht, das die soziale Dimension weitgehend vernachlässigt.

Die vierte Forschungsfrage richtete sich darauf, inwiefern nachhaltiger Konsum durch Konsumentensouveränität erreicht werden kann. Der Ansatz schwach nachhaltigen Konsums geht davon aus, dass die Konsumentensouveränität als Selbststeuerungsmechanismus des Marktes im Prinzip funktioniert, wobei Informationsdefizite und andere Marktunvollkommenheiten einen Korrekturbedarf entstehen lassen können. Aus dieser Perspektive können die Konsumenten ihren Konsum- und Wachstumsstil unverändert fortsetzen mit der einzigen Maßgabe, dass die einzelnen Produkte dabei in ihrer Ressourcen- und Umweltbilanz besser werden. Bei Bemühungen, die sich lediglich auf Einzelaspekte nachhaltigen Konsums beziehen, besteht jedoch die Gefahr von sektoralen, ressourcenbezogenen und räumlichen Verlagerungseffekten sowie Reboundeffekten. Ein stark nachhaltiger Konsum kann nicht allein durch Konsumentensouveränität erreicht werden, sondern es wird ein gesellschaftlicher Konsens über eine nachhaltige Größenordnung und gerechte Verteilung benötigt. Aus dieser Perspektive werden Institutionen bzw. staatliche Instrumente benötigt, die als verbindliche „Leitplanken" für nachhaltigen Konsum wirken. Forschungsbedarf besteht zur weiteren Konkretisierung der empirischen und methodischen Fundierung.

Die fünfte Forschungsfrage nahm den aktuellen Forschungsstand zu nachhaltigem Konsum unter Berücksichtigung intelligenter Netze in den Blick. Kapitel 4 analysierte in einem ersten Schritt sieben Ansätze nachhaltigen Konsums mit der Methode der Typologisierung. Auf der Grundlage von fünf herangezogenen typenbildenden und typenbeschreibenden Merkmalen wurden *vier verschiedene Typen* ermittelt: Konsum als Steuerungsmechanismus, Konsum als Wohlfahrt, Konsum als Routine und Konsum als Teilsystem. Das Erkenntnisinteresse der untersuchten Ansätze reicht von ordoliberaler Selbstkoordination über neoklassisches Wachstum und die Verwirklichung von Lebensqualität im Sinne Sens über eine Strukturierung und Lenkung des Konsums bis hin zu einer Begrenzung und Verteilung des Konsums aus Sicht der ökologischen Ökonomik. Trotz großer Unterschiede in der normativen Basis weist das Konsumverständnis der neoklassischen und der neuen Wohlfahrtsökonomik noch so viele Gemeinsamkeiten auf, dass es in einem Typ – Konsum als Wohlfahrt – gemeinsam abgebildet werden kann. Der Key-Points-Ansatz nachhaltigen Konsums – Konsum als Steuerungsmechanismus – orientiert sich an der paradigmatisch prägenden Konsumentensouveränität Hutts. Kritisch anzumerken ist, dass im Key-Points-Ansatz die Diskussion um die Privatisierung der Nachhaltigkeit zu kurz kommt. Ein alternativer Ansatz des Wuppertal-Instituts versteht Konsum als Routine und plädiert für einen stärkeren ordnungspolitischen Rahmen. Die Typologie beschreibt grundlegend das facettenreiche Verständnis nachhaltigen Konsums im deutschen Sprachraum, wobei die Relevanz intelligenter Netze noch nicht berücksichtigt wird.

In einem zweiten Schritt geht Kapitel 4 daher auf den Forschungsstand speziell zu nachhaltigem Konsum unter Berücksichtigung intelligenter Netze ein. In diesem dynamischen neuen Forschungsfeld wurde wegen eines Mangels an Monographien, Dissertationen und Übersichtsartikeln eine systematische Literaturanalyse vorgeschaltet, um den Forschungsstand zu ordnen sowie Trends, Zusammenhänge und (In-)Konsistenzen sowie Forschungslücken aufzudecken. In der systematischen Literaturanalyse wurden aus über 3.600 begutachteten Zeitschriftenbeiträgen mit Hilfe standardisierter Suchwortketten 21 einschlägige Quellen zu nachhaltigem Konsum unter Berücksichtigung intelligenter Netze herausgefiltert. Eine zweite Typologisierung hat *vier Typen intelligenter Netze* ergeben: intelligente Netze als Assisted-Living-System (AAL), als Cyber-Physical-System (CPS), als Demand-Side-Management (DSM) und als disruptive Technologie (DT). Das Erkenntnisinteresse ist breit gestreut von der Entwicklung eingebetteter Systeme über Datenanalyse und Data Mining bis hin zu Nutzerverhalten und Nutzerinnovation. Eine *Gegenüberstellung beider Typologien* charakterisiert den wissenschaftlichen Konsens und bewertet die Konfidenz, mit der intelligente Netze einen nachhaltigen Konsum unterstützen. Hohe Konfidenz besteht, dass cyberphysikalische Systeme nachhaltigen Konsum als Wohlfahrt fördern, da sie die Ökoeffizienz des Konsums erhöhen können. Dies trifft insbesondere zu, wenn Wohlfahrt materiell akzentuiert verstanden wird. Mittlere Konfidenz besteht, dass cyber-physikalische Systeme nachhaltigen Konsum als Steuerungsmechanismus unterstützen können. Kritisch anzumerken ist jedoch, dass auf die Problematik knapper Ressourcen in den analysierten Quellen zu CPS kaum eingegangen wird. Insbesondere dem Problem der Verknappung von Ressourcen wie Seltenerdmetallen ist sicherlich noch keine ausreichende Aufmerksamkeit im gesellschaftlichen und wissenschaftlichen Diskurs geschenkt worden. Die Empfehlung, Key Points nachhaltigen Konsums in der Verbraucherkommunikation hervorzuheben, bleibt weiter aktuell. Mittlere Konfidenz besteht, dass Demand-Side-Management den Ökoroutine-Ansatz für nachhaltigen Konsum unterstützt, da durch DSM Eingriffe in die Konsumentensouveränität bis hin zu direktem Lastmanagement ermöglicht werden. Disruptive Technologien haben eine theoretisch unzureichend fundierte Perspektive auf Verhaltensinkonsistenzen des Konsumentenverhaltens, die zu einer sehr geringen bis mittleren Konfidenz führt, dass disruptive Technologien einen nachhaltigen Konsum unterstützen können. Es besteht sehr geringe bis mittlere Konfidenz, dass AAL nachhaltigen Konsum unterstützen, da die wenigen Quellen ökologische Auswirkungen kaum thematisieren.

Die sechste Forschungsfrage bezog sich darauf, welche weiteren Bewertungsinstrumente und Fördermöglichkeiten zur Umsetzung eines nachhaltigen Konsums unter Berücksichtigung intelligenter Netze beitragen können. Bewertungsinstrumente bilden eine Grundlage für Ansätze nachhaltigen Konsums, die jeweils verschiedene staatliche Instrumente als Fördermöglichkeiten für nachhaltigen Konsum empfehlen. So setzt die deutsche Verbraucherpolitik auf Konsumentensouveränität und Verbraucherinformation und stützt sich dazu auf standardisierte Bewertungsinstrumente wie Ökobilanzen und Fußabdrücke. Für viele Produkte wird es jedoch auf längere Zeit hinaus mit wenigen Ausnahmen nicht möglich sein, begutachtete Ökobilanzen unter gleichen Bilanzbedingungen zu erhalten. Der EU-Ansatz der Product Environmental Footprints kann das Problem fehlender Benchmarks bei Ökobilanzen zwar künftig potenziell beheben, steht jedoch erst am Anfang der Umsetzungsphase und ist bisher nur für eine kleine Zahl von Produktkategorien verfügbar. Für aussagekräftige Produktvergleiche sind bei Sensitivitätsanalysen zur Modellierung von Elektrizität noch zahlreiche methodische Herausforderungen zu lösen. Carbon Footprints sind anfällig für geographische Zuweisungen, wie das Beispiel von Batterien für Elektromobilität und Solarstromspeicher zeigt, bei dem die chemische Zusammensetzung eine geringere Rolle als der Herstellungsort spielt. Als Sonderfall beinhalten CO_2-Rechner für Konsumenten einen Übergang von der Quellen- zur Verbrauchsbilanz. Diese nicht unproblematische Ausweitung wird teilweise als intransparent kritisiert. Das normative Konzept des Handabdrucks der UNESCO als komplementäres Maß zum Fußabdruck bezieht sich auf positive Auswirkungen von Produkten. Hier besteht noch erheblicher Forschungsbedarf zu allgemeinen standardisierten Maßen, die deutlich positive Nachhaltigkeitsleistungen angeben, um zu einheitlichen und eindeutigen Ergebnissen zu kommen. Das Konzept der Ökoeffektivität zielt darauf ab, Kreisläufe zu schließen und verlangt im Kern eine Neuerfindung von Produkten, um Abfälle zu vermeiden und Wiederverwendung zu fördern. Dies könnte beispielsweise dazu führen, ein Produkt durch eine Dienstleistung bzw. durch Leasing zu ersetzen und wird als vielversprechende Strategie gegen vorzeitige Obsoleszenz gesehen.

Zur Förderung eines nachhaltigen Konsums stehen dem Staat eine Vielzahl von Instrumenten zur Verfügung. Ordnungsrechtliche Instrumente bilden noch immer einen Schwerpunkt in der Umwelt- und Nachhaltigkeitspolitik der EU und Deutschlands. Aus der Perspektive der Konsumentensouveränität erscheint eine obligatorische Reparierbarkeit bzw. Demontierbarkeit von Verschleißteilen vorteilhaft, da sie die Handlungsmöglichkeiten der

Konsumenten ausweitet. Ordnungsrechtliche Instrumente greifen stark in das Entscheidungsverhalten der Produzenten ein, weswegen häufig ökonomische und suasorische Instrumente bevorzugt werden. Ökonomische Instrumente können bei der Förderung nachhaltigen Konsums eine größere Rolle spielen, da sie Anreize setzen, ohne die Konsumentensouveränität einzuschränken. Instrumente wie Emissionshandel und ökologische Steuerreform zielen langfristig darauf ab, nach dem Verursacherprinzip sämtliche externe Kosten marktähnlich zu internalisieren. Der europäische Emissionshandel erzielt lediglich Preise von 25 bis 50 Euro/t CO_2, während die geschätzten Umweltkosten um ein Vielfaches höher liegen. Aus der Perspektive der Konsumentensouveränität, die von einem maßgeblichen Einfluss der Preise auf die Verwendung der knappen Ressourcen einer Volkswirtschaft ausgeht, führt diese Unterbewertung letztlich zu einer Fehlallokation insbesondere bei fossil erzeugtem Strom. Die deutsche Stromsteuer als frühe prototypische Umsetzung einer ökologischen Steuerreform setzt keine Anreize für erneuerbare Energien und hat im Vergleich mit anderen regulierten Bestandteilen des Haushaltsstrompreises wie den Netzentgelten nur eine geringe Bedeutung. Die Ermittlung der Netzentgelte wird als intransparent kritisiert, da es aufgrund weitgehend geschwärzter Veröffentlichungen nicht möglich ist zu prüfen, ob sie in der Höhe gerechtfertigt sind oder ob Netzbetreiber ihre Gebietsmonopole ausnutzen. Das jetzige Strompreissystem, bei dem staatlich geregelte Preisbestandteile – Stromsteuer, Netzentgelte und Umlagen – 75 % des Strompreises ausmachen, führt aktuell zu höheren Strompreisen für Haushaltskonsumenten. Dies wird kritisiert, da der deutsche Strommix durch einen wachsenden Anteil der erneuerbaren Energien zunehmend klimafreundlicher wird und durch verzerrte Preissignale beim Strom die Konsumentensouveränität ihre Steuerungswirkung nicht entfalten kann. Suasorische Instrumente werden in der Praxis deutscher Umweltpolitik derzeit als wesentliche Instrumente zur Förderung nachhaltigen Konsums gesehen; sie setzen letztlich auf die Konsumentensouveränität zur Durchsetzung der Sorgfalt in der Lieferkette. Die Wirksamkeit einer Offenlegung von Lieferketten für eine nachhaltigere Elektronikproduktion wird bezweifelt, da in vielen Fällen nicht unterstellt werden kann, dass Konsumenten diese Informationen bei ihren Kaufentscheidungen berücksichtigen.

A Anhang

A.1 Ramsey-Koopmans-Cass-Modell

Das Modell von Ramsey ist der Ausgangspunkt der modernen Wachstumstheorie (von Hauff und Jörg, 2017). Ramsey betrachtet eine Volkswirtschaft, die das Nettosozialprodukt Y mit Hilfe von Arbeit L und Kapital K erzeugt. Die neoklassische Produktionsfunktion lautet (von Hauff und Jörg, 2017):

$$Y = F(L, K) \tag{A.1}$$

Das Sozialprodukt Y kann für Konsum C oder für Nettoinvestition $I = \dot{K}$ verwendet werden:

$$Y = C + \dot{K} \tag{A.2}$$

Im Ramsey-Modell werden repräsentative Haushalte angenommen, die aggregiert betrachtet werden. Die Volkswirtschaft besteht demnach aus der Summe der Outputs L *identischer* Haushalte, deren Anzahl mit der Rate n wächst. Jeder Haushalt verfügt über eine Einheit Arbeit pro Periode, daher stehen der ganzen Volkswirtschaft L Einheiten des Faktors Arbeit zur Verfügung. Jeder Haushalt maximiert den Wert eines unendlichen Nutzenstroms, wobei jede Generation die Wohlfahrt ihrer Nachkommen über Transversalitätsbedingungen berücksichtigt (Kinsella, 2008, S. 27 f.). Ziel des Wirtschaftens ist die Maximierung folgender Wohlfahrtsfunktion:

$$\begin{aligned} \max W &= \int_{t=0}^{\infty} u(c) e^{-\rho t} \mathrm{d}t \qquad \text{(A.3)} \\ \text{u. Nb. } \dot{K} &= (r - \delta)K + wL - cL \\ K(0) &= K_0 \\ c &\leq cL \leq (r - \delta)K + wL \end{aligned}$$

Hierbei bestimmen die Argumente der Periodennutzenfunktion u einen Konsumpfad über den Lebenshorizont des Haushalts aus dem sich der Lebensnutzen des Haushalts bzw. die gesellschaftliche Wohlfahrt W ergibt (Heinemann, 2015, S. 59). Für die Periodennutzenfunktion gilt $u'(c) > 0$, $u''(c) < 0$ für alle $c \geq 0$ (streng monoton ansteigende konkave Funktion). Die Nutzenfunktion hat üblicherweise die Form einer CES-Funktion,[1] die mit intertemporalen Annahmen modifiziert wird (Kinsella, 2008, S. 28):[2]

$$u(c) = \frac{c^{1-\sigma} - 1}{1 - \sigma} \text{ mit } c, \sigma > 0 \tag{A.4}$$

Tabelle A.1: **Variablen im Ramsey-Modell** Quelle: Eigene Darstellung nach Kinsella (2008, S. 28).

Variable	Bedeutung
W	gesellschaftliche Wohlfahrt
u	Periodennutzen des Haushalts
c	Konsumniveau
$C = cL$	Konsum
L	Anzahl Haushalte
K	Kapitalstock pro Periode
Y	Sozialprodukt, Output
r	Zinssatz
δ	Abschreibungsrate von physischem Kapital mit $0 < \delta < 1$
ρ	Zeitpräferenzrate
$-\sigma$	Elastizität des Grenznutzens des Konsums (= intertemporale Substitutionselastizität)

ρ gibt an, um wieviel der Konsum in der Gegenwart generell ein höheres Gewicht erhält als der Konsum in Zukunft. Der Grenznutzen des Konsums ist $u'(c) = c^{-\sigma}$. Die Elastizität des Grenznutzens des Konsums ist $-\sigma$ und beschreibt den Effekt, dass bei steigendem Konsum der Grenznutzen abnimmt.

Dieses Problem der Optimierung unter Nebenbedingungen und kann wie üblich mit Hilfe der Lagrangemethode gelöst werden.

1 Bei der CES-Nutzenfunktion handelt es sich um eine Nutzenfunktion mit konstanter Substitutionselastizität (Constant Elasticity of Substitution).

2 So auch bei Heinemann (2015, S. 59).

A.2 Smulders-Gradus-Modell

Beim Smulders-Gradus-Modell handelt es sich um ein endogenes Ein-Sektor-Wachstums-Modell, in dem die Wohlfahrt entscheidend durch den Zustand der Umwelt bestimmt wird. Umweltverschmutzung wird als unvermeidliches Nebenprodukt ökonomischer Aktivität modelliert und kann durch Umweltschutzausgaben reduziert werden (Smulders und Gradus, 1996). Bovenberg und Smulders (1996) modifizieren das Modell, um den Übergang zu einem stabilen Wachstumspfad sowie die kurz- und langfristigen Effekte von Umweltschutzpolitik zu illustrieren. Das Smulders-Gradus-Modell wird in aktuellen Veröffentlichungen häufig angewendet (Klarl, 2016; Hritonenko und Yatsenko, 2016; Chu u. a., 2016; Baiardi u. a., 2016; Calcagnini u. a., 2016; Bréchet u. a., 2016; Aznar-Marquez und Ruiz-Tamarit, 2016; Saltari und Travaglini, 2016).

Die Grundstruktur des Modells ist in Abschnitt 3.4.2 beschrieben (S. 117). Das Modell eignet sich darüber hinaus für Pfadbetrachtungen, die Aussagen über die zeitliche Entwicklung von Konsum, Wohlstand und Verschmutzung machen. Klarl (2016) untersucht damit die Konvergenzgeschwindigkeit und transitionale dynamische Effekte beim Übergang zu einer nachhaltigeren Gesellschaft. Saltari und Travaglini (2016) untersuchen die Auswirkungen der Einführung einer oberen Schranke für die Zunahme der Umweltverschmutzung in intermediären Phasen, d.h. bevor die Schranke bindend wirksam wird.

Im Modell ist das Wachstum nur dann gleichgewichtig, wenn die Nutzenfunktion eine bestimmte Standardform aufweist (sog. isoelastischer Fall oder CRRA-Typ)[3]:

$$U(c,P) = \begin{cases} \frac{(cP^{-\phi})^{1-1/\sigma}-1}{1-1/\sigma} & \text{für } \sigma \neq 1, \\ lnc - \phi lnP & \text{für } \sigma = 1, \end{cases} \tag{A.5}$$

wobei ϕ und σ positive Konstanten sind; σ ist die Elastizität der intertemporalen Substitution. Alternative Nutzenfunktionen werden im folgenden Abschnitt diskutiert.

3 Aghion und Howitt (2015, S. 32) zeigt, dass im isoelastischen Fall die Substitutionselastizität σ zwischen heutigem und zukünftigen Konsum unabhängig vom Konsumniveau ist. CRRA steht für „Constant Relative Risk Aversion", vgl. Baiardi u. a. (2016, S. 5)

A.3 Ökonometrische Schätzung von Nachfragemodellen

Praktische Ansätze zur Analyse des Konsumentenverhaltens schätzen bestimmte Nachfragemodelle statistisch, typischerweise in der Form einer Reihe von Nachfragefunktionen für die relevanten Güter (Ferrer-i-Carbonell und van den Bergh, 2004, S. 370 ff.). Ferrer-i-Carbonell und van den Bergh (2004) differenzieren vier Typen:

- Einer neoklassischen Perspektive folgend wird zunächst eine Nutzenfunktion spezifiziert und Nachfragefunktionen abgeleitet, indem eine Nutzenmaximierung unter Budgetrestriktion unterstellt wird. Ein Beispiel ist das Linear Expenditure System (LES). Ein LES ist gegeben durch: $p_i x_i = p_i c_i + b_i(y - \sum_j p_j c_j)$. Der erste Term $p_i c_i$ (mit c_i als gegebenem Parameter) kann als minimale Konsumausgabe für das entsprechende Gut (i) angesehen werden, der Term $y - \sum_j p_j c_j$ als Überschuss über das Subsistenz-Einkommen, das durch Parameter b_i verschiedenen Ausgaben zugeordnet wird.
- Zweitens kann eine funktionale Form für ein Nachfragesystem gewählt werden, die durch eine ausreichende Zahl von Parametern flexibel genug ist, jede Kostenfunktion oder Nutzenfunktion zu approximieren. Das Nachfragesystem hat im Idealfall die gewünschten Eigenschaften wie Adding-up, Homogenität, Symmetrie und Negativität. Solche Eigenschaften können nach der ökonometrischen Schätzung empirisch getestet werden. Ein Beispiel ist die Translog-Funktion, die als Erweiterung der echten Nutzenfunktion um ein Taylor-Polynom zweiten Grades angesehen werden kann. Dieser Ansatz ist jedoch auf einen kleinen Bereich in der Umgebung der polynomialen Approximation beschränkt.
- Drittens kann in neoklassischer Tradition eine Ausgaben- bzw. Kostenfunktion spezifiziert werden. Nachfragebeziehungen werden von der Kostenfunktion abgeleitet, indem allgemeine Zusammenhänge der Nutzenmaximierung zugrundegelegt werden (Shepards Lemma).[4] Dieser allgemeine Ansatz erfordert keine bestimmte Nutzenfunktion, sondern ist konsistent mit einer Reihe von Nutzenfunktionen. Das bekannteste Beispiel ist das Almost Ideal Demand System (AIDS) von Deaton und Muellbauer (1980a) und Deaton und Muellbauer (1980b).
- Ein vierter Ansatz gibt die Maximierungshypothese und die neoklassischen Präferenzen (Reflexivität, Vollständigkeit, Transitivität, Stetigkeit

4 Das AIDS-Modell beschreibt die Kostenanteile jedes Gutes als eine Funktion des eigenen Preises, der Preise anderer Güter und den gesamten realen Ausgaben.

und Nicht-Sättigbarkeit) auf und kann auf eine größere Bandbreite von Nachfragebeziehungen zurückgreifen (siehe van den Bergh u. a., 2000). In diesem Fall kann eine Nachfragefunktion spezifiziert werden, ohne auf eine bestimmte funktionale Form festgelegt zu sein oder paramatrische Beschränkungen zu beachten, um bestimmte Nachfrageeigenschaften zu erhalten. Alternativ können neue Annahmen hinzugefügt werden, indem Sättigung, beschränkte Rationalität, Routinen, Imitation (interdependente Präferenzen; siehe Alessie und Kapteyn, 1991), lexikographische Präferenzen oder demographische Effekte unterstellt werden.

A.4 Starke Nachhaltigkeit und Kritik

Im Unterschied zur schwachen Nachhaltigkeit setzt die naturwissenschaftlich geprägte ökologische Ökonomie auf die *starke Nachhaltigkeit* (Daly, 1996; Costanza, 1989; Thomas und Costanza, 1995). So wird eine transdisziplinäre Sicht der Welt gefordert, um drei elementare Ziele zu erreichen: ökologisch nachhaltige Größenordnung, gerechte Verteilung und effiziente Allokation („allocation, distribution, scale"; Costanza u. a., 2001, S. 95, 165; Daly und Cobb, 1994). In diesem Sinne ist Ökonomie als ein eingebettetes Teilsystem der Gesellschaft zu begreifen. Im Hinblick auf die Einbettung jeglicher menschlicher Aktivität in das globale Ökosystem kann die Ökonomie nur ein Subsystem unter diesem natürlichen System bleiben, auf dessen Leistungen sie unweigerlich angewiesen ist und mit dem sie Energie und Materie austauscht (Siebenhüner, 2001, S. 50). Aus Sicht der starken Nachhaltigkeit können soziale und wirtschaftliche Systeme nur innerhalb der Grenzen der ökologischen Tragfähigkeit existieren (Ekardt, 2016b, S. 58; Kesselring, 2015).

Zu zentralen theoretischen Positionen gibt es einen weitgehenden Konsens führender Vertreter der ökologischen Ökonomie dahingehend, dass die Erde als geschlossenes thermodynamisches System zu verstehen ist, das als komplexes System mit räumlichen und zeitlichen Unsicherheiten behaftet ist und irreversible Prozesse beinhaltet, die ein präventives, d.h. ein agierendes, nicht reagierendes, Vorgehen erfordern (von Hauff, 2021, S. 54 ff.).

Am Ansatz starker Nachhaltigkeit wird die mangelnde empirische und theoretische Fundierung kritisiert (Spash, 2013). Die Diskussion zum Stand der wissenschaftlichen Fundierung kann hier nicht in ausreichendem Maße nachgezeichnet werden. Spash (2012) kritisiert, dass die Vertreter starker Nachhaltigkeit es versäumt haben, klar Stellung zur Rolle des Empirismus und zur Bedeutung des Theorienpluralismus zu beziehen, mit den Folgen einer verengten Sichtweise und einer unterentwickelten Methodik (Spash, 2012, S. 37, 43, 45). Folglich werden u.a. methodische Weiterentwicklungen wie multikriterielle Verfahren gefordert (s.u.).

A.5 Privater Konsum und Wirtschaftswachstum

Die Dynamik wirtschaftlichen Wachstums wurde in jüngerer Zeit vor allem durch den Konsum bestimmt. Der Konvention volkswirtschaftlicher Gesamtrechnungen folgend, wird das Bruttoinlandsprodukt (BIP) als Summe von privaten Konsumausgaben einschließlich privater Organisationen ohne Erwerbszweck (POoE), Konsumausgaben des Staates, Bruttoinvestitionen und des Außenbeitrags (Exporte minus Importe) dargestellt. Im Englischen werden entsprechend die Begriffe „Gross Domestic Product (GDP)" als Summe von „final consumption expenditure by households and NPISH (non-profit institutions serving households)", „final consumption by government", „gross capital formation" und „net exports" verwendet. Kharroubi und Kohlscheen (2017) zeigen, dass Konsum in den Industrieländern 2015–2016 bis zu einem Prozentpunkt zum Wirtschaftswachstum beigetragen hat. Der private Konsum in Deutschland hat im letzten Jahrzehnt (2010–2020) 0,4 Prozentpunkte zum Wirtschaftswachstum von 1,1% beigetragen, wobei das Jahr 2020 aufgrund der Auswirkungen der COVID-19-Pandemie deutlich von den Vorjahren abweicht (Destatis, 2022e). Abb. A.1 zeigt, dass das Wirtschaftswachstum im Jahresdurchschnitt 2010–2020 preisbereinigt 1,1% betrug, wobei es im Jahr 2020 zu einer Schrumpfung von -4,9% kam (Destatis, 2022e, Tab. 1.1).

Der Wachstumsbeitrag der privaten Konsumausgaben zum Bruttoinlandsprodukt betrug preisbereinigt 2010–2019 durchschnittlich 0,8%-Punkte und im Jahr 2020 -3,0%-Punkte (Abb. A.2; Destatis, 2022e, Tab. 3.2). Der Wachstumsbeitrag des privaten Konsums betrug im dritten Quartal 2021 3,0 %-Punkte, wobei das preisbereinigte BIP insgesamt um 1,9 %-Punkte zunahm (Destatis, 2021b, Tab. 2.9).[5] Im dritten Quartal 2021 trug der private Konsum stark positiv zum Wirtschaftswachstum in der Eurozone und in der EU bei (+2.1 bzw. +2.0 Prozentpunkte; Eurostat, 2021a).

---

5 Tab. 2.9 Verwendung des Bruttoinlandsprodukts, Wachstumsbeiträge zum preisbereinigten BIP, saison- und kalenderbereinigte Werte nach X13, Stand: 3. Vj 2021 (Destatis, 2021b)

Abbildung A.1: **Bruttoinlandsprodukt, preisbereinigt.** Veränderung gegenüber dem Vorjahr in %. Quelle: Destatis (2022d)

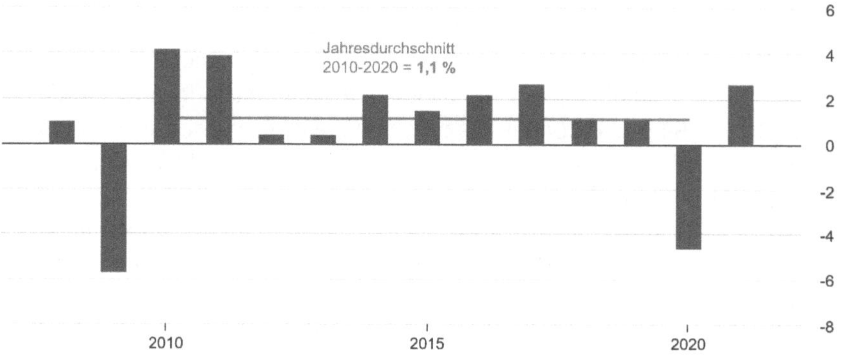

Abbildung A.2: **Wachstumsbeiträge zum Bruttoinlandsprodukt in %-Punkten 2005-2021 (preisbereinigt).** Quelle: eigene Darstellung basierend auf Destatis (2021b, Tab. 3.2)

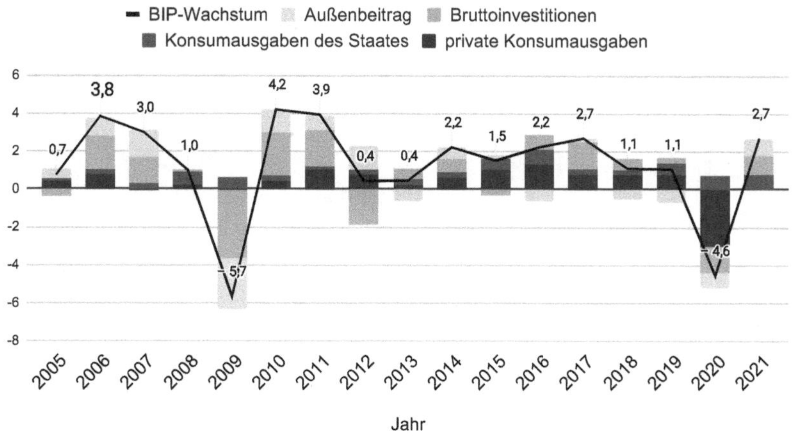

Private Konsumausgaben tragen im europäischen Durchschnitt mehr als 50% zum Bruttoinlandsprodukt (Gross Domestic Product, GDP) bei, wie Eurostat (2022) für die Jahre 2005–2020 für die EU-27 zeigt (Dossche u. a., 2018). Die Daten für die europäische Union, z.B. die EU-27 oder den Euroraum, sind online abrufbar im Data Browser von Eurostat[6] mit dem Data Code `NAMA_10_GDP`. Konsumausgaben von privaten Haushalten und privaten Organisationen ohne Erwerbszweck (POoE, engl. „non-profit institutions serving households", NPISH) haben den „National Accounts Indicator" `P31_S_14_S15` und können als „percentage of gross domestic product" angezeigt werden. Dieser Wert liegt im Durchschnitt der 27 EU-Staaten für 2020 bei 51,6% und für die 19 Länder der Eurozone bei 51,8%.

Privater Konsum trägt weltweit über 60 Prozent zu den globalen CO_2-Emissionen und bis zu 80 Prozent zur gesamten Land-, Wasser- und Ressourcennutzung bei (Ivanova u. a., 2016). Für Europa (EU-27) weist Eurostat die Treibhausgasemissionen (CO_2-Äquivalent) über eine Input-Output-Analyse nach Ausgabenkategorien aus (Data Code: `ENV_AC_IO10`). In Abb. A.3 ist dargestellt, dass der Anteil der privaten Haushalte an den Gesamtemissionen in der EU-27 bei etwa 60% liegt.

6 https://ec.europa.eu/eurostat/databrowser/

Abbildung A.3: **EU-27 Treibhausgasemissionen aus der Letztverwendung von Produkten nach Kategorien zuzüglich direkter Emissionen der privaten Haushalte 2014–2019.** Treibhausgase als CO2-Äquivalente in Tonnen bzw. Gigatonnen sowie als Anteil am Letztverbrauch. Quelle: eigene Darstellung basierend auf Eurostat (2022)

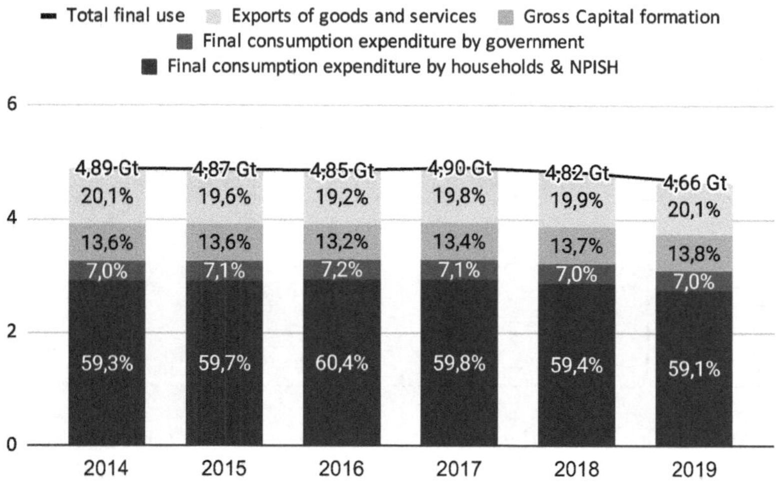

A.6 Diskussion der systematischen Literaturanalyse

Tabelle A.2: **Geografische Zuordnung der Autoren der Literaturstichprobe zu intelligenten Netzen.** Quelle: eigene Darstellung

Länder	Autoren	Beiträge/korrespondierende Autoren
NL	13	5 (Dogger u. a., 2011; Gercek und Reinders, 2019; Zeiler und Labeodan, 2019; Smale u. a., 2019; van Dam u. a., 2013)
ES	8	1 (Bleda u. a., 2017)
IT	7	1 (Mosannenzadeh u. a., 2017)
BE	6	1 (Stragier u. a., 2013)
US	6	2 (Habib u. a., 2018; Manic u. a., 2016)
CN	5	1 (Zhai u. a., 2019)
DE	4	2 (Römer u. a., 2012)
GB	4	2 (Darby, 2018; Hargreaves u. a., 2018)
TW	3	1 (Chin u. a., 2017)
CA	2	1 (Ejaz u. a., 2017)
DZ	2	1 (Hammoudi u. a., 2018)
FI	2	1 (Heiskanen und Matschoss, 2016)
IN	2	1 (Agarkar und Agrawal, 2019)
IR	2	1 (Esmaeili und Jadid, 2018)
RS	2	–
AE	1	–
KR	1	–
PK	1	–

Die Autoren der 21 Beiträge stammten aus insgesamt 18 Ländern, wobei die Niederlande mit 5 Beiträgen und 13 Autoren einen Schwerpunkt bildeten. Die Institutionen, denen die korrespondierenden Autoren angehörten, waren in 14 Ländern angesiedelt. Aus den Niederlanden stammten $n = 5$ Beiträge, aus Deutschland, Großbritannien und den USA stammten je $n = 2$ Beiträge, aus Belgien, Kanada, China, Algerien, Spanien, Finnland, Indien, Iran, Italien und Taiwan stammte je ein Beitrag. An den 21 Beiträgen waren bis zu sechs Co-Autoren beteiligt. In Tab. A.2 sind die Länder mit Anzahl der Autoren bzw. Co-Autoren und Beiträgen dargestellt (siehe auch Abb. 4.7 auf S. 171). Insgesamt gehörten die Autoren 36 verschiedenen Institutionen an.

A.7 Charakterisierung des wissenschaftlichen Verständnisses nach IPCC-AR5

Eine Gegenüberstellung der Typologien nachhaltigen Konsums (Tab. 4.4 auf S. 151) und intelligenter Netze (Tab. 4.9 auf S. 175) mit einer qualitativen Bewertung des wissenschaftlichen *Konsenses* und der *Evidenz* in einer 4x4-Matrix ergibt die *Konfidenz*, mit der unterschiedliche Typen intelligenter Netze (A–D) verschiedene Typen eines nachhaltigen Konsums (1–4) fördern. In Abb. A.4 sind in drei 4x4-Matrizen die je dreistufigen Bewertungen für Konsens (gering, mittel, hoch) und Evidenz (gering, mittel, hoch) dargestellt. Zusammengefasst ergibt sich in Schritt 4 aus Abb. 4.6 (s.S. 168) die fünfstufige Konfidenz (sehr gering, gering, mittel, hoch, sehr hoch; Mach u. a., 2017).

Abbildung A.4: **Bewertung von *Konsens*, *Evidenz* und *Konfidenz* der kombinierten Typen intelligenter Netze (Zeilen A–D) und nachhaltigen Konsums (Spalten 1–4) mittels kalibrierter Sprache in 4x4-Matrizen.** Quelle: eigene Darstellung nach Mach u. a. (2017).

Bewertung des Konsenses

	1 Steuerungsmech.	2 Wohlfahrt	3 Routine	4 Teilsystem
A (AAL)	*gering*	*hoch*	*gering*	*gering*
B (CPS)	*mittel*	*hoch*	*gering*	*gering*
C (DSM)	*gering/hoch*	*gering/hoch*	*hoch*	*hoch*
D (DT)	*hoch*	*mittel*	*gering*	*gering*

Bewertung der Evidenz

	1 Steuerungsmech.	2 Wohlfahrt	3 Routine	4 Teilsystem
A (AAL)	*gering*	*gering*	*gering*	*gering*
B (CPS)	*mittel*	*mittel*	*mittel*	*mittel*
C (DSM)	*gering*	*gering*	*gering*	*gering*
D (DT)	*gering*	*gering*	*gering*	*gering*

Bewertung der Konfidenz

	1 Steuerungsmech.	2 Wohlfahrt	3 Routine	4 Teilsystem
A (AAL)	*sehr gering*	*mittel*	*sehr gering*	*sehr gering*
B (CPS)	*mittel*	*hoch*	*gering*	*gering*
C (DSM)	*sehr gering bis mittel*	*mittel*	*mittel*	*mittel*
D (DT)	*mittel*	*gering*	*sehr gering*	*sehr gering*

A.8 Key Points eines nachhaltigen Energieverbrauchs

Bilharz (2008) plädiert für eine Prioritätensetzung nachhaltigen Konsums. Als Beispiel benennt er als Key Points nachhaltigen Konsums im Wohnbereich: „gedämmtes Haus; Möglichst sparsam die Räume heizen; Wohnung statt Haus bewohnen; Möglichst geringe Wohnfläche bewohnen; Kauf von Ökostrom; Finanzielle Beteiligung an erneuerbaren Energien (z.B. Photovoltaik- oder Windanlage)“ (Bilharz, 2008, S. 359). Bilharz (2008, S. 354) ordnet die Verbrauchertipps in Kategorien bzw. Konsumphasen ein, wobei die Kategorien nicht trennscharf sind (vgl. auch Niemann u. a., 2009). Erweiterungen durch intelligente Netze könnten sich ergeben beim Kauf von Gebrauchsgütern wie Wärmepumpen und Batteriespeichern (REN21, 2020, S. 179 ff.) sowie bei der Nutzung von intelligenten Stromzählern sowie von Energiemanagementsystemen, die – je nach Einstellung – den Eigenverbrauch von Photovoltaikstrom maximieren und/oder eine sparsame Nutzung von Energie ermöglichen können (Abb. A.5).

Abbildung A.5: **Energetische Key Points im Bereich Wohnen nach Konsumphasen und beispielhafte Erweiterungen unter Berücksichtigung intelligenter Netze**. Quelle: eigene Darstellung in Anlehnung an Bilharz (2008, S. 354 f.)

	Güterarten/ Nutzungsbedingungen	**Energetische Key Points nachhaltigen Konsums**	**Erweiterungen im Kontext intelligenter Netze**
Kauf	Gebrauchsgut	gedämmtes Haus Photovoltaikanlage	Wärmepumpe Batteriespeicher
	dauerhafte Dienstleistung	Bezug von Ökostrom	Bezug von Ökostrom
Nutzung	Gebrauch ändert individuelle Rahmenbedingungen **(auf Zeit)**	Wohnung statt Haus geringe Wohnfläche	Eigenverbrauch optimieren durch Energiemanagementsystem
	Gebrauch ändert individuelle Rahmenbedingungen **nicht**	sparsames Heizen	Nutzung intelligenter Stromzähler

Literatur

Adams, Richard, John Bessant, Sally Jeanrenaud, Patrick Overy und David Denyer (2012). *Innovating for sustainability: a systematic review of the body of knowledge*. Exeter: ORE Open Research Exeter. URL: http://hdl.handle.net/10036/4105 (besucht am 13. 09. 2021).

Adegbija, Tosiron, Anita Rogacs, Chandrakant Patel und Ann Gordon-Ross (2018). „Microprocessor optimizations for the Internet of things: A survey". In: *IEEE Transactions on Computer-Aided Design of Integrated Circuits and Systems* 37.1, S. 7–20.

Agarkar, Aarti und Himanshu Agrawal (2019). „A review and vision on authentication and privacy preservation schemes in smart grid network". In: *Security & Privacy* 2.2. URL: https://doi.org/10.1002/spy2.62 (besucht am 13. 09. 2021).

Aghion, Philippe und Peter Howitt (2015). *Wachstumsökonomie*. Berlin und Boston: de Gruyter Oldenbourg.

Aguiar, Mark, Erik Hurst und Loukas Karabarbounis (2012). „Recent developments in the economics of time use". In: *Annu. Rev. Econ.* 4, S. 373–397.

Ahmad Ludin, Norasikin, Nurfarhana Alyssa Ahmad Affandi, Kathleen Purvis-Roberts, Azah Ahmad, Mohd Adib Ibrahim, Kamaruzzaman Sopian und Sufian Jusoh (2021). „Environmental Impact and Levelised Cost of Energy Analysis of Solar Photovoltaic Systems in Selected Asia Pacific Region: A Cradle-to-Grave Approach". In: *Sustainability* 13.1, S. 396. URL: https://doi.org/10.3390/su13010396 (besucht am 13. 09. 2021).

Aichele, Christian (2018). „Die digitale Energiewirtschaft –Implikationen der Digitalisierung der Energiewirtschaft für den Endkunden". In: *Handbuch Energiewende und Partizipation*. Hrsg. von Lars Holstenkamp und Jörg Radtke. Wiesbaden: Springer, S. 699–719. URL: https://doi.org/10.1007/978-3-658-09416-4 (besucht am 13. 09. 2021).

Ainslie, George (1992). *Picoeconomics. The strategic interaction of successive motivational states within the person*. Studies in rationality and social change. Cambridge: Cambridge University press.

Akerlof, George A. (1970). „The market for lemons: Quality uncertainty and the market mechanism". In: *The quarterly journal of economics*, S. 488–500.

Albert, Hans (1998). *Marktsoziologie und Entscheidungslogik: zur Kritik der reinen Ökonomik*. Tübingen: Mohr Siebeck.

Alcott, Blake (2005). „Jevons paradox“. In: *Ecological Economics* 54.1, S. 9–21.

Alessie, Rob und Arie Kapteyn (1991). „Habit formation, interdependent preferences and demographic effects in the almost ideal demand system“. In: *The Economic Journal* 101.406, S. 404–419. URL: https://doi.org/10.2307/2233548 (besucht am 11. 10. 2021).

Allan, John A. (1998). „Virtual water: a strategic resource“. In: *Ground water* 36.4, S. 545–547.

Allerding, Florian (2013). *Organic Smart Home-Energiemanagement für Intelligente Gebäude: Dissertation*. Karlsruhe: KIT Scientific Publishing.

Almeida, Aitor, Rubén Mulero, Piercosimo Rametta, Vladimir Urošević, Marina Andrić und Luigi Patrono (2019). „A critical analysis of an IoT—aware AAL system for elderly monitoring“. In: *Future Generation Computer Systems* 97, S. 598–619. DOI: 10.1016/j.future.2019.03.019. URL: https://doi.org/10.1016/j.future.2019.03.019 (besucht am 19. 02. 2022).

Alt, James E. und Kenneth A. Shepsle (1998). „Rules, Restrictions, Constraints: Structure and Process in the New Institutional Economics“. In: *Journal of Institutional and Theoretical Economics* 154.4, S. 735–743.

Amnesty und Global Witness (2015). *Digging for Transparency. How U.S. companies are only scratching the surface of conflict minerals reporting*. London und Washington DC: Amnesty International und Global Witness. URL: https://www.globalwitness.org/en/campaigns/conflict-minerals/digging-transparency/ (besucht am 14. 09. 2021).

Angner, Erik (2016). „Well-Being and Economics“. In: *The Routledge Handbook of the Philosophy of Well-Being*. Hrsg. von Guy Fletcher. London: Routledge, S. 492–503.

Anwar, Adnan und Abdun Naser Mahmood (2014). *Cyber Security of Smart Grid Infrastructure*. URL: https://arxiv.org/abs/1401.3936 (besucht am 10. 09. 2021).

Aoe, Taeko (2007). „Eco-efficiency and ecodesign in electrical and electronic products“. In: *Journal of Cleaner Production* 15.15, S. 1406–1414. URL: https://doi.org/10.1016/j.jclepro.2006.06.004 (besucht am 13. 09. 2021).

Ariely, Dan (2008). *Predictably Irrational – The Hidden Forces That Shape Our Decision*. New York: HarperCollins.

Arnold, Lutz (1997). *Wachstumstheorie*. München: Vahlen.

Arnold, René, Johanna Bott, Christian Hildebrandt, Saskja Schäfer und Sebastian Tenbrock (2016). *Internet-basierte Plattformen und ihre Bedeutungin Deutschland. Bericht zu Modul 3 (Endbericht)*. Bad Honnef.

Arrow, Kenneth J., Partha Dasgupta, Lawrence H. Goulder, Kevin J. Mumford und Kirsten Oleson (2012). „Sustainability and the measurement of wealth“. In: *Environment and Development Economics* 17.03, S. 317–353. URL: https://doi.org/10.1017/S1355770X12000137 (besucht am 13. 09. 2021).

Aryan, Venkat, Mercè Font-Brucart und Daniel Maga (2018). „A comparative life cycle assessment of end-of-life treatment pathways for photovoltaic backsheets“. In: *Progress in Photovoltaics: Research and Applications* 26.7, S. 443–459. URL: https://doi.org/10.1002/pip.3003 (besucht am 13. 09. 2021).

Assadourian, E. (2010). „The Rise and Fall of Consumer Cultures“. In: *State of the World 2010: Transforming Cultures: From Consumerism to Sustainability (State of the World).* Hrsg. von Linda Starke und Lisa Mastny. New York: WW Norton & Company, S. 3–20.

Aznar-Marquez, Juana und Jose Ramon Ruiz-Tamarit (2016). „Environmental pollution, sustained growth, and sufficient conditions for sustainable development“. In: *Economic Modelling* 54, S. 439–449.

Babu, S. Samuel und Thalluri Prasanth Vidyasagar (2012). „Neuromarketing: is campbell in soup?“ In: *IUP Journal of Marketing Management* 11.2, S. 76.

Backhaus, Julia, Audley Genus, Sylvia Lorek, Edina Vadovics und Julia M. Wittmayer (2018). *Social innovation and sustainable consumption. Research and action for societal transformation.* Routledge-SCORAI Studies in sustainable consumption. London: Routledge.

Baiardi, D., M. c. Manera und M. Menegatti (2016). „The effects of environmental risk on consumption dynamics: An empirical analysis on the Mediterranean countries“. In: *Environment and Development Economics* 21.4, S. 439–463.

Bair, Jennifer (2009). *Frontiers of commodity chain research.* Stanford university press.

Bajari, Patrick, Denis Nekipelov, Stephen P. Ryan und Miaoyu Yang (2015). „Machine learning methods for demand estimation“. In: *American Economic Review* 105.5, S. 481–485.

Bakker, Conny, Feng Wang, Jaco Huisman und Marcel den Hollander (2014). „Products that go round: exploring product life extension through design“. In: *Journal of Cleaner Production* 69, S. 10–16. URL: https://doi.org/10.1016/j.jclepro.2014.01.028 (besucht am 13. 09. 2021).

Baldé, C. P., M. Wagner, G. Iattoni und R. Kuehr (2020). *In-depth review of the WEEE Collection Rates and Targets in the EU-28, Norway, Switzerland,*

and Iceland. Bonn: United Nations University (UNU). URL: https://globalewaste.org/proxy/?publication=/v1/file/275/In-depth-review-of-the-WEEE-Collection-Rates-and-Targets-in-the-EU-28-Norway-Switzerland-and-Iceland.pdf (besucht am 21. 06. 2021).

Baldé, C. P., F. Wang, R. Kuehr und J. Huisman (2015). *The Global E-Waste Monitor 2014*. Bonn: United Nations University. URL: http://i.unu.edu/media/ias.unu.edu-en/news/7916/Global-E-waste-Monitor-2014-small.pdf (besucht am 23. 01. 2021).

Balderjahn, Ingo (2013). *Nachhaltiges Management und Konsumentenverhalten*. Stuttgart: UTB.

Balderjahn, Ingo und Mathias Peyer (2012). „Soziales Konsumbewusstsein: Skalenentwicklung und -validierung". In: *Nachhaltigkeit*. Hrsg. von Hans Corsten und Stefan Roth. Springer, S. 93–109.

Barbier, Edward B. (1987). „The Concept of Sustainable Economic Development". In: *Environmental Conservation* 14.2, S. 101–110.

Barisic, Ankica, Du\v san Savić, Rima Al-Ali, Ivan Ruchkin, Dominique Blouin, Antonio Cicchetti, Raheleh Eslampanah, Oksana Nikiforova, Mustafa Abshir, Moharram Challenger, Claudio Gomes, Ferhat Erata, Bedir Tekinerdogan, Vasco Amaral und Miguel Goulao (2019). *Systematic Literature Review on Multi-Paradigm Modelling for Cyber-Physical Systems: Technical Report*. URL: https://hal.archives-ouvertes.fr/hal-03168834 (besucht am 18. 02. 2022).

Barro, Robert J. und Xavier Sala-i-Martin (1998). *Wirtschaftswachstum*. München: Oldenbourg.

Barufke, Gitta (1997). „Heißt "wenig haben" auch "gut leben"?" In: *Herausforderung Sustainability. Konzepte für einen zukunftsfähigen Konsum*. Düsseldorf: Verbraucherzentrale NRW, S. 49–54.

BASF (2016). *Ökoeffizienz-Analyse*. Ludwigshafen: BASF SE. URL: https://www.basf.com/global/de/who-we-are/sustainability/we-drive-sustainable-solutions/quantifying-sustainability/eco-efficiency-analysis.html (besucht am 31. 01. 2021).

Bassen, Alexander, Sarah Jastram und Katrin Meyer (2005). „Corporate Social Responsibility. Eine Begriffserläuterung". In: *zfwu* 6.2, S. 231–236.

Bastardo, Rute, Ana Isabel Martins, João Pavão, Anabela Gonçalves Silva und Nelson Pacheco Rocha (2021). „Methodological Quality of User-Centered Usability Evaluation of Ambient Assisted Living Solutions: A Systematic Literature Review". In: *International journal of environmental research and public health* 18.21. URL: https://doi.org/10.3390/ijerph182111507 (besucht am 28. 02. 2022).

Bauer, Joa (2008). *Industrielle Ökologie: theoretische Annäherung an ein Konzept nachhaltiger Produktionsweisen: Dissertation*. Stuttgart: Univ. URL: https://doi.org/10.18419/OPUS-5498 (besucht am 13. 09. 2021).

Baumann, Henrikke, Rickard Arvidsson, Hui Tong und Ying Wang (2013). „Does the Production of an Airbag Injure more People than the Airbag Saves in Traffic?" In: *Journal of Industrial Ecology* 17.4, S. 517–527. URL: https://doi.org/10.1111/jiec.12016 (besucht am 13. 09. 2021).

Baumeister, Roy F., Matthew Gailliot, C. Nathan DeWall und Megan Oaten (2006). „Self-regulation and personality: How interventions increase regulatory success, and how depletion moderates the effects of traits on behavior". In: *Journal of Personality* 74.6, S. 1773–1802.

Baumeister, Roy F., Erin A. Sparks, Tyler F. Stillman und Kathleen D. Vohs (2008). „Free will in consumer behavior: Self-control, ego depletion, and choice". In: *Journal of Consumer Psychology* 18.1, S. 4–13.

BBSR (2017). *ÖKOBAUDAT. Grundlage für die Gebäudeökobilanzierung*. Bd. 09. Forschung für die Praxis. Bonn: Bundesinstitut für Bau-, Stadt- und Raumforschung im Bundesamt für Bauwesen und Raumordnung. URL: https://www.oekobaudat.de/fileadmin/downloads/0039bf170209mh1.pdf (besucht am 22. 02. 2022).

BDEW (2022). *Strompreisanalyse April 2022*. Berlin: Bundesverband der Energie- und Wasserwirtschaft. URL: https://www.bdew.de/service/daten-und-grafiken/bdew-strompreisanalyse/ (besucht am 27. 06. 2022).

Becker, Daniel, Clemens Heuson, Wolfgang Peters, Ulrike Will u. a. (2015). *RECAP15-Policy Brief 2: Für einen wettbewerbsneutralen EU-Emissionshandel/EU Emissions Trading System without competitive disadvantages*. RECAP15. Frankfurt (Oder): European University Viadrina. URL: https://www.europa-uni.de/de/forschung/institut/recap15/downloads/PolicyBriefs/Brief2_Paper18_DEUTSCH.pdf (besucht am 15. 06. 2021).

Becker, Gary S. (1965). „A Theory of the Allocation of Time". In: *The Economic Journal*, S. 493–517.

– (1974). „A Theory of Social Interactions". In: *Journal of Political Economy* 82.6, S. 1063–1093.

Beierlein, C., A. Kovaleva, Z. László, C. J. Kemper und B. Rammstedt (2015). „Kurzskala zur Erfassung der Allgemeinen Lebenszufriedenheit (L-1)". In: *Zusammenstellung sozialwissenschaftlicher Items und Skalen*. URL: https://doi.org/10.6102/zis229 (besucht am 13. 09. 2021).

Bell, Michelle L., Benjamin F. Hobbs, Emily M. Elliott, Hugh Ellis und Zachary Robinson (2001). „An evaluation of multi-criteria methods in integrated assessment of climate policy". In: *Journal of Multi-Criteria Decision Analysis* 10.5, S. 229–256. URL: https://doi.org/10.1002/mcda.305 (besucht am 13. 09. 2021).

Belz, Frank-Martin (2001). *Integratives Öko-Marketing: erfolgreiche Vermarktung ökologischer Produkte und Leistungen*. Wiesbaden: Dt. Univ.-Verl.

Belz, Frank-Martin und Michael Bilharz (2005). *Nachhaltiger Konsum: Zentrale Herausforderung für moderne Verbraucherpolitik*. Freising: TU München. URL: https://www.alexandria.unisg.ch/41720/1/DB-1_Internet_NK_Belz-Bilharz.pdf (besucht am 10. 09. 2021).

– (2007). „Nachhaltiger Konsum, geteilte Verantwortung und Verbraucherpolitik: Grundlagen". In: *Nachhaltiger Konsum und Verbraucherpolitik im 21. Jahrhundert*. Hrsg. von Frank-Martin Belz, S. 21–52.

Belz, Frank-Martin und Ken Peattie (2009). *Sustainability marketing: A global perspective*. New York: Wiley.

Ben-Shahar, Omri und Carl E. Schneider (2011). „The failure of mandated disclosure". In: *University of Pennsylvania Law Review* 159.647, S. 647–749.

– (2014). *More than you wanted to know. The failure of mandated disclosure*. Princeton, Oxford: Princeton University Press.

Bengtsson, Magnus, Eva Alfredsson, Maurie Cohen, Sylvia Lorek und Patrick Schroeder (2018). „Transforming systems of consumption and production for achieving the sustainable development goals: moving beyond efficiency". In: *Sustainability Science*. URL: https://doi.org/10.1007/s11625-018-0582-1 (besucht am 13. 09. 2021).

Bentham, Jeremy (2007). *An introduction to the principles of morals and legislation*. Mineola, NY: Dover Publications. URL: http://www.econlib.org/library/Bentham/bnthPML5.html (besucht am 23. 01. 2021).

Berger-Schmitt, Regina und Heinz-Herbert Noll (2000). „Zur Konzeption eines Europäischen Systems Sozialer Indikatoren". In: *Querschnitt. Festschrift für Max Kaase*. Mannheim: ZUMA, S. 29–45. URL: http://www.gesis.org/fileadmin/upload/institut/wiss_arbeitsbereiche/soz_indikatoren/Publikationen/3berger-noll.pdf (besucht am 23. 01. 2021).

van den Bergh, Jeroen, Ada Ferrer-i-Carbonell und Giuseppe Munda (2000). „Alternative models of individual behaviour and implications for environmental policy". In: *Ecological Economics* 32.1, S. 43–61. URL: https://doi.org/10.1016/S0921-8009(99)00088-9 (besucht am 11. 10. 2021).

Berry, Steven, James Levinsohn und Ariel Pakes (1995). „Automobile prices in market equilibrium“. In: *Econometrica: Journal of the Econometric Society*, S. 841–890.

Beschorner, Thomas (2000). „Von Konsumenten, ihren Präferenzen und der notwendigen Erweiterung der ökonomischen Theorie. Korreferat zum Aufsatz von Achim Lerch“. In: *zfwu* 1/2, S. 187–191.

Beske-Janssen, Philip, Matthew Phillip Johnson und Stefan Schaltegger (2015). „20 years of performance measurement in sustainable supply chain management – what has been achieved?“ In: *Supply Chain Management* 20.6, S. 664–680. URL: https://doi.org/10.1108/SCM-06-2015-0216 (besucht am 13. 09. 2021).

Beucker, Severin und Simon Hinterholzer (2020). „Effects of ICT-Enabled Flexible Energy Consumption on the Reduction of CO2 Emissions in Buildings: Findings and Outlook from an Explorative Case Study in Germany“. In: *ICT4S2020: Proceedings of the 7th International Conference on ICT for Sustainability*. Hrsg. von Ruzanna Chitchyan und Daniel Schien. New York: ACM. DOI: 10.1145/3401335.3401336. URL: https://doi.org/10.1145/3401335.3401336 (besucht am 21. 02. 2022).

Beutel, Jörg (2006). *Mikroökonomie*. München u. a.: Oldenbourg.

Beyer, Jürgen (2006). *Pfadabhängigkeit: über institutionelle Kontinuität, anfällige Stabilität und fundamentalen Wandel*. Frankfurt: Campus.

Biemer, Jon, Willow Dixon und Natalia Blackburn (2013). „Our environmental handprint: The good we do“. In: *2013 1st IEEE Conference on Technologies for Sustainability (SusTech)*. IEEE, S. 146–153. URL: https://doi.org/10.1109/SusTech.2013.6617312 (besucht am 13. 09. 2021).

Biervert, Bernd, Wolf F. Fischer-Winkelmann und Reinhard Rock (1978). *Verbraucherpolitik in der Marktwirtschaft*. Reinbek bei Hamburg: Rowohlt.

Bifa (2013). *Ökoeffizienzanalyse von Photovoltaikmodulen*. Augsburg: bifa Umweltinstitut.

Bilharz, Michael (2008). *Key Points nachhaltigen Konsums: ein strukturpolitisch fundierter Strategieansatz für die Nachhaltigkeitskommunikation im Kontext aktivierender Verbraucherpolitik*. Marburg: Metropolis.

Bilharz, Michael, Vera Fricke und Ulf Schrader (2011). „Wider die Bagatellisierung der Konsumentenverantwortung“. In: *GAIA* 20.1, S. 9–13.

Bilharz, Michael und Katharina Schmitt (2011). „Going Big with Big Matters. The Key Points Approach to Sustainable Consumption“. In: *GAIA* 20.4, S. 232–235. URL: https://doi.org/10.14512/gaia.20.4.5 (besucht am 13. 09. 2021).

Binder, Martin (2012). *Wirtschaflicher Wandel und menschliches Wohlergehen, Habil-schr.* Jena: Univ.

Binder, Steffen (1996). *Die Idee der Konsumentensouveränität in der Wettbewerbstheorie.* Frankfurt a.M.: Lang.

Binswanger, M. (2001). „Technological progress and sustainable development: what about the rebound effect?" In: *Ecological Economics* 36, S. 119–132. URL: https://doi.org/10.1016/S0921-8009(00)00214-7 (besucht am 13.09.2021).

Binswanger, Mathias (2004). „Time-saving innovations and their impact on energy use: some lessons from a household-production-function approach". In: *Int. J. Energy Technology and Policy* 2.3, S. 209–2018.

Bitkom und DFKI (2017). *Entscheidungsunterstützung mit Künstlicher Intelligenz. Wirtschaftliche Bedeutung, gesellschaftliche Herausforderungen, menschliche Verantwortung.* Berlin und Kaiserslautern: Bundesverband Informationswirtschaft, Telekommunikation und neue Medien und Deutsches Forschungszentrum für künstliche Intelligenz. URL: https://www.bitkom.org/Bitkom/Publikationen/Entscheidungsunterstuetzung-mit-Kuenstlicher-Intelligenz-Wirtschaftliche-Bedeutung-gesellschaftliche-Herausforderungen-menschliche-Verantwortung.html (besucht am 28.01.2021).

Blanchflower, David G. und Andrew J. Oswald (2004). „Well-being over time in Britain and the USA". In: *Journal of Public Economics* 88.7, S. 1359–1386.

Blank, Jürgen (2001). „Sustainable Development". In: *Lexikon Nachhaltiges Wirtschaften.* Hrsg. von Werner F. Schulz. Lehr- und Handbücher zur ökologischen Unternehmensführung und Umweltökonomie. München u.a.: Oldenbourg, S. 374–385.

Blankart, Charles B., Günter Knieps und Franca Klaver (1992). „The Critical Mass Problem in a Dynamic World: Theory and Applications to Telecommunication". In: *Telecommunication-New signposts to old roads.* European communication policy research series. Amsterdam: IOS-Pr, S. 55–64.

Blättel-Mink, Birgit, Bettina Brohmann, Rico Defila, Antonietta Di Giulio, Daniel Fischer, Doris Fuchs, Sebastian Gölz, Konrad Götz, Andreas Homburg, Ruth Kaufmann-Hayoz, Ellen Matthies, Gerd Michelsen, Martina Schäfer, Kerstin Tews, Sandra Wassermann und Stefan Zundel (2013). *Konsum-Botschaften: was Forschende für die gesellschaftliche Gestaltung nachhaltigen Konsums empfehlen.* Stuttgart: S. Hirzel.

Bleda, Andrés L., Francisco J. Fernandez-Luque, Antonio Rosa, Juan Zapata und Rafael Maestre (2017). „Smart Sensory Furniture Based on WSN for Ambient Assisted Living“. In: *IEEE Sensors Journal* 17.17, S. 5626–5636. URL: https://doi.org/10.1109/JSEN.2017.2721434 (besucht am 13. 09. 2021).

Blume, Thomas (2003a). „Causa efficiens“. In: *Handwörterbuch Philosophie*. Hrsg. von Wulff D. Rehfus. Göttingen: Vandenhoeck & Ruprecht.

– (2003b). „Causa finalis“. In: *Handwörterbuch Philosophie*. Hrsg. von Wulff D. Rehfus. Göttingen: Vandenhoeck & Ruprecht.

BMF (2018). *Umgang der Bundesregierung mit umweltschädlichen Subventionen in der 19. Wahlperiode*. Deutscher Bundestag, Bundesministerium der Finanzen.

– (2019). *27. Subventionsbericht des Bundes 2017–2020. Bericht der Bundesregierung über die Entwicklung der Finanzhilfen des Bundes und der Steuervergünstigungen für die Jahre 2017 bis 2020*. Berlin: Bundesministerium der Finanzen. URL: https://www.bundesfinanzministerium.de/Content/DE/Downloads/Broschueren_Bestellservice/2020-03-01-Subventionsbericht.pdf (besucht am 20. 10. 2021).

– (2020). *9. EKF-Bericht. Bericht des Bundesministeriums der Finanzen über die Tätigkeit des Energie-und Klimafonds (EKF; Kap. 6092) im Jahr 2019 und über die im Jahr 2020 zu erwartende Einnahmen- und Ausgabenentwicklung*. Berlin: Bundesministerium der Finanzen.

BMU (2016). *Nationaler Klimaschutzplan 2050*. Bundesministerium für Umwelt, Naturschutz und nukleare Sicherheit. URL: http://www.klimaschutzplan2050.de (besucht am 23. 01. 2021).

– (2019). *Klimaschutzprogramm 2030. Maßnahmen zur Erreichung der Klimaschutzziele 2030*. Berlin: Bundesministerium für Umwelt, Naturschutz und nukleare Sicherheit. URL: https://www.bmu.de/fileadmin/Daten_BMU/Pools/Broschueren/klimaschutzprogramm_2030_bf.pdf (besucht am 01. 06. 2021).

BMU, UBA und BDI (2019). *Umweltinformationen für Produkte und Dienstleistungen. Anforderungen – Instrumente – Beispiele*. 7. Aufl. Berlin und Dessau-Roßlau: Bundesministerium für Umwelt, Naturschutz und nukleare Sicherheit, Bundesverband der Deutschen Industrie und Umweltbundesamt. URL: https://www.bmu.de/fileadmin/Daten_BMU/Pools/Broschueren/umweltinformationen_produkte_dienstleistungen.pdf (besucht am 28. 01. 2021).

BMUB (2021). *ÖKOBAUDAT. Sustainable Construction Information Portal*. Berlin: Federal Ministry for the Environment, Nature Conservation,

Building and Nuclear Safety (BMUB). URL: http://www.oekobaudat.de/ (besucht am 09. 09. 2021).

BMWi (2017). *Erneuerbare Energien in Zahlen. Nationale und internationale Entwicklung im Jahr 2020*. Berlin: Bundesministerium für Wirtschaft und Energie.

– (2019). *Zweiter Fortschrittsbericht Energie der Zukunft. Berichtsjahr 2017*. Berlin: Bundesministerium für Wirtschaft und Energie.

– (2020a). *Integrierter Nationaler Energie- und Klimaplan. Stand: 10.06.2020*. Berlin: Bundesministerium für Wirtschaft und Energie. URL: https://www.bmwi.de/Redaktion/DE/Textsammlungen/Energie/necp.html (besucht am 23. 01. 2021).

– (2020b). *Nationaler Energie- und Klimaplan (NECP)*. Bundesministerium für Wirtschaft und Energie. URL: https://www.bmwi.de/Redaktion/DE/Textsammlungen/Energie/necp.html (besucht am 24. 01. 2021).

BMWi und BMU (2010). *Energiekonzept für eine umweltschonende, zuverlässige und bezahlbare Energieversorgung. Beschluss des Bundeskabinetts vom 28. September 2010*. Berlin: Bundesministerium für Wirtschaft und Technologie und Bundesministerium für Umwelt, Naturschutz und Reaktorsicherheit. URL: https://www.bmwi.de/Redaktion/DE/Downloads/E/energiekonzept-2010.html (besucht am 13. 09. 2021).

BNetzA (2021). *Veröffentlichung von Netzbetreiberdaten. Datenblatt der Strom- und Gasnetzbetreiber (Stand 15.04.2021)*. Bonn: Bundesnetzagentur. URL: https://www.bundesnetzagentur.de/DE/Sachgebiete/ElektrizitaetundGas/Unternehmen_Institutionen/Netzentgelte/Transparenz/Transparenz_node.html (besucht am 02. 06. 2021).

Bodenstein, G., H. Elbers, A. Spiller und A. Zühlsdorf (1998). *Umweltschützer als Zielgruppe des ökologieorientierten Innovationsmarketing – Ergebnisse einer Befragung von BUND-Mitgliedern*.

Bodin, Jean (2005). *Über den Staat*. Stuttgart: Reclam.

Bogun, Roland (2020). „Was wissen wir über die ökologischen Wirkungen des privaten Konsums? Anmerkungen zum Stand der Forschung und den Problemen des „Fußabdruck-Denkens““. In: *Waren – Wissen – Raum*. Hrsg. von Nina Baur, Julia Fülling und Linda Hering. Wiesbaden: Springer, S. 517–560. URL: https://doi.org/10.1007/978-3-658-30719-6_17 (besucht am 13. 09. 2021).

Boldt, Hans (1990). *Geschichtliche Grundbegriffe: historisches Lexikon zur politisch-sozialen Sprache in Deutschland*. Stuttgart: Klett.

van Bömmel, Hermann (2003). „Konsumentensouveränität. Neue Gestaltungsoptionen des Konsumenten in der Postindustriellen Wirtschaft“. In:

Neue Gestaltungsoptionen des Konsumenten in der Postindustriellen Wirtschaft. Marburg: Metropolis 77.

Bordalo, Pedro, Nicola Gennaioli und Andrei Shleifer (2012a). „Salience in Experimental Tests of the Endowment Effect“. In: *American Economic Review* 102.3, S. 47–52.

– (2012b). „Salience Theory of Choice Under Risk“. In: *Quarterly Journal of Economics* 127, S. 1243–1285.

– (2013). „Salience and consumer choice“. In: *Journal of Political Economy* 121.5, S. 803–843.

Bössmann, Eva (2008). „Informationsökonomie“. In: *Wirtschaftslexikon*. Hrsg. von Artur Woll. München: Oldenbourg.

Bourdieu, Pierre (1983). „Ökonomisches Kapital, kulturelles Kapital, soziales Kapital“. In: *Soziale Ungleichheiten*. Hrsg. von Reinhard Kreckel. Göttingen: Schwartz, S. 183–198.

Bovenberg, A. Lans und Sjak A. Smulders (1996). „Transitional Impacts of Environmental Policy in an Endogenous Growth Model“. In: *International Economic Review* 37.4, S. 861–893. URL: https://doi.org/10.2307/2527315 (besucht am 13. 09. 2021).

von Böventer, Edwin (1991). *Einführung in die Mikroökonomie*. 7. Aufl. München: Oldenbourg.

Bräuer, Holm (2003). „Prinzip“. In: *Handwörterbuch Philosophie*. Hrsg. von Wulff D. Rehfus. Göttingen: Vandenhoeck & Ruprecht.

Braungardt, S., R. Elsland und W. Eichhammer (2016). „The environmental impact of eco-innovations: the case of EU residential electricity use“. In: *Environmental Economics and Policy Studies* 18.2, S. 213–228.

Braungart, Michael und William McDonough (2020). *Cradle to Cradle: Einfach intelligent produzieren*. 6. Aufl. München: Piper.

Braungart, Michael, William McDonough und Andrew Bollinger (2007). „Cradle-to-cradle design: creating healthy emissions – a strategy for eco-effective product and system design“. In: *Journal of Cleaner Production* 15.13-14, S. 1337–1348. URL: https://doi.org/10.1016/j.jclepro.2006.08.003 (besucht am 13. 09. 2021).

Bréchet, T., N. Hritonenko und Y. Yatsenko (2016). „Domestic environmental policy and international cooperation for global commons“. In: *Resource and Energy Economics* 44, S. 183–205.

Brookes, Leonard (1990). „The greenhouse effect: the fallacies in the energy efficiency solution“. In: *Energy policy*, S. 199–201.

– (2000). „Energy efficiency fallacies revisited“. In: *Energy policy* 28.6, S. 355–366.

Bühler, Peter, Patrick Schlaich, Dominik Sinner, Andrea Stauss und Thomas Stauss (2019). „Designethik". In: *Produktdesign: Konzeption – Entwurf – Technologie*. Berlin, Heidelberg: Springer Berlin Heidelberg, S. 29–42. ISBN: 978-3-662-55511-8. URL: https://doi.org/10.1007/978-3-662-55511-8_4 (besucht am 13. 09. 2021).

Bundesrechnungshof (2021). *Bericht zur Umsetzung der Energiewende im Hinblick auf die Versorgungssicherheit und Bezahlbarkeit bei Elektrizität*. Bonn: Bundesrechnungshof. URL: https://www.bundesrechnungshof.de/de/veroeffentlichungen/produkte/sonderberichte/langfassungen-ab-2013/2021/umsetzung-der-energiewende-im-hinblick-auf-die-versorgungssicherheit-und-bezahlbarkeit-bei-elektrizitat-pdf (besucht am 30. 04. 2021).

Bundesregierung (2016). *Deutsche Nachhaltigkeitsstrategie. Neuauflage 2016. Stand: 1. Oktober 2016, Kabinettsbeschluss vom 11. Januar 2017*. Berlin. URL: https://dserver.bundestag.de/btd/18/109/1810910.pdf (besucht am 13. 09. 2021).

– (2018). *Deutsche Nachhaltigkeitsstrategie. Aktualisierung 2018. Kabinettsbeschluss vom 7. November 2018*. Berlin. URL: https://dserver.bundestag.de/btd/19/057/1905700.pdf (besucht am 13. 09. 2021).

– (2019). *Nationales Programm für nachhaltigen Konsum. Gesellschaftlicher Wandel durch einen nachhaltigen Lebensstil*. 3. Aufl. Bonn: Bundesministerium für Umwelt, Naturschutz und nukleare Sicherheit (BMU) und Bundesministerium der Justiz und für Verbraucherschutz (BMJV) und Bundesministerium für Ernährung und Landwirtschaft (BMEL).

– (2021a). *Deutsche Nachhaltigkeitsstrategie. Weiterentwicklung 2021. Kabinettsbeschluss vom 11.03.2021*. Berlin. URL: https://dserver.bundestag.de/btd/19/057/1905700.pdf (besucht am 13. 09. 2021).

– (2021b). *Verordnung über Maßnahmen zur Vermeidung von Carbon-Leakage durch den nationalen Brennstoffemissionshandel (BEHG-Carbon-Leakage-Verordnung – BECV). Drucksache 19/28163*. Berlin: Deutscher Bundestag. URL: https://dserver.bundestag.de/btd/19/281/1928163.pdf (besucht am 15. 06. 2021).

– (2021c). *Verordnung über Maßnahmen zur Vermeidung von Carbon-Leakage durch den nationalen Brennstoffemissionshandel (BEHG-Carbon-Leakage-Verordnung – BECV). Drucksache 19/28163*. Berlin: Deutscher Bundestag. URL: https://dserver.bundestag.de/btd/19/281/1928163.pdf (besucht am 19. 10. 2021).

Bundestag (1999). „Gesetz zum Einstieg in die ökologische Steuerreform". In: *Bundesgesetzblatt Teil I* 14, S. 378–384.

– (2001). „Altersvorsorgeverträge-Zertifizierungsgesetz vom 26. Juni 2001“. In: *Bundesgesetzblatt Teil I* 31, S. 1310–1322.
– (2006). *Externe Kosten der Stromerzeugung*. Deutscher Bundestag.
– (2016). „Gesetz zur Digitalisierung der Energiewende vom 29. August 2016“. In: *Bundesgesetzblatt Teil I* 43, S. 2034–2064.
– (2018a). *Einsetzung einer Enquete-Kommission Künstliche Intelligenz – Gesellschaftliche Verantwortung und wirtschaftliche, soziale und ökologische Potenziale*. Deutscher Bundestag.
– (2018b). *Nationale bzw. EU-weite Einbeziehung weiterer Sektoren in das Europäische Emissionshandelssystem. Sachstand.* Berlin: Deutscher Bundestag. URL: https://www.bundestag.de/resource/blob/554054/d82fa4578090812799515b50409f453e/wd-8-013-18-pdf-data.pdf (besucht am 28. 06. 2022).
– (2018c). *Sachstand Ökobilanzierung von Energiespeichern für Elektrofahrzeuge*. Berlin: Deutscher Bundestag.
– (2019). *Demokratisch regieren in ökologischen Grenzen – zur Legitimation von Umweltpolitik. Sondergutachten des Sachverständigenrates für Umweltfragen. Drucksache 19/15335*. Berlin: Deutscher Bundestag. URL: http://dipbt.bundestag.de/dip21/btd/19/153/1915335.pdf (besucht am 28. 06. 2022).
– (2020). *Bundestag ändert das Erneuerbare-Energien-Gesetz*. Berlin: Deutscher Bundestag. URL: https://www.bundestag.de/dokumente/textarchiv/2020/kw51-de-erneuerbare-energien-gesetz-812876 (besucht am 28. 06. 2022).
– (2021a). *108. Sitzung des Ausschusses für Umwelt, Naturschutz und nukleare Sicherheit am 3. Mai 2021*. Berlin: Deutscher Bundestag. URL: https://www.bundestag.de/ausschuesse/a16_umwelt/oeffentliche_anhoerungen/837750-837750 (besucht am 19. 10. 2021).
– (2021b). „Bundes-Klimaschutzgesetz vom 12. Dezember 2019 (BGBl. I S. 2513), das durch Artikel 1 des Gesetzes vom 18. August 2021 (BGBl. I S. 3905) geändert worden ist“. In: *Bundesgesetzblatt I* 59, S. 3905.
– (2021c). *Die Uiguren in Xinjiang im Lichte der Völkermordkonvention. Zum Tatbestand des Völkermordes, zu den rechtlichen Implikationen für deutsche Unternehmen und den Reaktionsmöglichkeiten der Staatengemeinschaft*. Berlin: Deutscher Bundestag. URL: https://www.bundestag.de/resource/blob/842080/36cc70595f4d20a03e609de00eabce4d/WD-2-027-21-pdf-data.pdf (besucht am 17. 03. 2022).
– (2021d). „Gesetz über die unternehmerischen Sorgfaltspflichten in Lieferketten vom 16. Juli 2021“. In: *Bundesgesetzblatt I* 46, S. 2959.

Button, Kenneth (1993). *Transport economics.* 2. ed. Aldershot: Edward Elgar.
– (2010). *Transport economics.* 3. ed. Cheltenham: Edward Elgar.
Calcagnini, G., G. Giombini und G. Travaglini (2016). „Modelling energy intensity, pollution per capita and productivity in Italy: A structural VAR approach". In: *Renewable and Sustainable Energy Reviews* 59, S. 1482–1492.
Camerer, Colin (2006). „Behavioural Economics". In: *Advances in Economics and Econometrics: Theory and Application, Ninth World Congress (Econometric Society).* Hrsg. von E. Blundell, W. Newey und T. Persson. Cambridge: Cambridge University press, S. 181–214.
Camerer, Colin und George Loewenstein (2011). „Behavioral economics: past, present, future". In: *Advances in behavioral economics.* Hrsg. von Colin F. Camerer, George Loewenstein und Matthew Rabin. Princeton, NJ: Princeton University Press.
Camerer, Colin F. (2008). „The potential of neuroeconomics". In: *Economics and Philosophy* 24.03, S. 369–379.
Camerer, Colin F., George Loewenstein und Drazen Prelec (2005). „Neuroeconomics: How neuroscience can inform economics". In: *Journal of Economic Literature*, S. 9–64.
Cao, Ningyuan, Justin Ting, Shreyas Sen und Arijit Raychowdhury (2018). „Smart sensing for hvac control: Collaborative intelligence in optical and ir cameras". In: *IEEE Transactions on Industrial Electronics* 65.12, S. 9785–9794.
Carnau, Peter (2011). *Nachhaltigkeitsethik. Normativer Gestaltungsansatz für eine global zukunftsfähige Entwicklung in Theorie und Praxis.* Mering: Hampp.
Cartwright, N. D. und N. Bradburn (2011). „A theory of measurement: The importance of common metrics for advancing social science theory and research". In: *Proceedings of the 2011 National Research Council Committee on common metrics.*
Cezanne, Wolfgang (2005). *Allgemeine Volkswirtschaftslehre.* 6. Aufl. München, Wien: Oldenbourg.
Chiappero Martinetti, Enrica (2008). „Time and income: empirical evidence on gender poverty and inequalities from a capability perspective". In: *Arguments for a better world. Essays in Honour of Amartya Sen.* Hrsg. von Kaushik Basu und Ravi Kanbur. Oxford: Oxford University Press, S. 237–258.

Chilton, Adam S. und Galit A. Sarfaty (2017). „The Limitations of Supply Chain Disclosure Regimes“. In: *Stanford Journal of International Law* 53.1, S. 1–54.

Chin, Wen-Long, Wan Li und Hsiao-Hwa Chen (2017). „Energy Big Data Security Threats in IoT-Based Smart Grid Communications“. In: *IEEE Communications Magazine* 55.10, S. 70–75. URL: https://doi.org/10.1109/MCOM.2017.1700154 (besucht am 13. 09. 2021).

Christensen, Clayton M. (1997). *The innovator's dilemma: when new technologies cause great firms to fail.* Boston, MA: Harvard Business School Press.

Chu, H., C.-C. Lai und C.-H. Liao (2016). „A note on environment-dependent time preferences“. In: *Macroeconomic Dynamics* 20.6, S. 1652–1667.

Claassen, Rutger (2014). „Capability Paternalism“. In: *Economics & Philosophy* 30.1, S. 57–73.

Clement, Reiner und Dirk Schreiber (2016). *Internet-Ökonomie. Grundlagen und Fallbeispiele der vernetzten Wirtschaft.* 3. Aufl. Berlin, Heidelberg. URL: https://doi.org/10.1007/978-3-662-49047-1 (besucht am 13. 09. 2021).

Connected Living (2017). *Smart Home Index 2017.* Berlin: Connected Living e.V. URL: http://www.connected-living.org/content/4-information/1-news/20171011-smart-home-index-2017-ist-smart-home-in-deutschen-haushalten-angekommen/20171004_sh_index_connected-living.pdf (besucht am 24. 01. 2021).

Conrad, Klaus und Michael Schröder (1991). „Demand for durable and non-durable goods, environmental policy and consumer welfare“. In: *Journal of Applied Econometrics* 6.3, S. 271–286.

Contreras-Lisperguer, Rubén, Emilio Muñoz-Cerón, Jorge Aguilera und Juan de La Casa (2017). „Cradle-to-cradle approach in the life cycle of silicon solar photovoltaic panels“. In: *Journal of Cleaner Production* 168, S. 51–59. URL: https://doi.org/10.1016/j.jclepro.2017.08.206 (besucht am 13. 09. 2021).

Cosbey, Aaron, Susanne Droege, Carolyn Fischer und Clayton Munnings (2019). „Developing Guidance for Implementing Border Carbon Adjustments: Lessons, Cautions, and Research Needs from the Literature“. In: *Review of Environmental Economics and Policy* 13.1, S. 3–22. URL: https://doi.org/10.1093/reep/rey020 (besucht am 13. 09. 2021).

Costanza, Robert Prugh (1989). „What is ecological economics?“ In: *Ecological Economics* 1.1, S. 1–7.

Costanza, Robert Prugh, John H. Cumberland, Herman Daly, Carol Franco, R. Goodland, R. Norgaard und I. Kubiszewski (2014). *Introduction to Ecological Economics*. 2nd ed. Bosa Roca: CRC Press.

Costanza, Robert Prugh, Thiemo W. Eser und Hermann Bartmann, Hrsg. (2001). *Einführung in die ökologische Ökonomik*. Stuttgart: Lucius & Lucius.

Creutzig, F., P. Agoston, J. C. Goldschmidt, G. Luderer, G. Nemet und R. C. Pietzcker (2017). „The underestimated potential of solar energy to mitigate climate change". In: *Nature Energy* 2.9. URL: https://doi.org/10.1038/nenergy.2017.140 (besucht am 13. 09. 2021).

Crocker, Thomas D., Jason F. Shogren und Paul R. Turner (1998). „Incomplete beliefs and nonmarket valuation". In: *Resource and Energy Economics* 20.2, S. 139–162. URL: https://doi.org/10.1016/S0928-7655(97)00033-X (besucht am 13. 09. 2021).

Crossan, Mary M. und Marina Apaydin (2010). „A multi-dimensional framework of organizational innovation: A systematic review of the literature". In: *Journal of management studies* 47.6, S. 1154–1191.

Czekster, Ricardo M., Charles Morisset, John A. Clark, Sadegh Soudjani, Charalampos Patsios und Peter Davison (2021). „Systematic review of features for co–simulating security incidents in Cyber–Physical Systems". In: *Security and Privacy* 4.3. ISSN: 2475-6725. URL: https://doi.org/10.1002/spy2.150 (besucht am 28. 02. 2022).

Czymmek, Frank (2003). *Ökoeffizienz und unternehmerische Stakeholder*. Planung, Organisation und Unternehmungsführung. Lohmar u.a.: Eul.

Daly, Herman E. (1990). „Toward some operational principles of sustainable development". In: *Ecological Economics* 2.1, S. 1–6.

– (1996). *Beyond growth : the economics of sustainable development*. Boston, Mass.: Beacon Press.

Daly, Herman E. und John B. Cobb (1994). *For the common good. Redirecting the economy toward community, the environment, and a sustainable future*. 2nd ed. Boston, Mass.: Beacon Pr.

van Dam, Sonja, Conny Bakker und Joost Buiter (2013). „Do home energy management systems make sense? Assessing their overall lifecycle impact". In: *Energy policy* 63, S. 398–407. URL: https://doi.org/10.1016/j.enpol.2013.09.041 (besucht am 13. 09. 2021).

Darby, Michael R. und Edi Karni (1973). „Free competition and the optimal amount of fraud". In: *Journal of law and economics*, S. 67–88.

Darby, Sarah J. (2018). „Smart technology in the home: time for more clarity". In: *Building Research & Information* 46.1, S. 140–147. URL: https://doi.org/10.1080/09613218.2017.1301707 (besucht am 10. 09. 2021).

Dasgupta, Partha und Geoffrey Heal (1974). „The optimal depletion of exhaustible resources". In: *The review of economic studies*, S. 3–28.

Davis, Fred D. (1989). „Perceived Usefulness, Perceived Ease of Use, and User Acceptance of Information Technology". In: *MIS quarterly* 13.3, S. 319–340.

Davis, Fred D., Richard P. Bagozzi und Paul R. Warshaw (1989). „User acceptance of computer technology: a comparison of two theoretical models". In: *Management science* 35.8, S. 982–1003.

Davis, John B. (2010). „Neuroeconomics: constructing identity". In: *Journal of Economic Behaviour & Organization* 76.3, S. 574–583.

Deaton, Angus und John Muellbauer (1980a). „An almost ideal demand system". In: *The American Economic Review* 70.3, S. 312–326.

– (1980b). *Economics and consumer behavior*. Cambridge University press.

Deci, Edward L. und Richard M. Ryan (1985). *Intrinsic motivation and self-determination in human behavior*. New York: Plenum Press.

Degenhardt, Lars (2007). *Pioniere nachhaltiger Lebensstile. Analyse einer positiven Extremgruppe mit bereichsübergreifender Kongruenz zwischen hohem nachhaltigen Problembewusstsein und ausgeprägtem nachhaltigen Handeln*. Kassel: Kassel Univ. Press. URL: http://www.uni-kassel.de/upress/online/frei/978-3-89958-308-3.volltext.frei.pdf (besucht am 24. 01. 2021).

DellaVigna, Stefano (2009). „Psychology and economics: Evidence from the field". In: *Journal of Economic Literature* 47, S. 315–372.

Deloitte (2018). „Smart Home Consumer Survey 2018". In.

– (2021). *Faktencheck Consumer IoT. Das Internet der Dinge im Alltag deutscher Konsumenten*. Berlin: BVDW. URL: https://www2.deloitte.com/content/dam/Deloitte/de/Documents/technology-media-telecommunications/Consumer_IoT_2021_Deloitte.pdf (besucht am 14. 09. 2021).

Dena (2016). *Roadmap Demand Side Management. Industrielles Lastmanagement für ein zukunftsfähiges Energiesystem. Schlussfolgerungen aus dem Pilotprojekt DSM Bayern*. Berlin: Deutsche Energie-Agentur GmbH (dena). URL: https://www.dena.de/themen-projekte/energiesysteme/flexibilitaet-und-speicher/demand-side-management/ (besucht am 24. 01. 2021).

Deppe, M. (2005). „Nonlinear Responses within the Medial Prefrontal Cortex Reveal when Specific Implicit Information Influences Economic Decision Making". In: 15, S. 171–182.

Dertwinkel-Kalt, Markus, Katrin Köhler, Mirjam R. J. Lange und Tobias Wenzel (2017). „Demand shifts due to salience effects: Experimental evidence". In: *Journal of the European Economic Association* 15.3, S. 626–653.

Destatis (2006). *Die Nutzung von Umweltressourcen durch die Aktivitaeten privater Haushalte*. Wiesbaden: Statistisches Bundesamt.

– (2015). *Daten zur Umwelt – Umwelt, Haushalte und Konsum 2015*. Wiesbaden: Statistisches Bundesamt.

– (2017). *Wie die Zeit vergeht. Analysen zur Zeitverwendung in Deutschland. Beiträge zur Ergebniskonferenz der Zeitverwendungserhebung 2012/2013 am 5./6. Oktober 2016 in Wiesbaden*. Wiesbaden: Statistisches Bundesamt.

– (2020). *Umweltökonomische Gesamtrechnungen – Methode der Berechnungen zur globalen Umweltinanspruchnahme durch Produktion, Konsum und Importe*. Wiesbaden: Statistisches Bundesamt. URL: https://www.destatis.de/DE/Themen/Gesellschaft-Umwelt/Umwelt/UGR/ueberblick/Publikationen/Downloads/ugr-globale-umweltinanspruchnahme-methode-5851102209004.pdf (besucht am 11. 10. 2021).

– (2021a). *Nachhaltige Entwicklung in Deutschland. Indikatorenbericht 2021*. Wiesbaden: Statistisches Bundesamt.

– (2021b). *Volkswirtschaftliche Gesamtrechnungen Preisbereinigte Volumenangaben und Wachstumsbeiträge. 3. Vierteljahr 2021*. Wiesbaden: Statistisches Bundesamt. URL: https://www.destatis.de/DE/Themen/Wirtschaft/Volkswirtschaftliche-Gesamtrechnungen-Inlandsprodukt/Publikationen/Downloads-Inlandsprodukt/preisbereinigte-volumenangaben-pdf-5811111.pdf?__blob=publicationFile (besucht am 23. 02. 2022).

– (2022a). *Bevölkerung: Deutschland, Stichtag (31.12.1950 - 31.12.2020)*. Wiesbaden: Statistisches Bundesamt. URL: https://www-genesis.destatis.de/genesis//online?operation=table&code=12411-0001&bypass=true&levelindex=1&levelid=1642506173376#abreadcrumb (besucht am 18. 01. 2022).

– (2022b). *Bruttostromerzeugung in Deutschland für 2019 bis 2021*. Wiesbaden: Statistisches Bundesamt. URL: https://www.destatis.de/DE/Themen/Branchen-Unternehmen/Energie/Erzeugung/Tabellen/bruttostromerzeugung.html (besucht am 29. 03. 2022).

– (2022c). *Inflationsrate im Mai 2022 voraussichtlich +7,9 %. Pressemitteilung Nr. 221 vom 30. Mai 2022*. Wiesbaden: Statistisches Bundesamt. URL: https://www.destatis.de/DE/Presse/Pressemitteilungen/2022/05/PD22_221_611.html (besucht am 27. 06. 2022).
– (2022d). *Pressemitteilung Nr. 020 vom 14. Januar 2022*. Wiesbaden: Statistisches Bundesamt. URL: https://www.destatis.de/DE/Presse/Pressemitteilungen/2022/01/PD22_020_811.html (besucht am 22. 02. 2022).
– (2022e). *Volkswirtschaftliche Gesamtrechnungen. Inlandsproduktberechnung – Erste Jahresergebnisse – Fachserie 18 Reihe 1.1 – 2021*. Wiesbaden: Statistisches Bundesamt. URL: https://www.destatis.de/DE/Themen/Wirtschaft/Volkswirtschaftliche-Gesamtrechnungen-Inlandsprodukt/Publikationen/Downloads-Inlandsprodukt/inlandsprodukt-erste-ergebnisse-pdf-2180110.pdf (besucht am 22. 02. 2022).

Deutch, Sinai (1994). „Are consumer rights human rights". In: *Osgoode Hall LJ* 32, S. 537.

Dewenter, Ralf und Hendrik Lüth (2016). „Big Data aus wettbewerblicher Sicht". In: *Wirtschaftsdienst* 96.9, S. 648–654. URL: https://doi.org/10.1007/s10273-016-2029-6 (besucht am 13. 09. 2021).

Di Giulio, Antonietta und Doris Fuchs (2016). „Nachhaltige Konsum-Korridore: Konzept, Einwände, Entgegnungen". In: *Nachhaltiger Konsum. Institutionen, Instrumente, Initiativen*. Hrsg. von Kerstin Jantke, Florian Lottermoser, Jörn Reinhardt, Delf Rothe und Jana Stöver, S. 143–166.

Diefenbacher, Hans (2001a). *Gerechtigkeit und Nachhaltigkeit – Zum Verhältnis von Ethik und Ökonomie*. Darmstadt: Wissenschaftliche Buchgesellschaft.
– (2001b). *Gerechtigkeit und Nachhaltigkeit. Zum Verhältnis von Ethik und Ökonomie*. Darmstadt: Wiss. Buchges.

Diener, Ed, Marissa Diener und Carol Diener (1995). „Factors predicting the subjective well-being of nations". In: *Journal of Personality and Social Psychology* 69.5, S. 851.

Diener, Ed, Daniel Kahneman und John Helliwell, Hrsg. (2010). *International differences in well-being*. Oxford: Oxford University Press.

Diener, Ed, Louis Tay und Shigehiro Oishi (2013). „Rising income and the subjective well-being of nations". In: *Journal of Personality and Social Psychology* 104.2, S. 267.

Dießenbacher, Joshena und Armin Reller (2016). „Das Fairphone – ein Impuls in Richtung nachhaltige Elektronik?" In: *Kritische Metalle in der Großen Transformation*. Hrsg. von Andreas Exner, Martin Held und Klaus Kümmerer. Berlin, Heidelberg: Springer, S. 269–292.

Dietz, Thomas, Gerald T. Gardner, Jonathan Gilligan, Paul C. Stern und Michael P. Vandenbergh (2009). „Household actions can provide a behavioral wedge to rapidly reduce US carbon emissions". In: *Proceedings of the National Academy of Sciences* 106.44, S. 18452–18456.
DIW (2017a). „Einkommensungleichheit". In: *DIW Wochenbericht* 10.
– (2017b). „Einkommensverteilung und Armutsrisiko". In: *DIW Wochenbericht* 4.
DOE (2011). *Critical Materials Strategy.* URL: https://www.energy.gov/sites/prod/files/DOE_CMS2011_FINAL_Full.pdf (besucht am 23. 01. 2021).
Dogger, Jarno D., Bart Roossien und Frans D. J. Nieuwenhout (2011). „Characterization of Li-Ion Batteries for Intelligent Management of Distributed Grid-Connected Storage". In: *IEEE Transactions on Energy Conversion* 26.1, S. 256–263. URL: https://doi.org/10.1109/TEC.2009.2032579 (besucht am 13. 09. 2021).
Dolgin, Aleksandr (2009). *The economics of symbolic exchange.* Berlin, Heidelberg: Springer.
Döring, Thomas (2014). *Staatliche Markteingriffe und Verhaltensökonomik. Zur Psychologie der Rechtfertigung und Gestaltung öffentlicher Interventionstätigkeit: Erkenntnisstand und politische Implikationen.* Bd. 14-3. sofia-Studien. Darmstadt: Sonderforschungsgruppe Institutionenanalyse.
– (2015). *Markteingriffe und Verhaltensökonomik – Zur Psychologie der Rechtfertigung und Gestaltung staatlicher Interventionstätigkeit: Öffentliche Finanzen und Verhaltensökonomik: Zur Psychologie der budgetwirksamen Staatstätigkeit.* Wiesbaden: Springer Gabler. URL: https://doi.org/10.1007/978-3-658-09913-8 (besucht am 13. 09. 2021).
Dorniok, Daniel (2017). „Energiegenossenschaften als soziale Innovation und Initiator sozialer Innovationen". In: *Soziale Innovationen für nachhaltigen Konsum, Innovation und Gesellschaft.* Hrsg. von Melanie Jaeger-Erben. Springer, S. 149–167. URL: https://doi.org/10.1007/978-3-658-16545-1 (besucht am 13. 09. 2021).
Dorri, A., S. S. Kanhere, R. Jurdak und P. Gauravaram (2017). „Blockchain for IoT security and privacy: The case study of a smart home". In: *2017 IEEE International Conference on Pervasive Computing and Communications Workshops (PerCom Workshops).* IEEE, S. 618–623. URL: https://doi.org/10.1109/PERCOMW.2017.7917634 (besucht am 13. 09. 2021).
Dossche, Maarten, Magnus Forsells, Luca Rossi und Grigor Stoevsky (2018). *Private consumption and its drivers in the current economic expansion.* Bd. 5. ECB Economic Bulletin. Frankfurt a. M.: Europäische Zentralbank.

URL: https://www.ecb.europa.eu/pub/economic-bulletin/articles/2018/html/ecb.ebart201805_03.en.html (besucht am 23. 02. 2022).
Doyle, J. R. (2013). „Survey of time preference, delay discounting models". In: *Judgm. Decis. Mak.* 8, S. 116–135.
Dyckhoff, Harald und Rainer Souren (2008). *Nachhaltige Unternehmensführung. Grundzüge industriellen Umweltmanagements*. Berlin und Heidelberg: Springer-Verlag.
Dyllick, Thomas und Kai Hockerts (2002). „Beyond the business case for corporate sustainability". In: *Business strategy and the environment* 11.2, S. 130–141.
Dyllick, Thomas und Zoe Rost (2017). „Towards true product sustainability". In: *Journal of Cleaner Production* 162, S. 346–360.
Easterlin, Richard A. (1974). „Does economic growth improve the human lot? Some empirical evidence". In: *Nations and households in economic growth* 89, S. 89–125.
– (2001). „Income and happiness: Towards a unified theory". In: *The Economic Journal* 111.473, S. 465–484.
Easterlin, Richard A. und Laura Angelescu (2009). „Happiness and growth the world over: Time series evidence on the happiness-income paradox". In.
– (2012). „Modern Economic Growth and Quality of Life: Cross-Sectional and Time Series Evidence". In: *Handbook of Social Indicators and Quality of Life Research*. Hrsg. von Kenneth Land, Michalos und Sirgy. Dordrecht: Springer, S. 113–136.
Easterlin, Richard A. und Onnicha Sawangfa (2010). „Happiness and economic growth: Does the cross section predict time trends? Evidence from developing countries". In: *International differences in well-being*. Hrsg. von Ed Diener, Daniel Kahneman und John Helliwell. Oxford: Oxford University Press, S. 166–216.
EBSCO (2021). *Searching with Wildcards in EDS and EBSCOhost*. Birmingham, Alabama: EBSCO Industries. URL: https://connect.ebsco.com/s/article/Searching-with-Wildcards-in-EDS-and-EBSCOhost?language=en_US (besucht am 27. 06. 2022).
Ecoinvent (2013). *Documentation of changes implemented in ecoinvent Data 3.0. Ecoinvent Report 5 (v4)*. St. Gallen: Ecoinvent. URL: www.ecoinvent.org (besucht am 31. 01. 2021).
Edu, Jide S., Jose M. Such und Guillermo Suarez-Tangil (2020). „Smart Home Personal Assistants: A Security and Privacy Review". In: *ACM*

Comput. Surv. 53.6. ISSN: 0360-0300. URL: https://doi.org/10.1145/3412383 (besucht am 28. 02. 2022).

EEA (2013). *Environmental pressures from European consumption and production A study in integrated environmental and economic analysis*. Copenhagen: European Environment Agency. URL: https://op.europa.eu/s/oJWw (besucht am 01. 02. 2021).

Egner, Erich (1953). *Die Marktstellung des Konsumenten*. Stuttgart: Fischer.

Eichler, Klaus-Dieter (2011). „Idee". In: *Neues Handbuch philosophischer Grundbegriffe*. Hrsg. von Hermann Krings und Petra Kolmer. Bd. 2. Freiburg: Alber, S. 1186–1199.

Eidenmüller, Horst (2005). *Effizienz als Rechtsprinzip: Möglichkeiten und Grenzen der ökonomischen Analyse des Rechts*. 3. Aufl. Tübingen: Mohr Siebeck.

Ejaz, Waleed, Muhammad Naeem, Adnan Shahid, Alagan Anpalagan und Minho Jo (2017). „Efficient Energy Management for the Internet of Things in Smart Cities". In: *IEEE Communications Magazine* 55.1, S. 84–91. URL: https://doi.org/10.1109/MCOM.2017.1600218CM (besucht am 13. 09. 2021).

Ekardt, Felix (2016a). *Arbeitspapier zur möglichen Totalrevision des Emissionshandels in Richtung eines Upstream-ETS entlang der Ziele aus Art. 2 Abs. 1 Paris-Abkommen*. Leipzig: Forschungsstelle Nachhaltigkeit und Klimapolitik. URL: http://www.sustainability-justice-climate.eu/files/texts/Arbeitspapier-Totalrevision-ETS.pdf (besucht am 21. 06. 2021).

– (2016b). *Theorie der Nachhaltigkeit. Ethische, rechtliche, politische und transformative Zugänge - am Beispiel von Klimawandel, Ressourcenknappheit und Welthandel*. 2. Aufl. Nomos.

Ekardt, Felix, Bettina Hennig und Anna Hyla (2010). *Landnutzung, Klimawandel, Emissionshandel und Bioenergie*. Berlin: LIT.

Ekener-Petersen, Elisabeth und Göran Finnveden (2013). „Potential hotspots identified by social LCA—part 1: a case study of a laptop computer". In: *The International Journal of Life Cycle Assessment* 18.1, S. 127–143. URL: https://doi.org/10.1007/s11367-012-0442-7 (besucht am 13. 09. 2021).

Elliott, Richard und Kritsadarat Wattanasuwan (1998). „Consumption and the Symbolic Project of the Self". In: *European Advances in Consumer Research* 3, S. 17–20. URL: http://www.acrwebsite.org/volumes/11147/volumes/e03/E-03 (besucht am 24. 01. 2021).

Elzen, Boelie, Frank W. Geels und Kenneth Green (2004). *System innovation and the transition to sustainability: theory, evidence and policy*. Cheltenham: Edward Elgar.

Endres, Alfred und Volker Radke (1998). *Indikatoren einer nachhaltigen Entwicklung: Elemente ihrer wirtschaftstheoretischen Fundierung*. Bd. 479. Duncker & Humblot.

Erber, Georg (2010). „Wohlstandsmessung durch Indikatoren zur Lebenszufriedenheit“. In: *Wirtschaftsdienst* 90.12, S. 831–839. URL: https://doi.org/10.1007/s10273-010-1159-5 (besucht am 13. 09. 2021).

Erlei, Mathias, Martin Leschke und Dirk Sauerland (1999). *Neue Institutionenökonomik*. tuttgart: Schäffer-Poeschel.

– (2016). *Institutionenökonomik*. 3. Aufl. Stuttgart: Schäffer-Poeschel.

Ernst & Young (2013). *Kosten-Nutzen-Analyse für einen flächendeckenden Einsatz intelligenter Zähler. Endbericht*. Berlin: Bundesministerium für Wirtschaft und Technologie. URL: http://www.bmwi.de/Redaktion/DE/Publikationen/Studien/kosten-nutzen-analyse-fuer-flaechendeckenden-einsatz-intelligenterzaehler.html (besucht am 24. 01. 2021).

Esch, Franz-Rudolf und Jan Rutenberg (2006). „Komplexitätsreduktion durch Vertrauen–kognitive Entlastung für Konsumenten“. In: *Konsumentenvertrauen – Konzepte und Anwendungen für ein nachhaltiges Kundenbindungsmanagement*. Hrsg. von Hans Bauer, Markus Neumann und Anja Schüle. München: Vahlen, S. 193–205.

Escribano, Paula, Miranda J. Lubbers und José Luis Molina (2020). „A typology of ecological intentional communities: Environmental sustainability through subsistence and material reproduction“. In: *Journal of Cleaner Production* 266, S. 121803. URL: https://doi.org/10.1016/j.jclepro.2020.121803 (besucht am 13. 09. 2021).

Esmaeili, Saeid und Shahram Jadid (2018). „Economic-Environmental Optimal Management of Smart Residential Micro-Grid Considering CCHP System“. In: *Electric Power Components & Systems* 46.14/15, S. 1592–1606. URL: https://doi.org/10.1080/15325008.2018.1510442 (besucht am 13. 09. 2021).

Etzioni, Amitai (1999). „Voluntary simplicity: Characterization, select psychological implications, and societal consequences“. In: *Essays in Socio-Economics*. Springer, S. 1–26.

EU (2003). „Richtlinie 2003/87/EG des Europäischen Parlaments und des Rates vom 13. Oktober 2003 über ein System für den Handel mit Treibhausgasemissionszertifikaten in der Gemeinschaft und zur Änderung der Richtlinie 96/61/EG des Rates“. In: *Amtsblatt der Europäischen Union* L 275, S. 32–46. URL: https://eur-lex.europa.eu/legal-content/DE/TXT/?uri=CELEX:32003L0087 (besucht am 28. 06. 2022).

EU (2009a). „Richtlinie 2009/125/EG des Europäischen Parlaments und des Rates vom 21. Oktober 2009 zur Schaffung eines Rahmens für die Festlegung von Anforderungen an die umweltgerechte Gestaltung energieverbrauchsrelevanter Produkte". In: *Amtsblatt der Europäischen Union* L 285, S. 10–35. URL: https://eur-lex.europa.eu/legal-content/DE/TXT/?uri=CELEX:32009L0125 (besucht am 28. 06. 2022).

– (2009b). „Richtlinie 2009/29/EG des europäischen Parlaments und des Rates vom 23. April 2009 zur Änderung der Richtlinie 2003/87/EG zwecks Verbesserung und Ausweitung des Gemeinschaftssystems für den Handel mit Treibhausgasemissionszertifikaten". In: *Amtsblatt der Europäischen Union* L 140, S. 63–87. URL: https://eur-lex.europa.eu/legal-content/DE/TXT/?uri=CELEX:32009L0029 (besucht am 28. 06. 2022).

– (2012). „Richtlinie 2012/19/EU des Europäischen Parlaments und des Rates vom 4. Juli 2012 über Elektro- und Elektronik-Altgeräte". In: *Amtsblatt der Europäischen Union* L 197, S. 38–71. URL: https://eur-lex.europa.eu/legal-content/DE/TXT/?uri=celex%3A32012L0019 (besucht am 28. 06. 2022).

– (2017). „Verordnung 2017/1369/EU des Europäischen Parlaments und des Rates vom 4. Juli 2017 zur Festlegung eines Rahmens für die Energieverbrauchskennzeichnung und zur Aufhebung der Richtlinie 2010/30/EU". In: *Amtsblatt der Europäischen Union* L 198, S. 1–23. URL: https://eur-lex.europa.eu/legal-content/DE/TXT/?uri=CELEX:32017R1369 (besucht am 28. 06. 2022).

– (2018). „Richtlinie 2018/2001/EU des Europäischen Parlaments und des Rates vom 11. Dezember 2018 zur Förderung der Nutzung von Energie aus erneuerbaren Quellen". In: *Amtsblatt der Europäischen Union* L 328, S. 82–208. URL: https://eur-lex.europa.eu/legal-content/de/TXT/?uri=CELEX%3A32018L2001 (besucht am 28. 06. 2022).

Europäische Kommission (2007). *Eine Energiepolitik für Europa*. Brüssel: Europäische Kommission. URL: http://eur-lex.europa.eu/LexUriServ/LexUriServ.do?uri=COM:2007:0001:FIN:DE:PDF (besucht am 28. 06. 2022).

– (2010). *Europa 2020. Eine Strategie für intelligentes, nachhaltiges und integratives Wachstum*. Brüssel: Europäische Kommission. URL: https://eur-lex.europa.eu/legal-content/DE/TXT/?uri=celex:52010DC2020 (besucht am 28. 06. 2022).

– (2011). *Fahrplan für ein ressourcenschonendes Europa*. Brüssel: Europäische Kommission. URL: https://eur-lex.europa.eu/legal-content/DE/TXT/?uri=CELEX:52011DC0571 (besucht am 28. 06. 2022).

– (2013a). „2013/179/EU: Empfehlung für die Anwendung gemeinsamer Methoden zur Messung und Offenlegung der Umweltleistung von Produkten und Organisationen vom 9. April 2013“. In: *Amtsblatt der Europäischen Union* L 124, S. 1–210. URL: http://data.europa.eu/eli/reco/2013/179/oj (besucht am 28. 06. 2022).
– (2013b). *Schaffung eines Binnenmarktes für grüne Produkte. Erleichterung einer besseren Information über die Umweltleistung von Produkten und Organisationen.* Brüssel: Europäische Kommission. URL: https://eur-lex.europa.eu/legal-content/DE/TXT/?uri=CELEX:52013DC0196 (besucht am 28. 06. 2022).
– (2014). „2014/746/EU: Beschluss der Kommission vom 27. Oktober 2014 zur Festlegung eines Verzeichnisses der Sektoren und Teilsektoren, von denen angenommen wird, dass sie im Zeitraum 2015-2019 einem erheblichen Risiko einer Verlagerung von CO 2 -Emissionen ausgesetzt sind, gemäß der Richtlinie 2003/87/EG“. In: *Amtsblatt der Europäischen Union* L 308, S. 114–124. URL: http://data.europa.eu/eli/dec/2014/746/oj (besucht am 28. 06. 2022).
– (2017). *Bericht zur Schaffung eines Gemeinschaftskodexes für Humanarzneimittel.* Brüssel: Europäische Kommission. URL: https://eur-lex.europa.eu/legal-content/DE/TXT/?uri=CELEX:52017DC0135 (besucht am 28. 06. 2022).
– (2018). *Competition Policy: AT.40099 Google Android.* Brüssel: Europäische Kommission. URL: https://ec.europa.eu/competition/elojade/isef/case_details.cfm?proc_code=1_40099 (besucht am 28. 06. 2022).
– (2019). *Ethics Guidelines for Trustworthy AI. High-Level Expert Group on Artificial Intelligence.* Brüssel: Europäische Kommission. URL: https://digital-strategy.ec.europa.eu/en/library/ethics-guidelines-trustworthy-ai (besucht am 28. 06. 2022).
– (2020a). *Ein neuer Aktionsplan für die Kreislaufwirtschaft.* Brüssel: Europäische Kommission. URL: https://eur-lex.europa.eu/legal-content/EN/TXT/?uri=COM:2020:98:FIN (besucht am 27. 06. 2022).
– (2020b). *Fragen und Antworten: Ein neuer Aktionsplan für die Kreislaufwirtschaft.* Brüssel: Europäische Kommission. URL: https://ec.europa.eu/commission/presscorner/detail/de/qanda_20_419 (besucht am 28. 06. 2022).
– (2020c). *Widerstandsfähigkeit der EU bei kritischen Rohstoffen: Einen Pfad hin zu größerer Sicherheit und Nachhaltigkeit abstecken.* Brüssel: Europäische Kommission. URL: https://eur-lex.europa.eu/legal-content/DE/TXT/?uri=CELEX:52020DC0474 (besucht am 27. 06. 2022).

Europäische Kommission (2021a). *Product Environmental Footprint Category Rules (PEFCR) Photovoltaic Modules used in Photovoltaic Power Systems for Electricity Generation. Version 1.2.* Brüssel: Europäische Kommission. URL: https://ec.europa.eu/environment/eussd/smgp/pdf/PEFCR_PV_electricity_feb2020_2.pdf (besucht am 28. 06. 2022).

– (2021b). *Results and deliverables of the Environmental Footprint pilot phase.* Brüssel: Europäische Kommission. URL: https://ec.europa.eu/environment/eussd/smgp/PEFCR_OEFSR_en.htm (besucht am 28. 06. 2022).

– (2021c). „Verordnung 2021/1119/EU des Europäischen Parlaments und des Rates vom 30. Juni 2021 zur Schaffung des Rahmens für die Verwirklichung der Klimaneutralität und zur Änderung der Verordnungen (EG) Nr. 401/2009 und (EU) 2018/1999 (Europäisches Klimagesetz)“. In: *Amtsblatt der Europäischen Union* L 243, S. 1–17. URL: http://data.europa.eu/eli/reg/2021/1119/oj (besucht am 28. 06. 2022).

Europäische Kommission, Joint Research Centre, S. Bobba, S. Carrara, J. Huisman, F. Mathieux und C. Pavel (2020). *Critical Raw Materials for Strategic Technologies and Sectors in the EU. A Foresight Study.* Brüssel: European Commission. URL: https://ec.europa.eu/docsroom/documents/42881 (besucht am 28. 06. 2022).

Europäische Kommission, Joint Research Centre, K. Chomkhamsri, N. Pelletier, R. Pant und D. Pennington (2011). *Analysis of Existing Environmental Footprint Methods for Products and Organizations: Recommendations, Rationale, and Alignment.* Ispra, Italien: Europäische Kommission. URL: http://ec.europa.eu/environment/eussd/pdf/Deliverable.pdf (besucht am 24. 01. 2021).

Europäische Kommission, Joint Research Centre, N. Dodd und N. Espinosa (2016). *Solar Photovoltaic modules, inverters and systems: options and feasibility of EU ecolabel and green public procurement criteria: preliminary report.* Sevilla: Europäische Kommission. URL: https://doi.org/10.2760/29743 (besucht am 28. 06. 2022).

Europäische Kommission, Joint Research Centre, R. Pant, V. Castellani, S. Sala, L. Benini, V. De Laurentiis und B. Vidal-Legaz (2019). *Suggestions for the update of the Environmental Footprint Life Cycle Impact Assessment.* Luxemburg: Europäische Kommission. URL: https://doi.org/10.2760/78072 (besucht am 28. 06. 2022).

Europäische Kommission, Joint Research Centre, R. Pant, D. Pennington, C. Ciupagea, S. Manfredi, K. Allacker, K. Chomkhamsri, N. Pelletier und D. de Souza (2012). *Product Environmental Footprint (PEF) Guide.* Ispra, Italien: Europäische Kommission. URL: https://ec.europa.eu/environment/

eussd/pdf/footprint/PEF%20methodology%20final%20draft.pdf (besucht am 28. 06. 2022).
Europäischer Rechnungshof (2021). *Elektroschrott: EU droht Ziele zu verfehlen. Pressemitteilung*. Luxemburg: Europäischer Rechnungshof. URL: https://www.eca.europa.eu/Lists/ECADocuments/INRW21_04/INRW_Electronic_Waste_DE.pdf (besucht am 10. 09. 2021).
Eurostat (2021a). *GDP main aggregates and employment estimates for the third quarter of 2021 – 137/2021 – 7 December 2021*. Euroindicators. Luxemburg: Eurostat. URL: https://ec.europa.eu/eurostat/documents/2995521/11563403/2-07122021-AP-EN.pdf (besucht am 23. 02. 2022).
– (2021b). *Recyclingrate von Elektroschrott 2008–2018. Online Datencode: T2020_RT130*. Luxemburg: Eurostat. URL: https://ec.europa.eu/eurostat/databrowser/view/t2020_rt130/default/table?lang=de (besucht am 06. 05. 2021).
– (2022). *GDP and main components (output, expenditure and income). Data Browser. Online data code: NAMA_10_GDP*. Luxemburg: Eurostat. URL: https://ec.europa.eu/eurostat/databrowser/view/nama_10_gdp/default/table?lang=en (besucht am 22. 02. 2022).
EVS/WVS (2020). *European Values Study and World Values Survey: Joint EVS/WVS 2017-2021 Dataset (Joint EVS/WVS): ZA7505. Dataset Version 1.0.0*. Cologne: GESIS Data Archive. URL: https://doi.org/10.4232/1.13095 (besucht am 13. 09. 2021).
Faber, Malte, Horst Niemes und Gunter Stephan (1987). *Entropy, Environment and Resources. An Essay in Physico-Economics*. Berlin und Heidelberg: Springer.
Fattler, Steffen, Felix Böing und Christoph Pellinger (2017). *Ladesteuerung von Elektrofahrzeugen und deren Einfluss auf betriebsbedingte Emissionen. 10. Internationale Energiewirtschaftstagung an der TU Wien IEWT 2017*. München: Forschungsstelle für Energiewirtschaft. URL: https://www.ffe.de/attachments/article/694/IEWT-Vortrag_Ladesteuerung_von_Elektrofahrzeugen.pdf (besucht am 10. 09. 2021).
Federau, Erik (2016). *Ein Beitrag zur Konzeptionierung eines Leitsystems für ein steuerbares Microgrid. Dissertation*. Cottbus: Brandenburgisch Technische Universität Cottbus.
Fellner, Wolfgang J. (2014). *Von der Güter-zur Aktivitätenökonomie*. Springer.
Ferraro, Paul J. und Juan José Miranda (2013). „Heterogeneous treatment effects and mechanisms in information-based environmental policies: Evi-

dence from a large-scale field experiment“. In: *Resource and Energy Economics* 35.3, S. 356–379.

Ferrer-i-Carbonell, Ada und Jeroen van den Bergh (2004). „A microeconometric analysis of determinants of unsustainable consumption in the Netherlands“. In: *Environmental and Resource Economics* 27.4, S. 367–389.

Fiedler, Swantje und Clemens Wunderlich (2017). „Tax bads, not goods. Wie eine andere Steuerpolitik zum Erreichen der SDGs beitragen kann“. In: *Großbaustelle Nachhaltigkeit.* Berlin, Bonn und Köln: CorA Netzwerk für Unternehmensverantwortung, Deutscher Bundesjugendring, Deutscher Gewerkschaftsbund, Deutscher Naturschutzring, Diakonie Deutschland, Forum Menschenrechte, Forum Umwelt und Entwicklung, Global Policy Forum, Netzwerk Steuergerechtigkeit, Plattform Zivile Konfliktbearbeitung und VENRO Verband Entwicklungspolitik und Humanitäre Hilfe deutscher Nichtregierungsorganisationen.

Figgener, Jan, David Haberschusz, Kai-Philipp Kairies, Oliver Wessels, Benedikt Tepe, Markus Ebbert, Reiner Herzog und Dirk Uwe Sauer (2017). *Wissenschaftliches Mess- und Evaluierungsprogramm Solarstromspeicher 2.0 Jahresbericht 2017.* Aachen: Institut für Stromrichtertechnik und Elektrische Antriebe der RWTH Aachen.

Fiorini, Laura und Marco Aiello (2020). „Predictive Multi-Objective Scheduling with Dynamic Prices and Marginal CO2-Emission Intensities“. In: *Proceedings of the Eleventh ACM International Conference on Future Energy Systems.* e-Energy ’20. New York, NY, USA: Association for Computing Machinery, S. 196–207. ISBN: 9781450380096. URL: https://doi.org/10.1145/3396851.3397732 (besucht am 28. 02. 2022).

Fischer, C., E. Brommer und J. Gröger (2012). *PROSA Photovoltaik Wechselrichter.* Freiburg: Öko-Institut. URL: https://www.oeko.de//oekodoc/1457/2012-038-de.pdf (besucht am 30. 01. 2021).

Fleurbaey, Marc (2015). „On sustainability and social welfare“. In: *Journal of Environmental Economics and Management* 71, S. 34–53.

Fonseca i Casas, Pau und Antoni Fonseca i Casas (2017). „Using Specification and Description Language for Life Cycle Assesment in Buildings“. In: *Sustainability* 9.6. URL: https://doi.org/10.3390/su9061004 (besucht am 28. 02. 2022).

FÖS, A. Beermann und I. Schrems (2021). *Wie die Akzeptanz umweltökonomischer Instrumente gesteigert werden kann.* Berlin: Forum ökologisch-soziale Marktwirtschaft. URL: https://foes.de/publikationen/2021/2021-

03_FOES_Analysepapier_Akzeptanz_oekonomischer_Instrumente.pdf (besucht am 28. 06. 2022).

FÖS, Greenpeace, B. Meyer und S. Küchler (2010a). *Staatliche Förderungen der Atomenergie. Studie im Auftrag von Greenpeace*. 2. Aufl. Berlin: Forum ökologisch-soziale Marktwirtschaft. URL: https://foes.de/publikationen/2010/2010-10-FOES_Foerderungen_Atomenergie_1950-2010.pdf (besucht am 28. 06. 2022).

FÖS, Greenpeace, B. Meyer, S. Küchler und O. Hölzinger (2010b). *Staatliche Förderungen der Stein- und Braunkohle im Zeitraum 1950–2008. Studie im Auftrag von Greenpeace*. Berlin: Forum ökologisch-soziale Marktwirtschaft. URL: https://www.greenpeace.de/sites/default/files/media_type_pdf/Kohlesubventionen_1950-2008.pdf (besucht am 28. 06. 2022).

FÖS, Greenpeace Energy, BWE, S. Küchler und B. Meyer (2012a). *Was Strom wirklich kostet – Vergleich der staatlichen Förderungen und gesamtgesellschaftlichen Kosten von konventionellen und erneuerbaren Energien*. Berlin: Forum ökologisch-soziale Marktwirtschaft. URL: http://www.foes.de/pdf/2012-08-Was_Strom_wirklich_kostet_lang.pdf (besucht am 28. 06. 2022).

FÖS, Greenpeace Energy, BWE und B. Meyer (2012b). *Externe Kosten der Atomenergie und Reformvorschläge zum Atomhaftungsrecht, Hintergrundpapier zur Dokumentation von Annahmen, Methoden und Ergebnissen*. Berlin: Forum ökologisch-soziale Marktwirtschaft. URL: http://www.foes.de/pdf/2012-09-Externe_Kosten_Atomenergie.pdf (besucht am 28. 06. 2022).

FÖS, Greenpeace Energy, I. Schrems und S. Fiedler (2020). *Gesellschaftliche Kosten der Atomenergie in Deutschland Eine Zwischenbilanz der staatlichen Förderungen und gesamtgesellschaftlichen Kosten von Atomenergie seit 1955*. Berlin: Forum ökologisch-soziale Marktwirtschaft. URL: https://www.greenpeace-energy.de/fileadmin/docs/pressematerial/2020-09_FOES_Kosten_Atomenergie_Stand_final.pdf (besucht am 28. 06. 2022).

FÖS, Greenpeace Energy, R. Wronski und C. Fleet (2018a). *Was Braunkohlestrom wirklich kostet*. Berlin: Forum ökologisch-soziale Marktwirtschaft. URL: https://www.greenpeace-energy.de/fileadmin/docs/pressematerial/GPE_Studie_BraunkohleV02_ES02.pdf (besucht am 28. 06. 2022).

FÖS, Greenpeace Energy und Rupert Wronski (2018b). *Was Braunkohlestrom wirklich kostet*. Berlin: Forum ökologisch-soziale Marktwirtschaft und Greenpeace Energy. URL: https://www.greenpeace-energy.de/

fileadmin/docs/pressematerial/GPE_Studie_BraunkohleV02_ES02.pdf (besucht am 28. 06. 2022).

FÖS, F. Zerzawy und S. Fiedler (2019). *Staatliche Förderungen für Erdgas.* Berlin: Forum ökologisch-soziale Marktwirtschaft. URL: https://foes.de/pdf/2019-03-EWG-Erdgassubventionen-FOES.pdf (besucht am 27. 06. 2022).

Fouquet, Roger und Peter J. G. Pearson (2006). „Seven centuries of energy services: The price and use of light in the United Kingdom (1300-2000)". In: *The Energy Journal* 27.1, S. 139–177. URL: https://doi.org/10.5547/ISSN0195-6574-EJ-Vol27-No1-8 (besucht am 13. 09. 2021).

Franck, Georg (1998). *Ökonomie der Aufmerksamkeit.* München: Hanser.

Frank, Robert H. (1997). „The Frame of Reference as a Public Good". In: *The Economic Journal* 107.445, S. 1832–1847.

– (2003). „Are Positional Externalities Different from Other Externalities?" In: *Why Inequality Matters: Lessons for Policy from the Economics of Happiness.* Washington: Brookings Institution Conference.

Fraunhofer BIG DATA (2017). *Zukunftsmarkt Künstliche Intelligenz Potenziale und Anwendungen.* München: Fraunhofer-Allianz Big Data. URL: https://www.iais.fraunhofer.de/content/dam/bigdata/de/documents/Publikationen/KI-Potenzialanalyse_2017.pdf (besucht am 24. 01. 2021).

Fraunhofer BIG DATA AI (2018). *Maschinelles Lernen. Kompetenzen, Anwendungen und Forschungsbedarf.* München: Fraunhofer-Allianz Big Data und Künstliche Intelligenz. URL: https://www.bigdata-ai.fraunhofer.de/de/big-data/kuenstliche-intelligenz-und-maschinelles-lernen/ml-studie.html (besucht am 28. 06. 2022).

Fraunhofer IAO (2017). *IT-Plattformen für das Internet der Dinge (IoT). Basis intelligenter Produkte und Services.* Stuttgart: Fraunhofer-Institut für Arbeitswissenschaft und Organisation. URL: http://publica.fraunhofer.de/documents/N-470532.html (besucht am 24. 01. 2021).

Fraunhofer ISE (2018). *Stromgestehungskosten erneuerbare Energien.* Freiburg: Fraunhofer-Institut für solare Energiesysteme. URL: http://publica.fraunhofer.de/dokumente/N-503952.html (besucht am 26. 01. 2021).

– (2021a). *Aktuelle Fakten zur Photovoltaik in Deutschland. Fassung vom 15.05.2021.* Freiburg: Fraunhofer-Institut für solare Energiesysteme. URL: www.pv-fakten.de (besucht am 31. 05. 2021).

– (2021b). *Stromgestehungskosten Erneuerbare Energien Juni 2021.* Freiburg: Fraunhofer-Institut für solare Energiesysteme. URL: https://www.ise.fraunhofer.de/content/dam/ise/de/documents/publications/studies/

DE2021_ISE_Studie_Stromgestehungskosten_Erneuerbare_Energien.pdf (besucht am 28.06.2022).
– (2022). *Aktuelle Fakten zur Photovoltaik in Deutschland. Fassung vom 1.5.2022.* Freiburg: Fraunhofer-Institut für solare Energiesysteme. URL: www.pv-fakten.de (besucht am 27.06.2022).
Fraunhofer ISI (2009). *Neue Märkte durch IT und Medien: der FAZIT Roadmap-Prozess. Forschungsbericht.* Stuttgart: Fraunhofer-Institut für System-und Innovationsforschung. URL: http://publica.fraunhofer.de/dokumente/N-97130.html (besucht am 26.01.2021).
– (2016). *Opening up the innovation system framework towards new actors and institutions.* Bd. 49. Discussion Papers Innovation Systems and Policy Analysis. Karlsruhe: Fraunhofer-Institut für System- und Innovationsforschung. URL: http://publica.fraunhofer.de/dokumente/N-382928.html (besucht am 26.01.2021).
Frederick, Shane, George Loewenstein und Ted O'Donoghue (2002). „Time Discounting and Time Preference: A Critical Review". In: *Journal of Economic Literature* XL, S. 351–401.
Freire-González, Jaume (2018). „Environmental taxation and the double dividend hypothesis in CGE modelling literature: A critical review". In: *Journal of Policy Modeling* 40.1, S. 194–223. URL: https://doi.org/10.1016/j.jpolmod.2017.11.002 (besucht am 13.09.2021).
Frey, Bruno S. (2010). *Happiness: A revolution in economics.* Bd. 1. MIT Press Books.
Frey, Bruno S. und Claudia Frey Marti (2010). „Glück – Die Sicht der Ökonomie". In: *Wirtschaftsdienst* 90.7, S. 458–463.
Friese, S. (1998). „Zum Zusammenhang von Selbst, Identität und Konsum". In: *Konsumperspektiven: Verhaltensaspekte und Infrastruktur. Gerhard Scherhorn zur Emeritierung.* Hrsg. von M. Neuner und L. A. Reisch. Berlin, S. 35–53.
Frohn, Joachim, Wolfgang Lemke und Pu Chen (2008). „Die Nutzung von Zeitverwendungsinformationen zur Einbeziehung sozialer Aspekte in makroökonometrische Systeme". In: *Analyse von Lebenszyklen – Ergebnisse des 4. und 5. Weimarer Kolloquiums.* Schriftenreihe sozio-ökonomisches Berichtssystem für eine nachhaltige Gesellschaft. Wiesbaden: Statistisches Bundesamt.
Gadatsch, Andreas, Hartmut Ihne, Jürgen Monhemius und Dirk Schreiber (2018). *Nachhaltiges Wirtschaften im digitalen Zeitalter. Innovation – Steuerung – Compliance.* Wiesbaden: Springer. URL: https://doi.org/10.1007/978-3-658-20174-6 (besucht am 13.09.2021).

Gailliot, Matthew T., Roy F. Baumeister, C. Nathan DeWall, Jon K. Maner, E. Ashby Plant, Dianne M. Tice, Lauren E. Brewer und Brandon J. Schmeichel (2007). „Self-control relies on glucose as a limited energy source: willpower is more than a metaphor“. In: *Journal of Personality and Social Psychology* 92.2, S. 325.

Galbraith, John Kenneth (1958). *The affluent society*. London: Hamilton.

– (1970). „Economics as a System of Belief“. In: *The American Economic Review* 60.2, S. 469–478.

– (1973). *Gesellschaft im Überfluss*. München, Zürich: Knaur.

Ganguli, Rajive und Douglas R. Cook (2018). „Rare earths: A review of the landscape“. In: *MRS Energy & Sustainability* 5.1. ISSN: 2329-2229. URL: https://doi.org/10.1557/mre.2018.7 (besucht am 21. 10. 2021).

Garrick, Dustin, Stuart M. Whitten und Anthea Coggan (2013). „Understanding the evolution and performance of water markets and allocation policy: A transaction costs analysis framework“. In: *Ecological Economics* 88, S. 195–205. URL: https://doi.org/10.1016/j.ecolecon.2012.12.010 (besucht am 13. 09. 2021).

Geels, Frank W. (2002). „Technological transitions as evolutionary reconfiguration processes: a multi-level perspective and a case-study“. In: *Research Policy* 31.8, S. 1257–1274. URL: https://doi.org/10.1016/S0048-7333(02)00062-8 (besucht am 13. 09. 2021).

– (2004). „From sectoral systems of innovation to socio-technical systems: Insights about dynamics and change from sociology and institutional theory“. In: *Research Policy* 33.6–7, S. 897–920. URL: https://doi.org/10.1016/j.respol.2004.01.015 (besucht am 10. 09. 2021).

– (2005). *Technological transitions and system innovations: a co-evolutionary and socio-technical analysis*. Cheltenham: Edward Elgar.

– (2014). „Reconceptualising the co-evolution of firms-in-industries and their environments: Developing an inter-disciplinary Triple Embeddedness Framework“. In: *Research Policy* 43.2, S. 261–277. URL: https://doi.org/10.1016/j.respol.2013.10.006 (besucht am 13. 09. 2021).

– (2018). „Disruption and low-carbon system transformation: Progress and new challenges in socio-technical transitions research and the Multi-Level Perspective“. In: *Energy Research & Social Science* 37, S. 224–231. URL: https://doi.org/10.1016/j.erss.2017.10.010 (besucht am 13. 09. 2021).

Geels, Frank W. und Johan Schot (2007). „Typology of sociotechnical transition pathways“. In: *Research Policy* 36.3, S. 399–417. URL: https://doi.org/10.1016/j.respol.2007.01.003 (besucht am 13. 09. 2021).

Geels, Frank W., Tim Schwanen, Steve Sorrell, Kirsten Jenkins und Benjamin K. Sovacool (2018). „Reducing energy demand through low carbon innovation: A sociotechnical transitions perspective and thirteen research debates". In: *Energy Research & Social Science* 40, S. 23–35. URL: https://doi.org/10.1016/j.erss.2017.11.003 (besucht am 13. 09. 2021).

Geldermann, Jutta und Nils Lerche (2014). *Leitfaden zur Anwendung von Methoden der multikriteriellen Entscheidungsunterstützung Methode: PROMETHEE*. Göttingen: Georg-August-Universität.

Gercek, C. und A. Reinders (2019). „Smart appliances for efficient integration of solar energy: A Dutch case study of a residential smart grid pilot". In: *Applied Sciences* 9.3. URL: https://doi.org/10.3390/app9030581 (besucht am 13. 09. 2021).

Gereffi, Gary, John Humphrey und Timothy Sturgeon (2005). „The governance of global value chains". In: *Review of International Political Economy* 12.1, S. 78–104. URL: https://doi.org/10.1080/09692290500049805 (besucht am 13. 09. 2021).

Gerlach, Anne und Ingo Schoenheit (2009). *Kennzeichnung generationengerechter Produkte und Dienstleistungen. Bestandsaufnahme und Handlungsmöglichkeiten*. Hannover: imug. URL: http://ernaehrungsdenkwerkstatt.de/fileadmin/user_upload/EDWText/TextElemente/Senioren/Senioren_BMELV_IMUG_2009_Studie-_Kennzeichnung.pdf (besucht am 23. 01. 2021).

GESIS (o. D.). *EVS 2008 - Variable Report Austria (German)*. Mannheim.

Gibbon, Peter, Jennifer Bair und Stefano Ponte (2008). „Governing global value chains: an introduction". In: *Economy and Society* 37.3, S. 315–338. URL: https://doi.org/10.1080/03085140802172656 (besucht am 13. 09. 2021).

Giddens, Anthony (1984). *The constitution of society: Outline of the theory of structuration*. Univ of California Press.

– (1991). *Modernity and self-identity: Self and society in the late modern age*. Stanford university press.

– (1997). *Die Konstitution der Gesellschaft. Grundzüge einer Theorie der Strukturierung*. 3. Aufl. Frankfurt.

Giller, Felix Gerald und Michael Tost (2019). „Konfliktminerale und Lieferkettenmanagement mineralischer Rohstoffe". In: *Berg- und Hüttenmännische Monatshefte* 164.6, S. 237–240. URL: https://doi.org/10.1007/s00501-019-0862-9 (besucht am 13. 09. 2021).

Gillingham, Kenneth, Matthew J. Kotchen, David S. Rapson und Gernot Wagner (2013). „Energy policy: The rebound effect is overplayed“. In: *Nature* 493.7433, S. 475.

Gilman, J. M., M. T. Curran, V. Calderon, L. E. Stoeckel und A. E. Evins (2014). „Impulsive social influence increases impulsive choices on a temporal discounting task in young adults“. In: *PLOS ONE* 9.7.

Glöckner, Alexandra, Ingo Balderjahn und Mathias Peyer (2010). „Die LOHAS im Kontext der Sinus-Milieus“. In: *Marketing Review St. Gallen* 27.5, S. 36–41. URL: https://doi.org/10.1007/s11621-010-0076-8 (besucht am 13. 09. 2021).

Göbel, Elisabeth (2002). *Neue Institutionenökonomik. Konzeption und betriebswirtschaftliche Anwendungen.* Stuttgart: Lucius & Lucius.

Gordon, Leland J. (1939). *Economics for consumers.* New York: American Book Company.

Gourmelon, Andreas, Michael Mroß und Sabine Seidel (2011). *Management im öffentlichen Sektor. Organisationen steuern - Strukturen schaffen - Prozesse gestalten.* Heidelberg: Rehm.

Gowdy, John M. (2008). „Behavioral economics and climate change policy“. In: *Journal of Economic Behaviour & Organization* 68.3–4, S. 632–644.

Gram-Hanssen, Kirsten (2010). „Standby consumption in households analyzed with a practice theory approach“. In: *Journal of Industrial Ecology* 14.1, S. 150–165.

Greco, Salvatore, Matthias Ehrgott und José Rui Figueira, Hrsg. (2016). *Multiple Criteria Decision Analysis. State of the Art Surveys.* New York: Springer.

GreenDelta (2005). *openLCA*. Berlin: GreenDelta. URL: https://www.openlca.org (besucht am 31. 01. 2021).

Greening, Lorna A., David L. Greene und Carmen Difiglio (2000). „Energy efficiency and consumption—the rebound effect—a survey“. In: *Energy policy* 28.6, S. 389–401. URL: https://doi.org/10.1016/S0301-4215(00)00021-5 (besucht am 13. 09. 2021).

Grether, David M. und Charles R. Plott (1979). „Economic theory of choice and the preference reversal phenomenon“. In: *The American Economic Review*, S. 623–638.

Grießhammer, Rainer (2007). *Der Klima-Knigge: Energie sparen, Kosten senken, Klima schützen.* Booklett.

Grießhammer, Rainer, Eva Brommer, Marah Gattermann, Stefanie Grether, Malte Krüger, Jenny Teufel und Wiebke Zimmer (2010). *CO2-Einsparpotenziale für Verbraucher*. Freiburg: Öko-Institut. URL: https://www.oeko.de/oekodoc/1029/2010-081-de.pdf (besucht am 24. 01. 2021).

Grießhammer, Rainer, Matthias Buchert, Carl-Otto Gensch, Christian Hochfeld, Andreas Manhart, Ina Rüdenauer und F. Ebinger (2007). *PROSA–Product Sustainability Assessment*. Freiburg: Öko-Institut. URL: https://www.prosa.org/fileadmin/user_upload/pdf/PROSA-gesamt_Finalversion_0407_red.pdf (besucht am 10. 09. 2021).

Grießhammer, Rainer, Dirk Bunke, Ulrike Eberle, Carl-Otto Gensch, Kathrin Graulich, Dietlinde Quack und Ina Rüdenauer (2004). *EcoTopTen – Innovationen für einen nachhaltigen Konsum*. Freiburg: Öko-Institut. URL: https://www.ecotopten.de/sites/default/files/ecotopten_endbericht_gesamt.pdf (besucht am 24. 01. 2021).

Gröger, J., D. Quack, R. Grießhammer und M. Gattermann (2021). *TOP 100 – Umweltzeichen für klimarelevante Produkte*. Freiburg: Öko-Institut. URL: https://www.oeko.de//oekodoc/1739/2013-433-de.pdf (besucht am 30. 01. 2021).

Grolleau, Gilles und Sandoss BenAbid (2001). „Fair trading in markets for credence goods“. In: *Intereconomics* 36.4, S. 208–214.

Gronau, Reuben (1986). „Home production-a survey“. In: *Handbook of Labor Economics*. Hrsg. von O. Ashenfelter und R. Layard. Amsterdam: Elsevier, S. 273–304.

Gronau, Reuben und Daniel S. Hamermesh (o. D.). *Time vs. goods: The value of measuring household production technologies*.

Grönman, Kaisa, Tiina Pajula, Jani Sillman, Maija Leino, Saija Vatanen, Heli Kasurinen, Asta Soininen und Risto Soukka (2019). „Carbon handprint–An approach to assess the positive climate impacts of products demonstrated via renewable diesel case“. In: *Journal of Cleaner Production* 206, S. 1059–1072. URL: https://doi.org/10.1016/j.jclepro.2018.09.233 (besucht am 13. 09. 2021).

Gronow, Jukka und Alan Warde (2001). *Ordinary consumption*. London: Routledge.

Große-Oetringhaus, Wigand F. (1974). *Fertigungstypologie unter dem Gesichtspunkt der Fertigungsablaufplanung*. Berlin: Duncker & Humblot.

Grosse-Sommer, Anahí P., Thomas H. Grünenwald, Nicola S. Paczkowski, Richard N.M.R. van Gelder und Peter R. Saling (2020). „Applied sustainability in industry: The BASF eco-eEfficiency toolbox“. In: *Journal of Cleaner Production* 258, S. 120792. URL: https://doi.org/10.1016/j.jclepro.2020.120792 (besucht am 13. 09. 2021).

Grunwald, Armin (2010). „Wider die Privatisierung der Nachhaltigkeit - Warum ökologisch korrekter Konsum die Umwelt nicht retten kann“. In: *GAIA* 19.3, S. 178–182.

Grunwald, Armin und Jürgen Kopfmüller (2012). *Nachhaltigkeit*. 2. Auflage. Frankfurt und New York: Campus.

Gui, Emi Minghui und Iain MacGill (2018). „Typology of future clean energy communities: An exploratory structure, opportunities, and challenges“. In: *Energy Research & Social Science* 35, S. 94–107. URL: https://doi.org/10.1016/j.erss.2017.10.019 (besucht am 13. 09. 2021).

Guillaume, Joseph H.A., Suvi Sojamo, Miina Porkka, Dieter Gerten, Mika Jalava, Leena Lankoski, Elina Lehikoinen, Michael Lettenmeier, Stephan Pfister, Kirsi Usva, Yoshihide Wada und Matti Kummu (2020). „Giving Legs to Handprint Thinking: Foundations for Evaluating the Good We Do“. In: *Earth’s Future* 8.6. URL: https://doi.org/10.1029/2019EF001422 (besucht am 13. 09. 2021).

Gukenbiehl, H. L. (2016). „Institution und Organisation“. In: *Einführung in Hauptbegriffe der Soziologie*. Hrsg. von Hermann Korte und Bernhard Schäfers. Wiesbaden: Springer, S. 174–193.

Güth, Werner und Hartmut Kliemt (2013). „Consumer Sovereignty Goes Collective – Ethical basis, axiomatic characterization and experimental evidence“. In: *Grenzen der Konsumentensouveränität*. Hrsg. von Martin Held, Gisela Kubon-Gilke und Richard Sturn. Bd. 12. Jahrbuch Normative und institutionelle Grundfragen der Ökonomik. Marburg: Metropolis, S. 83–98.

Haake, Julia und Patrick Jolivet (2001). „Some reflections on the link between production and consumption for sustainable development“. In: *International Journal of Sustainable Development* 4.1, S. 22–32. URL: https://doi.org/10.1504/IJSD.2001.001543 (besucht am 13. 09. 2021).

Haase, Hartwig (2020). „Nachhaltigkeit messen und managen – Kriterien, Kennziffern, Indikatoren für Produkte, Prozesse, Handeln“. In: *Genug, für alle, für immer: Nachhaltigkeit ist einfach komplex*. Hrsg. von Hartwig Haase. Wiesbaden: Springer, S. 67–81. URL: https://doi.org/10.1007/978-3-658-31220-6_6 (besucht am 13. 09. 2021).

Habib, Hany F., Christopher R. Lashway und Osama A. Mohammed (2018). „A Review of Communication Failure Impacts on Adaptive Microgrid Protection Schemes and the Use of Energy Storage as a Contingency“. In: *IEEE Transactions on Industry Applications* 54.2, S. 1194–1207. URL: https://doi.org/10.1109/TIA.2017.2776858 (besucht am 13. 09. 2021).

Hammoudi, Sarra, Zibouda Aliouat und Saad Harous (2018). „Challenges and research directions for Internet of Things". In: *Telecommunication Systems* 67.2, S. 367–385. URL: https://doi.org/10.1007/s11235-017-0343-y (besucht am 13. 09. 2021).

Hampicke, Ulrich (1999). „Das Problem der Verteilung in der Neoklassischen und in der Ökologischen Ökonomie". In: *Zwei Sichtweisen auf das Umweltproblem: neoklassische Umweltökonomik versus ökologische Ökonomik*. Hrsg. von Frank Beckenbach. Bd. 1. Jahrbuch ökologische Ökonomik. Marburg: Metropolis, S. 153–188. ISBN: 3-89518-267-2.

Handke, Volker, Maximilian Hross, Rebecca Bliklen, Dirk Jepsen, Lisa Rödig und NABU-Naturschutzbund Deutschland (2019). *Recycling im Zeitalter der Digitalisierung. Spezifische Recyclingziele für Metalle und Kunststoffe aus Elektrokleingeräten im ElektroG: Regulatorische Ansätze.* Berlin: NABU - Naturschutzbund Deutschland. URL: https://www.nabu.de/imperia/md/content/nabude/konsumressourcenmuell/190430_recycling_im_zeitalter_digitalisierung.pdf (besucht am 28. 04. 2021).

Hansen, Anders H., Rikke H. Jensen, Lasse Stausgaard Jensen, Emil K. Guldager, Andreas W. Sigsgaard, Frederik Moroder, Dimitrios Raptis, Laurynas Siksnys, Torben Pedersen und Mikael B. Skov (2020). „Lumen: A Case Study of Designing for Sustainable Energy Communities through Ambient Feedback". In: *OzCHI '20: 32nd Australian Conference on Human-Computer Interaction*. Hrsg. von Naseem Ahmadpour, Tuck Leong, Bernd Ploderer, Callum Parker, Sarah Webber, Diego Munoz, Lian Loke und Martin Tomitsch. New York, NY, USA: Association for Computing Machinery, S. 724–729. URL: https://doi.org/10.1145/3441000.3441001 (besucht am 21. 02. 2022).

Hansen, Ursula und S. Kull (1994). „Öko-Label als umweltbezogenes Informationsinstrument: Begründungszusammenhänge und Interessen". In: 4, S. 265–274.

Hansen, Ursula und Ulf Schrader (1997). „A modern model of consumption for a sustainable society". In: *Journal of Consumer Policy* 20.4, S. 443–468.

– (2004). „Informationsrecht und Informationsverhalten der Konsumenten – zentrale Bedingungen eines nachhaltigen Konsums". In: *Konsumentenverhaltensforschung im 21. Jahrhundert*. Hrsg. von Andrea Gröppel-Klein. Deutscher Universitätsverlag, S. 341–366.

– (2009). „Zukunftsfähiger Konsum als Ziel der Wirtschaftstätigkeit". In: *Handbuch der Wirtschaftsethik*. Hrsg. von Wilhelm Korff, Alois Baumgartner, Hermann Franz, Joachim Genosko, Karl Homann, Christian Kirchner,

Wolfgang Kluxen, Hans-Ulrich Küpper, Arnold Picot, Trutz Rendtorff, Rudolf Richter, Hermann Sautter und Otto Schlecht. Bd. 3. Berlin: Berlin University Press, S. 463–486.

Hargreaves, Tom, Charlie Wilson und Richard Hauxwell-Baldwin (2018). „Learning to live in a smart home". In: *Building Research & Information* 46.1, S. 127–139. URL: https://doi.org/10.1080/09613218.2017.1286882 (besucht am 13. 09. 2021).

Harsanyi, John C. (1982). „Morality and the theory of rational behaviour". In: *Utilitarianism and beyond*. Hrsg. von Amartya Sen, Bernard Williams und Bernard Arthur Owen Williams. Cambridge University press, S. 39–62.

– (1987). „Value Judgements". In: *The new Palgrave: a dictionary of economics*. Hrsg. von John Eatwell, Robert Harry Inglis Palgrave, M. Milgate und P. Newman. Bd. 4. London [u.a.]: Macmillan, S. 792–793.

Haslinger, Sebastian (2006). „Netzmonopole in der Elektrizitätswirtschaft und Wettbewerb. Rechtliche und ökonomische Analyse der Interessenkonflikte und ihrer Bewältigung. Dissertation". Diss. Kassel: Universität Kassel.

von Hauff, Michael (2007). „Von der Sozialen zur Nachhaltigen Marktwirtschaft". In: *Die Zukunftsfähigkeit der Sozialen Marktwirtschaft*. Hrsg. von Michael von Hauff. Metropolis, S. 349–392.

– (2014). *Nachhaltige Entwicklung – Grundlagen und Umsetzung*. 2. Aufl. München: Oldenbourg.

– (2021). *Nachhaltige Entwicklung – Grundlagen und Umsetzung*. 3. Aufl. Berlin: de Gruyter.

von Hauff, Michael und Andrea Jörg (2017). *Nachhaltiges Wachstum*. 2. Aufl. Berlin: de Gruyter Oldenbourg.

von Hauff, Michael und Alexandro Kleine (2005). „Methodischer Ansatz zur Systematisierung von Handlungsfeldern und Indikatoren einer Nachhaltigkeitsstrategie. Das Integrierende Nachhaltigkeits-Dreieck". In: *Diskussionsbeiträge Wirtschaftswissenschaften TU Kaiserslautern*.

von Hauff, Michael und Helena Schiffer (2013). „Anforderungen des Paradigmas nachhaltiger Entwicklung". In: *Nachhaltige Wirtschaftspolitik*. Hrsg. von Michael von Hauff und Thuan Nguyen. Baden-Baden: Nomos, S. 9–31.

Hauff, Volker (1987). *Unsere gemeinsame Zukunft–Der Bericht der Weltkommission für Umwelt und Entwicklung (Brundtland Bericht)*. Greven: Eggenkamp.

Haug, Wolfgang Fritz (2008). „Kategorie". In: *Historisch-kritisches Wörterbuch des Marxismus*. Bd. Bd. 7/I. Hamburg: Argument, S. 467–486.

Hausman, Daniel M. und Michael S. McPherson (2006). *Economic analysis, moral philosophy and public policy*. Cambridge University press.

Hayward, B. (2010). *The social handprint: Understanding decentred citizen agency and UK UnCut*. Bd. 06–10. RESOLVE Working Paper. URL: http://resolve.sustainablelifestyles.ac.uk/sites/default/files/resolve_wp_06-10.pdf (besucht am 31. 01. 2021).

Heckman, James J. (2015). „Introduction to a Theory of the Allocation of Time by Gary Becker“. In: *The Economic Journal* 125.583, S. 403–409.

Hediger, W. (1999). „Reconciling weak and strong Sustainability“. In: *International Journal of Social Economics* 26.7/8/9, S. 1120–1143.

Hédoin, Cyril (2016). „Sen's criticism of revealed preference theory and its 'neo-samuelsonian critique': a methodological and theoretical assessment“. In: *Journal of Economic Methodology* 23.4, S. 349–373. ISSN: 1350-178X. URL: https://doi.org/10.1080/1350178X.2016.1218530 (besucht am 25. 11. 2021).

Hegel, Georg Wilhelm Friedrich (2004). *Grundlinien der Philosophie des Rechts oder Naturrecht und Staatswissenschaft im Grundrisse*. Frankfurt am Main: Suhrkamp.

Heidbrink, Ludger und Imke Schmidt (2009). „Die neue Verantwortung der Konsumenten“. In: *Aus Politik und Zeitgeschichte* 32–33.

Heidbrink, Ludger, Imke Schmidt und Björn Ahaus, Hrsg. (2011). *Die Verantwortung des Konsumenten. Über das Verhältnis von Markt, Moral und Konsum*. Frankfurt a.M.: Campus.

Heinemann, Maik (2015). *Dynamische Makroökonomik*. Lehrbuch. Berlin: Springer Gabler.

Heinrich, Jürgen (2013). *Medienökonomie: Band 2: Hörfunk und Fernsehen*. Springer-Verlag.

Heiskanen, Eva und Kaisa Matschoss (2016). „Consumers as innovators in the electricity sector? Consumer perceptions on smart grid services“. In: *International Journal of Consumer Studies* 40.6, S. 665–674. URL: https://doi.org/10.1111/ijcs.12280 (besucht am 13. 09. 2021).

Held, Benjamin (2018). *Auswirkungen der Internalisierung externer Kosten des Konsums. Eine empirische Analyse der sozialen Verteilungswirkungen. Dissertation*. Heidelberg: Ruprecht-Karls-Universität Heidelberg. URL: https://archiv.ub.uni-heidelberg.de/volltextserver/25200/1/Held_Benjamin_Internalisierung_externe_Kosten.pdf (besucht am 24. 01. 2021).

Hellwig, Mark (2003). „Entwicklung und Anwendung parametrisierter Standard-Lastprofile“. Diss. Technische Universität München.

Hennicke, Peter und Paul J. J. Welfens (2012). *Energiewende nach Fukushima. deutscher Sonderweg oder weltweites Vorbild?* München: oekom.

Henning, Hans-Martin, Shivenes Shammugam, Thomas Schlegl und Estelle Gervais (2020). „A strategy to increase the resource efficiency of renewable energy technologies". In: *Sustainable Development and Resource Productivity*. Hrsg. von Harry Lehmann. Factor X: Studies in Sustainable Natural Resource Management. New York: Routledge, S. 172–181.

Hennings, Ralf-Dirk und G. Wersig (2003). *(Über-) Leben in der Informationsgesellschaft. Zwischen Informationsüberfluss und Wissensarmut: Festschrift für Prof. Dr. Gernot Wersig zum 60. Geburtstag*. Frankfurt/Main: Dt. Ges. für Informationswissenschaft und Informationspraxis.

Hermann, Istvan (1978). *Probleme der sozialistischen Kultur*. Budapest: Corvina Kiado.

Herrero, Sergio Tirado, Larissa Nicholls und Yolande Strengers (2018). „Smart home technologies in everyday life: do they address key energy challenges in households?" In: *Current Opinion in Environmental Sustainability* 31, S. 65–70. URL: https://doi.org/10.1016/j.cosust.2017.12.001 (besucht am 13. 09. 2021).

Herring, Horace und Robin Roy (2007). „Technological innovation, energy efficient design and the rebound effect". In: *Technovation* 27.4, S. 194–203.

Herrmann-Pillath, Carsten (2011). *Neuroökonomik, Institutionen und verteilte Kognition: Empirische Grundlagen eines nicht-reduktionistischen naturalistischen Forschungsprogramms in den Wirtschaftswissenschaften*. Münster: Frankfurt School of Finance & Management. URL: http://www.wiwi.uni-muenster.de/06/nd/fileadmin/vs/2011/Herrmann-Pillath_Referat.pdf (besucht am 23. 01. 2021).

Herweg, Fabian, Daniel Müller und Philipp Weinschenk (2017). „Salience, competition, and decoy goods". In: *Economics Letters* 153, S. 28–31.

Heukelom, Floris (2011). „Building and defining behavioral economics". In: *Research in History of Economic Thought and Methodology* 29, S. 1–30. URL: https://doi.org/10.1108/S0743-4154(2011)000029A005 (besucht am 13. 09. 2021).

Heuser, Peter Arnold (2014). „Der Souveränitätsbegriff auf dem Westfälischen Friedenskongress 1643–1649. Eine Studie zur Geschichte der politisch-diplomatischen Terminologie". In: *Verständigung und Diplomatie auf dem Westfälischen Friedenskongress. Historische und sprachwissenschaftliche Zugänge*. Hrsg. von Annette Gerstenberg. Wien: Böhlau, S. 107–132.

Hillemacher, Lutz (2014). „Lastmanagement mittels dynamischer Strompreissignale bei Haushaltskunden“. Dissertation. Karlsruhe: Karlsruher Institut für Technologie. URL: https://d-nb.info/106400301X/34 (besucht am 25. 02. 2022).

von Hippel, Eric (1988). *The sources of innovation.*

Hirata, Johannes (2010). „Glücksforschung: Stand der Dinge und Bedeutung für die Ökonomik“. In: *ORDO: Jahrbuch für die Ordnung von Wirtschaft und Gesellschaft*, S. 127–149.

Hirsch, Fred (1976). *Social limits to growth.* Cambridge: Harvard University Press.

Hirschman, Elizabeth C. und Morris B. Holbrook (1980). *Symbolic Consumer Behavior, Proceedings of the Conference on Consumer Aestetics and Symbolic Consumption.* New York.

Hoekstra, Arjen Y., Ashok K. Chapagain, Mesfin M. Mekonnen und Maite M. Aldaya (2011). *The water footprint assessment manual: Setting the global standard.* Routledge.

Hook, Sandra (2018). „Energiewende: Von internationalen Klimaabkommen bis hin zum deutschen Erneuerbaren-Energien-Gesetz“. In: *Bausteine der Energiewende.* Hrsg. von Olaf Kühne und Florian Weber. Wiesbaden: Springer, S. 21–56.

Hoyningen-Huene, Paul (2010). „Paradigma“. In: *Schlüsselbegriffe der Philosophie des 20. Jahrhunderts.* Hrsg. von Christian Bermes und Ulrich Dierse. Archiv für Begriffsgeschichte Sonderheft 06, S. 279–290.

Hritonenko, N. und Y. Yatsenko (2016). „Mitigation vs. Adaptation: Analytic Models for Policy Assessment“. In: *Environmental Modeling and Assessment* 21.5, S. 619–627.

Huber, Joel, John W. Payne und Christopher Puto (1982). „Adding asymmetrically dominated alternatives: Violations of regularity and the similarity hypothesis“. In: *Journal of Consumer Research* 9.1, S. 90–98.

Huisman, J., I. Botezatu, L. Herreras, M. Liddane, J. Hintsa, Luda V. di Cortemiglia, P. Leroy, E. Vermeersch, S. Mohanty, S. van den Brink, B. Ghenciu, D. Dimitrova, E. Nash, T. Shryane, M. Wieting, J. Kehoe, C. P. Balde, F. Magalini, A. Zanasi, F. Ruini, T. Männistö und A. Bonzio (2015). *Countering WEEE Illegal Trade Summary Report.* Lyon, France.

Huisman, J. v., M. van der Maesen, R. J.J. Eijsbouts, F. Wang, C. P. Baldé und C. A. Wielenga (2012). *The Dutch WEEE Flows.* Bonn: United Nations University. URL: https://www.nvmp.nl/uploads/pdf/nieuws/2012/Report_Dutch_WEEE_Flows.pdf (besucht am 02. 03. 2022).

Hungenberg, Harald (1995). *Zentralisation und Dezentralisation. strategische Entscheidungsverteilung in Konzernen.* Wiesbaden: Gabler.

Hutt, William H. (1936). *Economists and the Public: A Study of Competition and Opinion.* London: Honathan Cape.

– (1940). „The concept of consumers' sovereignty". In: *The Economic Journal* 50.197, S. 66–77. URL: https://doi.org/10.2307/2225739 (besucht am 13. 09. 2021).

– (1943). *Plan for reconstruction: a project for victory in war and peace.* London: Kegan Paul.

Idies, Yusif (2015). *Kritischer Konsum zwischen Selbsttechnologie und globalem Handeln Elektronische Ressource. zur Konstituierung 'verantwortlicher' und 'raumsensibler' Konsumsubjekte.*

IEA (2020). *Life Cycle Inventories and Life CycleAssessments of Photovoltaic Systems. Report IEA-PVPS T12-19:2020.* International Energy Agency. URL: https://iea-pvps.org/wp-content/uploads/2020/12/IEA-PVPS-LCI-report-2020.pdf (besucht am 02. 03. 2022).

imug (2002). *Der nachhaltige Warenkorb. Eine Hilfestellung für den nachhaltigen Konsum.* Hannover. URL: https://www.nachhaltiger-warenkorb.de/ (besucht am 23. 01. 2021).

INFRAS und Öko-Institut (2014). *Varianten für die Weiterentwicklung der Stromkennzeichnung.* Zürich, Freiburg und Cham: BFE Bundesamt für Energie.

Ingemarsdotter, Emilia, Ella Jamsin, Gerd Kortuem und Ruud Balkenende (2019). „Circular Strategies Enabled by the Internet of Things—A Framework and Analysis of Current Practice". In: *Sustainability* 11.20, S. 5689. URL: https://doi.org/10.3390/su11205689 (besucht am 13. 09. 2021).

Inglehart, Ronald (1997). *Modernization and postmodernization: Cultural, economic, and political change in 43 societies.* Bd. 19. Cambridge: Cambridge Univ Press.

IPCC (2021a). *Climate Change 2021: The Physical Science Basis. Contribution of Working Group I to the Sixth Assessment Report of the Intergovernmental Panel on Climate Change.* Cambridge University press. URL: https://www.ipcc.ch/report/ar6/wg1/downloads/report/IPCC_AR6_WGI_Full_Report.pdf (besucht am 02. 09. 2021).

– (2021b). *Summary for Policymakers. In: Climate Change 2021: The Physical Science Basis. Contribution of Working Group I to the Sixth Assessment Report of the Intergovernmental Panel on Climate Change.* Cambridge University press. URL: https://www.ipcc.ch/report/ar6/wg1/downloads/report/IPCC_AR6_WGI_SPM.pdf (besucht am 02. 09. 2021).

Isenmann, Ralf (2003). *Natur als Vorbild. Plädoyer für ein differenziertes und erweitertes Verständnis der Natur in der Ökonomie*. Bd. 49. Ökologie und Wirtschaftsforschung. Marburg: Metropolis.
ISO (2006). *International standard ISO 14044: environmental management–life cycle assessment–requirements and guidelines*. Genf: International Standards Organization.
– (2016). *Environmental management - Water footprint - Principles, requirements and guidelines (ISO 14046:2014); German and English version EN ISO 14046:2016*. Geneva: International Organization for Standardization.
– (2018). *Greenhouse gases – Carbon footprint of products – Requirements and guidelines for quantification (ISO 14067:2018)*. Geneva: International Organization for Standardization.
Itzchakov, Guy, Liad Uziel und Wendy Wood (2018). „When attitudes and habits don't correspond: Self-control depletion increases persuasion but not behavior". In: *Journal of Experimental Social Psychology* 75.Supplement C, S. 1–10.
Ivanova, Diana, Konstantin Stadler, Kjartan Steen-Olsen, Richard Wood, Gibran Vita, Arnold Tukker und Edgar G. Hertwich (2016). „Environmental impact assessment of household consumption". In: *Journal of Industrial Ecology* 20.3, S. 526–536.
Jackson, Tim (2005). „Live Better by Consuming Less? Is There a Double Dividend in Sustainable Consumption?" In: *Journal of Industrial Ecology* 9.1–2, S. 19–36. URL: https://doi.org/10.1162/1088198054084734 (besucht am 13. 09. 2021).
– (2009). *Prosperity Without Growth: Economics for a Finite Planet*. London: Earthscan.
– (2017a). *Prosperity without Growth. Foundations for the Economy of Tomorrow*. 2nd ed. London: Routledge.
– (2017b). *Wohlstand ohne Wachstum. Grundlagen für eine zukunftsfähige Wirtschaft*. München: oekom.
Jackson, Tim und Carmen Smith (2018). „Towards Sustainable Lifestyles. Understanding the Policy Challenge". In: *The Cambridge Handbook of Psychology and Economic Behaviour*. Hrsg. von Alan Lewis. Cambridge University press, S. 481–515.
Jacoby, Jacob, Donald Speller und Carol Kohn (1974). „Brand Choice Behavior as a Function of Information Load". In: S. 63–69.
Jaeger-Erben, Melanie (2010). *Zwischen Routine, Reflektion und Transformation– die Veränderung von alltäglichem Konsum durch Lebensereignisse und*

die Rolle von Nachhaltigkeiteine empirische Untersuchung unter Berücksichtigung praxistheoretischer Konzepte. Berlin.

Jalas, Mikko (2005). „The Everyday Life Context of Increasing Energy Demands". In: *Journal of Industrial Ecology* 9.1-2, S. 129–145.

Jantke, Kerstin, Florian Lottermoser, Jörn Reinhardt, Delf Rothe und Jana Stöver (2016). „Shoppen gehen im Anthropozän. Nachhaltiger Konsum als institutionelle Herausforderung". In: *Nachhaltiger Konsum. Institutionen, Instrumente, Initiativen*. Hrsg. von Kerstin Jantke, Florian Lottermoser, Jörn Reinhardt, Delf Rothe und Jana Stöver.

Jarass, Lorenz J. und Gustav M. Obermair (2012). *Welchen Netzumbau erfordert die Energiewende? Unter Berücksichtigung des Netzentwicklungsplans 2012*. Münster: Monsenstein und Vannerdat.

Jensen, Svenn, Kristina Mohlin, Karen Pittel und Thomas Sterner (2015). „An Introduction to the Green Paradox: The Unintended Consequences of Climate Policies". In: *Review of Environmental Economics and Policy* 9.2, S. 246–265. URL: https://doi.org/10.1093/reep/rev010 (besucht am 13. 09. 2021).

Jenu, Samppa, Ivan Deviatkin, Ari Hentunen, Marja Myllysilta, Saara Viik und Mikko Pihlatie (2020). „Reducing the climate change impacts of lithium-ion batteries by their cautious management through integration of stress factors and life cycle assessment". In: *Journal of Energy Storage* 27, S. 101023. URL: https://doi.org/10.1016/j.est.2019.101023 (besucht am 13. 09. 2021).

Jeschke, Dietmar (1975). *Konsumentensouveränität in der Marktwirtschaft – Idee, Kritik, Realität*. Volkswirtschaftliche Schriften. Berlin: Duncker & Humblot.

Johansen, Iver (2018). „Scenario modelling with morphological analysis". In: *Technological Forecasting and Social Change* 126, S. 116–125. URL: https://doi.org/10.1016/j.techfore.2017.05.016 (besucht am 13. 09. 2021).

Johnson, Eric J., Gerald Häubl und Anat Keinan (2007). „Aspects of endowment: a query theory of value construction". In: *Journal of experimental psychology: Learning, memory, and cognition* 33.3, S. 461.

Jolliet, Olivier, Ruedi Müller-Wenk, Jane Bare, Alan Brent, Mark Goedkoop, Reinout Heijungs, Norihiro Itsubo, Claudia Peña, David Pennington, José Potting u. a. (2004). „The LCIA midpoint-damage framework of the UNEP/SETAC life cycle initiative". In: *The International Journal of Life Cycle Assessment* 9.6, S. 394–404.

Jones, Matthew R. und Helena Karsten (2008). „Giddens's structuration theory and information systems research". In: *MIS quarterly*, S. 127–157.

Jorgenson, A. K. und B. Clark (2012). „Are the economy and the environment decoupling? A comparative international study, 1960–2005“. In: *American journal of sociology* 118.1, S. 1–44.

Jorgenson, Dale Weldeau (1995). *Productivity*. Cambridge, Mass.: MIT Press.

Joshi, P. D. und N. J. Fast (2013). „Power and reduced temporal discounting“. In: *Psychol. Sci.* 24.4, S. 432–438.

Jung, Sabine (1999). *Das Management von Geschäftsbeziehungen. Ein Ansatz auf transaktionskostentheoretischer, sozialpsychologischer und spieltheoretischer Basis*. Wiesbaden: Dt. Univ.-Verl.

Jungbluth, Niels, René Itten und Matthias Stucki (2012). *Umweltbelastungen des privaten Konsums und Reduktionspotenziale*. Bern: Bundesamt für Umwelt.

Kaas, K. P. (1992). „Marketing für umweltfreundliche Produkte“. In: *Die Betriebswirtschaft* 52, S. 473–487.

Kabalak, Alihan (2007). „Entscheidungen über Symbole. Was die Ökonomie von der Neurowissenschaft nicht lernen kann“. In: *Neuroökonomie*. Hrsg. von Birger P. Priddat. Marburg: Metropolis, S. 149–170.

Kaenzig, Josef und Olivier Jolliet (2006). *Umweltbewusster Konsum: Schlüsselentscheide, Akteure und Konsummodelle. Arbeitsbericht*. Bd. 0616. Umwelt-Wissen. Bern: Bundesamt für Umwelt.

Kahneman, Daniel (2003a). „A psychological perspective on economics“. In: *The American Economic Review* 93.2, S. 162–168.

– (2003b). „Maps of bounded rationality: Psychology for behavioral economics“. In: *American Economic Review*, S. 1449–1475.

– (2011). *Thinking, fast and slow*. London: Penguin.

Kahneman, Daniel und Angus Deaton (2010). „High income improves evaluation of life but not emotional well-being“. In: *Proceedings of the National Academy of Sciences* 107.38, S. 16489–16493. URL: https://doi.org/10.1073/pnas.1011492107 (besucht am 13. 09. 2021).

Kahneman, Daniel, Jack L. Knetsch und Richard H. Thaler (1991). „Anomalies: The endowment effect, loss aversion, and status quo bias“. In: *The Journal of Economic Perspectives* 5.1, S. 193–206.

Kahneman, Daniel und Amos Tversky (1979). „Prospect theory: An analysis of decision under risk“. In: *Econometrica: Journal of the Econometric Society*, S. 263–291.

Kairies, Kai-Philipp, David Haberschusz, Dirk Magnor, Matthias Leuthold, Julia Badeda und Dirk Uwe Sauer (2015). „Wissenschaftliches Mess-und Evaluierungsprogramm Solarstromspeicher“. In: *WMEP PV-Speicher. In-*

ternational Renewable Energy Storage Conference (IRES). Institut für Stromrichtertechnik und Elektrische Antriebe (ISEA), RWTH Aachen. Eurosolar. Düsseldorf. Aachen: Institut für Stromrichtertechnik und Elektrische Antriebe.

Kaldor, Nicholas (1950). „The economic aspects of advertising". In: *The review of economic studies* 18.1, S. 1–27.

Kalliefe, Hilmar (1954). „Der Verbraucher in der sozialen Marktwirtschaft". In: *Gewerkschaftliche Monatshefte* 5.7, S. 414–419.

Kang, Hai-Yong und J. M. Schoenung (2004). „Used consumer electronics: a comparative analysis of materials recycling technologies". In: *IEEE International Symposium on Electronics and the Environment, 2004. Conference Record.* IEEE, S. 226–230. URL: https://doi.org/10.1109/ISEE.2004.1299720 (besucht am 13. 09. 2021).

Kappelhoff, Peter (1997). „Rational Choice, Macht und die korporative Organisation der Gesellschaft". In: *Theorien der Organisation: die Rückkehr der Gesellschaft.* Hrsg. von Günther Ortmann. Opladen: Westdt. Verl., S. 218–258.

Karstens, Birte und Frank-Martin Belz (2006). „Information asymmetries, labels and trust in the German food market. A critical analysis based on the economics of information". In: 25.2, S. 189–211.

Katona, George (1960). *The powerful consumer; psychological studies of the America economy.* New York: McGraw-Hill.

Katz, Michael L., Carl Shapiro u. a. (1985). „Network externalities, competition, and compatibility". In: *American Economic Review* 75.3, S. 424–440.

Kemfert, Claudia (2013). *Kampf um Strom. Mythen, Macht und Monopole.* Hamburg: Murmann.

Kesselring, Thomas (2015). „Experimentieren wir mit dem Kollaps? Wachsende Zweifel am Wachstum". In: *IABLIS Jahrbuch für europäische Prozesse.* URL: https://www.iablis.de/iablis_t/2015/kesselring15.html (besucht am 23. 01. 2021).

Kharroubi, Enisse und Emanuel Kohlscheen (2017). „Consumption-led expansions". In: *Bank for International Settlements (BIS) Quarterly Review.* URL: https://www.bis.org/publ/qtrpdf/r_qt1703e.pdf (besucht am 24. 01. 2021).

Khazzoom, J. D. (1980). „Economic implications of mandated efficiency in standards for household appliances". In: *Energy Journal* 1, S. 21–40.

Kiddee, Peeranart, Ravi Naidu und Ming H. Wong (2013). „Electronic waste management approaches: An overview“. In: *Waste Management* 33.5, S. 1237–1250.

Kießling, Bernd (1988). „Die ‚Theorie der Strukturierung‘. Ein Interview mit Anthony Giddens“. In: *ZStrR* 17.4, S. 286–295.

Kinsella, Stephen (2008). *The Mathematics of Modern Growth Theory*. Limerick, Ireland: University of Limerick. URL: http://stephenkinsella.net/WordPress/wp-content/uploads/2008/08/growththeorymacronotes_v3_reduced.pdf (besucht am 23. 01. 2021).

Kirchgässner, Gebhard (2013). „Sanfter Paternalismus, meritorische Güter und der normative Individualismus“. In: *Grenzen der Konsumentensouveränität*. Hrsg. von Martin Held, Gisela Kubon-Gilke und Richard Sturn. Bd. 12. Jahrbuch Normative und institutionelle Grundfragen der Ökonomik. Marburg: Metropolis, S. 41–62.

Kirmes, Raoul André (2014). *Informelle technische Vorschriften und Wettbewerb. Eine ordnungsethische Bewertung informeller staatlicher Standardisierung am Beispiel des elektronischen Rechtsverkehrs und zu den Folgerungen für das europäische Wettbewerbsrecht als umfassendes Marktordnungsrecht*. Lohmar: Eul.

Klarl, T. (2016). „Pollution externalities, endogenous health and the speed of convergence in an endogenous growth model“. In: *Journal of Macroeconomics* 50, S. 98–113.

Kleine, Alexandro (2009). *Operationalisierung einer Nachhaltigkeitsstrategie: Ökologie, Ökonomie und Soziales integrieren*. Springer-Verlag.

Klenert, David, Gregor Schwerhoff, Ottmar Edenhofer und Linus Mattauch (2018). „Environmental Taxation, Inequality and Engel's Law: The Double Dividend of Redistribution“. In: *Environmental and Resource Economics* 71.3, S. 605–624. URL: https://doi.org/10.1007/s10640-016-0070-y (besucht am 13. 09. 2021).

Kletzan, D., A. Köppl, S. Kratena, M. Schleicher und M. Wüger (2002a). *Ökonomische Modellierung nachhaltiger Strukturen im privaten Konsum am Beispiel Raumwärme und Verkehr*. Berichte aus der Energie- und Umweltforschung. Wien: Bundesministerium für Verkehr, Innovation und Technologie. URL: https://www.nachhaltigwirtschaften.at/resources/nw_pdf/0209_nachhaltige_strukturen.pdf (besucht am 08. 10. 2021).

Kletzan, Daniela, Angela Köppl, Kurt Kratena, Stefan Schleicher und Michael Wüger (2006). „Towards sustainable consumption: Economic modelling of mobility and heating for Austria“. In: *Ecological Economics* 57.4, S. 608–

626. DOI: 10.1016/j.ecolecon.2005.05.014. URL: https://doi.org/10.1016/j.ecolecon.2005.05.014 (besucht am 11. 10. 2021).

Kletzan, Daniela, Angela Köppl, Kurt Kratena und Michael Wüger (2002b). *Nachhaltiger Konsum: Ökonomische Modellierung*. Bd. 7. Monatsberichte. Wien: WIFO Österreichisches Institut für Wirtschaftsforschung. URL: http://www.wifo.ac.at (besucht am 08. 10. 2021).

Klippel, Diethelm (1990). „Der neuzeitliche Souveränitätsbegriff bis zum Ende des 18. Jahrhunderts". In: *Geschichtliche Grundbegriffe: historisches Lexikon zur politisch-sozialen Sprache in Deutschland*. Hrsg. von Otto Brunner, Werner Conze und Reinhart Koselleck. Stuttgart: Klett, S. 107–128.

Klug, Katharina (2018). „Minimalismus: Wenn weniger mehr wird". In: *Vom Nischentrend zum Lebensstil: Der Einfluss des Lebensgefühls auf das Konsumentenverhalten*. Wiesbaden: Springer, S. 27–35. URL: https://doi.org/10.1007/978-3-658-21110-3 (besucht am 13. 09. 2021).

Knight, K. und J. Schor (2014). „Economic growth and climate change: a cross-national analysis of territorial and consumption-based carbon emissions in high-income countries". In: *Sustainability* 6.6, S. 3722–3731.

Koirala, Binod Prasad, Elta Koliou, Jonas Friege, Rudi A. Hakvoort und Paulien M. Herder (2016). „Energetic communities for community energy: A review of key issues and trends shaping integrated community energy systems". In: *Renewable and Sustainable Energy Reviews* 56, S. 722–744. URL: https://doi.org/10.1016/j.rser.2015.11.080 (besucht am 13. 09. 2021).

Kokkoris, Michail und Erik Hölzl (2014). „Pärferenz-Umkehr-Phänomen". In: *Dorsch Lexikon der Psychologie*. Hrsg. von Friedrich Dorsch, Markus A. Wirtz und Janina Strohmer. Bern: Huber.

Kondratieff, N. D. (1926). „Die langen Wellen der Konjunktur". In: *Archiv für Sozialwissenschaft und Sozialpolitik* 56, S. 573–609.

Kopatz, Michael (2017). *Ökoroutine*. Bonn: Bundeszentrale für politische Bildung.

Kopfmüller, Jürgen, V. Brandl, J. Jörissen, M. Paetau, G. Banse, R. Coenen und A. Grunwald (2001). *Nachhaltige Entwicklung integrativ betrachtet – konstitutive Elemente, Regeln, Indikatoren*. Global zukunftsfähige Entwicklung – Perspektiven für Deutschland. Berlin.

Koths, Gerhard und Florian Holl (2012). „Verantwortungsvoller Konsum– ein Problem asymmetrisch verteilter Information?" In: *Corporate Social Responsibility*. Springer, S. 663–679.

Krämer, Hagen (2019). „Digitalisierung, Monopolbildung und wirtschaftliche Ungleichheit“. In: *Wirtschaftsdienst* 99.1, S. 47–52. URL: https://doi.org/10.1007/s10273-019-2394-z (besucht am 13. 09. 2021).

Krebs, David, Remo Klinger, Peter Gailhofer und Cara-Sophie Scherf (2020). *Von der menschenrechtlichen zur umweltbezogenen Sorgfaltspflicht. Aspekte zur Integration von Umweltbelangen in ein Gesetz für globale Wertschöpfungsketten.* Texte 49/2020. Dessau-Roßlau: Umweltbundesamt. URL: https://www.umweltbundesamt.de/publikationen/umweltbezogene-sorgfaltspflichten (besucht am 10. 09. 2021).

Kreutzfeldt, Malte (2014). *Das Strompreis-Komplott. Warum die Energiekosten wirklich steigen und wer dafür bezahlt.* München: Knaur.

Kroeger, Arne und Christiana Weber (2014). „Developing a conceptual framework for comparing social value creation“. In: *Academy of Management Review* 39.4, S. 513–540. URL: https://doi.org/10.5465/amr.2012.0344 (besucht am 13. 09. 2021).

Krol, G.-J. (2008). „Verbraucherleitbilder und Implikationen für die Verbraucherpolitik“. In: *Handbuch zur ökonomischen Bildung*. Hrsg. von Hans-Jürgen Albers und Hermann May. Oldenbourg.

Krumke, Sven O., Clemens Thielen, Philipp Weinschenk und Stephan Westphal (2019). „Full implementation of social choice functions in dominant strategies“. In: *International Journal of Game Theory* 48.1, S. 337–361. ISSN: 1432-1270. URL: https://doi.org/10.1007/s00182-018-0654-6 (besucht am 28. 02. 2022).

Kuhlmann, Eberhard (1990). *Verbraucherpolitik: Grundzüge ihrer Theorie und Praxis*. München: Vahlen.

Kuhn, Katina und Harald Heinrichs (2011). „Partizipation, Kooperation und nachhaltige Entwicklung im Kontext globalen Wandels“. In: *Nachhaltige Gesellschaft.* Hrsg. von Harald Heinrichs, Katina Kuhn und Jens Newig. Wiesbaden: Springer, S. 15–22.

Kuhn, Thomas Samuel (1962). *The Structure of Scientific Revolutions*. Chicago: Chicago Univ. Press.

– (1969). *Die Struktur wissenschaftlicher Revolutionen*. 2. Aufl. Frankfurt a.M.: Suhrkamp.

Kühnen, Michael und Rüdiger Hahn (2017). „Indicators in Social Life Cycle Assessment: A Review of Frameworks, Theories, and Empirical Experience“. In: *Journal of Industrial Ecology* 21.6, S. 1547–1565. URL: https://doi.org/10.1111/jiec.12663 (besucht am 13. 09. 2021).

– (2018). „Systemic social performance measurement: Systematic literature review and explanations on the academic status quo from a product life-cycle perspective". In: *Journal of Cleaner Production* 205, S. 690–705. URL: https://doi.org/10.1016/j.jclepro.2018.08.201 (besucht am 13.09.2021).

Kühnen, Michael, Rüdiger Hahn, Samanthi Luisa Silva und Stefan Schaltegger (2017). *Der Handabdruck: ein komplementäres Maß positiver Nachhaltigkeitswirkung von Produkten. Inhaltlicher Abschlussbericht: WorkingPaper*. Wuppertal. URL: http://www.handabdruck.org/downloads/Inhaltlicher_Abschlussbericht_Handabdruck.pdf (besucht am 13.09.2021).

Kühnen, Michael, Samanthi Silva, Janpeter Beckmann, Ulrike Eberle, Rüdiger Hahn, Christoph Hermann, Stefan Schaltegger und Marianne Schmid (2019). „Contributions to the sustainable development goals in life cycle sustainability assessment: Insights from the Handprint research project". In: *Sustainability Management Forum*. URL: https://doi.org/10.1007/s00550-019-00484-y (besucht am 13.09.2021).

Kumar, Sunita (2015). „Neuromarketing: The new science of advertising". In: *Universal Journal of Management* 3.12, S. 524–531.

Künzler, Adrian (2008). *Effizienz oder Wettbewerbsfreiheit?: zur Frage nach den Aufgaben des Rechts gegen private Wettbewerbsbeschränkungen*. Bd. 56. Mohr Siebeck.

LAGA (2017). *Mitteilung der Bund/Länder-Arbeitsgemeinschaft Abfall (LAGA) 31A Umsetzung des Elektro-und Elektronikgerätegesetzes*. Bund/Länder-Arbeitsgemeinschaft Abfall.

Laibson, David Issac (1994). *Hyperbolic Discounting and Consumption*. Cambridge, Mass.: Massachusetts Institute of Technology.

– (1997). „Golden eggs and hyperbolic discounting". In: *Q. J. Econ.* 112, S. 443–477.

Lam, David P. M., Berta Mart\'\in-López, Arnim Wiek, Elena M. Bennett, Niki Frantzeskaki, Andra I. Horcea-Milcu und Daniel J. Lang (2020). „Scaling the impact of sustainability initiatives: a typology of amplification processes". In: *Urban Transformations* 2, S. 1–24. URL: https://doi.org/10.1186/s42854-020-00007-9 (besucht am 13.09.2021).

Lamla, Jörn (2003). *Anthony Giddens*. Frankfurt am Main: Campus.

Lampe, Ernst-Joachim (1985). *Das sogenannte Rechtsgefühl*. Jahrbuch für Rechtssoziologie und Rechtstheorie, Teil 10. Opladen: Westdt. Verl.

Lancaster, Kelvin J. (1966). „A new approach to consumer theory". In: *The Journal of Political Economy*, S. 132–157.

Lange, Stefan und Tilman Santarius (2018). *Smarte grüne Welt? Digitalisierung zwischen Überwachung, Konsum und Nachhaltigkeit*. München: oekom.

Langer, Alexandra (2011). „Konsumentenpfade in Hightech-Märkten". Diss. Berlin: Freie Universität Berlin. URL: http://www.diss.fu-berlin.de/diss/receive/FUDISS_thesis_000000023235 (besucht am 24. 01. 2021).

Langner, Ralph (2011). „Stuxnet: Dissecting a Cyberwarfare Weapon". In: *IEEE Security & Privacy* 9.3, S. 49–51. URL: https://doi.org/10.1109/MSP.2011.67 (besucht am 13. 09. 2021).

Lanham, Richard A. (2007). *The economics of attention. Style and substance in the age of information*. Chicago: Univ. of Chicago Press.

Latunussa, Cynthia E.L., Fulvio Ardente, Gian Andrea Blengini und Lucia Mancini (2016). „Life Cycle Assessment of an innovative recycling process for crystalline silicon photovoltaic panels". In: *Solar Energy Materials and Solar Cells* 156, S. 101–111. URL: https://doi.org/10.1016/j.solmat.2016.03.020 (besucht am 13. 09. 2021).

Lehmann, Harry (2020). „RESCUE the Anthropocene: Urgent action for the great transformation". In: *Sustainable Development and Resource Productivity*. Hrsg. von Harry Lehmann. Factor X: Studies in Sustainable Natural Resource Management. New York: Routledge, S. 3–10.

Lehner, Matthias, Oksana Mont und Eva Heiskanen (2016). „Nudging–A promising tool for sustainable consumption behaviour?" In: *Journal of Cleaner Production* 134, S. 166–177.

Leibenstein, Harvey (1950). „Bandwagon, snob, and Veblen effects in the theory of consumers' demand". In: *The quarterly journal of economics* 64.2, S. 183–207.

Leinert, Johannes (2012). „Transparenz von Riester-Produkten – Theoretische Fundierung und Befunde einer Anbieterbefragung". In: *Vierteljahrshefte zur Wirtschaftsforschung*. URL: https://doi.org/10.3790/vjh.81.2.55 (besucht am 13. 09. 2021).

Leonard-Barton, Dorothy (1988). „Implementation as mutual adaptation of technology and organization". In: *Research Policy* 17.5, S. 251–267. URL: https://doi.org/10.1016/0048-7333(88)90006-6 (besucht am 13. 09. 2021).

Leprich, Uwe (1994). *Least cost planning als Regulierungskonzept. Neue ökonomische Strategien zur rationellen Verwendung elektrischer Energie*. Freiburg: Öko-Institut.

Lerch, Achim (2000). „Das Prinzip der Konsumentensouveränität aus ethischer Sicht". In: *zfwu* 1/2, S. 174–186.

Leschke, M. (2008). „Nachhaltigkeit und Institutionen – eine wirtschaftswissenschaftliche Sicht“. In: *Nachhaltigkeit als Verbundbegriff*. Hrsg. von W. Kahl. Tübingen, S. 297–325.

Letmathe, Peter (1998). „Der Einfluss von Informationsasymmetrien auf die Nachfrage umweltorientierter Kundensegmente“. In: *Betriebliches Umweltmanagement 1998. ZfB-Ergänzungsheft*. Springer, S. 47–66.

Li, Jinhui, Xianlai Zeng, Mengjun Chen, Oladele A. Ogunseitan und Ab Stevels (2015). „„q Control-Alt-Delete‘q : Rebooting Solutions for the E-Waste Problem“. In: *Environmental Science & Technology* 49.12, S. 7095–7108.

Lichtenstein, Sarah und Paul Slovic (1971). „Reversals of preference between bids and choices in gambling decisions“. In: *Journal of experimental psychology* 89.1, S. 46.

– (1973). „Response-induced reversals of preference in gambling: An extended replication in Las Vegas“. In: *Journal of experimental psychology* 101.1, S. 16.

Lieberei, Jana und Shabbir H. Gheewala (2017). „Resource depletion assessment of renewable electricity generation technologies—comparison of life cycle impact assessment methods with focus on mineral resources“. In: *The International Journal of Life Cycle Assessment* 22.2, S. 185–198. URL: https://doi.org/10.1007/s11367-016-1152-3 (besucht am 13. 09. 2021).

Linder, Staffan Burenstam (1970). *The harried leisure class*. New York: Columbia University Press.

Lindman, Harold R. (1971). „Inconsistent preferences among gambles“. In: *Journal of experimental psychology* 89.2, S. 390.

Linscheidt, Bodo (1999). *Consumer behaviour and sustainable change*. Bd. 99-2. Umweltökonomische Diskussionsbeiträge. Köln: Finanzwiss. Forschungsinst. an der Universität zu Köln. URL: https://www.fifo-koeln.org/images/dokumente/umweltoekonomische-diskussionsbeitraege/fifo_ud_99-2.pdf (besucht am 08. 10. 2021).

Liu, Jianguo, Yue Dou, Mateus Batistella, Edward Challies, Thomas Connor, Cecilie Friis, James Da Millington, Esther Parish, Chelsie L. Romulo, Ramon Felipe Bicudo Silva, Heather Triezenberg, Hongbo Yang, Zhiqiang Zhao, Karl S. Zimmerer, Falk Huettmann, Michael L. Treglia, Zeenatul Basher, Min Gon Chung, Anna Herzberger, Andrea Lenschow, Altaaf Mechiche-Alami, Jens Newig, James Roche und Jing Sun (2018). „Spillover systems in a telecoupled Anthropocene: typology, methods, and governance for global sustainability“. In: *Current Opinion in Environmen-*

tal Sustainability 33, S. 58–69. URL: https://doi.org/10.1016/j.cosust.2018.04.009 (besucht am 13. 09. 2021).

Lohse, Simon und Thomas Reydon (2017). *Grundriss Wissenschaftsphilosophie. Die Philosophien der Einzelwissenschaften*. Hamburg: Felix Meiner Verlag.

Loomes, Graham, Chris Starmer und Robert Sugden (2010). „Preference reversals and disparities between willingness to pay and willingness to accept in repeated markets". In: *Journal of Economic Psychology* 31.3, S. 374–387.

Loomes, Graham und Robert Sugden (1982). „Regret theory: an alternative theory of rational choice under uncertainty". In: 368.92, S. 805–824.

Lopez, Sergio, Ortzi Akizu-Gardoki und Erlantz Lizundia (2021). „Comparative life cycle assessment of high performance lithium-sulfur battery cathodes". In: *Journal of Cleaner Production* 282, S. 124528. URL: https://doi.org/10.1016/j.jclepro.2020.124528 (besucht am 13. 09. 2021).

Lorek, Sylvia und Joachim H. Spangenberg (2014). „Sustainable consumption within a sustainable economy – beyond green growth and green economies". In: *Journal of Cleaner Production* 63, S. 33–44. URL: https://doi.org/10.1016/j.jclepro.2013.08.045 (besucht am 10. 09. 2021).

Lorek, Sylvia, Joachim H. Spangenberg und Ch. Felten (1999). *Prioritäten, Tendenzen und Indikatoren umweltrelevanten Konsumverhaltens*. Umweltbundesamt.

Lun, Yuriy Zacchia, Alessandro D'Innocenzo, Francesco Smarra, Ivano Malavolta und Maria Domenica Di Benedetto (2019). „State of the art of cyber-physical systems security: An automatic control perspective". In: *Journal of Systems and Software* 149, S. 174–216. ISSN: 0164-1212. URL: https://doi.org/10.1016/j.jss.2018.12.006 (besucht am 02. 03. 2022).

Mach, Katharine J., Michael D. Mastrandrea, Patrick T. Freeman und Christopher B. Field (2017). „Unleashing expert judgment in assessment". In: *Global Environmental Change* 44, S. 1–14. URL: https://doi.org/10.1016/j.gloenvcha.2017.02.005 (besucht am 28. 02. 2022).

Madlener, Reinhard und Blake Alcott, Hrsg. (2010). *Steigerung der Energieeffizienz: Problem oder Lösung?* URL: http://www.energiestiftung.ch/files/textdateien/infomaterial/fachtagungen/fachtagung10/praesentation_reinhard-madlener_10_09_17.pdf (besucht am 23. 01. 2021).

– (2011). *Herausforderungen für eine technisch-ökonomische Entkopplung von Naturverbrauch und Wirtschaftswachstum unter besonderer Berücksichtigung der Systematisierung von Rebound-Effekten und Problemver-*

schiebungen. Enquête-Kommision Wachstum, Wohlstand, Lebensqualität des Deutschen Bundestags.

Magalini, Federico, Feng Wang, Jaco Huisman, Ruediger Kuehr, Kees Baldé, Vincent van Straalen, Mathieu Hestin, Louise Lecerf, Unal Sayman und Onur Akpulat (2015). *Study on Collection Rates of Waste Electrical and Electronic Equipment (WEEE)*. Tokyo: United Nations University. URL: http://ec.europa.eu/environment/waste/weee/pdf/Final_Report_Art7_publication.pdf (besucht am 23. 01. 2021).

Maier-Rigaud, Gerhard (2001). „Ein ökologischer Rahmen für die Marktwirtschaft". In: *Einführung in die ökologische Ökonomik*. Hrsg. von Robert Prugh Costanza, Thiemo W. Eser und Hermann Bartmann. Stuttgart: Lucius & Lucius, S. 190–191.

Manic, Milos, Dumidu Wijayasekara, Kasun Amarasinghe und Juan Jose Rodriguez-Andina (2016). „Building Energy Management Systems: The Age of Intelligent and Adaptive Buildings". In: *IEEE Industrial Electronics Magazine* 10.1, S. 25–39. URL: https://doi.org/10.1109/MIE.2015.2513749 (besucht am 13. 09. 2021).

Mankiw, Nicholas Gregory und Mark P. Taylor (2006). *Grundzüge der Volkswirtschaftslehre*. 4. Auflage. Stuttgart: Schäffer-Poeschel.

Marscheider-Weidemann, Frank, Sabine Langkau, Torsten Hummen, Lorenz Erdmann, Luis Tercero Espinoza, G. Angerer, Stephan Benecke und Max Marwede (2016). *Rohstoffe für Zukunftstechnologien 2016*. Bd. 28. DERA Rohstoffinformationen. Berlin.

Marti, Urs (2003). „Souveränität und Globalisierung". In: *Konturen der neuen Welt(un)ordnung. Beiträge zu einer Theorie der normativen Prinzipien internationaler Politik*. Hrsg. von Georg Kohler. Berlin: de Gruyter.

Martiensen, Jörn (2000). *Institutionenökonomik. Die Analyse der Bedeutung von Regeln und Organisationen für die Effizienz ökonomischer Tauschbeziehungen*. München: Vahlen.

Mas-Colell, Andreu, Michael D. Whinston und Jerry R. Green (1995). *Microeconomic theory*. New York: Oxford Univ. Press.

Maslow, Abraham Harold (1943). „A theory of human motivation". In: *Psychological review* 50.4.

Matthes, Felix (2019). *Ein Emissionshandelssystem für die nicht vom EU ETS erfassten Bereiche Praktische Umsetzungsthemen und zeitliche Erfordernisse*. Berlin: Agora Energiewende. URL: https://static.agora-energiewende.de/fileadmin/Projekte/2019/2019-08-ETS-fuer-Waerme-und-Verkehr/159_ETS-fuer-Waerme-und-Verkehr_DE_WEB.pdf (besucht am 31. 05. 2021).

Mauerhofer, Volker (2008). „3-D Sustainability: An approach for priority setting in situation of conflicting interests towards a Sustainable Development“. In: *Ecological Economics* 64.3, S. 496–506.
Meadows, Donella H, Edward I Goldsmith und Paul Meadow (1972). *The limits to growth*. London: Earth Island.
Mechel, Christian (2017). „Konzept des nachhaltigen Wirtschaftens“. In: *Ökoeffizienzanalyse zum Vergleich heterogener Unternehmen: Darstellung am Beispiel der Wäschereibranche*. Wiesbaden: Springer, S. 9–27. ISBN: 978-3-658-14692-4. URL: https://doi.org/10.1007/978-3-658-14692-4_2 (besucht am 13. 09. 2021).
Meffert, Heribert, Manfred Bruhn und Karsten Hadwich (2015). *Dienstleistungsmarketing*. 5. Aufl. Springer.
Mehling, M., H. van Asselt, K. Das, S. Dröge und C. Verkuijl (2017). „Designing Border Carbon Adjustments for Enhanced Climate Action“. In: *Climate Strategies*.
Mekonnen, Mesfin M., P. W. Gerbens-Leenes und Arjen Y. Hoekstra (2016). „Future electricity: The challenge of reducing both carbon and water footprint“. In: *The Science of the total environment* 569-570, S. 1282–1288. URL: https://doi.org/10.1016/j.scitotenv.2016.06.204 (besucht am 13. 09. 2021).
Merino Troncoso, Carlos (2021). *Consumer Demand Estimation*. Bd. 105169. Munich Personal RePEc Archive. München. URL: https://mpra.ub.uni-muenchen.de/105169/ (besucht am 11. 10. 2021).
Merz, Joachim (1990). *Time Allocation in Market and Non-market Activities: Generalized Discrete/continuous MNL/COLS Estimates of Multiple Labor Supply*. J.W. Goethe-Universität Frankfurt and Universität Mannheim.
Metz-Göckel, Hellmuth (2013). „Bedürfnis“. In: *Dorsch Lexikon der Psychologie*. Hrsg. von Markus A. Wirtz. Verlag Hans Huber, S. 364.
Meyer, B., G. Ahlert, R. Zieschank, H. Diefenbacher und H. Nutzinger (2013). *Eckpunkte eines ökologisch tragfähigen Wohlfahrtskonzepts. Studie III im Rahmen des Projektes Eckpunkte eines ökologisch tragfähigen Wohlfahrtskonzepts als Grundlage für umweltpolitische Innovations- und Transformationsprozesse für das Bundesministerium für Umwelt, Naturschutz und Reaktorsicherheit (BMU). GWS Research Report*. Osnabrück: GWS.
von Michaelis, Nina (2003). *Nachhaltige Entwicklung und programmgebundene Kreditvergabe der Weltbank – Eine theoretische und konzeptionelle Analyse*. Regensburg: Transfer Verlag.

Michelsen, Carl Christian und Reinhard Madlener (2012). „Homeowners' preferences for adopting innovative residential heating systems: A discrete choice analysis for Germany". In: *Energy Economics* 34.5, S. 1271–1283. URL: https://doi.org/10.1016/j.eneco.2012.06.009 (besucht am 14.10.2021).

Mick, David Glen, Susan M. Broniarczyk und Jonathan Haidt (2004). „Choose, choose, choose, choose, choose, choose, choose: emerging and prospective research on the deleterious effects of living in consumer hyperchoice". In: *Journal of Business Ethics* 52.2, S. 207–211.

Miebach, Bernhard (2012). „Entwicklung der Organisationstheorie". In: *Organisationstheorie: Problemstellung – Modelle – Entwicklung*. Wiesbaden: Springer, S. 195–200.

Miliopoulos, Lazaros (2012). „Das Lissabon-Urteil des Bundesverfassungsgerichts: Staatstheoretische und rechtsdogmatische Einordnung". In: *Das Lissabon-Urteil: Staat, Demokratie und europäische Integration im verfassten politischen Primärraum*. Hrsg. von Roland Lhotta, Jörn Ketelhut und Helmar Schöne. Springer-Verlag.

Miller, George A. (1956). „The magical number seven, plus or minus two: some limits on our capacity for processing information". In: *Psychological review* 63.2, S. 81. URL: https://doi.org/10.1037/h0043158 (besucht am 13.09.2021).

von Mises, Ludwig (1949). *Human action: A Treatise on Economics*. Ludwig von Mises Institute.

Mittelstraß, Jürgen (1992). „Der Verlust des Wissens". In: *Leonardo-Welt. Über Wissenschaft, Forschung und Verantwortung*. Frankfurt am Main: Suhrkamp, S. 221–224.

Mont, Oksana und Andrius Plepys (2008). „Sustainable consumption progress: should we be proud or alarmed?" In: *Journal of Cleaner Production* 16.4, S. 531–537. URL: https://doi.org/10.1016/j.jclepro.2007.01.009 (besucht am 13.09.2021).

Morales-Mora, Miguel A., Joep J.H. Pijpers, Alejandro Castillo Antonio, Javier de Cruz La Soto und Agustín Moisés Alcaraz Calderón (2021). „Life cycle assessment of a novel bipolar electrodialysis-based flow battery concept and its potential use to mitigate the intermittency of renewable energy generation". In: *Journal of Energy Storage* 35, S. 102339. URL: https://doi.org/10.1016/j.est.2021.102339 (besucht am 13.09.2021).

Moran, Daniel, Richard Wood, Edgar Hertwich, Kim Mattson, Joao F. D. Rodriguez, Karin Schanes und John Barrett (2020). „Quantifying the potential for consumer-oriented policy to reduce European and foreign

carbon emissions“. In: *Climate Policy* 20.sup1, S28–S38. URL: https://doi.org/10.1080/14693062.2018.1551186 (besucht am 13. 09. 2021).
Mosannenzadeh, Farnaz, Adriano Bisello, Roberto Vaccaro, Valentina D’Alonzo, Garfield Wayne Hunter und Daniele Vettorato (2017). „Smart energy city development: A story told by urban planners“. In: *Cities* 64, S. 54–65. URL: https://doi.org/10.1016/j.cities.2017.02.001 (besucht am 13. 09. 2021).
Moxter, Adolf (1982). *Betriebswirtschaftliche Gewinnermittlung*. Tübingen: Mohr.
Mulgan, Tim (2007). *Understanding utilitarianism*. Stocksfield: Acumen. URL: https://www.utilitarianism.com/util.pdf (besucht am 26. 10. 2021).
Müller, Carsten (2015). *Nachhaltige Ökonomie. Ziele, Herausforderungen und Lösungswege*. Berlin: de Gruyter Oldenbourg.
Müller, Christian, Johannes Lis und Tobias Pfaff (2013). „Lebensqualität, Glück und Einkommen–Eine ökonomische Perspektive“. In: *Ressourcen - Lebensqualität - Sinn: Gerechtigkeit für die Zukunft denken*. Hrsg. von Marianne Heimbach-Steins. Paderborn: Schöningh, S. 125–144. URL: https://doi.org/10.30965/9783657776849_010 (besucht am 13. 09. 2021).
Müller, Christine, Christian Growitsch und Matthias Wissner (2010). „Regulierung und Investitionsanreize in der ökonomischen Theorie“. In: *WIK Wissenschaftliches Institut fuer Infrastruktur und Kommunikationsdienste*.
Müller-Merbach, Heiner (1993). „Vom morphologischen Kasten zum Datenbankentwurf“. In: *Erfolg mit Morphologie*. Schriftenreihe der Fritz-Zwicky-Stiftung, Bd. 5. Glarus: Baeschlin, S. 42–52.
Munda, Giuseppe (2004). „Social multi-criteria evaluation: Methodological foundations and operational consequences“. In: *European Journal of Operational Research* 158.3, S. 662–677. URL: https://doi.org/10.1016/S0377-2217(03)00369-2 (besucht am 13. 09. 2021).
Murphy, Laura T. und Nyrola Elimä (2021). *In Broad Daylight: Uyghur Forced Labour and Global Solar Supply Chains*. Sheffield, UK: Sheffield Hallam University Helena Kennedy Centre for International Justice. URL: https://www.shu.ac.uk/helena-kennedy-centre-international-justice/research-and-projects/all-projects/in-broad-daylight (besucht am 21. 06. 2022).
Myrdal, Gunnar (1932). *Das politische Element in der nationalökonomischen Doktrinbildung*. Junker und Dünnhaupt.
Nau, Robert (2006). „The shape of incomplete preferences“. In: *The Annals of Statistics*, S. 2430–2448.

Naus, Joeri (2017). „The social dynamics of smart grids: On households, information flows & sustainable energy transitions“. Diss. Wageningen University.

Neck, Reinhard und Friedrich Schneider (2013). *Wirtschaftspolitik.* Walter de Gruyter.

nef (2013). *Briefing 6: Multi-criteria analysis.* nef (the new economics foundation). URL: http://www.nefconsulting.com//wp-content/uploads/2014/10/Multi-Criteria-Apprails-briefing.pdf (besucht am 24. 01. 2021).

Nelson, Phillip (1970). „Information and consumer behavior“. In: *The Journal of Political Economy*, S. 311–329.

Nemorin, Selena (2017). „Neuromarketing and the "poor in world" consumer: how the animalization of thinking underpins contemporary market research discourses“. In: *Consumption Markets & Culture* 20.1, S. 59–80.

Nertinger, Stefan (2015). *Carbon and material flow cost accounting. Ein integrierter Ansatz im Kontext nachhaltigen Erfolgs und Wirtschaftens.* Wiesbaden: Springer Gabler.

Neuner, Michael (2001). *Verantwortliches Konsumentenverhalten. Individuum und Institution.* Berlin: Duncker & Humblot.

Nielen, Jochen (2000). „Das Leitbild des Laisser-faire in der Politischen Ökonomie von Smith bis Keynes, dargestellt anhand der Hauptwerke von Smith, Malthus, Ricardo, Mill, Marshall und Keynes“. Diss. Bonn: Bonn. Univ. Philosophische Fakultät.

Nielsen, Kristian Roed, Lucia A. Reisch und John Thøgersen (2016). „Sustainable user innovation from a policy perspective: a systematic literature review“. In: *Journal of Cleaner Production* 133, S. 65–77. URL: https://doi.org/10.1016/j.jclepro.2016.05.092 (besucht am 13. 09. 2021).

Niemann, Jörg, Günter Schuh, Elke Baessler, Martin Eigner, Marcus Stolz, Rolf Steinhilper, Gabriela Janusz-Renault und Martin Hieber (2009). „Management des Produktlebenslaufs“. In: *Handbuch Unternehmensorganisation: Strategien, Planung, Umsetzung.* Hrsg. von Hans-Jörg Bullinger, Dieter Spath, Hans-Jürgen Warnecke und Engelbert Westkämper. Berlin, Heidelberg: Springer Berlin Heidelberg, S. 223–315. ISBN: 978-3-540-87595-6. URL: https://doi.org/10.1007/978-3-540-87595-6 (besucht am 13. 09. 2021).

Nilssen, Maja (2019). „To the smart city and beyond? Developing a typology of smart urban innovation“. In: *Technological Forecasting and Social Change* 142, S. 98–104. URL: https://doi.org/10.1016/j.techfore.2018.07.060 (besucht am 13. 09. 2021).

North, Douglass Cecil (1990). *Institutions, Institutional Change and Economic Performance*. Cambridge u. a.: Cambridge University press.
– (1998). *Institutionen, institutioneller Wandel und Wirtschaftsleistung*. Tübingen: Mohr.
North, Klaus (2005). *Wissensorientierte Unternehmensführung – Wertschöpfung durch Wissen*. Wiesbaden: Gabler.
Norton, Bryan, Robert Prugh Costanza und Richard C. Bishop (1998). „The evolution of preferences: why sovereign preferences may not lead to sustainable policies and what to do about it". In: *Ecological Economics* 24.2, S. 193–211. URL: https://doi.org/10.1016/S0921-8009(97)00143-2 (besucht am 13.09.2021).
Nussbaum, Martha und Amartya Sen, Hrsg. (1993). *The Quality of Life*. Oxford: Oxford University Press.
Nussbaum, Martha Craven (1999). *Gerechtigkeit oder das gute Leben*. Frankfurt am Main: Suhrkamp.
O'Rourke, Dara und Niklas Lollo (2015). „Transforming Consumption: From Decoupling, to Behavior Change, to System Changes for Sustainable Consumption". In: *Annual Review of Environment and Resources* 40.1, S. 233–259. URL: https://doi.org/10.1146/annurev-environ-102014-021224 (besucht am 13.09.2021).
Oaten, Megan und Ken Cheng (2007). „Improvements in self-control from financial monitoring". In: *Journal of Economic Psychology* 28.4, S. 487–501.
Obersteiner, Michael, Brian Walsh, Stefan Frank, Petr Havlik, Matthew Cantele, Junguo Liu, Amanda Palazzo, Mario Herrero, Yonglong Lu, Aline Mosnier, Hugo Valin, Keywan Riahi, Florian Kraxner, Steffen Fritz und Detlef van Vuuren (2016). „Assessing the land resource–food price nexus of the Sustainable Development Goals". In: *Science Advances* 2.9. URL: https://doi.org/10.1126/sciadv.1501499 (besucht am 13.09.2021).
Ofstad, Sylvi, Liv Westly und Tone Bratelli (1994). *Symposium: Sustainable Consumption: 19-20 January 1994: Oslo, Norway*. Norwegian Ministry of Environment.
Ohlhorst, Dörte, Kerstin Tews und Miranda Schreurs (2014). „Energiewende als Herausforderung der Koordination im Mehrebenensystem". In: *Im Hürdenlauf zur Energiewende*. Hrsg. von Achim Brunnengräber und Maria Rosaria Di Nucci. Berlin: Springer, S. 93–104.
Öko-Institut (2010). *CO_2-Einsparpotenziale für Verbraucher*. Freiburg.
– (2017). *Entwicklung von Kriterien und Herstellerempfehlungen für ein Förderprogramm der EWS zu Photovoltaik-Batteriespeichern. Kurzstudie*

für die Elektrizitätswerke Schönau Vertriebs GmbH (EWS). Freiburg: Öko-Institut. URL: https://www.oeko.de/fileadmin/oekodoc/Foerderkriterien_PV-Batteriespeicher_EWS.pdf (besucht am 25. 03. 2022).

Ott, Konrad und Ralf Döring (2008). *Theorie und Praxis starker Nachhaltigkeit*. 2. Auflage. Marburg: Metropolis.

Paetz, Alexandra-Gwyn, Patrick Jochem und Wolf Fichtner (2012). „Demand Side Management mit Elektrofahrzeugen–Ausgestaltungsmöglichkeiten und Kundenakzeptanz". In: *Symposium Energieinnovation*. Bd. 15, S. 2012.

Pape, Simone (2012). „Konsum–Definition und Begriffsverständnis". In: *Weinkonsum*. Springer, S. 21–26.

Paulsen, Wiebke (2014). *Lebensqualität als Erfolgsparameter?: eine theoretisch-empirische Analyse am Beispiel der Tiefen Hirnstimulation bei Parkinsonpatienten*. Köln: Universität Köln.

PCF-Projekt (2009). *Product Carbon Footprinting – Ein geeigneter Weg zu klimaverträglichen Produkten und deren Konsum? Erfahrungen, Erkenntnisse und Empfehlungen aus dem Product Carbon Footprint Pilotprojekt Deutschland*. Berlin: PCF Pilotprojekt Deutschland.

Pearce, David (1991). „The role of carbon taxes in adjusting to global warming". In: *The Economic Journal* 101.407, S. 938–948.

Peart, Sandra J. (2000). „Irrationality and intertemporal choice in early neoclassical thought". In: *Canadian Journal of Economics* 33.1, S. 175–189.

Peças, Paulo, Uwe Götze, Rita Bravo, Fanny Richter und Inês Ribeiro (2019). „Chapter 1 - Methodology for Selection and Application of Eco-Efficiency Indicators Fostering Decision-Making and Communication at Product Level—The Case of Molds for Injection Molding". In: *Advanced Applications in Manufacturing Enginering*. Hrsg. von Mangey Ram und J. Paulo Davim. Woodhead Publishing, S. 1–52. URL: https://doi.org/10.1016/B978-0-08-102414-0.00001-X (besucht am 13. 09. 2021).

Penz, G. Peter (2008). „Consumer sovereignty and human interests". In: *Cambridge Books*.

Perino, Grischa (2016). „Hilft Stromsparen dem Klima? Klimafreundlicher Konsum und europäischer Emissionshandel". In: *Nachhaltiger Konsum. Institutionen, Instrumente, Initiativen*. Hrsg. von Kerstin Jantke, Florian Lottermoser, Jörn Reinhardt, Delf Rothe und Jana Stöver, S. 131–142.

Persky, Joseph (1993). „Retrospectives: consumer sovereignty". In: *The Journal of Economic Perspectives*, S. 183–191.

Petti, Luigia, Monica Serreli und Silvia Di Cesare (2018). „Systematic literature review in social life cycle assessment". In: *The International Journal of Life Cycle Assessment* 23.3, S. 422–431. URL: https://doi.org/10.1007/s11367-016-1135-4 (besucht am 13. 09. 2021).

Peyer, Mathias, Ingo Balderjahn, Barbara Seegebarth und Alexandra Klemm (2017). „The role of sustainability in profiling voluntary simplifiers“. In: *Journal of Business Research* 70, S. 37–43.

Pfaff, Tobias und Johannes Hirata (2013). „Testing the Easterlin hypothesis with panel data: The dynamic relationship between life satisfaction and economic growth in Germany and in the UK“. In: *SOEPpaper* 554. URL: https://doi.org/10.2139/ssrn.2268546 (besucht am 13. 09. 2021).

Phaneuf, Daniel J. und Till Requate (2016). *A course in environmental economics: theory, policy, and practice*. Cambridge University press.

Picot, Arnold, Ralf Reichwald und Rolf T. Wigand (2003). *Die grenzenlose Unternehmung. Information, Organisation und Management*. 5. Aufl. Wiesbaden: Gabler.

Pigou, Arthur Cecil (1929). *The Economics of Welfare*. London: Macmillan.

Piorkowsky, Michael-Burkhard (2000). „Konsum aus Sicht der Haushaltsökonomik“. In: *Konsum: soziologische, ökonomische und psychologische Perspektiven*. Hrsg. von Doris Rosenkranz und Norbert F. Schneider. Springer-Verlag, S. 187–206.

Pissarskoi, Eugen (2014). *Gesellschaftliche Wohlfahrt und Klimawandel. Umgang mit normativen Annahmen und Ungewissheiten bei der klimaökonomischen Politikberatung*. München: oekom.

Plattner, Johanna, Sandra Lisa Lattacher, Daniela Krainer, Johannes Oberzaucher, Graciele Batistell und Johannes Sturm (2020). „Entwicklung drahtloser Sensorsysteme durch synergetische Nutzung interdisziplinärer sowie grundlagenorientierter Forschungskonzepte“. In: *Elektrotechnik und Informationstechnik* 137.1, S. 19–24. URL: https://doi.org/10.1007/s00502-019-00777-6 (besucht am 13. 09. 2021).

Popper, Karl (2012). *The open society and its enemies*. 5. Aufl. London, New York: Routledge.

Pothen, F. und M. Schymura (2015). „Bigger cakes with fewer ingredients? A comparison of material use of the world economy“. In: *Ecol. Econ.* 109, S. 109–121.

Pradhan, Prajal, Luis Costa, Diego Rybski, Wolfgang Lucht und Jürgen P. Kropp (2018). „A Systematic Study of Sustainable Development Goal (SDG) Interactions“. In: *Earths Future* 5.11, S. 1169–1179. URL: https://doi.org/10.1002/2017EF000632 (besucht am 13. 09. 2021).

PRé Sustainability (2020). *SimaPro database manual. Methods library*. Amersfoort: PRé Sustainability. URL: https://simapro.com/wp-content/uploads/2020/10/DatabaseManualMethods.pdf (besucht am 31. 01. 2021).

Preker, Alexander und Stefan Schultz (2021). „Deutsche Solarunternehmen prüfen Lieferketten: Teilweise unter dem Verdacht der Zwangsarbeit". In: *Der SPIEGEL*. URL: https://www.spiegel.de/wirtschaft/unternehmen/solarenergie-zwangsarbeit-in-lieferketten-deutscher-solarkonzerne-a-00b3c596-d62c-4be4-9a0b-2349db4016f7 (besucht am 17. 03. 2022).

Priddat, Birger P. (2007). *Neuroökonomie. Neue Theorien zu Konsum, Marketing und emotionalem Verhalten in der Ökonomie*. Marburg: Metropolis.

Prognos (2012). *Gutachten zur Lage der Verbraucherinnen und Verbraucher in Deutschland. Im Auftrag der Bundesanstalt für Landwirtschaft und Ernährung, Bonn*. Berlin: Prognos AG.

Pufé, Iris (2017). *Nachhaltigkeit*. 3. Aufl. UTB, Teil Nr. 8705. Konstanz: UVK Verlag.

Quack, Dietlinde und Rainer Grießhammer (2005). *PROSA T-NetBox*. Freiburg: Öko-Institut. URL: https://www.ecotopten.de/sites/default/files/ecotopten_endbericht_ab.pdf (besucht am 29. 06. 2022).

Quack, Dietlinde und Ina Rüdenauer (2007). *Stoffstromanalyse relevanter Produktgruppen. Energie- und Stoffströme der privaten Haushalte in Deutschland im Jahr 2005*. Freiburg: Öko-Institut. URL: https://www.ecotopten.de/sites/default/files/ecotopten_endbericht_stoffstrom_2007.pdf (besucht am 23. 01. 2021).

Radkau, Joachim (2011). *Die Ära der Ökologie*. München: Beck.

Ramos, Ana, Alberto Gago, Xavier Labandeira und Pedro Linares (2015). „The role of information for energy efficiency in the residential sector". In: *Energy Economics* 52, S17–S29. URL: https://doi.org/10.1016/j.eneco.2015.08.022 (besucht am 13. 09. 2021).

Ramos Huarachi, Diego Alexis, Cassiano Moro Piekarski, Fabio Neves Puglieri und Antonio Carlos de Francisco (2020). „Past and future of Social Life Cycle Assessment: Historical evolution and research trends". In: *Journal of Cleaner Production* 264, S. 121506. URL: https://doi.org/10.1016/j.jclepro.2020.121506 (besucht am 13. 09. 2021).

Ramsey, Frank Plumpton (1928). „A mathematical theory of saving". In: *The Economic Journal*, S. 543–559.

Rat der EU und Europäischer Rat (2022). *Fit für 55*. Brüssel: Europäischer Rat. URL: https://www.consilium.europa.eu/de/policies/green-deal/fit-for-55-the-eu-plan-for-a-green-transition/ (besucht am 29. 06. 2022).

Rau-Bredow, Hans (1992). *Zur theoretischen Fundierung der Institutionenökonomie*. München: VVF.
Redlich, Tobias, Manuel Moritz und Jens P. Wulfsberg (2018). *Interdisziplinäre Perspektiven zur Zukunft der Wertschöpfung*. Springer.
Rehäuser, J. und H. Krcmar (1996). „Wissensmanagement im Unternehmen“. In: *Wissensmanagement*. Hrsg. von G. Schreyögg und P. Conrad. Bd. 6. de Gruyter, S. 1–40.
Rehfus, Wulff D. (2003). „Kategorien“. In: *Handwörterbuch Philosophie*. Hrsg. von Wulff D. Rehfus. Göttingen: Vandenhoeck & Ruprecht.
Reichel, Jens und Jens Kliemt (2001). „Entwicklung synthetischer Lastprofile – Kleinkunden im liberalisierten Strommarkt“. In: *Elektrizitatswirtschaft* 100.23, S. 50–55.
Reinsel, David, John Gantz und John Rydning (2018). *The Digitization of the World. From Edge to Core*. IDC.
Reller, Armin, Thomas Bublies, Thomas Staudinger, Irina Oswald, Simon Meißner und Matthew Allen (2009). „The Mobile Phone: Powerful Communicator and Potential Metal Dissipator“. In: *GAIA* 18.2, S. 127–135. URL: https://doi.org/10.14512/gaia.18.2.10 (besucht am 13. 09. 2021).
Ren, Mingcheng, Clayton R. Mitchell und Weiwei Mo (2020). „Dynamic life cycle economic and environmental assessment of residential solar photovoltaic systems“. In: *The Science of the total environment* 722, S. 137932. URL: https://doi.org/10.1016/j.scitotenv.2020.137932 (besucht am 13. 09. 2021).
REN21 (2020). *Renewables 2020 Global Status Report*. Paris: REN21 Secretariat. URL: https://www.ren21.net/wp-content/uploads/2019/05/gsr_2020_full_report_en.pdf (besucht am 10. 09. 2021).
Rezai, Armon, Lance Taylor und Reinhard Mechler (2013). „Ecological macroeconomics: An application to climate change“. In: *Ecological Economics* 85, S. 69–76. URL: https://doi.org/10.1016/j.ecolecon.2012.10.008 (besucht am 10. 09. 2021).
Rischkowsky, Franziska und Thomas Döring (2008). „Consumer Policy in a Market Economy. Considerations from the Perspective of the Economics of Information, the New Institutional Economics as well as Behavioural Economics“. In: *Journal of Consumer Policy* 31.3, S. 285–313. URL: https://doi.org/10.1007/s10603-008-9076-3 (besucht am 13. 09. 2021).
Ristic, Bora, Kaveh Madani und Zen Makuch (2015). „The Water Footprint of Data Centers“. In: *Sustainability* 7.8, S. 11260–11284. URL: https://doi.org/10.3390/su70811260 (besucht am 13. 09. 2021).

Ritchey, Tom (2018). „General morphological analysis as a basic scientific modelling method". In: *Technological Forecasting and Social Change* 126, S. 81–91. URL: https://doi.org/10.1016/j.techfore.2017.05.027 (besucht am 13. 09. 2021).

Robeyns, Ingrid (2005). „The capability approach: a theoretical survey". In: *Journal of human development* 6.1, S. 93–117.

– (2009). „Equality and Justice". In: *An Introduction to the Human Development and Capability Approach: Freedom and Agency*. Hrsg. von S. Deneulin und L. Shahani. London, S. 101–120.

Rockström, Johan, Will Steffen, Kevin Noone, Åsa Persson, F. Stuart Chapin III, Eric F. Lambin, Timothy M. Lenton, Marten Scheffer, Carl Folke und Hans Joachim Schellnhuber (2009). „A safe operating space for humanity". In: *Nature* 461.7263, S. 472–475.

Rogall, Holger (2009). „Ökologische Ökonomie – Zukunftsforschung". In: *Zukunftsforschung und Zukunftsgestaltung. Beiträge aus Wissenschaft und Praxis*. Hrsg. von Reinhold Popp und Elmar Schüll. Berlin und Heidelberg: Springer, S. 587–603.

Rogers, Everett M. (2003). *Diffusion of Innovations*. 5th ed. New York: Free Press.

Rolle, Robert (2005). *Homo oeconomicus. Wirtschaftsanthropologie in philosophischer Perspektive*. Würzburg: Königshausen & Neumann.

Römer, Benedikt, Philipp Reichhart, Johann Kranz und Arnold Picot (2012). „The role of smart metering and decentralized electricity storage for smart grids: The importance of positive externalities". In: *Energy policy* 50, S. 486–495. URL: https://doi.org/10.1016/j.enpol.2012.07.047 (besucht am 13. 09. 2021).

Ronge, Karlheinz und Christof Wittwer (2013). *Einsatz von Sensoren für Energieflussanalysen für Energienetze, Smart Grids, Smart Metering. Workshop 2013: Sensorik für Erneuerbare und Ernergieeffizienz des AMA Fachverbandes für Sensorik e.V. und des ForschungsVerbundes Erneuerbare Energien 12./13. März 2013*. Berlin: FVEE.

Röpke, Wilhelm (1948). *Die Gesellschaftskrisis der Gegenwart*. 5. Aufl. Erlenbach-Zürich: Rentsch.

Ross, Don (2008). „Two styles of neuroeconomics". In: *Economics and Philosophy* 24.3, S. 473.

Roßmanith, Tilo (2001). *Informationsverhalten und Involvement im Internet, Diss.* Karlsruhe: Universität Fridericiana. URL: https://doi.org/10.5445/IR/1732001 (besucht am 13. 09. 2021).

Rothenberg, Jerome (1962). „Consumers' Sovereignty Revisited and the Hospitability of Freedom of Choice". In: *American Economic Review* 52.2, S. 269.

Rothschild, Michael und Joseph Stiglitz (1976). „Equilibrium in competitive insurance markets: An essay on the economics of imperfect information". In: *Foundations of Insurance Economics*. Springer, S. 355–375.

Round, Erich R. und Greville G. Corbett (2020). „Comparability and measurement in typological science: The bright future for linguistics". In: *Linguistic Typology* 24.3, S. 489–525. URL: https://doi.org/10.1515/lingty-2020-2060 (besucht am 13. 09. 2021).

Rubik, Frieder und Paolo Frankl (2005). *The future of eco-labelling: Making environmental product information systems effective*. Sheffield: Greenleaf Publications.

Rubik, Frieder und Gerd Scholl (2002). *Eco-labelling practices in Europe: an overview of environmental product information schemes*. Berlin: Institut für ökologische Wirtschaftsforschung.

Rubik, Frieder und C. Weskamp (1996). *Verbraucherschutz durch Produktkennzeichnung*. Berlin und Heidelberg: Institut für ökologische Wirtschaftsforschung.

Rück, Hans R. G. (1995). „Dienstleistungen — ein Definitionsansatz auf Grundlage des Make-or-buy-Prinzips". In: *Dienstleistungsmarketing: Konzeptionen und Anwendungen*. Hrsg. von Michael Kleinaltenkamp. Wiesbaden: Deutscher Universitätsverlag, S. 1–31. URL: https://doi.org/10.1007/978-3-322-81375-6 (besucht am 13. 09. 2021).

Ruckriegel, Karlheinz (2011). „Behavioral Economics. Erkenntnisse und Konsequenzen". In: *WISU* 40.6, S. 832–842.

– (2012). „Glücksforschung – Konsequenzen für die (Wirtschafts-) Politik". In: *Wirtschaftsdienst* 92.2, S. 129–135. URL: https://doi.org/10.1007/s10273-012-1339-6 (besucht am 13. 09. 2021).

Ruß-Mohl, Stephan (2017). „Wie sich die Machtbalance zwischen Journalismus und PR verschiebt. Die antagonistische Partnerschaft in der digitalen Aufmerksamkeitsökonomie – eine verhaltensökonomische Analyse". In: *Verschwimmende Grenzen zwischen Journalismus, Public Relations, Werbung und Marketing: Aktuelle Befunde aus Theorie und Praxis*. Hrsg. von Nicole Gonser und Uta Rußmann. Wiesbaden: Springer Fachmedien, S. 13–29.

Russo, J. Edward (1974). „More information is better: A reevaluation of Jacoby, Speller and Kohn". In: *Journal of Consumer Research* 1.3, S. 68–72.

Ryan, Richard M. und Edward L. Deci (2001). „On happiness and human potentials: A review of research on hedonic and eudaimonic well-being“. In: *Annual review of psychology* 52.1, S. 141–166.

Saling, Peter, Andreas Kicherer, Brigitte Dittrich-Krämer, Rolf Wittlinger, Winfried Zombik, Isabell Schmidt, Wolfgang Schrott und Silke Schmidt (2002). „Eco-efficiency analysis by basf: the method“. In: *The International Journal of Life Cycle Assessment* 7.4, S. 203–218. URL: https://doi.org/10.1007/BF02978875 (besucht am 13. 09. 2021).

Saling, Peter R. (2017). „The BASF eco-efficiency toolbox: Holistic evaluation of sustainable solutions“. In: *Encyclopedia of Sustainable Technologies*, S. 131.

Saltari, E. und G. Travaglini (2016). „Pollution control under emission constraints: Switching between regimes“. In: *Energy Economics* 53, S. 212–219.

Samuelson, Paul (1938). „A Note on the Pure Theory of Consumers' Behaviour“. In: *Economica* 17.5, S. 61–71.

Sato, Ryuzo (2014). *Symmetry and economic invariance*. 2. ed. Tokyo: Springer.

Saunders, Harry D. (2000). „A view from the macro side: rebound, backfire, and Khazzoom–Brookes“. In: *Energy policy* 28.6, S. 439–449.

Schächtele, Katharina und Hans Hertle (2007). *Die CO_2 Bilanz des Bürgers. Recherche für ein internetbasiertes Tool zur Erstellung persönlicher CO2-Bilanzen*. Heidelberg: Umweltbundesamt. URL: https://www.umweltbundesamt.de/sites/default/files/medien/publikation/long/3327.pdf (besucht am 23. 01. 2021).

Schaefer, Thilo (2020). *Strompreis senken: Gut für Wirtschaft und Klima*. Bd. 62/2020. IW-Kurzbericht. Köln: Institut der deutschen Wirtschaft. URL: https://www.econstor.eu/bitstream/10419/218928/1/IW-Kurzbericht-2020-62.pdf (besucht am 01. 06. 2021).

Schäfer, H.-B. (1998). „Grenzen des Verbraucherschutzes und adverse Effekte des Europäischen Verbraucherrechts“. In: *Systembildung und Systemlücken in Kerngebieten des Europäischen Privatrechts*. Hrsg. von S. Grundmann. Tübingen: Mohr Siebeck, S. 559–568.

Schäfer, Hans-Bernd und Claus Ott (2012). *Lehrbuch der ökonomischen Analyse des Zivilrechts*. 5. Aufl. Berlin, Heidelberg: Springer.

Schaltegger, Stefan und Christian Herzig (2008). „Berichterstattung im Lichte der Herausforderungen unternehmerischer Nachhaltigkeit“. In: *Internetbasierte Nachhaltigkeitsberichterstattung: massgeschneiderte Stakeholder-*

Kommunikation mit IT. Hrsg. von Ralf Isenmann und Mario Amelung. Berlin: Schmidt.
Schaltegger, Stefan und Andreas Sturm (1990). „Ökologische Rationalität: Ansatzpunkte zur Ausgestaltung von ökologieorientierten Managementinstrumenten“. In: *Die Unternehmung*, S. 273–290.
Schär, Sebastian (2018). „State-of-the-Art dynamischer Methoden zur multikriteriellen Entscheidungsunterstützung“. In: *Junior Management Science* 3.3, S. 146–165.
Schelisch, Lynn (2016). *Technisch unterstütztes Wohnen im Stadtquartier. Potentiale, Akzeptanz und Nutzung eines Assistenzsystems für ältere Menschen.* Wiesbaden: Springer.
Schiffer, Helena und Michael von Hauff (2010). *Soziale Nachhaltigkeit im Kontext der Neuen Institutionenökonomik.* Kaiserslautern: Technische Universität Kaiserslautern.
Schiller, Karl (1964). *Der Ökonom und die Gesellschaft: das freiheitliche und das soziale Element in der modernen Wirtschaftspolitik. Vorträge und Aufsätze.* Bd. 12. Gustav Fischer.
Schipper, Lee (1996). „Life-styles and the environment: The case of energy“. In: *Daedalus*, S. 113–138. URL: https://www.jstor.org/stable/20027373 (besucht am 13. 09. 2021).
Schittek, Walter (2019). „Strom–fit für die Zukunft?“ In.
Schlegelmilch, Kai (2001). „Ökologische Steuerreformen (ÖSR) in Europa“. In: *Einführung in die ökologische Ökonomik.* Hrsg. von Robert Prugh Costanza, Thiemo W. Eser und Hermann Bartmann. Stuttgart: Lucius & Lucius, S. 293–295.
Schmidheiny, Stephan und Björn Stigson (2000). *Eco-efficiency: Creating More Value with Less Impact.* Geneva: World Business Council for Sustainable Development.
Schmidt, Imke (2015). *Consumer Social Responsibility. Gemeinsame Verantwortung für nachhaltiges Konsumieren und Produzieren.* Wiesbaden: Springer.
Schmidt-Bäumler, Heike (2020). *Multikriterielle Entscheidungsunterstützung in der risiko-basierten Instandhaltungsplanung am Beispiel der Verkehrswasserbauwerke. Diss.* Karlsruhe: Karlsruher Institut für Technologie.
Schoenheit, Ingo (2004). „Die volkswirtschaftliche Bedeutung der Verbraucherinformation“. In: *Verbraucherzentrale Bundesverband e.V. Politikfeld Verbraucherschutz.* Potsdam und Berlin: Brandenburgische Landeszentrale für politische Bildung, S. 47–64. URL: https://www.imug.de/

fileadmin/user_upload/Downloads/imug_institut/VI_1_Schoenheit_VerbraucherInfo_Volkswirtschaft_2004.pdf (besucht am 10. 09. 2021).

Schoer, Karl, Sarka Buyny, Christine Flachmann und Helmut Mayer (2007). „Nutzung von Umweltressourcen durch die Konsumaktivitäten der privaten Haushalte. Ergebnisse der Umweltökonomischen Gesamtrechnungen 1995 bis 2004". In: *Statistisches Bundesamt - Wirtschaft und Statistik* 1.

Schrader, Christopher (2017). „Ökobilanz: Ein kritischer Blick". In: *Spektrum - Die Woche* 45.

Schrader, Ulf und Ursula Hansen (2001). „Nachhaltiger Konsum – Leerformel oder Leitprinzip?" In: *Nachhaltiger Konsum: Forschung und Praxis im Dialog*. Hrsg. von Ulf Schrader und Ursula Hansen. Bd. 831. Frankfurt am Main: Campus, S. 17–48.

Schreyögg, G., J. Sydow und J. Koch (2003). „Organisatorische Pfade – Von der Pfadabhängigkeit zur Pfadkreation?" In: *Managementforschung 13*. Hrsg. von G. Schreyögg und J. Sydow. Wiesbaden, S. 257–294.

Schroth, Jörg (2006). „Utilitarismus und Verteilungsgerechtigkeit". In: *Zeitschrift für philosophische Forschung* 60, S. 37–58. URL: https://doi.org/10.3196/004433006780317699 (besucht am 29. 10. 2021).

Schubert, Christian (2017). „Green nudges: Do they work? Are they ethical?" In: *Ecological Economics* 132.1, S. 329–342.

Schubert, Christian und Andreas Chai (2012). *Sustainable consumption and consumer sovereignty*. Bd. 1214. Papers on Economics and Evolution. Jena: Max Planck Institute of Economics.

Schultz, Irmgard und Ines Weller (1997). *Bestandsaufnahme der Ergebnisse der einschlägigen sozialwissenschaftlichen Forschung zu den Themenkreisen Umweltbewusstsein und -verhalten, Wertewandel, neue Lebensstile und neue Wohlstandsmodelle, Vorstudie*. Nachhaltige Konsummuster und postmaterielle Lebensstile. Berlin: Umweltbundesamt.

Schulz, Jürgen, Robert Caspar Müller, Philip Bresinsky und Gerald Dissen (2013). *Restriktionen von Markenkommunikation zwischen Werbestrategie und Konsumentensouveränität. Projektbericht Forschungsbereich II: Aktiver Konsum, Konsumentensouveränität und Warenästhetik*. Berlin: Universität der Künste. URL: https://restriktionen.org/ (besucht am 01. 10. 2021).

Schwab, Klaus, Nicholas Davis und Petra Pyka (2019). *Die Zukunft der Vierten Industriellen Revolution*. Deutsche Verlags-Anstalt.

Schwegler, Regina (2009). „Neue Institutionenökonomik". In: *Moralisches Handeln von Unternehmen: Eine Weiterentwicklung des neuen St. Galler*

Management-Modells und der Ökonomischen Ethik. Wiesbaden: Gabler, S. 13–45.

Scitovsky, Tibor (1986). „How to bring Joy into Economics“. In: *Human desire and economic satisfaction: essays on the frontiers of economics.* Hrsg. von Tibor Scitovsky. Brighton: Wheatsheaf Books.

Seel, Barbara und Rainer Hufnagel (1994). „Umwelthandeln und Konsumtechnologie/Household Production and Environment“. In: *Jahrbücher für Nationalökonomie und Statistik* 213.6, S. 680–698.

Seitz, Matthias, Malgorzata Kroban, Thorsten Pitschke und Siegfried Kreibe (2014). „Ökoeffizienz von Photovoltaikmodulen“. In: *Müll und Abfall* 2. URL: https://doi.org/10.37307/j.1863-9763.2014.02.05 (besucht am 13. 09. 2021).

Sembroiz, David, Davide Careglio, Sergio Ricciardi und Ugo Fiore (2019). „Planning and operational energy optimization solutions for smart buildings“. In: *Information Sciences* 476, S. 439–452.

Sen, Amartya Kumar (1979a). *Collective choice and social welfare.* Bd. 11. Advanced textbooks in economics. Amsterdam: Elsevier.

– (1979b). „Utilitarianism and Welfarism“. In: *The Journal of Philosophy* 76.9, S. 463–489.

– (1980). „Equality of What?“ In: *The Tanner Lecture on Human Values.* Hrsg. von S. M. McMurrin. Cambridge: Cambridge University press, S. 195–220.

– (1982). „Behaviour and the Concept of Preference“. In: *Choice, welfare and measurement.* Hrsg. von Amartya Kumar Sen. Oxford: Blackwell, S. 54–73.

– (1985). *Commodities and Capabilities.* Amsterdam: North Holland.

– (1988). „The Concept of Development“. In: *Handbook of Development Economics.* Hrsg. von Hollis Burnley Chenery und Thirukodikaval N. Srinivasan. Bd. 1. Amsterdam: North Holland, S. 9–26.

– (1993). „Capability and Well-being“. In: *The Quality of Life.* Hrsg. von Martha Nussbaum und Amartya Sen. Oxford: Oxford University Press, S. 30–53.

– (1997). *Resources, values, and development.* Harvard University Press.

– (1999). *Development as Freedom.* New York: Knopf.

– (2000a). *Der Lebensstandard.* Rotbuch-Rationen. Hamburg: Rotbuch.

– (2000b). *Freedom, rationality, and social choice. The Arrow lectures and other essays.* Oxford: Oxford University Press.

– (2002). *Ökonomie für den Menschen. Wege zu Gerechtigkeit und Solidarität in der Marktwirtschaft.* München: dtv.

Senge, Konstanze (2006). „Zum Begriff der Institution im Neo-Institutionalismus". In: *Einführung in den Neo-Institutionalismus*. Hrsg. von Konstanze Senge und William Richard Scott. Wiesbaden: VS Verl. für Sozialwiss.

Shapiro, Carl (1983). „Consumer protection policy in the United States". In: *Zeitschrift für die gesamte Staatswissenschaft/Journal of Institutional and Theoretical Economics* 3, S. 527–544.

Shogren, Jason F. (2012). „Behavioral Environmental Economics: Money Pumps & Nudges". In: *Journal of Agricultural and Resource Economics* 37.3, S. 349–360.

Shogren, Jason F. und Laura O. Taylor (2008). „On behavioral-environmental economics". In: *Review of Environmental Economics and Policy* 2.1, S. 26–44.

Shove, Elizabeth (2003). *Comfort, cleanliness and convenience: The social organization of normality*. Berg Oxford.

Shove, Elizabeth, Mika Pantzar und Matt Watson (2012). *The dynamics of social practice. everyday life and how it changes*. Los Angeles: Sage.

Shove, Elizabeth und A. Warde (1997). *Noticing inconspicuous consumption. Paper presented to the European Science Foundation TERM Programme Workshop on Consumption, Everyday Life and Sustainability*. Lancaster: University of Lancaster.

Sicari, Sabrina, Alessandra Rizzardi, Luigi Alfredo Grieco und Alberto Coen-Porisini (2015). „Security, privacy and trust in Internet of Things: The road ahead". In: *Computer networks* 76, S. 146–164.

Siddik, Md Abu Bakar, Christopher M. Chini und Landon Marston (2020). „Water and Carbon Footprints of Electricity Are Sensitive to Geographical Attribution Methods". In: *Environmental Science & Technology* 54.12, S. 7533–7541. URL: https://doi.org/10.1021/acs.est.0c00176 (besucht am 13.09.2021).

Siebenhüner, Bernd (2001). *Homo sustinens – Auf dem Wege zu einem Menschenbild der Nachhaltigkeit*. Marburg: Metropolis.

de Silva, Liyanage C., Chamin Morikawa und Iskandar M. Petra (2012). „State of the art of smart homes". In: *Engineering Applications of Artificial Intelligence* 25.7, S. 1313–1321. URL: https://doi.org/10.1016/j.engappai.2012.05.002 (besucht am 13.09.2021).

Silva, Susana, Isabel Soares und Oscar Afonso (2021). „Assessing the double dividend of a third-generation environmental tax reform with resource substitution". In: *Environment, Development and Sustainability*. URL: https://doi.org/10.1007/s10668-021-01290-7 (besucht am 13.09.2021).

Simmel, Georg (1971). „The Metropolis and Mental Life“. In: *On Individuality and Social Forms. Selected Writings*. Hrsg. von D. Levine. Chicago: University of Chicago Press, S. 324–339.
Simon, Herbert A. (1955). „A behavioral model of rational choice“. In: 69, S. 99–118.
– (1957). „A Behavioral Model of Rational Choice“. In: *Models of Man, Social and Rational: Mathematical Essays on Rational Human Behavior in a Social Setting*. New York: Wiley.
Sinn, Hans-Werner (1989). „Kommentar“. In: *Allokationseffizienz in der Rechtsordnung. Beiträge zum Travemünder Symposium zur Ökonomischen Analyse des Zivilrechts, 23. - 26. März 1988*. Hrsg. von Claus Ott und Hans-Bernd Schäfer. Berlin und Heidelberg: Springer, S. 81–90.
– (2003). „Verbraucherschutz als Staatsaufgabe“. In: *Perspektiven der Wirtschaftspolitik* 4.2, S. 281–294.
– (2008). „Public policies against global warming: a supply side approach“. In: *International tax and public finance* 15.4, S. 360–394.
Smale, Robin, Gert Spaargaren und Bas van Vliet (2019). „Householders comanaging energy systems: space for collaboration?“ In: *Building Research & Information* 47.5, S. 585–597. URL: https://doi.org/10.1080/09613218.2019.1540548 (besucht am 13. 09. 2021).
Smith, Adam (2013). *Der Wohlstand der Nationen. Eine Untersuchung seiner Natur und seiner Ursachen*. 13. Aufl. München: dtv.
Smith, N. Craig (1990). *Morality and the Market: Consumer Pressure for Corporate Accountability*. Routledge.
Smulders, Sjak und Raymond Gradus (1996). „Pollution abatement and longterm growth“. In: *European Journal of Political Economy* 12.3, S. 505–532.
Sohmen, Egon (1992). *Allokationstheorie und Wirtschaftspolitik*. Mohr Siebeck.
Solow, Robert M. (1974a). „Intergenerational equity and exhaustible resources“. In: *The review of economic studies*, S. 29–45.
– (1974b). „The economics of resources or the resources of economics“. In: *The American Economic Review* 64.2, S. 1–14.
Sorrell, Steve (2009). „Jevons Paradox revisited: The evidence for backfire from improved energy efficiency“. In: *Energy policy* 37.4, S. 1456–1469.
– (2010). *Mapping rebound effects from sustainable behaviours: key concepts and literature review*. Brighton: University of Sussex. URL: http://sustainablelifestyles.ac.uk/sites/default/files/publicationsdocs/slrg_working_paper_01-10.pdf (besucht am 10. 09. 2021).

Sorrell, Steve, John Dimitropoulos und Matt Sommerville (2009). „Empirical estimates of the direct rebound effect: A review“. In: *Energy policy* 37.4, S. 1356–1371.

Spaargaren, Gert und Peter Oosterveer (2010). „Citizen-consumers as agents of change in globalizing modernity: the case of sustainable consumption“. In: *Sustainability* 2.7, S. 1887–1908.

Spash, Clive L. (2012). „New foundations for ecological economics“. In: *Ecological Economics* 77, S. 36–47. URL: https://doi.org/10.1016/j.ecolecon.2012.02.004 (besucht am 13.09.2021).

– (2013). „The shallow or the deep ecological economics movement“. In: *Ecological Economics* 93, S. 351–362.

Spellerberg, Annette, Jonas Grauel und Lynn Schelisch (2009). „Ambient Assisted Living-ein erster Schritt in Richtung eines technisch-sozialen Assistenzsystems für ältere Menschen“. In: *Hallesche Beiträge zu den Gesundheits-und Pflegewissenschaften* 8.39, S. 5–19.

Spence, Michael (1973). „Job market signaling“. In: *The quarterly journal of economics*, S. 355–374.

Sphera (2020). *GaBi Databases & Modeling Principles 2020.* Leinfelden-Echterdingen: Sphera. URL: http://www.gabi-software.com/fileadmin/gabi/Modelling_Principles/Modeling_Principles_-_GaBi_Databases_2020_2.pdf (besucht am 31.01.2021).

Srnka, Katharina J. und Fiona M. Schweitzer (2000). „Macht, Verantwortung und Information: Der Konsument als Souverän? Theoretische Reflexion und praktische Ansätze am Beispiel ökologisch verantwortlichen Konsums“. In: *zfwu* 1.2, S. 192–205.

Stadler, Ingo (2005). *Demand response: nichtelektrische Speicher für Elektrizitätsversorgungssysteme mit hohem Anteil erneuerbarer Energien. Habilitationsschrift.* Kassel: Universität Kassel.

Stehling, Frank (1999). *Ökonomische Instrumente der Umweltpolitik zur Reduzierung stofflicher Emissionen.* URL: https://elib.uni-stuttgart.de/bitstream/11682/8662/1/oekonomischeinstrumente.pdf (besucht am 07.04.2021).

Steitz, Matthias und Arnim Bechmann (2016). *Die Konventionalisierung der Nachhaltigkeitspolitik. Beobachtungen, Einschätzungen und Versuch einer Standortbestimmung*. Argumente für eine evolutionäre Umwelt- und Nachhaltigkeitsstrategie, Teil 1. Norderstedt: Books on Demand.

Stern, Nicholas (2007). *The economics of climate change: the Stern review.* Cambridge: Cambridge University press.

Sterner, Michael, Fabian Eckert, Martin Thema und Franz Bauer (2015). *Der positive Beitrag dezentraler Batteriespeicher für eine stabile Stromversorgung*. Berlin: Bundesverband Erneuerbare Energie.

Stevenson, Betsey und Justin Wolfers (o. D.). *Economic growth and subjective well-being: Reassessing the Easterlin paradox.*

Stibbe, Rosemarie, Hrsg. (2017). *Globales Life-Cycle-Controlling: Footprinting in der Praxis*. Wiesbaden: Springer. ISBN: 978-3-658-15660-2.

Stiglitz, Joseph (1974). „Growth with exhaustible natural resources: efficient and optimal growth paths". In: *The review of economic studies*, S. 123–137.

Stobbe, Alfred (1991). *Mikroökonomik*. 2. Aufl. Berlin: Springer.

Stojkoska, Biljana L. Risteska und Kire V. Trivodaliev (2017). „A review of Internet of Things for smart home: Challenges and solutions". In: *Journal of Cleaner Production* 140, S. 1454–1464. URL: https://doi.org/10.1016/j.jclepro.2016.10.006 (besucht am 13. 09. 2021).

Stragier, Jeroen, Jan Derboven, Lieve Laporte, Laurence Hauttekeete und Lieven de Marez (2013). „Kilowhat? A multidisciplinary approach on the development of a home energy management system". In: *Behaviour & Information Technology* 32.11, S. 1086–1104. URL: https://doi.org/10.1080/0144929X.2012.740638 (besucht am 13. 09. 2021).

Streit, Manfred E. (2005). *Theorie der Wirtschaftspolitik*. 6. Aufl. Bd. 8298. UTB. Stuttgart: Lucius & Lucius.

Ströbele, Wolfgang, Wolfgang Pfaffenberger und Michael Heuterkes (2012). *Energiewirtschaft: Einführung in Theorie und Politik*. Walter de Gruyter.

Sturm, Bodo und Carla Vogt (2018). „Instrumente der Umweltpolitik". In: *Umweltökonomik: Eine anwendungsorientierte Einführung*. Berlin, Heidelberg: Springer, S. 69–138.

Styczynski, Zbigniew A., Krzysztof Rudion und André Naumann (2017). *Einführung in Expertensysteme. Grundlagen, Anwendungen und Beispiele aus der elektrischen Energieversorgung*. Berlin, Germany: Springer Vieweg.

Sugden, Robert (1993). „Welfare, Resources, and Capabilities: A Review of Inequality Reexamined by Amartya Sen". In: *Journal of Economic Literature* 31.4, S. 1947–1962.

Sühlmann-Faul, Felix und Stephan Rammler (2018). *Der blinde Fleck der Digitalisierung. Wie sich Nachhaltigkeit und digitale Transformation in Einklang bringen lassen*. oekom verlag.

Sumner, L. Wayne (1999). *Welfare, happiness, and ethics*. Oxford: Clarendon Press.

Sunstein, C. R. (2015). „Behavioral economics, consumption and environmental protection“. In: *Handbook of Research on Sustainable Consumption*. Hrsg. von L. A. Reisch und John Thøgersen. Cheltenham: E. Elgar, S. 317–327.

van Suntum, Ulrich (1986). „Das Arrow-Paradoxon“. In: *WISU* 15.7, S. 361–365.

Swarr, Thomas E., David Hunkeler, Walter Klöpffer, Hanna-Leena Pesonen, Andreas Ciroth, Alan C. Brent und Robert Pagan (2011). „Environmental life-cycle costing: a code of practice“. In: *The International Journal of Life Cycle Assessment* 16.5, S. 389–391. URL: https://doi.org/10.1007/s11367-011-0287-5 (besucht am 13. 09. 2021).

Tamm, Marina (2011). *Verbraucherschutzrecht. Europäisierung und Materialisierung des deutschen Zivilrechts und die Herausbildung eines Verbraucherschutzprinzips*. Jus privatum, Teil 158. Tübingen: Mohr Siebeck.

Taylor, Shelley E. und Suzanne C. Thompson (1982). „Stalking the Elusive Vividness Effect“. In: *Psychological review* 89, S. 155–181.

Thaler, Richard (1980). „Toward a positive theory of consumer choice“. In: *Journal of Economic Behaviour & Organization* 1.1, S. 39–60.

Thaler, Richard und Sendhil Mullainathan (2000). *Behavioral economics*. National Bureau of Economic Research.

Thaler, Richard H. und Cass R. Sunstein (2009). *Nudge. Improving Decisions About Health, Wealth, and Happiness*. New York: Penguin.

Theis-Berglmair, Anna Maria (2000). „Aufmerksamkeit und Geld, schenken und zahlen“. In: *Publizistik* 45.3.

Thomas und Robert Prugh Costanza (1995). *Natural capital and human economic survival*. Solomons, Md.: ISEE Press.

Tietenberg, Tom (2009). „Reflections—Energy Efficiency Policy: Pipe Dream or Pipeline to the Future?“ In: *Review of Environmental Economics and Policy*. URL: https://doi.org/10.1093/reep/rep004 (besucht am 13. 09. 2021).

Tirole, Jean (1999). *Industrieökonomik*. 2. Aufl. München u. a.: Oldenbourg.

TNS Opinion (2015). *Eurobarometer 83.4, May – June 2015. Basic Bilingual Questionnaire*. Brussels: European Commission. URL: http://info1.gesis.org/dbksearch/file.asp?file=ZA6595_bq.pdf (besucht am 13. 09. 2021).

Towse, Ruth (2011). *A handbook of cultural economics*. Edward Elgar.

Tranfield, David, David Denyer und Palminder Smart (2003). „Towards a methodology for developing evidence-informed management knowledge by means of systematic review“. In: *British journal of management* 14.3, S. 207–222.

Tukker, Arnold und Bart Jansen (2006). „Environmental Impacts of Products: A Detailed Review of Studies“. In: *Journal of Industrial Ecology* 10.3, S. 159–182. URL: https://doi.org/10.1162/jiec.2006.10.3.159 (besucht am 13. 09. 2021).

Tversky, Amos und Daniel Kahneman (1986). „Rational choice and the framing of decisions“. In: *Journal of business*, S. 251–278.

Tversky, Amos, Paul Slovic und Daniel Kahneman (1990). „The causes of preference reversal“. In: *The American Economic Review*, S. 204–217.

UBA (2007). *Wissenschaftliche Untersuchung und Bewertung des Indikators Ökologischer Fußabdruck*. Dessau-Roßlau: Umweltbundesamt. URL: https://www.umweltbundesamt.de/sites/default/files/medien/publikation/long/3486.pdf (besucht am 23. 01. 2021).

– (2009). *Biologisch abbaubare Kunststoffe*. Dessau-Roßlau: Umweltbundesamt. URL: https://www.umweltbundesamt.de/publikationen/biologisch-abbaubare-kunststoffe (besucht am 28. 06. 2022).

– (2010). *Energieziel 2050. 100 % Strom aus erneuerbaren Quellen*. Dessau-Roßlau: Umweltbundesamt.

– (2012). *Analyse und strategischesManagement der Nach-haltigkeitspotenziale von Nanoprodukten NachhaltigkeitsCheck von Nanoprodukten. Endbericht*. Bd. 15/2012. Texte. Dessau-Roßlau: Umweltbundesamt. URL: https://www.umweltbundesamt.de/sites/default/files/medien/461/publikationen/4276.pdf (besucht am 14. 02. 2021).

– (2014a). *Ausweitung des Emissionshandels auf Kleinemittenten im Gebäude- und Verkehrssektor. Gestaltung und Konzepte für einen Policy mix*. Bd. 03/2014. Climate Change. Dessau-Roßlau: Umweltbundesamt. URL: https://www.umweltbundesamt.de/publikationen/ausweitung-des-emissionshandels-auf-kleinemittenten (besucht am 21. 06. 2021).

– (2014b). *Marktanalyse Ökostrom*. Dessau-Roßlau: Umweltbundesamt. URL: https://www.umweltbundesamt.de/sites/default/files/medien/376/publikationen/texte_04_2014_marktanalyse_oekostrom_0.pdf (besucht am 28. 06. 2022).

– (2014c). *Ökologische Verbraucherpolitik – Instrumente zur Umsetzung. Teilvorhaben 1: Orientierungsportal nachhaltiger Konsum*. Bd. 34. Texte. Dessau-Roßlau: Umweltbundesamt. URL: https://www.umweltbundesamt.de/publikationen/oekologische-verbraucherpolitik-instrumente-zur (besucht am 20. 10. 2021).

– (2014d). *Ökonomie des Klimawandels – Integrierte ökonomische Bewertung der Instrumente zur Anpassung an den Klimawandel*. Dessau-Roßlau: Umweltbundesamt. URL: https://www.umweltbundesamt.de/publikation

en/oekonomie-des-klimawandels-integrierte-oekonomische (besucht am 31.01.2021).
UBA (2015a). *Marktbeobachtung Nachhaltiger Konsum: Entwicklung eines Instrumentes zur Langzeit-Erfassung von Marktanteilen, Trends und Treibern nachhaltigen Konsums*. Bd. 02. Texte. Dessau-Roßlau: Umweltbundesamt. URL: https://www.umweltbundesamt.de/publikationen/marktbeobachtung-nachhaltiger-konsum-entwicklung (besucht am 20.10.2021).
– (2015b). *Prozessorientierte Basisdaten für Umweltmanagement-Instrumente (ProBas)*. Dessau-Roßlau: Umweltbundesamt. URL: https://www.probas.umweltbundesamt.de/php/index.php (besucht am 31.01.2021).
– (2016a). *Ableitung von Recycling- und Umweltanforderungen und Strategien zur Vermeidung von Versorgungsrisiken bei innovativen Energiespeichern*. Dessau-Roßlau: Umweltbundesamt. URL: https://www.umweltbundesamt.de/publikationen/ableitung-von-recycling-umweltanforderungen (besucht am 25.03.2022).
– (2016b). *Einfluss der Nutzungsdauer von Produkten auf ihre Umweltwirkung: Schaffung einer Informationsgrundlage und Entwicklung von Strategien gegen Obsoleszenz*. Dessau-Roßlau: Umweltbundesamt. URL: https://www.umweltbundesamt.de/publikationen/einfluss-der-nutzungsdauer-von-produkten-auf-ihre-1 (besucht am 28.06.2022).
– (2016c). *Ökodesign-Richtlinie: Produktgruppen*. Dessau-Roßlau: Umweltbundesamt. URL: https://www.umweltbundesamt.de/themen/wirtschaft-konsum/produkte/oekodesign/produktgruppen (besucht am 24.01.2021).
– (2016d). *Weiterentwicklung und vertiefte Analyse der Umweltbilanz von Elektrofahrzeugen*. Bd. 27/2016. Texte. Dessau-Roßlau: Umweltbundesamt.
– (2017a). *Ansätze zur Bewertung und Darstellung der nationalen Emissionsentwicklung unter Berücksichtigung des EU-ETS*. Bd. 8/2017. Climate Change. Dessau-Roßlau: Umweltbundesamt.
– (2017b). *Emissionsbilanz erneuerbarer Energieträger. Bestimmung der vermiedenen Emissionen im Jahr 2016*. Bd. 23/2017. Climate Change. Dessau-Roßlau: Umweltbundesamt. URL: https://www.umweltbundesamt.de/publikationen/emissionsbilanz-erneuerbarer-energietraeger-2016 (besucht am 10.09.2021).
– (2017c). *Product Carbon Footprint und Water Footprint: Möglichkeiten zur methodischen Integration in ein bestehendes Typ-1 Umweltzeichen (Blauer Engel) unter besonderer Berücksichtigung des Kommunikations-*

aspektes. Bd. 39/2017. Texte. Dessau-Roßlau: Umweltbundesamt. URL: https://www.umweltbundesamt.de/publikationen/product-carbon-footprint-water-footprint (besucht am 07. 02. 2021).
- (2017d). *Umweltschädliche Subventionen in Deutschland. Ausgabe 2016.* Dessau-Roßlau: Umweltbundesamt.
- (2018a). *Environmental Footprint. Der Umwelt-Fußabdruck von Produkten und Dienstleistungen*. Bd. 76. Texte. Dessau-Roßlau: Umweltbundesamt.
- (2018b). *Methodenkonvention 3.0 zur Ermittlung von Umweltkosten - Methodische Grundlagen*. Dessau-Roßlau: Umweltbundesamt. URL: https://www.umweltbundesamt.de/sites/default/files/medien/1410/publikationen/2018-11-12_methodenkonvention-3-0_methodische-grundlagen.pdf (besucht am 24. 01. 2021).
- (2018c). *Übersicht über den Stand der Prozesse zur Verabschiedung von Durchführungsmaßnahmen*. Dessau-Roßlau: Umweltbundesamt. URL: https://www.umweltbundesamt.de/dokument/durchfuehrungsmassnahmen-zur-oekodesign-richtlinie (besucht am 24. 01. 2021).
- (2018d). *Verbrauchersicht auf Ökostrom. Ergebnisse einer repräsentativen Verbraucherbefragung im Rahmen des Forschungsvorhabens Marktanalyse Ökostrom und Herkunftsnachweise*. Dessau-Roßlau: Umweltbundesamt. URL: https://www.umweltbundesamt.de/publikationen/verbrauchersicht-auf-oekostrom (besucht am 28. 06. 2022).
- (2018e). *Wasserfußabdruck*. URL: https://www.umweltbundesamt.de/themen/wasser/wasser-bewirtschaften/wasserfussabdruck (besucht am 07. 02. 2021).
- (2019a). *Rechtsgutachten umweltfreundliche öffentliche Beschaffung*. Texte 30/2019. Dessau-Roßlau: Umweltbundesamt.
- (2019b). *Substitution as strategy for reducing criticality of raw materials for eco-technologies – determination of potential for second-best solutions [Substitution als Strategie zur Minderung der Kritikalität von Rohstoffen für Umwelttechnologien - Potentialermittlung für Second-Best-Lösungen]*. Bd. 03/2019. Texte. Dessau-Roßlau: Umweltbundesamt.
- (2019c). *Umweltfreundliche Beschaffung: Schulungsskript 2 Einführung in die Berechnung von Lebenszykluskosten und deren Nutzung im Beschaffungsprozess*. Dessau-Roßlau: Umweltbundesamt. URL: https://www.umweltbundesamt.de/publikationen/umweltfreundliche-beschaffung-schulungsskript-2 (besucht am 28. 06. 2022).
- (2019d). *Umweltschädliche Subventionen*. Dessau-Roßlau: Umweltbundesamt. URL: https://www.umweltbundesamt.de/themen/wirtschaft-

konsum/wirtschaft-umwelt/umweltschaedliche-subventionen#direkte-und-indirekte-subventionen (besucht am 16. 06. 2021).
UBA (2020a). *Analyse der Datenerhebungen nach ElektroG und UStatG über das Berichtsjahr 2018 zur Vorbereitung der EU-Berichtspflichten 2020.* Dessau-Roßlau: Umweltbundesamt. URL: https://www.umweltbundesamt.de/publikationen/analyse-datenerhebungen-elektrog-ustatg-2018 (besucht am 06. 05. 2021).
– (2020b). *CO2-Rechner des Umweltbundesamtes. Release 4.1 / Datenstand 10.2020.* Dessau-Roßlau: Umweltbundesamt. URL: https://uba.co2-rechner.de/de_DE/ (besucht am 20. 10. 2021).
– (2020c). *Empfehlungen des UBA für die Weiterentwicklung der Behandlungsanforderungen nach ElektroG.* Bd. 148/2020. Texte. Dessau-Roßlau: Umweltbundesamt.
– (2020d). *Entwicklung der spezifischen Kohlendioxid-Emissionen des deutschen Strommix in den Jahren 1990 - 2019.* Bd. 13. Climate Change. Dessau-Roßlau: Umweltbundesamt. URL: https://www.umweltbundesamt.de/sites/default/files/medien/1410/publikationen/2020-04-01_climate-change_13-2020_strommix_2020_fin.pdf (besucht am 20. 10. 2021).
– (2020e). *Methodenkonvention 3.1 zur Ermittlung von Umweltkosten - Kostensätze. Stand 12/2020.* Dessau-Roßlau: Umweltbundesamt. URL: https://www.umweltbundesamt.de/sites/default/files/medien/1410/publikationen/2020-12-21_methodenkonvention_3_1_kostensaetze.pdf (besucht am 20. 10. 2021).
– (2020f). *Rechtsfragen im Kontext einer Lieferkettenregulierung. Ein Diskussionsbeitrag zum Verständnis rechtsverbindlicher umweltbezogener Sorgfaltspflichten.* Fact Sheet. Dessau-Roßlau: Umweltbundesamt. URL: https://www.umweltbundesamt.de/publikationen/rechtsfragen-im-kontext-einer (besucht am 28. 04. 2021).
– (2020g). *Umweltkosten von Konsumgütern als Ansatzpunkt zur Verbesserung marktlicher und nicht-marktlicher Verbraucherinformationen (Zweites Preisschild). Fachwissenschaftliche Unterstützung des Nationalen Programms für nachhaltigen Konsum – Teilvorhaben 3 – Abschlussbericht.* Bd. 187. Texte. Dessau-Roßlau: Umweltbundesamt.
– (2020h). *Weiterentwicklung des Nationalen Programms für nachhaltigen Konsum: Handlungsempfehlungen (Teil 2) Instrumente für nachhaltigen Konsum.* Bd. 209/2020. Texte. Dessau-Roßlau: Umweltbundesamt.
– (2020i). *Weiterentwicklung von Strategien gegen Obsoleszenz einschließlich rechtlicher Instrumente.* Bd. 115/2020. Texte. Dessau-Roßlau: Um-

weltbundesamt. URL: https://www.umweltbundesamt.de/publikationen/weiterentwicklung-von-strategien-gegen-obsoleszenz (besucht am 21.06.2021).
- (2021a). *Berichterstattung unter der Klimarahmenkonvention der Vereinten Nationen und dem Kyoto-Protokoll 2021. Nationaler Inventarbericht zum Deutschen Treibhausgasinventar 1990 – 2019*. Bd. 43/2021. Climate Change. Dessau-Roßlau: Umweltbundesamt. URL: https://www.umweltbundesamt.de/publikationen/berichterstattung-unter-der-klimarahmenkonvention-6 (besucht am 18.01.2022).
- (2021b). *Erneuerbare Energien in Deutschland 2020. Daten zur Entwicklung im Jahr 2020*. Dessau-Roßlau: Umweltbundesamt. URL: https://www.umweltbundesamt.de/publikationen/erneuerbare-energien-in-deutschland-2020 (besucht am 08.09.2021).
- (2021c). *Erneuerbare-Energien-Gesetz*. Dessau-Roßlau: Umweltbundesamt. URL: https://www.umweltbundesamt.de/themen/klima-energie/erneuerbare-energien/erneuerbare-energien-gesetz (besucht am 28.06.2022).
- (2021d). *Indikator: Globale Umweltinanspruchnahme des Konsums*. Dessau-Roßlau: Umweltbundesamt. URL: https://www.umweltbundesamt.de/indikator-globale-umweltinanspruchnahme-des-konsums#die-wichtigsten-fakten (besucht am 11.10.2021).
- (2021e). *Konsum und Umwelt: Zentrale Handlungsfelder*. Dessau-Roßlau: Umweltbundesamt. URL: https://www.umweltbundesamt.de/themen/wirtschaft-konsum/konsum-umwelt-zentrale-handlungsfelder (besucht am 20.10.2021).
- (2021f). *KonsUmwelt. Kurzstudie zur globalen Umweltinanspruchnahme unseres privaten Konsums*. Dessau-Roßlau: Umweltbundesamt. URL: https://www.umweltbundesamt.de/sites/default/files/medien/479/publikationen/uba_konsumwelt_bf.pdf (besucht am 28.10.2021).
- (2022a). *Berichterstattung unter der Klimarahmenkonvention der Vereinten Nationen und dem Kyoto-Protokoll 2022. Nationaler Inventarbericht zum Deutschen Treibhausgasinventar 1990 – 2020*. Bd. 24. Climate Change. Dessau-Roßlau: Umweltbundesamt. URL: https://www.umweltbundesamt.de/sites/default/files/medien/1410/publikationen/2022-05-31_climate-change_24-2022_nir-2022_de.pdf (besucht am 28.06.2022).
- (2022b). *Europäische Energie- und Klimaziele*. Dessau-Roßlau: Umweltbundesamt. URL: https://www.umweltbundesamt.de/daten/klima/europaeische-energie-klimaziele (besucht am 28.06.2022).

UBA (2022c). *Indikator: Erneuerbare Energien*. Dessau-Roßlau: Umweltbundesamt. URL: https://www.umweltbundesamt.de/daten/umweltindikatoren/indikator-erneuerbare-energien (besucht am 28. 06. 2022).
– (2022d). *Indikator: Primärenergieverbrauch*. Dessau-Roßlau: Umweltbundesamt. URL: https://www.umweltbundesamt.de/daten/umweltindikatoren/indikator-primaerenergieverbrauch (besucht am 28. 06. 2022).
– (2022e). *Stromverbrauch*. Dessau-Roßlau: Umweltbundesamt. URL: https://www.umweltbundesamt.de/daten/energie/stromverbrauch (besucht am 27. 06. 2022).
UK Parliament (2021). *Uyghur forced labour in Xinjiang and UK value chains*. URL: https://publications.parliament.uk/pa/cm5801/cmselect/cmbeis/1272/127204.htm (besucht am 17. 03. 2022).
Ulrich, Peter (1997). *Integrative Wirtschaftsethik: Grundlagen einer lebensdienlichen Ökonomie*. Haupt Bern.
UN (1992). *Agenda 21. United Nations Conference on Environment & Development Rio de Janerio, Brazil, 3 to 14 June 1992*. New York: United Nations. URL: https://sustainabledevelopment.un.org/content/documents/Agenda21.pdf (besucht am 28. 06. 2022).
– (1998). *Kyoto Protocol to the United Nations Framework Convention on Climate Change*. Kyoto: United Nations.
– (2002). *Bericht des Weltgipfels für nachhaltige Entwicklung*. Johannesburg, Südafrika: United Nations. URL: http://www.un.org/depts/german/conf/jhnnsbrg/a.conf.199-20.pdf (besucht am 28. 06. 2022).
– (2014a). *Implementation of Agenda 21, the Programme for the Further Implementation of Agenda 21 and the outcomes of the World Summit on Sustainable Development and of the United Nations Conference on Sustainable Development (A/C.2/69/L.64)*. URL: https://digitallibrary.un.org/record/761842/ (besucht am 28. 06. 2022).
– (2014b). *The 10 Year Framework of Programmes on Sustainable Consumption and Production Patterns (10YFP)*. Division for Sustainable Development (UNDESA). URL: https://sustainabledevelopment.un.org/index.php?page=view&type=400&nr=1444&menu=35 (besucht am 14. 09. 2021).
– (2015a). *Adoption of the Paris Agreement*. Paris: United Nations. URL: https://sustainabledevelopment.un.org/frameworks/parisagreement (besucht am 14. 09. 2021).
– (2015b). *Paris Agreement*. Paris: United Nations. URL: https://treaties.un.org/Pages/ViewDetails.aspx?src=TREATY&mtdsg_no=XXVII-7-d&chapter=27&clang=_en (besucht am 29. 06. 2022).

– (2015c). *Resolution adopted by the General Assembly on 25 September 2015 – 70/1. Transforming our world: the 2030 Agenda for Sustainable Development. Seventieth session. Agenda items 15 and 116 , A/Res/70/1*. New York: United Nations. URL: http://www.un.org/en/development/desa/population/migration/generalassembly/docs/globalcompact/A_RES_70_1_E.pdf (besucht am 24. 01. 2021).
– (2015d). *Resolution der Generalversammlung, verabschiedet am 25. September 2015 – 70/1. Transformation unserer Welt: die Agenda 2030 für nachhaltige Entwicklung. Siebzigste Tagung. Tagesordnungspunkte 15 und 16, A/Res/70/1*. New York: Vereinte Nationen. URL: https://www.un.org/depts/german/gv-70/band1/ar70001.pdf (besucht am 14. 09. 2021).
– (2016). *Mapping of the Environment subprogramme processes and activities that support countries in achieving the Sustainable Development Goals: The Eighth Environment for Europe Ministerial Conference, Special session, Batumi, Georgia, 7 June 2016*. URL: https://www.unece.org/fileadmin/DAM/env/documents/2016/ece/ece.batumi.conf.2016.inf.1.e.pdf (besucht am 14. 09. 2021).
– (2018). *Classification of Individual Consumption According to Purpose (COICOP) 2018*. New York: United Nations.
– (2020). *The Global LCA Data Access network*. Paris: UN Environment. URL: https://www.globallcadataaccess.org (besucht am 31. 01. 2021).
UNEP (2012). *E-waste Volume III: WEEE / E-waste Take-back system*. Osaka. URL: https://www.unenvironment.org/ietc/resources/toolkits-manuals-and-guides/e-waste-vol3-weeee-waste-take-back-system (besucht am 26. 01. 2021).
– (2020). *Guidelines for Social Life Cycle Assessment of Products and Organizations 2020*. Nairobi: United Nations Environment Programme. URL: https://www.lifecycleinitiative.org/wp-content/uploads/2021/01/Guidelines-for-Social-Life-Cycle-Assessment-of-Products-and-Organizations-2020-22.1.21sml.pdf (besucht am 31. 01. 2021).
Unmüßig, Barbara, Lili Fuhr und Thomas Fatheuer (2015). *Kritik der Grünen Ökonomie*. München: oekom.
Vanberg, Viktor J. (2004). „Konsumentensouveränität und Bürgersouveränität: Steuerungsideale für Markt und Politik“. In: *Politik und Markt* 34, S. 48–65.
– (2009). *Wettbewerb und Regelordnung*. Bd. 55. Mohr Siebeck.
Varian, Hal R. (2011). *Grundzüge der Mikroökonomik*. 8. Auflage. München: Oldenbourg.

Varian, Hal R. (2014). „Big data: New tricks for econometrics“. In: *Journal of Economic Perspectives* 28.2, S. 3–28.

– (2016). *Grundzüge der Mikroökonomik*. 9. Aufl. Berlin: de Gruyter.

Venkatesh, Viswanath und Fred D. Davis (2000). „A theoretical extension of the technology acceptance model: Four longitudinal field studies“. In: *Management science* 46.2, S. 186–204.

Verbraucherzentrale Bundesverband (2011). *Information gut, alles gut? Empfehlungen für wirksame Informationen*. Berlin: Verbraucherzentrale Bundesverband. URL: https://www.vzbv.de/sites/default/files/downloads/Verbraucherinformationen_wirksam_Empfehlungen_vzbv.pdf (besucht am 14. 09. 2021).

Verfaillie, Hendrik A. und Robin Bidwell (2000). „Measuring eco-efficiency: a guide to reporting company performance“. In: *World Business Council for Sustainable Development, 2000*.

Vergragt, Philip, Lewis Akenji und Paul Dewick (2014). „Sustainable production, consumption, and livelihoods: global and regional research perspectives“. In: *Journal of Cleaner Production* 63, S. 1–12. URL: https://doi.org/10.1016/j.jclepro.2013.09.028 (besucht am 13. 09. 2021).

Vieweg, Stefan, Matthias Müller-Wiegand und Harald Meisner (2018). *Nachhaltige Unternehmensführung in der Digitalisierung. Instrumente – Erfolgsfaktoren – Praxisbeispiele*. Berlin: Erich Schmidt.

Vikander, Nick (2007). *Kahneman's Objective Happiness and Sen's Capabilities: a Critical Comparison: Tinbergen MPhil field course Recent History of Economic Thought*. Rotterdam: Erasmus University Rotterdam and Tinbergen Institute.

Vilches, Alberto, Antonio Garcia-Martinez und Benito Sanchez-Montañes (2017). „Life cycle assessment (LCA) of building refurbishment: A literature review“. In: *Energy and Buildings* 135, S. 286–301. URL: https://doi.org/10.1016/j.enbuild.2016.11.042 (besucht am 28. 02. 2022).

Voigt, Stefan (2009). *Institutionenökonomik*. 2. Aufl. Paderborn: Fink.

VZBV (2020). *Möglichkeiten für mehr Transparenz bei den Stromnetzentgelten*. Berlin: Verbraucherzentrale Bundesverband. URL: https://arepoconsult.com/publications/gutachten-zum-thema-moeglichkeiten-fuer-mehr-transparenz-bei-den-stromnetzentgelten/ (besucht am 07. 05. 2021).

Wack, Peter (1975). *Eine Theorie des Einfkaufsverhaltens*. Duncker & Humblot.

Wackernagel, Mathis und William Rees (1996). *Our ecological footprint. Reducing human impact on the earth*. Gabriola Island: New Society Publ.

Walgenbach, Peter (1995). „Die Theorie der Strukturierung“. In: *Die Betriebswirtschaft* 55.6, S. 761–782.
Warde, Alan (2005). „Consumption and theories of practice“. In: *Journal of consumer culture* 5.2, S. 131–153.
WBCSD (1999). *Corporate Social Responsibility. Meeting Changing Expectations*. Genf: World Business Council for Sustainable Development.
WCED (1987). *Report of the World Commission on Environment and Development: Our Common Future*. Oslo. URL: https://sustainabledevelopment.un.org/content/documents/5987our-common-future.pdf (besucht am 10. 09. 2021).
Weber, Florian, Olaf Kühne, Corinna Jenal, Tina Sanio, Kerstin Langer, Michael Igel u. a. (2016). *Analyse des öffentlichen Diskurses zu gesundheitlichen Auswirkungen von Hochspannungsleitungen–Handlungsempfehlungen für die strahlenschutzbezogene Kommunikation beim Stromnetzausbau–Vorhaben 3614S80008*. Bundesamt für Strahlenschutz (BfS).
Weber, Heike (2020). „Zeit- und verlustlos? Der Recycling-Kreislauf als ewiges Heilsversprechen“. In: *Zeitschrift für Medienwissenschaft* 12.23, S. 20–32. URL: https://doi.org/10.25969/mediarep/14821 (besucht am 13. 09. 2021).
Wegener, Bernhard W. (2009). „Die Novelle des EU-Emissionshandelssystems“. In: *ZUR* 6, S. 283. URL: https://www.kritv.nomos.de/fileadmin/zur/doc/Aufsatz_ZUR_09_06.pdf (besucht am 29. 04. 2021).
– (2014). „3 Umweltrecht“. In: *Europäische Querschnittpolitiken*. Hrsg. von Bernhard W. Wegener. Nomos, S. 149–204. URL: https://doi.org/10.5771/9783845258386_149 (besucht am 13. 09. 2021).
Weinberg, Peter, Andrea Gröppel-Klein und Werner Kroeber-Riel (2013). *Konsumentenverhalten*. 10. Aufl. München: Vahlen.
von Weizsäcker, Ernst Ulrich (1991). „Die Preise sollen die ökologische Wahrheit sagen“. In: *Umweltmanagement im Spannungsfeld zwischen Ökologie und Ökonomie*. Wiesbaden: Gabler, S. 63–72.
Weller, Ines (2014). „Nachhaltiger Konsum in Zeiten des Klimawandels“. In: *Nachhaltige Entwicklung. Aus der Perspektive verschiedener Disziplinen*. Nomos, S. 75–90.
Weniger, Johannes, Joseph Bergner, Tjarko Tjaden und Volker Quaschning (2015). *Dezentrale Solarstromspeicher für die Energiewende*. Berlin: BWV.
Wenke, Martin (1993). „Umweltbewusstsein und Konsumverhalten der privaten Haushalte – Theorie und Evidenz am Beispiel der Nachfrage nach Haushaltschemikalien“. In: *RWI Mitteilungen* 44.1.

Wetzel, André Verfasser (2004). *Implikationen globaler Vernetzung für das Management*. Wiesbaden: Dt. Univ.-Verl.

White House (2021). *New U.S. Government Actions on Forced Labor in Xinjiang. Press Release. June 24, 2021*. Washington, DC. URL: https://www.whitehouse.gov/briefing-room/statements-releases/2021/06/24/fact-sheet-new-u-s-government-actions-on-forced-labor-in-xinjiang/ (besucht am 17. 03. 2022).

Wieser, Harald (2016). „Beyond Planned Obsolescence. Product Lifespans and the Challenges to a Circular Economy“. In: *GAIA* 25.3, S. 156–160. URL: https://doi.org/10.14512/gaia.25.3.5 (besucht am 13. 09. 2021).

Wietschel, Martin, Matthias Kühnbach und David Rüdiger (2019). *Die aktuelle Treibhausgasemissionsbilanz von Elektrofahrzeugen in Deutschland.*

Wilhite, Harold, Hidetoshi Nakagami, Takashi Masuda, Yukiko Yamaga und Hiroshi Haneda (1996). „A cross-cultural analysis of household energy use behaviour in Japan and Norway“. In: *Energy policy* 24.9, S. 795–803.

Wilkens, Ines (2012). *Multikriterielle Analyse zur Nachhaltigkeitsbewertung von Energiesystemen. Von der Theorie zur praktischen Anwendung*. Berlin: Technische Universität Berlin.

Wilson, Charlie, Tom Hargreaves und Richard Hauxwell-Baldwin (2017). „Benefits and risks of smart home technologies“. In: *Energy policy* 103, S. 72–83. URL: https://doi.org/10.1016/j.enpol.2016.12.047 (besucht am 13. 09. 2021).

Wirth, Georg, Gerd Becker, Robert Pardatscher und Rolf Witzmann (2011). „Photovoltaik und Netzstabilität. Herausforderungen an das Verteilnetz durcH Photovoltaikanlagen“. In: *Sonnenenergie* 5, S. 26–27.

Witt, Karsten (2014). „Wohlfahrtsökonomischer Marktliberalismus und die Entstehung von Konsumentenwünschen“. In: *zfwu* 14.3, S. 405–422. URL: https://doi.org/10.5771/1439-880X-2013-3-405 (besucht am 13. 09. 2021).

Woll, Artur (2007). *Volkswirtschaftslehre*. 15. Aufl. München: Vahlen.

Xu, Liang, Sufang Zhang, Mengshi Yang, William Li und Jerry Xu (2018). „Environmental effects of China's solar photovoltaic industry during 2011–2016: A life cycle assessment approach“. In: *Journal of Cleaner Production* 170, S. 310–329. URL: https://doi.org/10.1016/j.jclepro.2017.09.129 (besucht am 13. 09. 2021).

Yang, Sha und Greg M. Allenby (2003). „Modeling interdependent consumer preferences“. In: *Journal of marketing research* 40.3, S. 282–294.

Yue, Dajun, Fengqi You und Seth B. Darling (2014). „Domestic and overseas manufacturing scenarios of silicon-based photovoltaics: Life cycle energy and environmental comparative analysis“. In: *Solar Energy* 105, S. 669–678. URL: https://doi.org/10.1016/j.solener.2014.04.008 (besucht am 13. 09. 2021).

Zeiler, Wim und Timi Labeodan (2019). „Human-in-the-loop energy flexibility integration on a neighbourhood level: Small and Big Data management“. In: *Building Services Engineering Research & Technology* 40.3, S. 305–318. URL: https://doi.org/10.1177/0143624418823190 (besucht am 13. 09. 2021).

Zhai, Shaopeng, Zhihua Wang, Xufeng Yan und Guangyu He (2019). „Appliance Flexibility Analysis Considering User Behavior in Home Energy Management System Using Smart Plugs“. In: *IEEE Transactions on Industrial Electronics* 66.2, S. 1391–1401. URL: https://doi.org/10.1109/TIE.2018.2815949 (besucht am 13. 09. 2021).

Zhang, Lingen und Zhenming Xu (2016). „A review of current progress of recycling technologies for metals from waste electrical and electronic equipment“. In: *Journal of Cleaner Production* 127, S. 19–36.

Zhu, Yuhe (2020). „Modeling Regional Interdependence in Business Data Based on Machine Learning Method“. In: *2020 International Conference on Communications, Information System and Computer Engineering (CISCE)*. Hrsg. von IEEE, S. 463–469.

Zimmermann, Hans-Jürgen und Lothar Gutsche (1991). *Multi-criteria-Analyse. Einführung in die Theorie der Entscheidungen bei Mehrfachzielsetzungen*. Berlin: Springer.

Zopounidis, Constantin und Michael Doumpos (2002). „Multi-criteria decision aid in financial decision making: methodologies and literature review“. In: *Journal of Multi-Criteria Decision Analysis* 11.4-5, S. 167–186. URL: https://doi.org/10.1002/mcda.333 (besucht am 13. 09. 2021).

FSC
www.fsc.org
MIX
Papier | Fördert gute Waldnutzung
FSC® C083411

Kolibri 360 GmbH
Ferdinand-Jühlke-Straße 7
99095 Erfurt, Deutschland
produktsicherheit@kolibri360.de